# Les nouveaux défis de l'Etat social

## Neue Herausforderungen für den Sozialstaat

Ouvrage coordonné par · Herausgegeben von

**Giuliano Bonoli et Fabio Bertozzi**



# Les nouveaux défis de l'Etat social

# Neue Herausforderungen für den Sozialstaat

*Avec les contributions de* · *Mit Beiträgen von*

Giuliano Bonoli, Karl Hinrichs, Bernard Dafflon, Carlo Knöpfel, Yves Flückiger, Pierre Kempeneers, Fabio Bertozzi, Lucrezia Meier-Schatz, Philippe Wanner, Thanh-Huyen Ballmer-Cao, Nils C. Soguel, Jean-Marc Huguenin, Sandro Cattacin, Milena Chimienti, Silja Häusermann, Peter Knoepfel, Gøsta Esping-Andersen



PRESSES POLYTECHNIQUES
ET UNIVERSITAIRES ROMANDES

Haupt

Cet ouvrage est une co-édition des Presses polytechniques et universitaires romandes (www.ppur.org) et de Haupt Verlag (www.haupt.ch)

Egalement paru dans la même collection:

**Contributions à l'action publique/Beiträge zum öffentlichen Handeln**
*Ouvrage coordonné par/Herausgeben von*
Jean-Loup Chappelet

*Giuliano Bonoli et Fabio Bertozzi, les éditeurs, remercient vivement Gabrielle Arietano et Simon Jakob pour leur minutieux travail de relecture des chapitres du présent ouvrage.*

Les Presses polytechniques et universitaires romandes sont une fondation scientifique dont le but est principalement la diffusion des travaux de l'Ecole polytechnique fédérale de Lausanne et d'autres universités francophones. Le catalogue général peut être obtenu par courrier aux: Presses polytechniques et universitaires romandes, EPFL-Centre Midi, CP 119, CH-1015 Lausanne, par E-mail à ppur@epfl.ch, par téléphone au (0)21 693 41 40 ou encore par fax au (0)21 693 40 27.

**www.ppur.org**

Première édition, 2008

ISBN 978-2-88074-751-0


ISBN 978-3-258-07324-8


Imprimé en Italie

# Investissement social – potentiel, problèmes et perspectives

La présente publication a pour objectif d'illustrer sous différentes perspectives la multitude de défis auxquels l'Etat social doit faire face et ainsi contribuer à évoquer les pistes afin de les surmonter. L'Etat social est effectivement confronté à de nombreux défis. Tous les Etats sociaux d'Europe occidentale font face à une triple crise. Premièrement, ils sont sous pression financière. La croissance économique a ralenti depuis la fin des années 1970 et dans les années 1990 on a assisté à une stagnation économique. Les recettes fiscales ainsi que les contributions aux assurances sociales ont donc également progressé plus lentement. L'absence d'emploi, l'augmentation des besoins en matière de santé et le vieillissement démographique ont simultanément conduit à des dépenses plus élevées. Deuxièmement, les fondements socioculturels sur lesquels les Etats-providence ont été fondés s'érodent : la biographie standard permettant d'avoir droit aux prestations de l'Etat-providence semble s'éloigner pour des parties de la population. La stabilité des structures familiales diminue. Ceci remet particulièrement en question la sécurité sociale des femmes qui ne sont pas, ou que partiellement, actives professionnellement. L'augmentation de la pression exercée par la concurrence internationale a comme conséquence un changement structurel dans l'économie, qui induit une délocalisation vers les pays à bas salaires et une suppression des emplois pour les personnes à faibles qualifications. Troisièmement, à cause de ces évolutions, les Etats-providence perdent progressivement leur support politique. Dès lors, l'Etat social ne serait à l'avenir plus finançable et ne serait plus en mesure de résoudre les problèmes sociaux malgré une augmentation des dépenses, au contraire, il les accentuerait même, étant donné que des prestations sociales élevées décourageraient la recherche d'emploi ou l'augmentation du taux d'emploi des bénéficiaires.

L'idée de l'activation en politique sociale s'est imposée comme réponse à cette crise. Au lieu de prestations sociales qui garantissent durablement le revenu, les bénéficiaires de prestations sociales devraient être incités et soutenus de manière à obtenir un emploi sur le marché du travail et ainsi ne plus nécessiter de mesures d'aides financières. Le concept est convaincant et obtient un large soutien politique. Il implique l'espoir de soulager le financement de l'Etat social à travers la (re)intégration des bénéficiaires dans le marché du travail (et en même temps de générer plus de recettes à travers l'impôt et les cotisations). Il tient compte du changement des conditions cadre dans une économie globalisée et va à contre-courant de la critique qui prétend que les prestations sociales désincitent les bénéficiaires à chercher de l'emploi. Les mesures d'activation en politique sociale peuvent ainsi être interprétées comme un investissement qui sera amorti une fois l'intégration réussie.

Dans le débat actuel, la discussion autour du développement ultérieur du concept d'investissement social prend trois directions. Premièrement, les expériences ont montré que les mesures d'intégration uniformisées – offres de formation et d'emploi – sont efficaces uniquement pour un cercle réduit de clients. Les autres sont souvent accablés d'une multitude de problèmes, ce qui rend indispensable un suivi individualisé et des solutions sur mesure. Les instruments du coaching individuel et du case management sont utilisés pour essayer de faire face à ces exigences. Deuxièmement, la fragmentation de la sécurité sociale dans différents systèmes pose problème. D'une part, cela induit le risque de ne pas pouvoir adopter la mesure adéquate dans le cas individuel parce qu'elle n'est pas proposée dans le cadre du subsystème « responsable ». D'autre part, il faut minimiser l'effet carrousel qui pousse les client-e-s d'un subsystème à l'autre. Etant donné que les coûts peuvent ainsi être reportés sur d'autres organismes, ce danger ne peut pas être écarté. La collaboration interinstitutionnelle (CII) devrait ici favoriser l'accès aux mesures optimales et éviter l'effet carrousel. Troisièmement, les réflexions concernant le concept d'investissement social essaient de ne pas se limiter au niveau individuel, notamment l'idée de stimuler les bénéficiaires aujourd'hui afin qu'ils n'aient plus besoin de soutien demain. Si la pauvreté et l'exclusion ne sont pas (uniquement) dues à des facteurs individuels mais (également) structurellement déterminées, il faut aussi prendre des mesures au niveau structurel. On peut penser ici aux mesures en matière de prise en charge des enfants en bas âge, de formation et de formation continue, d'intégration et aussi des mesures pour favoriser la conciliation entre vie familiale et vie professionnelle.

Toutefois, il y a aussi trois catégories de problèmes qui peuvent être identifiées à propos du concept d'investissement social. Premièrement, à la base du concept on trouve une orientation stricte des prestations de l'Etat social en direction de l'intégration dans le marché du travail. La logique de la protection s'est ainsi fondamentalement modifiée. Si précédemment la promesse de l'Etat-providence était de garantir la préservation du statut presque indépendamment des circonstances externes, la politique sociale active promet un soutien pour des exigences en transformation, elle ne vise plus à protéger du marché mais à permettre de s'adapter aux exigences de celui-ci. Ainsi, le risque lié aux transformations socio-économiques n'est plus pris en charge par le système de sécurité sociale (qui de plus se retrouve vite dépassé dans un contexte de changement rapide) mais par les personnes concernées. La sécurité de la stabilité (du statut) a été remplacée par la sécurité de la flexibilité (face au marché du travail). Mais que se passe–t-il avec les personnes qui face aux nouvelles exigences et malgré un soutien n'arrivent pas à obtenir de gains suffisants ou pour lesquelles il n'y a pas de place sur le marché du travail ? Deuxièmement, en lien avec la précédente, la question concerne le rôle que les incitations financières doivent jouer dans la sécurité sociale. Le travail (rémunéré) doit être avantageux. Donc les personnes actives professionnellement doivent disposer de plus de moyen qu'une personne inactive. De ce point de vue, le filet de sécurité de base sans activité professionnelle doit être établi à un niveau bas, qui s'élève fortement avec l'augmentation de l'activité professionnelle. Mais est-il juste de fixer à un niveau bas le filet de sécurité également pour les personnes qui ne peuvent pas exercer une activité professionnelle ? Qui détermine, et comment, si une personne est employable et dans quelle mesure ? Troisièmement, plusieurs questions concernant l'application et la mise en œuvre concrète des mesures d'activation ainsi que sur leur potentiel de réussite restent sans réponse pour l'instant. De larges expériences avec le coaching et le case management n'ont pas encore été effectuées. Les modèles de collaboration interinstitutionnelle sont hétérogènes et encore peu évalués scientifiquement. Des études montrent que certaines mesures sont en partie inefficaces ou que, dans le pire des cas, elles ont un effet stigmatisant, ce qui réduit les opportunités sur le marché du travail au lieu de les augmenter.

Les contributions dans ce livre illustrent différentes facettes du concept d'investissement social ainsi que les problèmes qui y sont liés. Il faut souhaiter qu'elles donnent l'impulsion pour une discussion approfondie sur l'avenir de l'Etat social. Dans le long terme il faut en effet s'attendre qu'en lien avec le changement structurel de l'économie les emplois qui requièrent un faible niveau de qualification soient encore plus souvent supprimés ou délocalisés dans des régions à faibles coûts de production. Il devient donc de plus en plus important d'augmenter proportionnellement les investissements sociaux, de les élargir à d'autres domaines et de les optimiser dans la mesure du possible, afin que les exigences du marché du travail puissent être remplies par le plus grand nombre de personnes. Néanmoins, le nombre de personnes sans connexion à l'emploi semble destiné à augmenter. Même s'il faut souligner l'existence au niveau local de modèles d'entreprises sociales ou d'allocations de complément au salaire, un large débat sur les solutions possibles n'a toutefois pas encore démarré. Peut-être que se fera jour le (vieux) constat que ces derniers modèles représentent également un investissement social parce qu'ils renforcent la confiance dans le système social et contribuent ainsi à la création de capital social.

Ludwig Gärtner
Vice-directeur de l'Office fédéral
des assurances sociales (OFAS)
chef du domaine « Familles, générations et société »

# Sozialinvestitionen – Potentiale, Probleme und Perspektiven

Die vorliegende Publikation hat zum Ziel, verschiedene Herausforderungen für den Sozialstaat aus unterschiedlichen Perspektiven zu beleuchten und damit einen Beitrag zu ihrer Überwindung zu leisten. In der Tat befinden sich alle Wohlfahrtsstaaten westeuropäischer Prägung in einer dreifachen Krise. Erstens sind sie finanziell unter Druck geraten. Seit Ende der 70er-Jahre hat sich das Wirtschaftswachstum verlangsamt, in den 90er-Jahren herrschte aus wirtschaftlicher Sicht eine Stagnation. Die Steuereinnahmen und Einnahmen für die Sozialwerke haben sich entsprechend langsamer entwickelt. Die Arbeits- und Erwerbslosigkeit, steigende Bedürfnisse bei der Gesundheitsvorsorge sowie die demographische Alterung haben gleichzeitig zu höheren Ausgaben geführt. Zweitens erodieren die soziostrukturellen Grundlagen, auf welchen die Wohlfahrtsstaaten beruhen: Für Teile der Bevölkerung scheinen sich die Normbiographien, über welche die wohlfahrtsstaatlichen Ansprüche erworben werden, aufzulösen. Die Stabilität von Familien verkürzt sich. Dies stellt insbesondere die soziale Absicherung von Frauen in Frage, welche nicht oder lediglich teilzeitlich erwerbstätig sind. Der gestiegene internationale Wettbewerbsdruck hat einen Strukturwandel in der Wirtschaft zur Folge, bei welchem vor allem Arbeitsstellen für wenig qualifizierte Erwerbstätige in Tieflohnländer ausgelagert oder wegrationalisiert werden. Mit diesen Entwicklungen verlieren die Wohlfahrtsstaaten drittens auf politischer Ebene zunehmend die Unterstützung. Der Sozialstaat sei in absehbarer Zukunft nicht mehr finanzierbar, löse die Probleme trotz steigender Ausgaben nicht, ja verschärfe diese sogar, indem die hohen Sozialleistungen die Bezüger davon abhielten, einer Erwerbsarbeit nachzugehen oder ihre Erwerbstätigkeit zu erhöhen.

Als Antwort auf diese Krise hat sich die Idee der aktivierenden Sozialpolitik weitgehend durchgesetzt. Anstelle einer dauerhaften Einkommenssicherung über Sozialleistungen sollen die Bezüger sozialstaatlicher Leistungen so gefördert und unterstützt werden, dass sie auf dem Arbeitsmarkt eine Stelle finden und damit keine finanziellen Unterstützungsleistungen mehr benötigen. Das Konzept ist einleuchtend und stösst politisch auf breite Zustimmung. Mit ihm verbindet sich die Hoffnung, den Sozialstaat durch eine (Re-) Integration der Bezüger von Sozialleistungen in den Arbeitsmarkt finanziell zu entlasten (und gleichzeitig über Steuern und Beiträge zusätzliche Einnahmen zu generieren). Es trägt den veränderten Rahmenbedingungen einer globalisierten Wirtschaft Rechnung und nimmt der Kritik den Wind aus den Segeln, die Sozialleistungen hielten die Bezüger davon ab, erwerbstätig zu sein. Die Massnahmen der aktivierenden Sozialpolitik können dabei als Investitionen verstanden werden, welche nach erfolgreicher Integration amortisiert werden.

In der aktuellen Debatte wird die Weiterentwicklung des Konzeptes der Sozialinvestitionen in drei Richtungen diskutiert. Erstens haben die Erfahrungen gezeigt, dass normierte Integrationsmassnahmen – Ausbildungs- und Beschäftigungsangebote – nur für einen beschränkten Kreis von Klienten wirksam ist. Die anderen sind häufig durch mehrfache Problemlagen belastet, was eine individuelle Begleitung und massgeschneiderte Lösungen notwendig macht. Individuelles Coaching und Case-Management sind Ansätze, mit welchen versucht wird, dieser Anforderung zu genügen. Zweitens stellt die Aufsplitterung der sozialen Sicherung auf verschiedene Systeme ein Problem dar. Damit verbindet sich einerseits die Gefahr, dass im individuellen Fall nicht die adäquateste Massnahme ergriffen werden kann, weil sie nicht durch das „zuständige" Subsystem angeboten wird. Andererseits muss der Drehtüreffekt verhindert werden, dass Klientinnen und Klienten vom einen Subsystem ins andere weiterverwiesen werden. Diese Gefahr ist deshalb nicht von der Hand zu weisen, weil damit auch Kosten auf andere Träger abgewälzt werden können. Die interinstitutionelle Zusammenarbeit (IIZ) soll hier den Zugang zu den optimalen Massnahmen gewährleisten und Drehtüreffekte verhindern. Drittens gehen die Überlegungen zum Konzept der Sozialinvestitionen dahin, dass diese nicht auf die individuelle Ebene – wir fördern Leistungsbezüger heute, damit sie morgen keine Unterstützung mehr benötigen – beschränkt bleiben dürfen. Wenn Armut und Ausschluss nicht (nur) individuell, sondern (auch) strukturell bedingt sind, so müssen Massnahmen auch auf der strukturellen Ebene ansetzen. Hier sind vor allem Massnahmen im Bereich der frühkindlichen Betreuung, Massnahmen der Aus- und Weiterbildung, solche der Integration sowie Massnahmen zur besseren Vereinbarkeit von Familie und Beruf in der Diskussion.

Es lassen sich aber auch drei Problemkreise innerhalb des Konzeptes der Sozialinvestitionen erkennen. Erstens liegt dem Konzept eine strikte Ausrichtung sozialstaatlicher Leistungen im Hinblick auf die Integration in den Arbeitsmarkt zugrunde. Damit hat sich die Logik der Absicherung grundsätzlich verändert. War vorher das Versprechen des Wohlfahrtsstaates, den einmal erreichten Status quasi unabhängig von den äusseren Umständen zu garantieren, verspricht die aktivierende Sozialpolitik eine Unterstützung an die sich wandelnden Anforderungen. Das Risiko des Wandels trägt nicht mehr das System der Sozialen Sicherheit (welches im Übrigen dadurch in einem sich rasant wandelnden Umfeld schnell überfordert wäre), sondern dies tun die Betroffenen. Die Sicherheit der (Status-) Stabilität wurde durch die Sicherheit der (Arbeitsmarkt-) Flexibilität ersetzt. Was geschieht aber mit Menschen, welche den veränderten Anforderungen trotz Unterstützung – aus welchen Gründen auch immer – nicht zu genügen vermögen, – beziehungsweise für welche der Arbeitsmarkt keine Verwendung hat? Eng damit verknüpft ist zweitens die Frage, welche Rolle finanzielle Anreize bei der sozialen Sicherung spielen sollen. (Erwerbs-) Arbeit soll sich lohnen. Wer erwerbstätig ist, soll also über mehr Mittel verfügen können als jemand, der nicht erwerbstätig ist. Aus dieser Sicht muss die Grundsicherung ohne Erwerbsarbeit tief angesetzt werden, welche mit zunehmender Erwerbsarbeit stark ansteigt. Ist es aber richtig, die Grundsicherung auch für jene Menschen tief anzusetzen, welche nicht erwerbstätig sein können? Wer bestimmt wie darüber, wer in welchem Ausmass erwerbsfähig ist? Drittens sind viele Fragen bei der konkreten Ausgestaltung und Umsetzung von aktivierenden Massnahmen und ihrem Erfolgspotential offen. Breite Erfahrungen mit Coaching und Case-Management fehlen noch. Die Modelle der interinstitutionellen Zusammenarbeit sind sehr heterogen und noch wenig wissenschaftlich evaluiert. Untersuchungen zeigen, dass Massnahmen teilweise unwirksam sind oder im schlimmsten Fall stigmatisierend wirken, so dass sie die Chancen auf dem Arbeitsmarkt reduzieren anstatt zu erhöhen.

Die Beiträge in diesem Buch zeigen verschiedene Facetten des Konzeptes der Sozialinvestitionen sowie der damit verbundenen Probleme. Es ist zu hoffen, sie seien Anstoss für eine vertiefte Diskussion über die Zukunft des Sozialstaates. Denn längerfristig ist zu erwarten, dass mit dem wirtschaftlichen Strukturwandel Arbeitsstellen mit niederen Qualifikationsanforderungen weiter wegrationalisiert oder an billigere Produktionsstandorte ausgelagert werden. Entsprechend wichtig ist es, die Sozialinvestitionen zu erhöhen, auf weitere Bereiche auszudehnen und so weit wie möglich zu optimieren, damit möglichst viele den Anforderungen auf dem Arbeitsmarkt genügen können. Trotzdem wird der Anteil jener Personen ansteigen, welche den Anschluss nicht finden. Zwar werden auf lokaler Ebene Modelle wie Sozialfirmen oder Lohnzuschüsse praktiziert. Eine breite Debatte über mögliche Lösungen hat jedoch noch nicht eingesetzt. Vielleicht wird sich dann die (alte) Erkenntnis durchsetzen, dass auch solche Modelle Sozialinvestitionen darstellen, sie stärken nämlich das Vertrauen in das gesellschaftliche System, tragen also zur Bildung von sozialem Kapital bei.

Ludwig Gärtner
Vizedirektor des Bundesamtes für
Sozialversicherungen (BSV)
Leiter des Geschäftsfeldes
"Familie, Generationen und Gesellschaft".

# Table des matières/Inhaltsverzeichnis

CHAPITRE 1

# Faire face aux défis de l'Etat social : la stratégie de l'investissement

GIULIANO BONOLI[1]

## 1.1 Introduction

Traditionnellement, dans les Etats sociaux de l'après-guerre, la politique sociale avait une fonction essentiellement protectrice : la garantie d'un revenu de remplacement lorsqu'une personne, pour cause de vieillesse, invalidité, maladie ou chômage, n'était pas à même d'obtenir un revenu sur le marché du travail. Les transformations socio-économiques qui ont lieu à partir des années 1970 ont remis en question cette orientation de la protection sociale. Le déclin de l'emploi industriel donne lieu à de nouveaux problèmes, tels que le chômage de longue durée ou l'exclusion sociale contre lesquels les remèdes traditionnels, basés sur le principe assurantiel, se révèlent impuissants. De plus, l'émergence de nouvelles formes de précarité sur le marché du travail (travail atypique, *working poor*) conduit à une situation dans laquelle le fait d'avoir un emploi ne constitue plus une garantie contre le risque de pauvreté.

L'Etat social doit donc s'adapter à de nouvelles conditions socio-économiques, en principe plus exigeantes, à un moment où, du fait du vieillissement démographique, les dépenses pour ses fonctions traditionnelles, assurances vieillesse et maladie en particulier, vont passablement augmenter. C'est dans ce contexte de pressions multiples et contradictoires que certains pays développent une stratégie de réforme de l'Etat social qui met l'accent sur l'investissement social et qui promet de mieux aider les perdants des

[1] Giuliano Bonoli est professeur de politiques sociales auprès de l'Institut de hautes études en administration publique (IDHEAP) à Chavannes-près-Renens – Lausanne.

transformations économiques tout en renforçant l'édifice de l'Etat social tel que nous l'avons hérité des trente glorieuses.

Cette réorientation part du postulat que l'Etat social peut devenir un moteur de croissance économique, notamment en favorisant l'accès à l'emploi. Par exemple, en encourageant le travail des femmes à travers la mise sur pieds de mesures qui facilitent la conciliation entre travail et vie familiale ou en améliorant l'employabilité d'individus qui, à cause d'une formation déficiente ou de problèmes de santé, ne sont que faiblement productifs. Augmenter les taux de participation au marché du travail permet de faire face à deux problèmes simultanément. D'une part, le non-emploi et le sous-emploi sont fortement corrélés avec la pauvreté. Augmenter le taux d'emploi des ménages constitue donc un instrument très efficace pour lutter contre la pauvreté. D'autre part, un accroissement du taux d'emploi va permettre aux Etat sociaux hérités de l'après-guerre de mieux résister au vieillissement démographique.

Cette vision du rôle de l'Etat social dans une société postindustrielle est en train de s'imposer comme un nouveau consensus à plusieurs niveaux : dans les recommandations faites par les agences internationales, dans les politiques sociales développées par l'Union européenne, et dans le processus de réforme que connaissent la plupart des pays occidentaux, y compris la Suisse.

L'émergence d'un nouveau consensus en politique sociale ne se traduit toutefois pas immédiatement en de nouvelles politiques. Des obstacles importants à la réorientation des Etats sociaux dans le sens de l'investissement social existent : des problèmes d'inertie des politiques publiques (des réformes profondes sont généralement difficiles à adopter), des problèmes financiers (les investissements coûtent) et des problèmes de gouvernance. En effet, l'application du principe de subsidiarité a fait que dans plusieurs Etats, et en particulier en Suisse, les domaines cruciaux pour l'investissement social (services sociaux, aide sociale, intégration des immigrées) sont gérés au niveau local. L'orientation « investissement social » leur attribue une importance stratégique nationale (ou, dans le cas de l'UE, continentale), d'où un important décalage entre le souhait des gouvernements d'entreprendre des réformes allant dans ce sens et la grande marge de manoeuvre laissée aux collectivités responsables de la mise en œuvre concrète des ces principes.

Cette contribution propose une réflexion autour de la notion d'investissement social, qui est vue ici comme une stratégie pour faire face aux défis que rencontrent actuellement les Etats sociaux européens. Après une discussion du concept, qui met aussi en évidence les risques et les limites associés avec une telle stratégie, nous examinons les domaines dans lesquels la stratégie de l'investissement social est plus prometteuse. La question des retours sur investissement est aussi abordée. Finalement, nous nous penchons sur la question plus concrète de la manière de mettre en œuvre une stratégie d'investissement social dans un système fédéral où les responsabilités pour la politique sociale sont partagées.

## 1.2 L'investissement social : vers un nouveau consensus en politique sociale

Les pionniers de cette réorientation de l'Etat social sont les pays scandinaves, Danemark et Suède en particulier. Les gouvernements socio-démocrates qui se succèdent à la tête de ces pays pendant les années de l'après-guerre sont contraints de développer un système de protection sociale qui réponde aux demandes du mouvement ouvrier en termes d'étendue et de générosité, et qui soit en même temps compatible avec une économie de marché compétitive. Ainsi, pendant les années 1950 déjà, la Suède développe un modèle de gestion du marché du travail basé sur le plein emploi, la négociation collective centralisée et des politiques actives du marché du travail. Celles-ci ont pour tâche de reconvertir les ouvriers actifs dans des industries déclinantes (industrie minière, du bois) pour qu'ils puissent contribuer à celles qui se développent (Benner et Vad 2000).

Déjà au cours des années 1970 dans les pays scandinaves, les dépenses sociales « d'investissement » dépassent de loin celles des autres pays européens. Outre une politique active du marché du travail, ce deux pays développent à partir de la fin des années 1960, un réseau de structures de garde pour enfant en bas âge, ayant comme objectif de permettre aux mères d'intégrer le marché du travail. Aujourd'hui les pays scandinaves se démarquent nettement des autres pays OCDE en matière de dépenses d'investissement social. Le Danemark et Suède consacrent respectivement 2,2% et 1,3% de leur PIB aux services pour les familles (contre 0,14% en Suisse) et 1,6% et 1,7% aux politiques actives du marché du travail (contre 0,6% en Suisse)[2].

Selon la plupart des experts en politique sociale, ces dépenses ont un impact bénéfique sur le fonctionnement de l'économie, et contribuent à expliquer le « miracle nordique » , c'est-à-dire la capacité de ces pays à conjuguer une protection sociale très développée avec une économie extrêmement compétitive. Ces éléments, combinés avec une démographie moins défavorable que dans le reste du continent (voir Wanner, chapitre 8), font que ces pays sont aujourd'hui les mieux placés pour préserver les acquis sociaux des trente glorieuses, notamment les systèmes de retraite et de santé, au cours des prochaines décennies.

Ce pronostique favorable contraste avec la situation à plusieurs égards préoccupante dans laquelle se trouvent les pays d'Europe continentale :

[2] Les montants des dépenses sociales par rapport au PIB sont des valeurs moyennes sur la période 1997-2001 (source : OECD Social expenditure database, SOCX).

une natalité très faible (à l'exception de la France) qui va donner lieu à des phénomènes de vieillissement démographique spectaculaires, des taux d'emploi qui stagnent ou diminuent au fil des années et des déficits publics de plus en plus importants. Vu ce qui précède, il n'est pas étonnant que dès la fin des années 1990 les communautés scientifiques et politiques se tournent vers le modèle nordique. Ceci d'autant plus que les pays ayant suivi les recettes néolibérales (Grande-Bretagne et Etats-Unis) ont réussi à résoudre les principaux problèmes économiques (chômage, inflation, déficit public) mais avec des coûts sociaux exorbitants. Les années 1980 sont caractérisées dans ces deux pays par une progression des inégalités, dues en partie à une régression de la situation des plus faibles. Des indicateurs tels que la pauvreté des enfants atteignent des niveaux préoccupants.

On comprend donc facilement pourquoi un modèle d'Etat social basé sur l'investissement social, qui promet de concilier compétitivité économique, justice sociale et un certain équilibre démographique, suscite de plus en plus d'intérêt. On le retrouve dans les recommandations de l'OCDE (OECD 2003, 2005), dans la politique sociale de l'Union européenne, en particulier la Stratégie européenne de l'emploi (Bertozzi et Bonoli 2002) et dans l'orientation prise par les réformes dans plusieurs pays : la Grande-Bretagne sous Tony Blair notamment.

Aujourd'hui, le modèle « investissement social » domine la politique sociale dans des pays qui, il y a encore quelques années, en étaient très éloignés. On peut penser à l'Allemagne qui change complètement son orientation en matière de politique familiale, d'un modèle basé sur le soutien des mères qui décident d'arrêter leur activité professionnelle pour s'occuper de leurs enfants, à un modèle où la conciliation travail-famille est explicitement promue. Chose remarquable, cette réorientation intervient sous un gouvernement dirigé par la CDU d'Angela Merkel, un parti qui s'était toujours engagé pour la défense de la famille traditionnelle.

La Suisse n'est évidemment pas épargnée par cette réorientation. On en voit quelques éléments dans la 2$^{e}$ révision de l'assurance chômage de 1995, dans les 4$^{e}$ et 5$^{e}$ révisions de l'AI. Au niveau de l'aide sociale, cette nouvelle orientation se concrétise dans les nouvelles normes CSIAS adoptées en 2005, qui mettent beaucoup plus l'accent sur la réinsertion professionnelle et dans les révisions des lois sur l'aide sociale dans les cantons.

## 1.3 Un consensus qui cache les problèmes ?

Le modèle de l'investissement social fait certes des promesses attrayantes, mais présente sans doute aussi des problèmes. Ainsi Thanh-Huyen Ballmer-Cao (chap. 9) met en évidence le fait que ce modèle se base sur une inversion des priorités entre économique et social par rapport au modèle d'Etat social qui était dominant pendant les années de l'après-guerre. Désormais les considérations économiques priment sur les besoins sociaux. Dans un contexte économique favorable, il est bien possible que les résultats sociaux de l'investissement social soient positifs. Mais que se passe-t-il lorsque l'économie va mal ? Que peuvent faire les politiques de réinsertion dans des phases de déclin de l'emploi ? Selon Peter Knoepfel (chap. 13), dans cette approche le bénéficiaire risque d'être considéré comme la source du problème à résoudre, ce qui peut avoir un impact négatif sur l'efficacité des politiques en question.

D'autres auteurs mettent en garde contre le risque d'oublier les personnes qui, pour des problèmes de santé, de manque de compétences cognitives ou d'autres problèmes d'employabilité, ne pourront jamais profiter des opportunités offertes par les politiques d'investissement social (Madsen 2002 ; Myles et Quadagno 2000). De quel niveau de protection bénéficieront-elles ?

Ce problème a son origine dans le dilemme que Carlo Knöpfel nomme « le dilemme de l'aide sociale » (chap. 4). Pour favoriser l'entrée des sans-emploi dans le marché du travail, il faut des incitations clairement favorables à la reprise d'une activité professionnelle. Ceci implique que les prestations disponibles pour les non-actifs doivent être le moins élevé possible. Le risque est bien sûr qu'elles résultent en un appauvrissement excessif de ceux qui ne sont pas à même de profiter de l'investissement social, tels que par exemple les personnes proches de l'âge de la retraite ou déjà retraitées (voir Bertozzi, chapitre 6 et Hinrichs, chapitre 2).

Ces questions soulèvent des problèmes bien réels dont il faut sans doute tenir compte dans toute discussion sur la réorientation de l'Etat social.

## 1.4 Où investir ?

La logique de l'investissement social va au-delà de l'insertion professionnelle. A notre avis peut être considéré comme investissement toute intervention susceptible d'avoir un impact positif sur la production de richesses et sur la viabilité dans le long terme des programmes sociaux hérités de la période des trente glorieuses. Une définition large de la notion d'investissement social nous amène à inclure plusieurs domaines.

**Politiques actives du marché du travail**

Des politiques ayant pour but d'améliorer l'employabilité des sans-emploi voient le jour après la crise de l'emploi des années 1970 (chap. 5). Certains Etats américains expérimentent ce type de mesure déjà durant les années 1980. Dans les pays scandinaves, des politiques actives existent depuis les années 1950 mais ont un autre objectif : la reconversion plutôt que la réinsertion professionnelle. Pour cette raison, elles ne se révèlent pas immédiatement adéquates au nouveau contexte de chômage de masse. Dans ces pays, les politiques actives sont donc réorientées vers la réinsertion professionnelle durant les années 1990 (Calmfors *et al.* 2001).

Réinsérer professionnellement des chômeurs de longue durée, des bénéficiaires de l'aide sociale ou des personnes avec des problèmes de santé n'est sans doute pas une tâche facile. Ce processus se heurte à un nombre important d'obstacles. D'abord, leurs compétences ne correspondent pas forcément à celles qui sont demandées par le marché du travail. Ensuite, les incitations à (re-)prendre une activité lucrative ne sont pas toujours favorables. Les effets de seuil que Carlo Knöpfel (chap. 4) met en évidence dans l'aide sociale en Suisse existent aussi dans d'autres contextes. Enfin, les bénéficiaires de programmes sociaux subissent ce qu'on appelle la « discrimination statistique » : le fait d'être pris en charge par un régime social constitue aux yeux de certains employeurs un facteur de risque supplémentaire, qui rend la réinsertion encore plus difficile.

Pour ces raisons, il n'est pas surprenant de constater que les expériences faite avec les politiques actives du marché du travail ne sont de loin pas toutes positives (Martin et Grubb 2001). Certaines évaluations montrent l'absence de tout effet ou même la présence d'effets négatifs des mesures, c'est-à-dire que les sans-emploi qui suivent des mesure de réinsertion professionnelle ont moins de chances de retrouver un job de ceux qui n'y ont pas accès. Ce type de résultats peu encourageants se retrouvent parfois aussi dans des évaluation menées en Suisse sur les mesures actives disponibles dans le cadre de la LACI (Gerfin et Lechner 2000). Mais avec le temps et les expériences positives et négatives qui s'accumulent, nos connaissances par rapport à la façon dont il convient de structurer des dispositifs de réinsertion professionnelle s'améliorent. Par conséquent, aujourd'hui il est possible de développer des dispositifs beaucoup plus efficaces qu'il y a dix ou vingt ans.

**Egalité hommes-femmes**

Thahn Hyuen Ballmer-Cao remarque que « l'investissement social répond à un certain nombre de revendications anciennes des femmes » (chap. 9). Effectivement, des revendications d'égalité des chances, de possibilités de concilier travail et vie familiale, ou d'égalité salariale s'insèrent parfaitement dans l'optique de l'investissement social. Un certain retour sur investissement peut être obtenu en éliminant les discriminations dont sont toujours victimes les femmes, en termes de salaires ou de chances de progression de carrière. Il est clair que la discrimination a un coût pour l'économie.

Mais investir dans l'égalité hommes-femmes ne se limite pas à lutter contre les discriminations. Permettre un meilleur accès des femmes au marché du travail signifie accroître le taux d'emploi et contribue donc à la solidité d'une économie. L'effet peut être très important, dans la mesure où l'emploi des femmes crée de l'emploi. En effet, comme le montre Esping-Andersen, l'entrée sur le marché du travail des mères de famille crée une forte demande pour des services à faible valeur ajoutée : services de nettoyage, de blanchisserie, de préparation des repas ou de garde des enfants, bref les services qui remplacent les activités traditionnellement accomplies par des femmes au foyer sans rémunération (Esping-Andersen 1999).

La promotion de l'égalité a probablement aussi un impact sur la démographie. En effet, si dans le passé les pays à forte fécondité étaient ceux où les femmes étaient reléguées au foyer, aujourd'hui c'est le contraire qui se produit (Castles 2002 ; McDonald 2000 ; voir aussi chapitre 8). Les pays où le travail rémunéré et le travail domestique non rémunéré sont partagés de manière équitable sont ceux où la natalité est la plus forte. Certaines études montrent une relation entre le partage du travail domestique à l'intérieur des couples avec un enfant et la probabilité d'avoir un deuxième enfant. Cette probabilité est plus élevée dans les couples égalitaires (Miller Torr et Short 2004 ; Cooke 2004). S'engager pour l'égalité homme-femme constitue donc un investissement pour l'avenir de nos systèmes de protection sociale.

**Fiscalité, incitations**

L'idée d'investissement social est fortement liée avec celle d'encouragement à la participation au marché du travail. Toutefois, des programmes de réinsertion performants ou des mesures qui permettent de concilier travail et vie familiale n'auront de véritable impact sur les taux d'emploi que si les incitations mises en place par les systèmes fiscaux et de transfert vont dans le même sens. Depuis plusieurs années nous savons en effet que l'interaction de plusieurs systèmes – aide sociale, autres subventions individuelles, fiscalité – produisent des taux marginaux effectifs d'imposition de 100% ou plus, c'est-à-dire des situations dans lesquelles un franc de revenu supplémentaire donne lieu à une diminution des subventions et/ou une augmentation des impôts globalement égale ou même supérieure à un franc. Dans ces conditions, de fait, les efforts de réinsertion ne sont pas récompensés par un revenu disponible plus élevé.

Le système fiscal, pour sa part, n'encourage pas non plus une éventuelle reprise d'une activité professionnelle. Il contribue à créer des effets de seuil notamment lorsque les revenus d'un ménage lui permettent de quitter l'aide sociale. L'exonération fiscale du minimum vital semblerait s'imposer comme instrument de coordination entre aide sociale et fiscalité. Cette mesure pourrait remplacer une partie des déductions actuellement admises, qui, comme le montre Bernard Dafflon, annulent quasiment l'effet progressif du système fiscal (chap. 3).

L'étude mandatée par la Conférence suisse des institutions d'action sociale (CSIAS) et reprise dans la contribution de Carlo Knöpfel (chap. 4) montre de manière très claire où se trouvent les effets de seuil. Ce type de problème n'est toutefois ni propre à la Suisse ni inévitable. Le problème des effets de seuil se retrouve en général dans les pays où le marché du travail est peu réglementé (et où les salaires peuvent donc être relativement bas) et où le système de protection sociale est fortement basé sur des prestations sous condition de ressources. Il s'agit surtout des pays anglo-saxons. La solution apportée dans ces pays consiste à mettre en place deux systèmes distincts de soutien au revenu. L'un moins favorable, pour ceux qui n'ont aucune activité lucrative. L'autre disponible pour ceux qui travaillent un nombre d'heures minimal (en Grande-Bretagne, par exemple, 16 heures par semaine), qui prévoit des prestations dégressives. Les prestations diminuent lorsque le revenu du travail augmente, mais toujours dans une proportion inférieure. Typiquement, une augmentation du revenu du travail de 1 franc, donne lieu à une diminution de la prestation versée de 70 centimes. Ces régimes sont en général gérés dans le cadre de la fiscalité sous le label de « crédits d'impôt ». Il s'agit du modèle B1–C–D présenté dans le graphique 4.1 (chap. 4).

Ce modèle permet de résoudre le problème des effets de seuil, mais comme le remarque Carlo Knöpfel, son inconvénient est qu'il coûte cher : les prestations sont disponibles pour des ménages avec des revenus supérieurs au minimum vital. Ces dépenses, toutefois, doivent également être vues comme des dépenses d'investissement. Les expériences faites aux Etats-Unis et en Grande-Bretagne avec ce type d'instruments ont montré qu'ils permettent d'augmenter la participation au marché du travail. Aux Etats-Unis, plusieurs études ont montré que le *Earned Income Tax Credit* (EITC) est responsable d'une plus forte participation au marché du travail des personnes faiblement qualifiées, en particulier des familles monoparentales. Cet instrument a donc permis non seulement de lutter de manière efficace contre la pauvreté mais encore de générer des ressources supplémentaires en encourageant la participation au marché du travail (Sawhill et Thomas 2001 ; Nagle et Johnson 2006).

Le contexte socio-démographique actuel soulève un autre enjeu quant aux incitations contenues dans le système fiscal et de transferts : la question de l'équité entre les personnes qui ont des enfants et ceux qui n'en ont pas (chap. 7). Pour reprendre la terminologie d'Esping-Andersen, le contexte de basse fécondité renforce les externalités positives dues au fait d'avoir des enfants (chap. 14). En même temps, les coûts associés avec ce choix ne sont que faiblement socialisés. En découle un problème d'équité, entre ceux qui ont des enfants et ceux qui n'en ont pas, et probablement aussi un problème d'incitations à avoir des enfants.

La question de l'équité a été abordée en relation avec le financement des retraites en répartition, notamment dans un arrêt de la Cour constitutionnelle allemande qui affirme que des assurés avec enfants contribuent deux fois au système de retraite : par leurs cotisations et en mettant au monde les contribuables de demain. Ils devraient donc bénéficier d'une baisse de cotisation. Cet arrêt met en évidence un problème d'équité, qui n'est toutefois pas facile à résoudre. Le législateur allemand a suivi partiellement les conclusions de la Cour constitutionnelle, en augmentant de 0,25% les cotisations des assurés sans enfant à l'assurance soins de longue durée (*Pfelgeversicherung* ), mais n'est pas intervenu au niveau du système de retraite. En général, on peut estimer que des mesures visant à modifier les équilibres redistributifs en faveur des personnes avec enfants de manière directe, risquent d'être fortement controversées. Il est possible que la solution de ce problème d'équité (et d'incitations) passe par une amélioration de l'offre de services pour les familles, financée par la collectivité.

**Concilier travail et vie familiale**

Un domaine où la logique de l'investissement social peut être appliquée de manière efficace est sans doute celui de la conciliation vie professionnelle-vie familiale. Des investissements dans des structures d'accueil pour enfants en bas âge, des congés parentaux, ou des mesures du droit du travail aptes à faciliter la conciliation permettent d'atteindre simultanément plusieurs objectifs qui s'insèrent dans la logique de l'investissement social, et notamment :

- augmenter les taux de participation au marché du travail des parents, dans la plupart des cas, des femmes ;
- avoir un impact positif sur la natalité (voir la contribution de Philippe Wanner, chapitre 8) ;
- faciliter l'intégration des enfants d'immigrés, en leur permettant d'apprendre la langue du lieu avant l'âge scolaire ;
- promouvoir l'égalité homme-femme ;
- contribuer à la lutte contre la pauvreté ;
- promouvoir l'équité entre familles et ménages sans enfants.

Bref, il existe peu de domaines de la politique sociale où en développant une forme d'intervention on produit autant d'effets souhaités. On peut donc considérer ce domaine, dans une optique d'investissement social, comme un domaine prioritaire. De plus, les mesures de conciliation visant par définition les ménages avec enfants, ces interventions permettent de contribuer à répartir de manière plus équitable les charges associées avec l'éducation des enfants.

**Investir dans les enfants**

Dans une optique de long terme, la logique de l'investissement social doit s'appliquer en premier lieu aux enfants. Les enfants d'aujourd'hui seront les contributeurs et/ou les bénéficiaires de l'Etat social des 70-80 prochaines années. Le coût de l'échec pour la collectivité est dans ce cas potentiellement énorme. Dans une optique d'investissement social il est donc parfaitement rationnel de tout mettre en œuvre pour que chaque enfant ait le plus possible de chances de réussir dans le système scolaire et dans la vie professionnelle. Ceci même si les coûts sont importants.

Les investissements doivent commencer tôt, car les compétences cognitives et sociales qui permettent de réussir au niveau scolaire et professionnel se développent déjà au cours des premières phases de notre vie.

Un déterminant crucial des chances de succès d'un enfant est la situation socio-économique des parents. Grâce aux données de l'enquête PISA, Esping-Andersen (chap. 14) montre que des indicateurs tels que le revenu, la situation familiale et même le nombre de livres dont dispose un foyer sont des déterminants puissants des résultats scolaires obtenus par des enfants de 15 ans. La relation entre ces indicateurs et les résultats n'est cependant pas linéaire : elle ne concerne en fait que les plus désavantagés. L'investissement ici devrait avoir donc lieu dans le cadre de la politique de lutte contre la pauvreté, notamment grâce aux instruments discutés ci-dessus : des crédits d'impôt, des mesures de réinsertion professionnelle ou des structures qui permettent aux ménages pauvres d'augmenter leur volume d'emploi et d'améliorer ainsi leur situation économique. Ces instruments, couplés avec la mise sur pied d'une offre suffisante de structures d'accueil pour les enfants en bas âge, peuvent contribuer de manière sensible à améliorer le cadre dans lequel nos enfants grandissent.

Les structures d'accueil constituent le deuxième pilier d'une politique d'investissement dans les enfants. En effet il existe un nombre important d'études, réalisées dans différents pays, qui démontrent l'effet bénéfique qu'a la fréquentation d'une crèche sur les capacités d'apprentissage des enfants. Cet effet est particulièrement fort pour les enfants appartenant à des milieux défavorisés, notamment issus de l'immigration. Kamerman *et al.* font état de plusieurs études suédoises qui montrent un effet positif sur les résultats scolaires du fait d'avoir été pris en charge dans une crèche. L'effet est plus fort pour les enfants qui entrent dans une crèche à un âge compris entre 6 et 12 mois, et reste visible jusqu'à 13 ans. Les résultats obtenus dans d'autres pays (Grande-Bretagne, Etats-Unis) sont moins univoques, mais l'effet bénéfique sur les plus défavorisés reste visible (Kamerman *et al.* 2003).

Certes, ces résultats doivent être confrontés à ceux d'autres études, qui mettent parfois en évidence des effets négatifs de la fréquentation d'une structure d'accueil extrafamiliale. Ceux-ci se concentrent d'une part sur l'importance de la qualité de l'accueil, et de l'autre sur la durée hebdomadaire de la prise en charge.

Pour ce qui est de la qualité de la prise en charge, plusieurs études montrent un lien positif entre des indicateurs qui décrivent la structure d'accueil et le développement de l'enfant (Vandell et Wolfe 2000). Il faut dire que ces recherches sont confrontées avec des problèmes méthodologiques non négligeables, notamment par rapport à la manière de mesurer la qualité de la prise en charge. Typiquement la qualité d'une structure est mesurée par des indicateurs tels que le niveau de formation du personnel, le ratio personnel/enfants, la taille de la structure, la présence d'un projet pédagogique et l'espace disponible. On peut toutefois imaginer que d'autres facteurs, moins facilement mesurables, entrent aussi en jeu. De plus, les résultats peuvent être biaisés du fait que les ressources socio-économiques des parents sont fortement liées d'une part à la capacité d'apprentissage des enfants, de l'autre à la qualité de la structure fréquentée par les enfants (Zaslow *et al.* 2006).

La durée hebdomadaire de la prise en charge extrafamiliale peut avoir un effet négatif sur le comportement de l'enfant : une étude américaine montre en effet qu'il existe une relation linéaire entre le nombre d'heures passées dans une crèche et le niveau d'agressivité et de conflit avec les adultes. Les chercheurs notent aussi que ces effets semblent être indépendants de la qualité de la prise en charge et de plusieurs indicateurs qui décrivent le cadre familial. Il remarquent aussi que le statut socio-économique est un déterminant beaucoup plus puissant de ces problèmes comportementaux (NICHD 2003).

**Intégration des immigrés**

Démographie oblige, l'Europe, et donc la Suisse, vont devenir des sociétés de plus en plus multiculturelles. Cette certitude par rapport aux conséquences de la baisse de la fécondité des femmes autochtones, s'accompagne d'une grande incertitude par rapport aux formes que prendra le processus de « multiculturalisation ». Celui-ci pourra se faire de manière plus ou moins harmonieuse en fonction aussi des mesures qui seront mises en place pour favoriser l'intégration des immigrées qui gagneront la Suisse au cours des prochaines décennies (chap. 11). Dans ce cadre, il convient de relever qu'une politique de l'intégration efficace ne passe pas forcément et uniquement par des mesures ciblées sur des publics étrangers. Au contraire, des mesures de lutte contre le désavantage, dans les domaines de l'éducation et du marché du travail, peuvent être très efficaces. Au vu de la surreprésentation des immigrés dans les catégories défavorisées, des politiques de lutte contre le désavantage contribuent de manière importante à l'intégration.

## 1.5 Quels retours sur l'investissement social ?

La notion d'« investissement social » contient une promesse : les fonds nécessaires à la mise en place des programmes et dispositifs concernés vont générer des retours pour la collectivité. Ces retours sont parfois facilement mesurables. Les économies que fait l'aide sociale lorsqu'un bénéficiaire trouve un emploi, ou les revenus fiscaux supplémentaires qu'obtiennent commune, canton et Confédération lorsqu'une mère de famille augmente son taux d'occupation peuvent, au moins théoriquement, être estimés avec une certaine précision. D'autres retours sur investissement sont plus difficiles à mesurer. L'impact de certaines mesures de politique familiale sur la natalité pourrait permettre de ralentir le processus de vieillissement démographique et de rendre donc moins problématique le financement de l'AVS au cours des prochaines décennies, mais mettre un chiffre sur cet effet est beaucoup plus difficile. Encore plus problématique est d'estimer le retour sur investissement en terme de cohésion sociale, peut-être aussi parce que la valeur que l'on attribue à ce bien public varie d'un individu à l'autre.

Ces difficultés, objectives, à mesurer ce que l'investissement social peut potentiellement rapporter, ne doivent cependant pas nous amener à éviter la question. A une époque où les restrictions budgétaires (induites en partie par le processus de vieillissement démographique) dominent le débat politique sur le rôle de l'Etat, la crédibilité de la stratégie de l'investissement repose sur sa capacité à démontrer que les sommes engagées vont produire des retours.

Heureusement nous disposons actuellement de plusieurs études qui illustrent le potentiel d'une stratégie d'investissement social, souvent en termes purement comptables. Une analyse coût-bénéfices des mesures de réinsertion professionnelle adoptées aux Etats-Unis, par exemple, nous montre que les meilleurs dispositifs, en l'espace de cinq ans, ont produit un retour sur investissement pour la collectivité publique de l'ordre de 300% ! Ce résultat a été obtenu en comparant les dépenses nettes occasionnées par les bénéficiaires du programme avec celles d'un groupe de contrôle. L'attribution à un des deux groupes a été faite par tirage au sort et de la somme dépensée ont été déduits les montants payés en impôt par ceux qui avaient réussi à trouver un emploi (Hamilton *et al.* 2001). Les résultas obtenus par Flückiger et Kempeneers, moins spectaculaires, vont toutefois dans le même sens. Après une année, le coût supplémentaire d'une prise en charge plus rapprochée est récupéré grâce aux économies réalisées (chap. 5, voir aussi Flückiger et Kempeneers 2007).

Certes, ces résultats encourageants ne se retrouvent pas dans toutes les évaluations des mesures de réinsertion. Au contraire, souvent les évaluations montrent des effets négligeables, inexistants ou même négatifs des mesures de réinsertion. Il est évident que la qualité des dispositifs de réinsertion compte pour beaucoup ici.

Des résultats similaires se retrouvent pour d'autres domaines d'investissement social. Certaines études ont tenté d'estimer, toujours sur la base de la comparaison entre un groupe de bénéficiaires et un groupe de contrôle, le retour sur investissement de programmes d'éducation préscolaire dans le long terme (jusqu'à 25-27 ans). Le retour sur investissement peut atteindre 600% (Barnett 1998 ; Barnett et Masse 2007). D'autres études ont mis en évidence le potentiel de retour sur investissement des dépenses pour l'accueil des enfants en bas âge. Une étude réalisée par le bureau BASS, souvent citée, montre que chaque franc investi pour la création de places de crèches rapporte 3 à 4 francs à la collectivité (Bauer et Mueller Kuocera 2001). Ce résultat n'est en rien surprenant si l'on tient compte du mécanisme multiplicateur que représente le travail des femmes. Des résultats allant dans le même sens ont par ailleurs été obtenus par d'autres chercheurs, notamment au Danemark (Esping-Andersen 2006).

## 1.6 L'investissement social dans un Etat fédéral

Les institutions politiques suisses ne sont pas toujours très favorables au changement. Permettront-elles l'adoption d'une stratégie de l'investissement social ? Silja Häusermann propose une analyse qui met l'accent sur le rôle de frein mais aussi de catalyseur que peuvent jouer les institutions de la démocratie directe (chap. 12). Ici nous nous arrêtons sur une autre particularité du système politique suisse : le fédéralisme. En effet, en Suisse comme dans beaucoup d'autres Etats fédéraux, les domaines plus prometteurs en matière d'investissement social (politique familiale, éducation, aide sociale, intégration) sont de compétence cantonale voire communale. Se pose donc la question de savoir qui peut piloter la mise en place d'une stratégie de réforme basée sur l'investissement social et comment.

La question est certes complexe, mais une réponse nous vient de l'Union européenne. Cette structure supranationale n'est pas un Etat fédéral mais le pilotage des politiques publiques connaît des problèmes de blocage, de manque de coordination et de direction stratégique tout à fait comparables à ceux que l'on observe en Suisse dans les domaines de compétence cantonale et communale. L'instrument de pilotage et de coordination des politiques sociales de compétence nationale mis en place par l'Union européenne s'appelle la Méthode Ouverte de Coordination, ou MOC (Zeitlin et Pochet 2005). Cette méthode est actuellement appliquée à un nombre croissant de domaines de la politique sociale, dont font partie la politique de l'emploi, les retraites, la santé, l'immigration et l'exclusion sociale (Laffan et Shaw 2005). Elle se base sur l'idée du *benchmarking* des politiques publiques, ou de la comparaison, parfois par rapport à des objectifs décidés de manière commune, de la performance des différentes entités. En comparant on crée une pression entre les pairs à s'améliorer, à se rapprocher des objectifs communs (chap. 10).

La MOC européenne consiste en un processus itératif impliquant les institutions européennes (Commission, Parlement) et les gouvernements des Etats membres. Au début de l'exercice, la Commission et les Ministres en charge des affaires sociales se mettent d'accord sur un certain nombre d'objectifs à atteindre dans le domaine en question. Par exemple, dans le domaine de la politique de l'emploi, il s'agit d'augmenter le taux d'emploi global (à 70%). Les gouvernements nationaux gardent toute liberté par rapport aux mesures à mettre en place pour atteindre ces objectifs. Les Etats membres sont ensuite appelés à rédiger des rapports nationaux dans lesquels ils montrent le degré d'avancement par rapport aux objectifs fixés et les mesures adoptées pour les mettre en œuvre. Les pays qui le veulent peuvent en outre présenter ce qu'ils jugent être de bonnes pratiques.

L'évaluation de la MOC par les experts de l'intégration européenne a quelque peu évolué depuis son lancement à la fin des années 1990. En effet, si au début la plupart d'entre eux affichaient un certain scepticisme, aujourd'hui plusieurs lui reconnaissent une certaine efficacité. Par exemple,

Lopez-Santana, sur la base d'une cinquantaine d'entretiens réalisés avec des fonctionnaires avec des responsabilités dans le domaine de la politique de l'emploi en Suède, en Belgique et en Espagne, montre que des fortes majorités dans chaque pays évaluent la MOC-emploi (ou Stratégie européenne de l'emploi) de manière positive. En Belgique, la MOC-Emploi aurait même contribué à améliorer la coordination à l'intérieur du pays. Plusieurs fonctionnaires interviewés lui reconnaissent en plus une certaine efficacité (Lopez-Santana 2006). Par ailleurs, selon Caporaso et Wittenbrink, la MOC comme d'autres nouveaux modes de gouvernance développés au niveau européen, n'est ni supérieure ni inférieure à l'approche standard basée sur la législation (*hard law*). Chaque instrument est adapté à l'accomplissement de tâches différentes (Caporaso et Wittenbrinck 2006).

Mais en quoi la MOC pourrait être utile à la Suisse ? Celle-ci pourrait s'en inspirer pour piloter une stratégie de réforme de l'Etat social orientée vers l'investissement. Ceci d'autant plus qu'au cours des dernières années les domaines concernés ont acquis une importance stratégique majeure. Les décisions prises par 26 cantons ne vont toutefois pas forcément être cohérentes entre elles ni compatibles avec les intérêts stratégiques du pays. Des capacités administratives insuffisantes pour certains (petits) cantons pourraient également constituer un obstacle à l'identification des solutions à adopter. Cet état de fait se heurte à une réticence plus ou moins forte des cantons à transférer des compétences à l'Etat fédéral. Une approche souple, telle que la MOC, permettrait d'accompagner les cantons vers les réformes nécessaires sans remettre en question leurs compétences.

Une MOC suisse reste à penser. Mais il est clair que la mise en place d'une stratégie d'investissement dans le domaine du social nécessite le développement d'une vision stratégique et l'orientation des cantons et des communes sur les bons instruments et procédures. Ce travail peut difficilement se faire à travers les canaux traditionnels, du fait des blocages politico-institutionnels dont souffre actuellement le système politique suisse mais aussi du fait de la lenteur des processus législatifs. Les problèmes sociaux évoluent rapidement. Nos connaissances par rapport à la manière d'y faire face, encore plus vite. Toute stratégie de renouveau de l'Etat social doit donc pouvoir s'adapter à ces changements rapides.

## 1.7 Conclusion

L'Etat social en Europe, et en Suisse, se trouve face à un carrefour. Les structures héritées de la période des trente glorieuses ont de plus en plus de peine à continuer à assurer la cohésion sociale et la sécurité économique à tous. L'émergence de nouveaux risques sociaux, tels que l'exclusion sociale, les *working poor*, la monoparentalité ou la difficulté à concilier travail et famille, a fortement remis en question l'efficacité sociale des structures mises en place durant les années de l'après-guerre. En même temps, ces structures, du fait du vieillissement démographique, vont nécessiter au cours des prochaines décennies un apport de fonds supplémentaires considérable. Nous devons élargir le champ d'action de l'Etat social aux nouveaux risques sociaux et en même temps dégager les ressources pour préserver les acquis dans une société vieillissante.

L'enjeu est de taille. Il peut être résumé de la manière suivante : préserver le degré de cohésion sociale qui a caractérisé les trente glorieuses dans comme contexte d'économie compétitive dans le monde globalisé du 21ᵉ siècle. Actuellement, la stratégie de l'investissement sociale est la piste plus prometteuse pour atteindre simultanément ces deux objectifs. Ce qui est encourageant à ce propos est sans doute l'expérience des pays nordiques, qui continuent à garantir des prestations sociales de premier ordre et comptent parmi les économies les plus compétitives au monde. Ce remarquable succès est sans doute en grande partie lié à l'orientation vers l'investissement de leurs Etats sociaux.

## 1.8 Bibliographie

Barnett W. S., « Long-term cognitive and academic effects of early childhood education on children in poverty », *Preventive Medicine*, 27(2), 1998, pp. 204-207.

Barnett W. S. et Masse L. N., « Comparative benefit-cost analysis of the Abecedarian program and its policy implications », *Economics of Education Review*, 26(1), 2007, pp. 113-125.

Bauer T. et Mueller Kuocera K., *Kindertagesstätten zahlen sich aus*, Zürich, Sozialdepartement der Stadt Zürich, 2001.

Benner M. et Vad T., « Sweden and Denmark : defending the welfare state », in Scharpf F. W. et Schmid V. (Eds), *Welfare and Work in the Open Economy*, Oxford, Oxford University Press, 2000, pp. 399-466.

Bertozzi F. et Bonoli G., « Verso una convergenza delle politiche nazionali per l'occupazione ? La costruzione di un modello europeo attraverso il metodo di coordinamento aperto », *Rivista Italiana di Politiche Pubbliche*, 3, 2002, pp. 31-57.

Calmfors L., Forslund A. et Hemström M., « Does active labour market policy work ? Lessons from the Swedish experiences », *Swedish Economic Policy Review*, 85, 2001, pp. 61-124.

Caporaso J. A. et Wittenbrinck J., « The new modes of governance and political authority in Europe » , *Journal of European Public Policy*, 13(4), 2006, pp. 471-480.

Castles F., « The world turned upside down : below replacement fertility, changing preferences and family-friendly public policy in 21 OECD countries » , *Journal of European Social Policy*, 13(3), 2002, pp. 209-227.

Cooke L. P., « The South revisited : Gender equity and fertility in Italy and Spain », papier presenté lors du Annual meeting of the RC 19, International Sociological Association, Paris, 2-4 septembre, 2004.

Esping-Andersen G., *Social Foundations of Postindustrial Economies*, Oxford, Oxford University Press, 1999.

Esping-Andersen G., « Towards a new welfare regime for mid-century Europe », papier presenté lors de la conférence "Justice between generations - solidarity in the life course", Berne, 13 novembre 2006.

Flückiger Y. et Kempeneers P., *Evaluation de l'impact économique, social et financier des programmes de retour en emploi proposés par les « Maisons Hestia » à Genève*, Genève, Université de Genève, Observatoire universitaire de l'emploi, 2007.

Gerfin M. et Lechner M., « Microeconometric Evaluation of the Active Labour Market Policy in Switzerland » , *IZA Discussion Paper*, 154, Bonn, 2000.

Hamilton G., Freedman S., Gennetian L., Michalopoulos C., Walter J., Adams-Ciardullo D. et Gassman-Pines A., *National Evaluation of Welfare-to-work Strategies*, Washington D.C., Manpower Demonstration Research Corporation, 2001.

Kamerman S., Neuman M., Waldfogel J. et Brooks-Gunn J., « Social policies, family types and child outcomes in selected OECD countries », OECD Social, employment and migration working papers, 6, 2003.

Laffan B. et Shaw C., *Classifying and Mapping OMC in different policy areas*, NewGov Deliverable No. 02D09, Dublin, University College Dublin, 2005.

Lopez-Santana M., « The domestic implications of European soft law : framing and transmitting change in employment policy », *Journal of European Public Policy*, 13(4), 2006, pp. 481-499.

Madsen P., « The Danish model of flexicurity : a paradise with some snakes », in Sarfati H. et Bonoli G. (Eds), *Labour Market and Social Protection Reforms in International Perspective*, Aldershot, Ashgate, 2002, pp. 243-265.

Martin J. et Grubb D., « What works and for whom : A review of OECD countries'experiences with active labour market policies », *Swedish Economic Policy Review*, 8, 2001, pp. 9-56.

McDonald P., « Gender equity, social institutions and the future of fertility » , *Journal of Population Research*, 17(1), 2000, pp. 1-15.

Miller Torr B. et Short S. E., « Second births and the second shilft : A research note on gender equity and fertility » , *Population and Development Review*, 30(1), 2004, pp. 109-130.

Myles J. et Quadagno J., « Envisioning a Third Way. The welfare state in the XXI century » , *Contemporary Sociology*, 29(1), 2000, pp. 156-167.

Nagle A. et Johnson N., *A Hand Up : How State Earned Income Tax Credits Help Working Families Escape Poverty in 2006*, Washington, DC, Center on Budget and Policy Priorities, 2006.

NICHD, « Does amount of time spent in child care predict socioemotional adjustment during the transition to kindergarten ? » , *Child Development*, 74(4), 2003, pp. 976-1005.

OECD, *Transforming Disability into Ability. Policies to promote work and income security for disabled people*, Paris, OECD, 2003.

OECD, *Extending Opportunities. How active social policy can benefit us all*, Paris, OECD, 2005.

Sawhill I. et Thomas A., *A Hand Up for the Bottom Third : toward a new agenda for low-income working families*, Washington D.C., The Brookings Institution, 2001.

Vandell D. L. et Wolfe B., *Child Care Quality : does it matter and does it need to be improved ?*, Washington, DC, U.S. Department of Health and Human Services, 2000.

Zaslow M., Halle T., Martin L., Cabrera N., Calkins J., Pitzer L. et Margie N. G., « Child outcome measures in the study of child care quality », *Evaluation Review*, 30(5), 2006, pp. 577-610.

Zeitlin J. et Pochet P., *The Open Method of Co-ordination in Action*, Berne, Peter Lang, 2005.

United Nations, Replacement migration, New York, United Nations, 2000.

KAPITEL 2

# Kehrt die Altersarmut zurück? Atypische Beschäftigung als Problem der Rentenpolitik

KARL HINRICHS[1]

In den allermeisten europäischen Ländern hat sich die Einkommenssituation der alten Menschen in den letzten Jahrzehnten verbessert. Ein Indikator dafür sind die rückläufigen Armutsquoten, die zwischen den EU-Staaten allerdings deutlich differieren (European Commission 2006a: 54). In einer Reihe von Ländern sind derzeit sogar mehr Kinder als Personen im Rentenalter von relativer Armut (weniger als 50% des Medianeinkommens) betroffen, und die Kinderarmut hat in vielen Ländern (17 von 24 OECD-Staaten) zwischen 1990 und 2000 sogar zugenommen. Beide Sachverhalte treffen u.a. für die Bundesrepublik Deutschland zu, nicht aber für die Schweiz (Förster und Mira d'Ercole 2005: 33, 42, 72-74). Wird diese vergleichsweise günstige Einkommenssituation der Altenbevölkerung auch in der Zukunft fortbestehen? Es sind Zweifel erlaubt, werden die in den vergangenen fünfzehn Jahren beschlossenen Reformen der Alterssicherungssysteme doch dazu führen, dass das Rentenniveau zum Teil deutlich sinken wird, es sei denn, die künftigen Rentner verblieben länger als gegenwärtig im Erwerbsleben und/oder sorgten verstärkt privat für das Alter vor.

Im Frühsommer 2007 stellte die OECD die aktualisierte Auflage ihrer Publikation *Pensions at a Glance* vor und erregte damit erhebliches Aufsehen in den deutschen Medien. Die OECD hatte nämlich berechnet, dass wenn alle Reformmassnahmen bereits jetzt wirksam wären, die Leistungen aus der Gesetzlichen Rentenversicherung für einen Durchschnittsverdiener

[1] Karl Hinrichs ist Professor am Zentrum für Sozialpolitik (ZeS) der Universität Bremen, Deutschland. Dieser Beitrag basiert auf einem Papier in englischer Sprache, das auf der 5. internationalen Forschungskonferenz über soziale Sicherheit der Internationalen Vereinigung für Soziale Sicherheit (5.-7. März 2007 in Warschau) vorgestellt wurde.

nur 58,0% des letzten Nettoverdienstes betragen würden, ein Niveau, das in der EU(15) nur Irland und Grossbritannien unterschreiten (OECD 2007: 35, 129)[2]. Dass die Lohnersatzrate bis 2030 auf einen Wert in dieser Grössenordnung absinken wird, hatten Kalkulationen, die im Zusammenhang mit der 2004 verabschiedeten Rentenreform durchgeführt worden waren, zuvor schon gezeigt (Kommission 2003: 104-108; Hain *et al.* 2004). Werden in den Prognosen auch die Auswirkungen der ebenfalls 2004 beschlossenen Änderungen bei der Rentenbesteuerung berücksichtigt (was die OECD wegen der komplexen Übergangsregelungen offenbar nur unvollständig leisten konnte), dann reduziert sich die Nettoersatzrate von etwa 69% zu Beginn dieses Jahrzehnts gar auf 52% im Jahr 2030 (Hain *et al.* 2004 : 344).

Die zu erwartende Absenkung des Rentenniveaus um etwa ein Viertel kennzeichnet dennoch lediglich einen Teil der Herausforderung. So beziehen sich die genannten Berechnungen auf einen *Standardrentner*, der mit 20 Jahren ins Erwerbsleben eintritt und dann bis zum Erreichen der gesetzlichen Altersgrenze stets den Durchschnittsverdienst erzielt. Diejenigen, die nur unterdurchschnittlich verdienten, erreichen zwar eine ähnlich hohe Lohnersatzrate, laufen aber Gefahr, dass der empfangene Rentenbetrag unterhalb der Armutsgrenze bleibt. Überdies waren ununterbrochene Erwerbskarrieren von 45 Jahren bereits in der Vergangenheit längst nicht die Regel. Aufgrund der fortschreitenden Arbeitsmarktflexibilisierung und häufigerer Erwerbsunterbrechungen (u.a. durch Arbeitslosigkeitsepisoden) wird es in Zukunft vermehrt Neurentner geben, die eine geringere als die Standardrente erhalten. Bonoli (2006: 7) benennt die Gefahren einer solchen Entwicklung:

> "The result of the presence of these new career profiles in the labour market may be, *if pension systems are not adapted*, the translation of the labour market and working poor problems of today into a poverty problem for older people in thirty or forty years' time. From an individual point of view, the fact of following an 'atypical' career pattern represents a risk of insufficient social security coverage, and hence a loss of welfare." (meine Hervorhebung, K.H.)

Es ist allerdings so, dass sich die *Möglichkeiten* und die *Notwendigkeit*, solchen Risiken durch Anpassungen der Altersicherungssysteme zu begegnen, je nach ihrer Struktur unterscheiden. In den sog. „Bismarck“-Ländern, in denen eine staatliche Rente aus einer Sozialversicherung im Wesentlichen die Lebensstandardsicherung im Alter gewährleisten soll, ist es grundsätzlich möglich, Erwerbsphasen mit geringem Verdienst, Beschäftigungsunterbrechungen oder andere atypische Erwerbsmuster in der Weise bei der Leistungsberechnung zu berücksichtigen, dass sich letztlich eine sozial an-

[2] Für die Schweiz wurde eine Lohnersatzrate (netto) von 64,3% ermittelt (Leistungen aus der AHV und der Beruflichen Vorsorge addiert).

gemessene Rente ergeben wird und nicht zusätzlich bedürftigkeitsgeprüfte Leistungen in Anspruch genommen werden müssen.

Eine andere Struktur des Alterssicherungssystems weisen die Länder auf, die nach dem sog. „Beveridge"-Modell zunächst eine steuer-, manchmal auch beitragsfinanzierte Grundsicherung im Alter als erste Säule eingeführt hatten und erst später – durch gesetzliche Verpflichtung der Arbeitgeber oder aufgrund von Tarifverträgen – eine *private, kapitalgedeckte* Säule hinzufügten, die (annähernd) flächendeckend für alle abhängig Beschäftigten den erworbenen Lebensstandard nach Eintritt in den Ruhestand sichern soll. Zu den europäischen Ländern mit einem „Mehrsäulen"-System gehören bekanntermassen die Schweiz, die Niederlande, Dänemark und, mit deutlichen Abstrichen hinsichtlich des Anteils der erfassten Beschäftigten, auch Grossbritannien und Irland (Hinrichs 2001; 2006). Atypische Erwerbskarrieren sind für die Höhe der Grundrentenleistungen gänzlich unerheblich, wenn sie lediglich von der Wohnsitzdauer abhängen (wie z.B. in den Niederlanden), oder sie beeinflussen – wie bei der AHV in der Schweiz – die Rentenhöhe nur in begrenztem Umfang. Auf die Leistungen der zweiten Säule schlagen Erwerbsverläufe mit nicht kontinuierlicher, abhängiger Vollzeitbeschäftigung bis zum Erreichen des normalen Rentenalters dagegen voll durch (vgl. auch Bonoli 2003). Dem kann (teilweise) dadurch entgegengewirkt werden, dass Personen in atypischen Arbeitsverhältnissen, die z.B. Teilzeitarbeit leisten oder befristet beschäftigt sind, (verpflichtend) in solche Betriebsrentensysteme einzubeziehen sind. Es ist aber kaum möglich, Komponenten *sozialer Umverteilung* in die Einrichtungen der zweiten Säule einzubauen, z.B. durch Höherbewertung von Erwerbsphasen mit niedrigem Verdienst oder Gutschriften für Zeiten der Arbeitslosigkeit, Kindererziehung oder der Pflege von Angehörigen. Hierfür müssten tatsächliche Beiträge von dritter Seite – also vornehmlich aus öffentlichen Kassen – in die Pensionsfonds eingezahlt werden[3].

Es geht in diesem Beitrag jedoch weniger um die Länder mit einem etablierten Mehrsäulen-Alterssicherungssystem und die dort möglichen Reaktionen auf die Zunahme von atypischen Erwerbskarrieren. Im Vordergrund stehen vielmehr die *Sozialversicherungs*-Länder und die Konsequenzen von Rentenreformen angesichts veränderter Beschäftigungsmuster auf die Absicherung im Alter. In diesen Ländern – dazu gehören u.a. Frankreich, Deutschland, Österreich und Spanien, aber auch erst 2004 der EU beigetretene Staaten wie Polen, die Tschechische Republik oder Slowenien – stocken eigenständige oder in die Rentenversicherung integrierte Institutionen unzureichende Alterseinkünfte auf. In jedem Fall sind solche Mindestleistungen bedürftigkeitsgeprüft (European Commission 2006a: 57-64). Diese Art des Leistungszugangs wird von den Betroffenen oft als stigmati-

[3] So werden in den Niederlanden während des Bezugs von Leistungen der Arbeitslosenversicherung weiterhin Beiträge an den Pensionsfonds des früheren Arbeitgebers gezahlt.

sierend empfunden, und wenn die Zahl der Leistungsempfänger tendenziell zum Regelfall wird, sind Auswirkungen auf die Legitimität der Rentenversicherung nicht auszuschliessen, weil sich verpflichtende Beitragszahlungen nicht „lohnen". Ebenso vermindern sich die Anreize, eigenverantwortlich für das Alter vorzusorgen und bis zum Erreichen des gesetzlichen Rentenalters (oder darüber hinaus) erwerbstätig sein zu wollen.

Das Problem, dass künftig immer mehr ältere Beschäftigte das Erwerbsleben mit ungenügenden Leistungsansprüchen aus der gesetzlichen Rentenversicherung beenden, ist vermutlich in Deutschland ein grösseres als in anderen europäischen Sozialversicherungs-Ländern, dürfte aber auch dort nicht zu vernachlässigen sein. Deshalb wird der deutsche Fall *exemplarisch* in den Blick genommen. Denn die Reformen während der letzten zwei Jahrzehnte haben die Rentenversicherung nicht nur *nicht* an einen flexibleren Arbeitsmarkt und veränderte Beschäftigungskarrieren angepasst, sondern im Gegenteil die Grundlagen dafür gelegt, dass sich die Abhängigkeit von bedürftigkeitsgeprüften Leistungen im Alter ausweiten wird.

Im nächsten Abschnitt (2.) wird zunächst das generelle Problem beleuchtet, wie ein auf „Normalarbeitsverhältnisse" eingestelltes soziales Sicherungssystem aufgrund von sozio-ökonomischen Entwicklungen „neue soziale Risiken" erzeugt. Anschliessend werden die Entwicklungen auf dem deutschen Arbeitsmarkt analysiert, die als „kritisch" im Lebenslauf von Erwerbstätigen angesehen werden können. Im zweiten Teil des 3. Abschnitts geht es um die Elemente der seit den 1990er Jahren beschlossenen Rentenreformen, die neben der generellen Absenkung des Rentenniveaus insbesondere die soziale Sicherheit derjenigen Beschäftigten tangieren, welche in ihrem Lebenslauf „neuen sozialen Risiken" in einem flexibleren Arbeitsmarkt ausgesetzt waren. Schliesslich wird im 4. Abschnitt exploriert, wie in einem (nach wie vor) dominant auf dem Sozialversicherungsprinzip aufbauenden Alterssicherungssystem Lösungen aussehen könnten, die durch mehr „Sicherheit" (bei geringerer Abhängigkeit von bedürftigkeitsgeprüften Leistungen) zugleich mehr „Flexibilität" auf dem Arbeitsmarkt sozial akzeptabel machen. Dabei wird auch auf zwei Länder eingegangen, die bei der (Um-)Gestaltung ihrer wohlfahrtsstaatlichen Arrangements das Konzept *flexicurity* wohl am weitesten realisiert haben, nämlich Dänemark und die Niederlande.

## 2.1 Die Erosion des Normalarbeitsverhältnisses und „neue soziale Risiken"

Als Norm und empirisch (einstmals) vorherrschende Realität beschreibt der Begriff „Normalarbeitsverhältnis" (NAV) eine gesetzlich und kollektivvertraglich geregelte Austauschbeziehung, welche sich durch abhängige (weisungsgebundene) Lohnarbeit auszeichnet, die vom Ende der Ausbildung bis zum Erreichen einer definierten Altersgrenze verrichtet wird (Hinrichs 1991; 1996). Der Arbeitsvertrag ist unbefristet, was ein permanentes Entlassungsrisiko nicht ausschliesst. Unfreiwillige Unterbrechungen der Beschäftigung bedeuten lediglich kurzfristige Phasen der Arbeitslosigkeit. Neben diesen Merkmalen der Kontinuität und Stabilität wird weiterhin angenommen, dass es sich bei einem NAV um Vollzeitbeschäftigung gemäss den geltenden Arbeitszeitstandards handelt und – selbst in den unteren Lohngruppen – ein „Familienlohn“ erzielt wird, der ausreicht, die Bedürfnisse einer Kernfamilie zu befriedigen. Als ein gesellschaftliches Arrangement der Produktion und der Reproduktion weist das NAV einen eindeutigen „gender bias“ auf, insofern als es von einem männlichen Familienernährer ausgeht und die „Hausfrauenehe“ als Gegenstück konstituiert und stabilisiert.

Sozialversicherungen sind auf das NAV bezogen und gewähren Lohnersatz, wenn typische Lohnarbeiterrisiken eintreten. Deren Leistungen sind von vorherigen Beitragszahlungen sowie der Höhe des Verdienstes abhängig und auf die Sicherung des erworbenen Lebensstandards ausgerichtet. Sie sind deshalb regelmässig höher als bedürftigkeitsgeprüfte Sozialhilfeleistungen, nicht zuletzt damit sich die Beitragszahlungen für die pflichtversicherten Beschäftigten „lohnen“ (Beveridge 1942: 141). Ein solchermassen lohnzentriertes System sozialer Sicherheit diskriminiert diejenigen, die den Bedingungen des NAV nicht entsprechen können oder es vorziehen, von diesem „normalen“ Beschäftigungsmuster abzuweichen.

Das NAV als vorherrschender Typus abhängiger Beschäftigung befand sich im Einklang mit dem „fordistischen“ Produktionsregime der ersten Jahrzehnte nach dem 2. Weltkrieg, wurde aber angesichts eines sich entwickelnden „postindustriellen“ Arbeitsmarktes zu einem zu rigiden Korsett für Arbeitgeber und ebenso für die Bedürfnisse eines sich verändernden Arbeitskräfteangebots, wenn vermehrt Frauen eine gleichberechtigte Teilhabe an der Erwerbsarbeit anstreben. „Neue soziale Risiken“ (vgl. Taylor-Gooby 2004; Armingeon und Bonoli 2006) resultieren aus Veränderungen in der Familien- und Arbeitsmarktsphäre – hier insbesondere die De-Standardisierung der Beschäftigungsmuster – sowie der Richtung (und dem Tempo) des wohlfahrtsstaatlichen Umbaus. Unter anderem „durchlöchern“ diese Entwicklungen den Schutz gegenüber „alten sozialen Risiken“ (Krankheit, Invalidität, Arbeitslosigkeit, Alter), weshalb diese wieder als soziale Probleme auftauchen, die aufgrund der Wohlfahrtsstaatsexpansion in der Nachkriegszeit gelöst zu sein schienen.

Die Tabelle 2.1 stellt einen Versuch der Klassifikation solcher neuer sozialer Risiken dar. Auf die in der ersten Spalte genannten Entwicklungen wird hier nicht weiter eingegangen. Weil das Hauptaugenmerk dieses Beitrags auf die Lücken in der sozialen Absicherung nach dem Ende des Erwerbslebens gerichtet ist, sind die *neuen* Risikofaktoren und die entsprechenden negativen Konsequenzen (zweite Spalte) von ungleich grösserem Interesse. Deshalb sind unter den politischen Gegenmassnahmen (dritte

Spalte) nur diejenigen relevant, die auf eine umfassende Berücksichtigung der „critical life events" zielen. Im nächsten Abschnitt geht es aber zunächst darum, am Beispiel Deutschlands zu zeigen, dass atypische, d.h. vom NAV abweichende Erwerbskarrieren zugenommen haben, die damit verbundenen Risiken für die Einkommenssicherheit im Alter jedoch nicht in den Rentenreformen kompensiert wurden, sondern sie tendenziell verstärkt haben.

**Tab. 2.1** Klassifikation von Neuen Sozialen Risiken*.

| **Sozio-ökonomische Entwicklungen** | **Neue Risikofaktoren** | **Mögliche politische Gegenmassnahmen** |
|---|---|---|
| *Technologischer Wandel; Dienstleistungsgesellschaft; Globalisierung; De-Standardisierung von Beschäftigungsverhältnissen* | *Niedrige/veraltete berufliche Qualifikationen; atypische Jobs*<br>➔ Arbeitslosigkeit<br>➔ "working poor"<br>➔ unfreiwillige Frührente | Aktive Arbeitsmarktpolitik; Institutionen und Politiken zur Begrenzung von Lohnungleichheit |
| *Demographischer Wandel; mehr Alleinerziehende; Zustrom von Frauen auf den Arbeitsmarkt* | *Versorgungspflichten gegenüber Kindern + älteren Angehörigen*<br>➔ keine bzw. diskontinuierliche Teilnahme am Arbeitsmarkt (v.a. Frauen) | Subventionierte Kinder- und Altenbetreuung → Vereinbarkeit von Erwerbs- und Familienarbeit |
| *Wohlfahrtsstaatskürzungen; unzureichende Anpassung an neue Risikostrukturen* | *Unvollständiger Einbezug in Programme des Sozialschutzes*<br>➔ "Armutsinseln" | Umfassende/universelle soziale Sicherheit auf hohem Niveau ("flexicurity") |

* nach Bonoli (2006 : 5-8).

## 2.2 Neue soziale Risiken und Rentenreformen in Deutschland

### Arbeitsmarktflexibilität: Die Zunahme atypischer Erwerbskarrieren

Vom Typus des NAV abweichende Erwerbsmuster und -karrieren haben zum einen die Ursache in den Kosten dieses Arrangements. Wegen der hohen Lohnnebenkosten (vor allem aufgrund der Sozialversicherungsbeiträge) übersteigen die gesamten Arbeitskosten die niedrige Produktivität bestimmter Arbeitsplätze, so dass es für Arbeitgeber nicht lohnt, niedrigqualifizierte Arbeitskräfte zu beschäftigen (und sie einem hohen Arbeitslosigkeitsrisiko ausgesetzt sind), oder ein entsprechend niedrig angesetzter Lohnsatz führt zu einem Verdienst unterhalb der Armutsgrenze („working poor"). Zur Ausbreitung von atypischen Erwerbskarrieren tragen weiterhin die Arbeitgeber dadurch bei, dass sie die Nutzung von Arbeitskraft zu „verflüssigen" suchen und sich dazu entsprechender Flexibilisierungselemente bedienen[4]. Die Realisierung solcher Strategien wird durch die Deregulierung von Arbeitsverhältnissen erleichtert. Schliesslich resultiert die Zunahme von atypischen Jobs und Erwerbskarrieren aus den Präferenzen von (weiblichen) Beschäftigten für Teilzeitarbeit und Erwerbsunterbrechungen, um Verpflichtungen ausserhalb der beruflichen Sphäre erfüllen zu können. Alle diese Abweichungen beeinflussen die Einkommenssituation während des erwerbsfähigen Alters und nach Erreichen des Rentenalters.

Trotz einer deutlichen Verbesserung der Beschäftigungssituation nach 2005 liegt die Arbeitslosenzahl im Spätsommer 2007 immer noch bei knapp unter 4 Millionen (Arbeitslosenquote: 9%). Im Vergleich der EU-Staaten nimmt die Bundesrepublik jedoch einen Spitzenplatz ein hinsichtlich der Quote der Langzeitarbeitslosen und von niedrig qualifizierten Arbeitslosen sowie von älteren Erwerbspersonen (European Commission 2006b: 37, 56, 263). Diese Befunde sind Ergebnis einer langjährigen Massenarbeitslosigkeit und schlagen sich in veränderten Erwerbskarrieren nieder: Im Vergleich zu älteren sind jüngere Geburtskohorten (1959-61) häufiger von Arbeitslosigkeit betroffen gewesen, sie haben solche Erwerbsunterbrechungen zu einem früheren Zeitpunkt in ihrer Karriere erfahren, und die Arbeitslosigkeitsphasen waren länger. Kontinuierliche Erwerbsverläufe sind somit auf dem Rückzug (Dundler und Müller 2006), und damit sind zwei negative Konsequenzen verbunden: Erwerbspersonen, die eine Phase der (Langzeit-) Arbeitslosigkeit erlebten, weisen regelmässig ein ungünstigeres Einkommensprofil im Lebenslauf auf als solche ohne Unterbrechungen. Ein Arbeitsplatzverlust im höheren Lebensalter impliziert häufig das Risiko von Langzeitarbeitslosigkeit und letztlich ein (unfreiwilliges) Ausscheiden aus dem Arbeitsmarkt vor Erreichen des regulären Rentenalters. Im OECD-Vergleich liegt die Beschäftigungsquote Älterer (50 bis 64 Jahre) in Deutschland unter dem Durchschnitt, und es sind – wie allerdings fast überall – diejenigen mit niedriger Qualifikation, welche am häufigsten das Erwerbsleben vorzeitig beenden.

Flexible Arbeitsverhältnisse, die erhöhte Risiken in sich bergen, arbeitslos zu werden oder im Laufe des Erwerbslebens kein sozialversicherungspflichtiges Einkommen für einen ausreichenden Rentenanspruch zu erzielen, haben ebenfalls zugenommen. Der Anteil befristet Beschäftigter liegt unterhalb des EU-Durchschnitts, hat aber zugenommen und betrifft vor allem

---

[4] Üblicherweise wird zwischen externer numerischer, interner numerischer, funktionaler und Lohnflexibilität unterschieden (vgl. z.B. Wilthagen und Tros 2004).

jüngere Arbeitskräfte (European Commission 2006b: 41-42, 263). Paneldaten zeigen, dass diese Beschäftigten eine höhere Wahrscheinlichkeit aufweisen, nach drei Jahren arbeitslos (oder immer noch befristet erwerbstätig) zu sein als diejenigen, deren Arbeitsvertrag zum Beobachtungszeitpunkt unbefristet war (Giesecke und Gross 2006; vgl. auch OECD 2006: 172-3).

Der Anstieg selbstständiger Beschäftigung (11,2% aller Erwerbstätigen in 2005) ist vollständig auf die Zunahme von sog. „Solo-Selbstständigen" zurückzuführen (Sachverständigenrat 2006: 265-266). Diese 2,3 Millionen „Solo-Selbständigen" (aber auch solche, die Personal beschäftigen) teilen zwei Charakteristika. Die allermeisten sind nicht Pflichtmitglieder in den Sozialversicherungen, und wegen der extremen Einkommensungleichheit unter Selbständigen mangelt es vielen an finanziellen Mitteln, um privat angemessen für das Alter (und andere Risiken) vorzusorgen. Neu gegründete Unternehmen weisen überdies eine deutlich niedrigere Stabilität auf, und infolgedessen ist eine hohe Mobilität zwischen selbstständiger und abhängiger Beschäftigung (oder auch Arbeitslosigkeit) zu beobachten. Deshalb sind gerade unter den (zeitweilig) Selbständigen häufig Vorsorgelücken anzutreffen (Betzelt und Fachinger 2004; Schulze Buschoff 2006).

Das Interesse der Arbeitgeber und die Präferenz vornehmlich weiblicher Arbeitskräfte an Teilzeitbeschäftigung haben zu deren Verdoppelung nach 1991 auf nun 32,4% (2005) geführt (BMAS 2006: Tab. 2.5A). Regelmässig (ausser bei sehr hohen Lohnsätzen) wird bei Teilzeitbeschäftigung kein Durchschnittsverdienst erreicht, und wenn sie überdies für einen längeren Zeitraum ausgeübt wird, bleiben die erworbenen Rentensprüche unterhalb der Armutsgrenze, es sei denn, der Ehepartner verfügt über ausreichende Alterseinkünfte. Bedeutsamer sind jedoch Verschiebungen innerhalb des Teilzeit-Segments. Geringfügige Beschäftigungsverhältnisse waren stets von der Sozialversicherungspflicht ausgenommen. Die Schwelle wurde 2003 auf einen Monatsverdienst von 400 € angehoben. Seitdem ist die Zahl sog. „Mini-Jobs" deutlich angestiegen. 2006 gab es knapp 5 Millionen Erwerbspersonen, die ausschliesslich einer solchen sozialversicherungsfreien Beschäftigung nachgingen, und von denen waren 77% zwischen 20 und 64 Jahre alt (Bundesregierung 2006: 124-6).

Die Gesamtzahl der Erwerbstätigen hat sich zwischen 1991 und 2006 stets im Bereich von etwa 38 bis 39 Millionen bewegt. In diesem Zeitraum ging jedoch die Zahl der sozialversicherungspflichtig Beschäftigten um 3,1 Millionen zurück (BMAS 2006: Tab. 2.5, 2.7). Diese Entwicklung hat nicht nur die Einnahmesituation der Sozialversicherungen verschlechtert, sondern auch die Zahl der Beschäftigten vergrössert, die ohne ausreichende soziale Sicherheit bleiben. Dies wird langfristig die „Armutsinseln" anwachsen lassen.

Schliesslich hat die gesteigerte Lohnflexibilität – konkret: die Spreizung am unteren Ende der Lohnskala – seit etwa Mitte der achtziger Jahre die Zahl der „working poor" vermehrt. Nach den Rechnungen von Rhein und

Stamm (2006) verdienten Mitte dieses Jahrzehnts mehr als 18 Prozent der Vollzeitbeschäftigten weniger als zwei Drittel des mittleren Lohns (Median). Ein Stundenlohn von weniger als zwei Dritteln des Medians ist insbesondere auch unter den (marginal) Teilzeitbeschäftigten weit verbreitet, und insgesamt ist das „working poor"-Problem keineswegs auf Arbeitskräfte ohne Ausbildungsabschluss beschränkt (Kalina und Weinkopf 2006). Die Ausdehnung der Niedriglohnbeschäftigung ist vor allem darauf zurückzuführen, dass die abhängig Beschäftigten immer weniger von Tarifverträgen erfasst sind (weshalb in der Vergangenheit ein gesetzlicher Mindestlohn entbehrlich schien) und die Gewerkschaften in bestimmten (Dienstleistungs-)Sektoren zu schwach sind, um ein ausreichend hohes Lohnniveau durchzusetzen oder auch nur die Einhaltung von Tarifverträgen zu erzwingen.

**Rentenreformen: Weniger Einkommenssicherheit im Alter**

Das vorrangige Ziel aller seit 1989 verabschiedeten Rentenreformen war die Begrenzung des Beitragssatzanstiegs als Folge des zu erwartenden demographischen Wandels (Hinrichs 2005). Mit Blick auf die Lohnnebenkosten ging es insbesondere darum, eine höhere Belastung der Arbeitgeber zu vermeiden, die seit jeher die Hälfte des Beitrags zur Gesetzlichen Rentenversicherung gezahlt haben. Zu diesem Zweck wurde in der Reform von 2001 der Beitragssatz gesetzlich fixiert – maximal 20% bis 2020 und 22% bis 2030. Die Rentenformel, die gleichermassen für Neurentner wie für die Anpassung der laufenden Renten gilt, wurde entsprechend angepasst, um die Beitragsziele zu erreichen. Infolgedessen wird das Rentenniveau (netto) bis 2030 um etwa 25% (s.o. Abschnitt 1.) sinken. Mit dieser Reform wurde explizit von der Vorstellung abgerückt, wonach die gesetzliche Rente nach einem „erfüllten Erwerbsleben" den erreichten Lebensstandard im Alter gewährleisten soll, und ein entscheidender Schritt in Richtung auf ein „Mehrsäulen-System" vollzogen. Denn ohne ergänzende Leistungen aus der privaten oder betrieblichen Vorsorge ist kein Alterseinkommen erreichbar, das den Lebensstandard sichert. Um das Vorsorgesparen anzureizen, werden freiwillige Beiträge zu zertifizierten Rentensparplänen („Riester-Rente") bis zu einer Höhe von 4% des Bruttoverdienstes steuerlich bezuschusst (alternativ können Beschäftigte diese Beiträge steuerfrei in Betriebsrentenpläne einbringen).

Die Absenkung des (Standard-)Rentenniveaus betrifft alle derzeitigen und künftigen Rentner. Für Beschäftigte mit atypischen Erwerbskarrieren ist es jedoch ebenso bedeutsam, wie Phasen der Nicht-Beschäftigung und niedrigen Verdienstes berücksichtigt werden, wenn letztlich die Rentenhöhe kalkuliert wird. Seit 1989 wurde aber – mit Ausnahme der Zeiten für die Kindererziehung und der Pflege von Angehörigen – genau die rentenerhöhende Bewertung solcher Zeiten eingeschränkt. Die deutsche Rentenversicherung ist immer deutlich weniger interpersonell umverteilend als die Schweizer AHV gewesen, aber mit der Kürzung bzw. Abschaffung von Elementen in der Rentenformel, die eine sozial adäquate Rentenhöhe gewährleisten sollten, wurde das Äquivalenzprinzip (die Beitrags-Leistungs-Beziehung) nochmals gestärkt. Um überhaupt eine bescheidene gesetzliche Rente zu erhalten, ist es nun noch entscheidender, dass bis zum 65. (demnächst 67.) Lebensjahr kontinuierlich eine Vollzeitbeschäftigung ausgeübt wird. Im Folgenden werden einige dieser Neuregelungen, die vor allem Personen mit atypischen Erwerbskarrieren betreffen, analysiert.

So waren in der Vergangenheit die Versicherungsjahre, in denen ein sozialversicherungspflichtiges Einkommen von weniger als 75% des Durchschnitts erzielt wurde, entsprechend aufgewertet worden. Diese Regelung wurde für Versicherungszeiten nach 1991 abgeschafft. Dadurch haben Beschäftigte mit sehr niedrigem Verdienst kaum mehr die Chance, Rentenansprüche oberhalb der Armutsgrenze zu erwerben, es sei denn, Phasen der Teilzeitbeschäftigung oder sehr niedriger Entlohnung währten nur sehr kurz. Weiterhin wurden bis 1996 die Verdienste während der ersten vier Jahre sozialversicherungspflichtiger Beschäftigung auf 90% des Durchschnitts aufgewertet. In der Folgezeit ist die Aufwertung auf 75% für die ersten drei Versicherungsjahre eingeschränkt worden und erfolgt nur dann, wenn in dieser Zeit eine Berufsausbildung nachgewiesen wird. Diese Regelung wurde rückwirkend wirksam (ausser für die „rentennahen" Jahrgänge), genauso wie die letztlich vollständig beseitigte Berücksichtigung von Ausbildungszeiten nach dem 16. Lebensjahr (Schule, Studium) bei der Rentenberechnung, die nach der Reform von 1989 immerhin noch mit 75% des Durchschnittsentgelts für maximal sieben Jahre bewertet wurden.

Weitere Kürzungen betreffen Beschäftigte, deren Erwerbskarriere von Arbeitslosigkeitsperioden unterbrochen ist. Für Bezieher von Arbeitslosengeld (Versicherungsleistung) werden Beiträge zur Rentenversicherung gezahlt, die auf 80% des vorherigen Verdienstes berechnet sind. Bis zum Inkrafttreten der sog. „Hartz-Reformen" (vgl. dazu Hinrichs 2007) betrug die maximale Bezugsdauer für über 54-jährige Arbeitslose 32 Monate, danach für ältere Erwerbslose nur noch höchstens 18 Monate. Die Langzeitarbeitslosen und diejenigen ohne Anspruch auf Arbeitslosengeld werden nach 2004 auf das sog. „Arbeitslosengeld II" (ALG II) verwiesen, das bedürftigkeitsgeprüft ist und nicht mehr an den früheren Verdienst anknüpft („flat-rate"). Zugunsten der Bezieher von ALG II werden ebenfalls Rentenversicherungsbeiträge gezahlt, aber lediglich auf der Basis eines fiktiven Monatsverdienstes von 205 € (= 8% des Durchschnittsentgelts), so dass bei längerer bzw. häufigerer Arbeitslosigkeit letztlich kaum ausreichende Rentenansprüche erworben werden können. Zudem sind ältere Empfänger von ALG II verpflichtet, zum frühestmöglichen Zeitpunkt einen Rentenantrag zu stellen, auch wenn dies erhebliche dauerhafte Abschläge bei der Rentenhöhe zur Folge hat und dann möglicherweise nur den Wechsel von einem bedürftigkeitsgeprüften System in ein anderes bedeutet.

Die Übergangsfristen für einen Renteneintritt vor dem 65. Lebensjahr ohne Abschläge (ab dem 63. und teilweise sogar ab dem 60. Lebensjahr) sind abgelaufen. Für jeden Monat, in dem die Rente früher in Anspruch genommen wird, wird sie um 0,3% gemindert (und selbstverständlich werden in der Zeit bis zum Erreichen der regulären Altersgrenze auch keine zusätzlichen Ansprüche erworben). 2007 wurde beschlossen, das gesetzliche Rentenalter zwischen 2012 und 2029 von 65 auf 67 Jahre anzuheben, wobei innerhalb eines Korridors zwischen 63 und 67 Jahren der Rententritt individuell flexibel gestaltet werden kann, dies dann allerdings mit Abschlägen von maximal 14,4% verbunden ist. Diese Massnahmen, welche Antworten auf die (ehedem) exzessive „Frühverrentungskultur" und die weiter steigende Lebenserwartung darstellen, haben erhebliche negative Konsequenzen für diejenigen älteren Arbeitskräfte, die nicht bis zum 65. bzw. künftig 67. Lebensjahr erwerbstätig sein können, weil ihr Gesundheitszustand dies nicht zulässt oder sie ihren Arbeitsplatz verloren haben und kaum Chancen auf Wiederbeschäftigung besitzen[5]. Bereits 2005 waren 41,4% aller Renten, welche in dem Jahr neu gewährt wurden, von Abschlägen betroffen, die im Durchschnitt etwa 100 € ausmachten (DRV 2006: 29). Ein vorzeitiger Renteneintritt war nicht in jedem Fall unfreiwillig, aber derzeit und auch in Zukunft dürften diejenigen älteren Arbeitnehmer, welche die geringste Rente zu erwarten haben, am stärksten Gefahr laufen, aus dem Erwerbsleben heraus gedrängt zu werden. Die positive Beziehung zwischen dem Ausbildungsniveau und der Beschäftigungsquote in den oberen Altersklassen zeigt dies ganz deutlich (OECD 2005: 58).

Da eine gross angelegte Studie des Arbeits- und Sozialministeriums, welche die bislang erworbenen Ansprüche auf Rentenleistungen aus allen Komponenten des Alterssicherungssystems ermittelt und die Zuwächse während der verbleibenden Erwerbskarriere extrapoliert, noch nicht erschienen ist, soll ein einfacher Vergleich genügen, die kombinierte Wirkung der Rentenreformen seit 1989 und veränderter Erwerbskarrieren sichtbar zu machen. Solche Wirkungen entfalten sich nicht unmittelbar, betreffen sie doch jüngere Kohorten stärker als ältere, die kurz vor dem Ruhestand stehen. Erkennbar ist aber bereits dies: Die durchschnittlich gezahlte Monatsrente, die männlichen Neurentnern in Westdeutschland erstmals gezahlt wurde, lag im Jahr 2006 bei 790 €. Im Jahr 2000 waren es noch 883 € gewesen. Die durchschnittlich gezahlte Neurente des Jahres 2006 entsprach in *nominalen* Grössen der des Jahres 1990 (793 €). Unter Berücksichtigung des Preisindexes waren dies jedoch real etwa 28% weniger. Diese eklatante Verschlechterung innerhalb von 16 Jahren drückt sich auch darin aus, dass die Durchschnittsrente für Neuzugänge des Jahres 1990 noch 94,5% des Standardrentenniveaus ausmachte, 2006 dagegen nur noch 74,1%[6]. Der

[5] Ein vorzeitiger Renteneintritt bedeutet auch, dass das privat angesammelte Altersvorsorgevermögen (soweit vorhanden) über eine längere Ruhestandsphase „gestreckt" werden muss und demzufolge die laufende Rente niedriger ausfällt.

[6] Alle Werte wurden aus den online verfügbaren Statistiken der Deutschen Rentenversicherung – Bund berechnet.

o.g. *Durchschnittsbetrag* von 790 € (2006) monatlich lag lediglich um etwa 130 € über dem, den ein lediger Rentner (inklusive der Kosten für Miete und Heizung) als bedürftigkeitsgeprüfte Leistung beanspruchen kann.

Die OECD (2007: 78) hebt hervor, dass Deutschland im „post-reform scenario" hinsichtlich des Standardrentenniveaus wohl weit unten rangiert, aber unter den Ländern mit nichtobligatorischer zweiter Säule mit an der Spitze steht. In der Tat hatten im Dezember 2006 nach einem deutlichen Anstieg seit 2001 etwa 65% aller sozialversicherungspflichtig Beschäftigten (einschliesslich Doppelzählungen) eine Anwartschaft auf eine Betriebsrente erworben (Kortmann 2007), und die der dritten Säule zuzurechnende „Riester-Rente" wurde ebenfalls binnen weniger Jahre zu einer „Erfolgsgeschichte". Ende Juni 2007 wurden über 9 Millionen Verträge gezählt. Allerdings sind die Beiträge der Arbeitgeber bzw. der Arbeitnehmer für den Aufbau einer Betriebsrente durchweg gering, und entsprechend niedrig werden die späteren Leistungen ausfallen (Kortmann 2007: 13). Auch die „Riester-Rente" wird gerade bei denjenigen, welche die niedrigste gesetzliche Rente zu erwarten haben, die weitere Absenkung des Rentenniveaus nicht kompensieren. Denn viele Beschäftigte, die sich in den verschiedenen „Stationen" einer atypischen Erwerbskarriere befinden, verfügen nicht über die Einkünfte, die es ihnen erlauben, ihre Konsumausgaben einzuschränken und Sparleistungen für eine ergänzende Altersvorsorge zu erbringen. So werden z.B. die meisten Arbeitslosen während dieser Erwerbsunterbrechung nicht in der Lage sein, weiterhin Beiträge zu einer „Riester-Rente" zu leisten (wenn sie es denn vorher schon taten), so dass auf jeden Fall das für die spätere Rentenleistung zur Verfügung stehende Vorsorgekapital geringer ausfällt. Vermehrte Altersarmut, d.h. die Abhängigkeit von ergänzenden Fürsorgeleistungen, wird mit Sicherheit die Folge der dargestellten Entwicklungen auf dem Arbeitsmarkt und im Rentenrecht sein.

## 2.3 Eine erneuerte Grundsicherung für Rentner?

Neben der Abkehr vom Prinzip der Lebensstandardsicherung und der Hinwendung zum Mehrsäulen-Modell hat eine dritte Neuregelung im Rahmen der Rentenreform von 2001 weit weniger Beachtung gefunden. Deutschland war bis dahin das einzige westliche Land, das kein *spezielles* Auffangnetz für alte Menschen mit unzureichenden Einkünften (getrennt vom allgemeinen Sozialhilfesystem) kannte. Durch die Einführung der *Grundsicherung im Alter und bei Erwerbsminderung* im Jahr 2003 hat sich nichts daran geändert, dass die Leistungen weiterhin bedürftigkeitsgeprüft und nicht höher als zuvor sind, aber die vorrangige Verpflichtung von erwachsenen Kindern, ihre bedürftigen Eltern im Rahmen des Subsidiaritätsprinzips finanziell zu unterstützen, ist faktisch entfallen. Die damalige Regierung erwartete, dass dadurch das Ausmass der „verschämten Armut" abnehmen würde, und tatsächlich stiegen nach 2003 die Empfängerzahlen an. Im Jahr

2004 bezogen dennoch nur 1,3% der Personen über 65 Jahre die Leistungen der Grundsicherung (Weber 2006), also weit weniger, als in der Schweiz auf Ergänzungsleistungen zur AHV-Altersrente angewiesen sind (etwa 12%, wovon aber etwa ein Viertel lediglich wegen einer Heimunterbringung bedürftig ist). Altersarmut ist in Deutschland *derzeit* kein grosses Problem[7].

In der Begründung zu ihrem Gesetzentwurf rechtfertigte die Bundesregierung den erleichterten Zugang zu diesen Leistungen weiterhin als vorsorgliche Massnahme. Sie gab zu, dass veränderte Erwerbskarrieren künftig die Zahl älterer Menschen mit unzureichenden Rentenansprüchen anschwellen lassen würde (Bundesregierung 2000: 43). Nicht erwähnt wurde jedoch, dass sie (und ihre Vorgänger) mit den beschlossenen Rentenreformen selbst zu einem erhöhten Armutsrisiko beiträgt.

Damit – und das ist eine *erste* Schwachstelle des deutschen Alterssicherungssystems – wird die Legitimität einer auf Beiträgen basierenden Pflichtversicherung untergraben. Denn am Ende einer langen Versicherungskarriere sollten die erworbenen Ansprüche höher sein als die, die auch ohne Beitragszahlungen zu erreichen sind. Ohne eine entsprechende Gegenleistung mutieren die Beiträge zu einer Art „Quasi-Steuer", und die Aufnahme einer sozialversicherungspflichtigen Beschäftigung wird unattraktiv. Bereits heute muss ein Versicherter mit stets durchschnittlichem Verdienst 26 Jahre erwerbstätig sein, um den „break even"-Punkt, d.h. die Höhe der Grundsicherungsleistung, zu erreichen; jemand mit dauerhaft zwei Dritteln des Durchschnittsverdienstes benötigt gar 39 Jahre. Künftig sind aufgrund der beschlossenen Einschränkungen sogar noch mehr Versicherungsjahre erforderlich (Sachverständigenrat 2006: 255-6; Thiede 2005).

Die *zweite* Schwachstelle liegt in der Konstruktion der Grundsicherung selbst. Die umfassende Bedürftigkeitsprüfung, die Haushaltseinkommen jeder Art und vorhandenes Vermögen berücksichtigt, bietet kaum Anreize für diejenigen, welche lediglich eine gesetzliche Rente in der Nähe oder unterhalb der Grundsicherungsleistung zu erwarten haben, Sparanstrengungen für eine private Zusatzrente zu unternehmen und dafür präferierte Konsummöglichkeiten aufzugeben. Eine auf diese Weise errichtete „Sparfalle" führt dazu, dass diese Personen sich im Alter in einer finanziell weniger komfortablen Situation befinden, als es tatsächlich notwendig wäre. Zudem nehmen gerade wegen der Prozedur der Bedürftigkeitsprüfung nie alle Berechtigten die Leistung tatsächlich in Anspruch.

Demgegenüber bietet die in den Niederlanden und in Dänemark etablierte universelle Grundrente drei Vorteile: Sie ist erstens so hoch, dass in beiden Ländern nur ein verschwindend geringer Teil der Altenbevölkerung über weniger als 40% des Medianeinkommens verfügt (1,4% in den

[7] Nach Rechnungen mit den Daten der *Luxembourg Income Study* verfügten Anfang dieses Jahrzehnts gerade 4,0% der deutschen Altenhaushalte über weniger als 40% des Medianeinkommens; in der Schweiz waren es 7,2% (Anderson 2007: 27).

Niederlanden; 0,8% in Dänemark – Anderson 2007). Zweitens schaltet die Gewissheit, im Alter ausreichend versorgt zu sein, Widerstände gegen die Zumutungen eines flexibilisierten Arbeitsmarktes weitgehend aus. Drittens erhöht eine universelle Grundrente den Anreiz, zusätzlich individuell für das Alter vorzusorgen, wenn die aktuelle Einkommenssituation dies zulässt, und sie steigert das Interesse, in betriebliche Pensionspläne einbezogen zu werden, auch wenn dies mit z.T. eigenen Beitragszahlungen verbunden ist.

Die Administration der deutschen Rentenversicherung ist sich der abnehmenden Solidität dieser Institution, ein Bollwerk gegen Altersarmut zu sein, bewusst, und man hat verschiedene Vorschläge unterbreitet, die den genannten Schwachstellen begegnen sollen (vgl. z.B. Thiede 2005; Loose und Thiede 2006). Da eine universelle, steuerfinanzierte Grundrente wie in Dänemark oder den Niederlanden als kurzfristige Perspektive ausscheidet, haben mögliche Lösungen von der existierenden beschäftigungszentrierten Rentenversicherung auszugehen. Sie würde dadurch in ihrer Struktur näher an die Schweizer AHV heranrücken. Ein wichtiges Reformelement, das Loose und Thiede (2006: 486-487) ebenso wie der Sachverständigenrat (2006: 212, 260-269) nennen, ist die Erweiterung der Versicherungspflicht auf alle Erwerbstätigen, die derzeit noch nicht obligatorisch in die Rentenversicherung oder in Sondersysteme (z.B. der Freien Berufe wie Apotheker, Ärzte, Architekten) einbezogen sind. Auf diese Weise würden die Vorsorgelücken der wachsenden Zahl von Selbstständigen wirksam geschlossen, und Übergänge zwischen abhängiger und selbstständiger Erwerbstätigkeit blieben ohne negative Konsequenzen.

Eine solche Erweiterung der Versicherungspflicht wäre allerdings lediglich die Bedingung dafür, (mehr) Umverteilung in die gesetzliche Rentenversicherung zurückzubringen. Loose und Thiede (2006: 487-488) diskutieren verschiedene Varianten der Aufwertung niedriger Ansprüche, die während der Versicherungszeit erworben wurden, aber nicht folgenden Vorschlag: Die Idee ist, nach einer langen Versicherungskarriere von 35 oder 40 Jahren bei Erreichen des normalen Rentenalters (oder bei eingetretener Invalidität) eine Grundrente zu gewähren. Der Betrag dieser Basissicherung sollte um einiges höher liegen als die Sozialhilfegrenze, und es würde darauf ausschliesslich die gesetzliche Rente angerechnet, wobei die „Entzugsrate“ weniger als 100% ausmachen sollte. Deshalb müsste keine der derzeit geltenden Regeln zur Berechnung der verdienstbezogenen Rente revidiert werden. Ebenfalls würde sich nichts für diejenigen Beschäftigten ändern, welche eine vollständige Erwerbskarriere aufweisen und konstant mindestens einen Durchschnittsverdienst erzielten, weil ihre Leistungsansprüche die Grundrente übersteigen (bzw. oberhalb der Grenze liegen, wo die „Entzugsrate“ wirksam ist).

Die Nutzniesser einer solchermassen reformierten Grundsicherung wären die langjährig versicherten Beschäftigten, die keine gesetzliche Rente in dieser Höhe (oder leicht darüber) erreichen. Dadurch, dass andere Komponenten des Alterseinkommens (aus individueller Vorsorge oder Betriebsrenten) unberücksichtigt blieben, würde ihr Interesse an der Erhöhung des Gesamteinkommens über die Basisrente hinaus gesteigert, und ebenso der Anreiz, überhaupt bzw. bis zur Altersgrenze einer Erwerbstätigkeit nachzugehen, wenn eine lange Versicherungszeit die Voraussetzung für den Erhalt einer Rente mindestens in Höhe des Basisbetrags ist. Deshalb ist eine Mindestsicherung wie die 2003 eingeführte weiterhin notwendig, um die Älteren zu unterstützen, die nicht in der Lage sind, eine 35- oder 40-jährige Versicherungszeit nachzuweisen und letztlich mit zu niedrigen Ansprüchen das Erwerbsleben beenden. Die Differenz zwischen der verdienstbezogenen gesetzlichen Rente und der Grundrente müsste steuerfinanziert sein, und die dafür aufzuwendenden Mittel würden in dem Masse steigen, wie das Niveau der verdienstbezogenen Rente sinkt und die Zahl der Rentner mit atypischen Erwerbskarrieren und demzufolge zu niedrigen Ansprüchen steigt.

Die hier vorgeschlagene Variante einer Grundsicherung weist Ähnlichkeiten mit dem zweischichtigen System staatlicher Alterssicherung auf, das sich in Schweden, Finnland und (demnächst) Norwegen entwickelt hat. Die universelle Grundrente, die an alle Bürger und Bürgerinnen nach Erreichen der Altersgrenze gezahlt wurde, ist in eine sog. *Garantierente* umgewandelt worden, auf die lediglich die staatliche verdienstbezogene Rente angerechnet wird. Obwohl diese Transformation einen Bruch mit dem Nordischen Prinzip des Universalismus darstellte, war sie faktisch unspektakulär, weil damit keine Verschlechterungen für die gegenwärtige (und künftige) Rentnergeneration verbunden waren (Hinrichs und Kangas 2003). Der eben gemachte Vorschlag (der im Detail weiter auszuarbeiten wäre) realisiert gleichzeitig die Vorzüge des dänischen und niederländischen Alterssicherungssystems: Die Anreize, erwerbstätig zu sein und selbst zusätzlich für das Alter vorzusorgen, werden gestärkt, und zunehmend flexible Beschäftigungsverhältnisse und atypische Erwerbskarrieren sind individuell und sozial besser (v)erträglich, weil Einkommenssicherheit im Alter stets gewährleistet ist.

## 2.4 Literaturverzeichnis

Anderson K., „Promise and Perils: Multipillar Pension Systems Can at Time be Vulnerable“, *WZB-Mitteilungen*, 117, 2007, S. 27-30.

Armingeon K. und Bonoli G. (Eds), *The Politics of Post-Industrial Welfare States: Adapting Post-War Social Policies to New Social Risks*, London/New York, Routledge, 2006.

Betzelt S. und Fachinger U., „Jenseits des ‚Normalunternehmers‘: Selbstständige Erwerbsformen und ihre soziale Absicherung“, *Zeitschrift für Sozialreform*, 50, 2004, S. 312-343.

Beveridge W.-H., *Social Insurance and Allied Services*, Cmd. 6404, London, HMSO, 1942.

Bonoli G., „The Two Worlds of Pension Reform in Western Europe", *Comparative Politics*, 35, 2003, S. 399-416.

Bonoli G., „New Social Risks and the Politics of Post-Industrial Social Policies", in Armingeon K. and Bonoli G. (Eds), *The Politics of Post-Industrial Welfare States: Adapting Post-War Social Policies to New Social Risks*, London/New York, Routledge, 2006, S. 3-26.

BMAS, , *Statistisches Taschenbuch 2006. Arbeits- und Sozialstatistik*, Bonn, Bundesministerium für Arbeit und Soziales, 2006.

Bundesregierung, *Entwurf eines Gesetzes zur Reform der gesetzlichen Rentenversicherung und zur Förderung eines kapitalgedeckten Altersvorsorgevermögens (Altersvermögensgesetz - AVmG)*, Deutscher Bundestag, Drucksache 14/4595 (v. 14.11.2000), Berlin, 2000.

Bundesregierung, *Bericht 2006 der Bundesregierung zur Wirksamkeit moderner Dienstleistungen am Arbeitsmarkt*, Deutscher Bundestag, Drucksache 16/3982 (21.12.2006), Berlin, 2006.

DRV, *Rentenzugang 2005*, Statistik der Deutschen Rentenversicherung, Bd. 158, Berlin, Deutsche Rentenversicherung Bund, 2006.

Dundler A. und Müller D, *Erwerbsverläufe im Wandel: Ein Leben ohne Arbeitslosigkeit - nur noch Fiktion*, Nürnberg, Institut für Arbeitsmarkt- und Berufsforschung, IAB-Kurzbericht 27, 2006.

European Commission, *Adequate and Sustainable Pensions: Synthesis Report 2006*, Luxembourg, Office for Official Publications of the European Communities, 2006a.

European Commission, *Employment in Europe 2006*, Luxembourg, Office for Official Publications of the European Communities, 2006b.

Förster M. und Mira d'Ercole M., „Income Distribution and Poverty in OECD Countries in the Second Half of the 1990s", *OECD Social, Employment and Migration Working Papers*, 22, Paris, OECD, 2005.

Giesecke J. und Gross M., „Befristete Beschäftigung", *WSI-Mitteilungen*, 59, 2006, S. 247-254.

Hain W., Lohmann A. und Lübke E., „Veränderungen bei der Rentenanpassung durch das ‚RV-Nachhaltigkeitsgesetz' ", *Deutsche Rentenversicherung*, 59, 2004, S. 333-349.

Hinrichs K., „Irregular Employment Patterns and the Loose Net of Social Security", in Adler M. *et al.* (Eds), *The Sociology of Social Security*, Edinburgh, Edinburgh University Press, 1991, S. 110-127.

Hinrichs K., „Das Normalarbeitsverhältnis und der männliche Familienernährer als Leitbilder der Sozialpolitik", *Sozialer Fortschritt*, 45, 1996, S.102-107.

Hinrichs K., „Armutsfeste Grundsicherung im Alter. Ausländische Modelle und die jüngste Rentenreform in Deutschland“, *Zeitschrift für Sozialreform*, 47, 2001, S. 223-255.

Hinrichs K., „New Century - New Paradigm: Pension Reforms in Germany“, in Bonoli G. und Shinkawa T. (Eds), *Ageing and Pension Reform Around the World*, Cheltenham, Edward Elgar, 2005, S. 47-73.

Hinrichs K., „Pension Reforms in Europe: Convergence of Old-Age Security Systems?“, in Mydske P. K. und Peters I. (Eds), *The Transformation of the European Nation State*, Berlin, BWV Berliner Wissenschafts-Verlag, 2006, S. 71-92.

Hinrichs K., „Reforming Labour Market Policy in Germany“, *Benefits. The Journal of Poverty and Social Justice*, 15, 2007, S. 221-231.

Hinrichs K. und Kangas O., „When Is a Change Big Enough to Be a System Shift? Small System-Shifting Changes in German and Finnish Pension Policies“, *Social Policy and Administration*, 37, 2003, S. 573-591.

Taylor-Gooby P. (Ed), *New Risks, New Welfare. The Transformation of the European Welfare State*, Oxford, Oxford University Press, 2004.

Thorsten K. und Weinkopf C., *Mindestens sechs Millionen Niedriglohnbeschäftigte in Deutschland*, Gelsenkirchen, Institut Arbeit und Technik, IAT-Report 2006-03, 2006.

Kommission Nachhaltigkeit in der Finanzierung der Sozialen Sicherungssysteme, *Bericht der Kommission*, hrsg. vom Bundesministerium für Gesundheit und Soziale Sicherung, Berlin, 2003.

Kortmann K., *Situation und Entwicklung der betrieblichen Altersversorgung in Privatwirtschaft und öffentlichem Dienst 2001 – 2006*, Untersuchung im Auftrag des Bundesministeriums für Arbeit und Soziales, München, TNS Infratest Sozialforschung, 2007.

Loose B. und Thiede R., „Alterssicherung: Auch in Zukunft armutsfest?“, *RV aktuell*, 53, 2006, S. 479-488.

OECD, *Ageing and Employment Policies: Germany*, Paris, OECD, 2005.

OECD, *OECD Employment Outlook: Boosting Jobs and Incomes*, Paris, OECD, 2006.

OECD, *Pensions at a Glance: Public Policies across OECD Countries. 2007 Edition*, Paris, OECD, 2007.

Rhein T.und Stamm M, *Niedriglohnbeschäftigung in Deutschland*, Nürnberg, Institut für Arbeitsmarkt- und Berufsforschung, IAB-Forschungsbericht, 12/2006, 2006.

Sachverständigenrat zur Begutachtung der gesamtwirtschaftlichen Entwicklung, *Widerstreitende Interessen - Ungenutzte Chancen. Jahresgutachten 2006/07*, Wiesbaden, 2006.

Schulze Buschoff K., „Selbstständige Erwerbsarbeit und soziales Risikomanagement - ein deutsch-britischer Vergleich“, *Zeitschrift für Sozialreform*, 52, 2006, S. 521-546.

Thiede R., „Anforderungen an eine zukunftsfähige Rentenversicherung“, *Die Angestelltenversicherung*, 52, 2005, S. 149-155.

Weber T., „Ergebnisse der Statistiken über die Grundsicherung im Alter und bei Erwerbsminderung 2004“, *Wirtschaft und Statistik*, 2, 2006, S. 160-165.

Wilthagen T. und Tros F., „The Concept of “Flexicurity”: A New Approach to Regulating Employment and Labour Markets“, *Transfer. European Review of Labour and Research*, 10, 2004, S. 166-186.

Chapitre 3

# Fiscalité et politique sociale font-elles bon ménage ?

Bernard Dafflon[1]

Aborder le rôle du système fiscal dans la politique sociale du point de vue de l'économie politique revient à combiner trois thématiques déjà fort complexes en elles-mêmes : la politique sociale, la fiscalité et le fédéralisme financier puisque, dans ce pays, les deux premières se déploient sur les trois niveaux de gouvernement, fédéral, cantonal et communal (Dafflon 1999a : 456; Rossini 2006 : 78). C'est dire la difficulté[2]. Cela soulève immédiatement bien des questions. Peut-on traiter *la* politique sociale; ou bien est-elle plurielle, comprenant plusieurs cheminements plus ou moins reliés entre eux ? Quelles en seraient alors les composantes ? Les identifier est indispensable puisque, selon le titre, le système fiscal aurait un rôle à tenir : quels impôts auraient quels effets sur quelles politiques sociales ? Et pour chaque impôt relié à une politique sociale, est-on face à un véritable instrument visant à inciter une démarche nouvelle, à influer sur un objectif social ? dans ce cas lequel ? est-il explicité ou sous-entendu ? Ou bien, l'impôt doit-il être compris stricto sensu, avec pour seul objectif de remplir les caisses de l'Etat, mais pouvant avoir des effets secondaires sur une ou des politiques sociales ? Enfin, comment lire le résultat ? S'il y a un objectif explicite de politique sociale à atteindre tandis que l'impôt en est l'instrument, comment mesurer la performance ? Si, par contre, l'impôt est d'abord source de financement, mais avec des conséquences possibles sur les politiques sociales, l'analyse est autre : quelles mesures fiscales ont quels effets ? et cela tant en termes de contrainte budgétaire, de coûts d'opportunité (chaque diminution de recette fiscale impliquant soit une réduction de prestation ailleurs, soit un endettement supplémentaire), que du point de

[1] Bernard Dafflon est professeur de finances publiques, auprès du Département d'économie politique à l'Université de Fribourg.

[2] Pour un exemple de cette complexité, relatif au financement de l'assurance maladie, voir Dafflon (2005).

vue de la justice redistributive (qui bénéficie de la mesure et qui supporte le coût d'opportunité ? la mesure est-elle « juste » ?) [3].

Répondre à ce catalogue de questions n'est pas simple. En recourant à la nouvelle économie institutionnelle comme méthode d'analyse, on perçoit rapidement l'imbroglio, né de décisions multiples, étalées dans le temps, prises souvent au coup par coup dans une logique interne à l'objet traité ou pour des motifs électoraux ou partisans ; formant avec le temps des strates, une mesure s'ajoutant à l'autre sans beaucoup de soucis de cohérence. Cette complexité rend nécessaire d'abord un « état des lieux » qui traverse les trois domaines impliqués : politique sociale, fiscalité, fédéralisme. Des estimations sont ajoutées, non pas pour relever le défi qui consisterait à chiffrer le coût fiscal des politiques sociales, mais pour illustrer les difficultés inhérentes à ce chiffrage. Le chapitre est organisé comme suit. La première section définit le champ des politiques sociales considérées et leur lien avec la fiscalité. La deuxième section examine quels impôts touchent quelle politique sociale et comment. Trois composantes de la politique fiscale sont examinées : (i) l'impôt sur le revenu, (ii) les impôts affectés et (iii) les prélèvements obligatoires sur les salaires. La section suivante décline quelques exemples donnant la mesure des difficultés à surmonter si l'on voulait procéder à une étude exhaustive. L'accent est mis sur les conséquences redistributives de la relation entre impôts et politiques sociales. La quatrième section conclut.

## 3.1 Quelles politiques sociales pour quels impôts ?

Fiscalité et politique sociale étant deux domaines vastes et pluriels, commençons par délimiter le champ d'analyse. Pour la Suisse, Gilliand et Rossini (1995 : 66-70) répertorient six champs d'intervention des « politiques sociales » : (1) les assurances sociales, (2) les dépenses pour la santé, (3) l'aide sociale et l'assistance. (4) Ils classent les allocations familiales et l'assurance-maternité dans la catégorie « politique familiale » en y ajoutant les avances sur les pensions alimentaires et les déductions fiscales pour enfants et famille. (5) Ils complètent avec la catégorie « politique de formation » comprenant les bourses d'apprentissage, les bourses et les prêts d'étude. (6) Le sixième domaine concerne les mesures légales de protection (des consommateurs, des locataires, des travailleurs, des enfants, etc.).

Mais il existe d'autres inventaires, qui balisent chacun de manière différente le champ d'analyse en raison d'objectifs propres. Le système de statistiques intégrées de la protection sociale de l'Union européenne (SESPROS 1996) classe les « prestations sociales » dans les huit fonctions suivantes : (1) maladie et soins de santé, (2) invalidité, (3) vieillesse, (4) survie, (5)

[3] Sur cette question, voir également Flückiger et Cordero (1995 : 83-93).

famille et enfants, (6) chômage, (7) logement, (8) exclusion sociale non classée ailleurs (OFAS 2006 : 67). La Suisse interprète en deux temps cette classification en distinguant la « protection sociale selon les normes internationales » et les « assurances sociales » (OFAS 2006 : 72). Le tableau 3.1 résume ces trois approches.

Le *compte global de la protection sociale* (CGPS dans le tableau 3.1) selon la définition du SESPROS comprend en Suisse :

- les assurances sociales obligatoires : vieillesse et survivants (AVS), invalidité (AI), les prestations complémentaires à l'AVS et l'AI ($PC_{AVS+AI}$), chômage (AC), assurance maladie (AMal) et accidents (AA), les allocations familiales (AF) et la prévoyance professionnelle (PP) ;
- les prestations sociales liées aux besoins, l'aide sociale ;
- les subventions des pouvoirs publics au système de santé, hôpitaux, homes pour personnes âgées, et à la protection de la jeunesse ;
- les mesures sociales liées à la politique en matière de drogue et à la politique d'asile ;
- les autres prestations sociales telles que la poursuite du paiement du salaire par les employeurs en cas de maladie et d'accident, ainsi que les prestations des institutions privées.

Pour l'AMal et l'AA, seuls les dispositifs obligatoires sont pris en considération. La prévoyance professionnelle (2$^{e}$ pilier) est prise en compte avec le régime surobligatoire, mais pas le 3$^{e}$ pilier individuel. Le régime des allocations pour perte de gain (APG) n'est pas compris.

Le *compte global des assurances sociales* (CGAS dans le tableau 3.1) englobe neuf branches d'assurances sociales (OFAS, 2006 : 72) : AVS, AI, $PC_{AVS+AI}$, AC, AMal, AA, AF, APG, PP. Cela correspond aux assurances obligatoires dans la définition du SESPROS, auxquelles s'ajoutent les allocations pour pertes de gains (APG). Rappelons que les APG comprennent désormais les allocations de maternité (AMat).

En comparant les colonnes 2 à 4 du tableau 3.1, on constate que les champs d'intervention ne se recoupent pas exactement même s'il y a de grandes similitudes. Ce comparatif permet de mieux cibler les politiques sociales dans l'optique d'une approche par la fiscalité. En effet, les financements se font non seulement par des prélèvements obligatoires, comme pour les assurances sociales, mais également par des versements du secteur public provenant d'impôts affectés. En outre, certaines dépenses individuelles à caractère social sont déductibles de l'impôt sur le revenu. On a donc une palette de mesures fiscales, décrites dans la prochaine section, qui vont permettre de remplir la colonne 1 du tableau 3.1 : R et D se réfèrent à l'impôt sur le revenu (§ 3.2.1) ; les autres abréviations, TVA, HEL, COV, alcool et jeux, concernent les impôts affectés (§ 3.2.3).

**Tableau 3.1** Fiscalité et politiques sociales.

| Fiscalité | Gilliand et Rossini 1995 | SESPROS 1996 | CGPS 2006<br>*CGAS 2006* |
|---|---|---|---|
| 1 | 2 | 3 | 4 |
| D3, TVA,<br>HEL, COV | *(1) Assurances sociales*<br>(2) Dépenses pour la santé | (1) Maladie, soins de santé | *AMal (obligatoire), AA (obligatoire),*<br>Subventions au système de santé |
| D1 | *(1) Assurances sociales* | (2) Invalidité | *AI*, $PC_{AI}$, *PP* |
| D1, TVA, alcool,<br>D1, jeux | | (3) Vieillesse<br>(4) Survie | *AVS*, $PC_{AVS}$, *PP*,<br>Subventions publiques aux EMS |
| R<br>D3 | *(1) Assurances sociales*<br>(4) Politique familiale (allocations familiales et de maternité; avances sur les pensions alimentaires, politique fiscale pour la famille)<br>(5) Politique de formation (bourses d'apprentissage et d'études, prêts d'études) | (5) Famille/enfants | *AF, AMat*<br>Subventions à la protection de la jeunesse |
| D1 | *(1) Assurances sociales* | (6) Chômage | *AC* |
| D4 | | (7) Logement | Aides au logement |
| | (3) Aide sociale et assistance | (8) Exclusion sociale | Aide sociale, secteur de l'asile, politique en matière de drogue |
| D1 | *(1) Assurances sociales* | | *APG* (y compris *AMat* depuis le 1.7.2005) |
| | (6) Mesures légales de protection (des consommateurs, des locataires, des travailleurs, des enfants | | Poursuite du paiement des salaires en cas de maladie et d'accident |

## 3.2 Quels impôts pour quelles politiques sociales ?

La fiscalité touche à la politique sociale de quatre manières (tab. 3.2).

L'impôt sur le revenu (tab. 3.2, bloc A) est mentionné en premier parce que la politique sociale touchant les ménages se réalise par le biais d'ajustements fiscaux. En outre, les cotisations individuelles aux assurances sociales (bloc C) sont en partie déductibles de la somme des revenus imposés. En d'autres termes, une partie de la politique sociale est « fiscalisée » au travers de l'impôt sur le revenu, ce qui n'est pas sans conséquence lorsque les barèmes d'imposition sont à taux progressifs. Cette question est abordée dans la section 3.3.

Dans les impôts affectés, la TVA (tab. 3.2, bloc B1) joue le premier rôle :

- les montants affectés se sont élevés à 3,97 milliards de francs en 2004 ;
- l'affectation est devenue structurelle : assurance maladie dès 1995, puis AVS dès 1999 ;

**Tableau 3.2** Importance des prélèvements obligatoires liés aux assurances sociales, 2004.

| source | Comptes publics en millions de francs | Affectation | |
|---|---|---|---|
| 1 | 2 | 3 | 4 |
| A. Impôt sur le revenu | 43 286 | | |
| *Confédération* | 7 192 | | |
| *Cantons et communes* | 36 094 | | |
| B. Impôts sur la consommation: | 25 051 | 4 379 | |
| B1. Taxe sur la valeur ajoutée | 17 666 | | |
| ✓ *Part affectée à l'assurance maladie (voir C3)* | | *(2 054)** | |
| ✓ *Part affectée à l'AVS* | | *1 924* | |
| B2. Autres impôts affectés aux assurances sociales | | 2 455 | |
| ✓ *Impôt sur le tabac: à l'AVS;* | 2 040 | *2 040* | |
| ✓ *Bénéfice de la régie fédérale des alcools: à l'AVS via la contribution fédérale ordinaire, compris dans C1 ci-dessous;* | (223) | *(223)* | |
| ✓ *Impôt sur les maisons de jeux et les jeux de hasard: à l'AVS;* | 291 | *291* | |
| ✓ *Taxes d'incitation sur l'huile de chauffage HEL + taxe sur les composés organiques volatils COV: en diminution des cotisations individuelles à l'assurance maladie.* | 124 | *124* | |
| | Cotisations assurés /employeurs | Participations du secteur public (détail: voir tab. 3.5) | |
| | | Confédération | cantons |
| C. Cotisations aux assurances sociales | | | |
| C1. Principe de répartition: | 36 453 | 10 184 | 4 865 |
| ✓ *AVS* | *22 799* | *4 977* | *1 107* |
| ✓ *AI* | *3 826* | *4 161* | *1 387* |
| ✓ *Prestations complémentaires AVS et AI* | *0* | *641* | *2 206* |
| ✓ *APG* | *818* | *0* | *0* |
| ✓ *Allocations de chômage* | *4 341* | *327* | *126* |
| ✓ *Allocations familiales* | *4 669* | *78* | *39* |
| C2. Principe de capitalisation | | | |
| ✓ *Prévoyance professionnelle (non compris dans les totaux)* | *(33 820)* | *(0)* | *(0)* |
| C3. Primes d'assurances (forfaitaire) | 20 234 | 2 054 | 1 137 |
| ✓ *Assurance maladie de base* | *14 849* | *2 054* | *1 137* |
| ✓ *Assurance accident* | *5 385* | *0* | *0* |

Sources: blocs A et B1: Finances publiques en Suisse 2005, DFF, Berne, 2007: 141, 145.

Bloc B2: Compte d'Etat 2004 de la Confédération, Berne, 2006 : 19, 440, 475, 480, 482.

Bloc C: Statistique des assurances sociales suisse 2006, OFAS, Berne, 2006 : 85, 101, 117, 131, 149, 169, 195.

* voir Bloc C3 pour la part de TVA affectée à la réduction des cotisations d'assurance maladie des assurés de condition modeste (attention à ne pas compter ce montant deux fois).

- on envisage encore d'y recourir dans le futur pour d'autres assurances sociales, notamment après la 5<sup>e</sup>révision de l'AI pour en assurer le financement à long terme.

Quatre autres impôts sont aussi affectés, mais dans une moindre mesure (bloc B2). Sur 25,1 milliards de francs encaissés au niveau fédéral au titre d'impôt sur la consommation (bloc B), 6,4 milliards sont attribués au financement de l'AVS et de l'assurance maladie.

En plus des impôts directement affectés, les pouvoirs publics participent au financement des assurances sociales (blocs C1 et C3, colonnes 3 et 4) pour 18,2 milliards de francs en puisant dans leurs ressources générales.

En contrepoint, les prélèvements obligatoires supportés par les employeurs et les employés (bloc C1, colonne 2) et les cotisations individuelles à l'assurance maladie et accident (bloc C3, colonne 2) se montent à 56,7 milliards de francs[4]. La somme est considérable en comparaison de la fiscalité directe et indirecte, presque équivalente à celle des blocs A et B (68,3 milliards de francs).

### 3.2.1 L'impôt sur le revenu

L'impôt sur le revenu est organisé pour les trois niveaux de gouvernement sur le modèle suivant :

$$\mathrm{T_i^F} = \mathrm{B^F} \times \left[\mathrm{R_i} - (\mathrm{D1} + \mathrm{D2} + \mathrm{D3} + \mathrm{D4})_\mathrm{i}^\mathrm{F}\right] \qquad (3.1)$$

et

$$\mathrm{T_i^{C+L}} = \mathrm{B^C} \times \left[\mathrm{R_i} - (\mathrm{D1} + \mathrm{D2} + \mathrm{D3} + \mathrm{D4})_\mathrm{i}^\mathrm{C}\right] \times \left\{\mathrm{K^C} + \mathrm{K^L}\right\} \qquad (3.2)$$

où T est le montant de l'impôt payé par le contribuable « i » au niveau fédéral (F dans l'équation (3.1)) et aux nivaux cantonal et local (C et L dans l'équation 3.2). L'impôt dépend du barème des taux (B), de l'addition des revenus périodiques pris en considération (R) et des déductions possibles (dans les quatre groupes D1 à D4, tab. 3.3). Les barèmes des taux (B) sont propres à la Confédération et à chaque canton. Le calcul du revenu de référence (R) et la liste des déductions possibles (D) sont harmonisés pour les trois niveaux[5]. Les barèmes et les montants des déductions sont déterminés

---

[4] La prévoyance professionnelle n'est pas comprise dans ce total. Contrairement aux autres assurances sociales, basées sur le principe de répartition, la PP est fondée sur le principe de capitalisation : c'est une « épargne forcée » que le cotisant retrouve à futur et non pas un prélèvement définitif ayant les caractéristiques d'un impôt.

[5] Loi fédérale du 14 décembre 1990 sur l'harmonisation des impôts directs des cantons et des communes. La LHID est entrée en vigueur le 1<sup>er</sup> janvier 1993. Les cantons devaient adapter leur législation jusqu'à fin 2000.

au niveau fédéral et dans les cantons (indices F et C sur la parenthèse des déductions). L'équilibre budgétaire annuel s'obtient par $K^C$. Les communes n'ont pas de marge de manœuvre, mais seulement une capacité résiduelle de décider de la proportion annuelle de l'impôt nécessaire pour équilibrer leurs budgets ($K^L$ appelé « quotité », « centimes additionnels », « Steuerfuss », « moltiplicatore »).

La politique fiscale sociale se joue au niveau fédéral comme dans les cantons sur les valeurs R et D. Mais les conséquences sont fonction des positions individuelles « i » des ménages imposés. Pour R, il n'est pas indifférent de savoir quelles rentes sont additionnées aux autres revenus ordinaires soumis à l'impôt et quelles ressources ne le sont pas.

Quatre catégories de déductions sont possibles, récapitulées dans le tableau 3.3. Celles des blocs D1 et D3 contiennent les déductions aboutissant à la « fiscalisation des politiques sociales ». Ces éléments sont reportés dans la colonne 1 du tableau 3.1.

- D1 correspond aux « déductions organiques » : du point de vue de l'analyse économique, cela comprend la part de l'employé aux cotisations des assurances sociales obligatoires (pour les salariés, D1 n'apparaît pas explicitement : le salaire net II selon le certificat de salaire correspond déjà à R-D1).
- D2 groupe les « frais d'acquisition du revenu » : les dépenses liées au transport, repas et séjour hors du domicile, ainsi que les frais de perfectionnement professionnels.
- D3 personnalise l'impôt en fonction de la situation et de la composition du ménage : enfants ou personnes à charge, frais de garde des enfants, enfants aux études ou en apprentissage, cotisations d'assurance maladie, frais médicaux, dentaires ou pharmaceutiques dépassant une certaine proportion, handicap.
- La catégorie D4 contient les « dépenses fiscales » couvrant des choix privés que l'Etat encourage : épargne, prévoyance professionnelle, habitat, économie d'énergie, par exemple.

Pour une même politique sociale, l'équation (3.2) pour l'impôt sur le revenu aboutit à des situations fiscales individuelles différentes pour deux raisons. D'une part, les valeurs des déductions D2, D3 et D4 diffèrent d'un canton à l'autre selon le domicile fiscal du contribuable. D'autre part, pour chaque contribuable, l'accès aux diverses déductions varie et, par le jeu des cumuls, aboutit à des réductions d'impôt qui ne font pas le même montant selon la progressivité des barèmes des taux. Cette diversité des situations fait que même si des éléments de politique fiscale sociale sont les mêmes pour l'ensemble de la Suisse, les conséquences financières sont disparates en fonction du lieu (canton et commune du domicile fiscal) et du revenu imposable (selon le cumul des déductions auxquelles le contribuable peut

**Tableau 3.3** Les déductions fiscales possibles LIFD et LHIC.

| | |
|---|---|
| ***D1*** | ***Déductions organiques*** |
| 1. | Primes et cotisations à l'AVS, l'AI et la prévoyance professionnelle |
| 2. | Primes et cotisations APG, AC et AA obligatoires |
| ***D2*** | ***Frais d'acquisition du revenu*** |
| 3. | Frais de déplacement domicile – lieu de travail |
| 4. | Repas pris hors du domicile |
| 5. | Autres frais indispensables à l'exercice de la profession |
| 6. | Frais de perfectionnement et de reconversion professionnels (mais pas les frais de formation professionnelle) |
| 7. | Un montant sur le revenu des époux vivant en ménage commun et qui exercent les deux une activité lucrative |
| 8. | Frais pour activité accessoire salariée |
| ***D3*** | ***Personnalisation de l'impôt*** |
| 9. | Primes et cotisations de l'AM et AA de base |
| 10. | Pension alimentaire versée au conjoint divorcé ou séparé judiciairement |
| 11. | Contributions d'entretien des enfants |
| 12. | Frais provoqués par la maladie et les accidents |
| 13. | Frais liés au handicap |
| 14. | Déduction pour chaque enfant mineur ou en apprentissage ou aux études + orphelin |
| 15. | Déduction pour personne à charge d'entretien |
| 16. | Déduction pour personne en fauteuil roulant, avec une activité, sans être au bénéfice d'une rente AVS/AI |
| 17. | Frais nécessaires provoqués par l'impotence |
| 18. | Part des frais excédant le prix de pension de base à charge du contribuable vivant durablement dans un EMS du canton |
| ***D4*** | ***Dépenses fiscales*** |
| 19. | Frais d'administration par des tiers de la fortune mobilière privée |
| 20. | Impôts étrangers à la source qui ne peuvent être ni remboursés ni imputés |
| 21. | Frais d'entretien des immeubles privés, et assurances y relatives |
| 22. | Intérêts passifs privés jusqu'à concurrence du rendement imposable de la fortune |
| 23. | Dépenses d'investissement sur immeuble économisant l'énergie ou ménageant l'environnement |
| 24. | Charges durables et 40% des rentes viagères |
| 25. | Primes et cotisations de prévoyance individuelle liée et primes et cotisations d'assurance-vie |
| 26. | Intérêts des capitaux d'épargne |
| 27. | Versements bénévoles faits à des institutions reconnues d'utilité publique |

Sources : art. 31 à 34 de la Loi fédérale du 14 décembre 1990 sur l'IFD ; art. 9 de la LHID; et, par exemple, pour Fribourg, les art. 27 à 36 de la Loi du 6 juin 2000 sur les impôts cantonaux directs (LICD).

accéder). Ainsi une allocation pour enfant qui serait identique pour l'ensemble de la Suisse n'aboutirait pas au même résultat fiscal : l'addition en R est la même, mais à revenu additionné égal les montants de la déduction pour enfant (dans D2) diffèrent d'un canton à l'autre, et par répercussion le revenu imposable et sa position dans les barèmes (B). Le résultat net n'est jamais identique. Le paragraphe 3.3.3 reprend ce cas en donnant un exemple chiffré.

**La TVA**

Dès son entrée en vigueur en 1995, le produit de la Taxe sur la Valeur Ajoutée a été partiellement affecté :

- Cinq pour cent du produit total doit être affecté à l'assurance maladie obligatoire pour abaisser les cotisations des assurés de condition modeste. Cela correspond à 2,054 milliards de francs en 2004 pour la Confédération, auxquels il faut ajouter 1,137 milliard de francs comme participation des cantons, tirée de leurs budgets généraux (tab. 3.2, bloc C3).
- Depuis 1999, un point de TVA sert à garantir le financement de l'AVS :
  - 83% sont directement attribués à l'AVS (1,9 milliard de francs en 2004 : tab. 3.2, bloc B1, colonne 3) et
  - 17% à la Confédération pour financer sa part AVS – qui est de 16,36 pour cent (AF 20.03.1998 + O 22.06.1994 modifiée 03.06.1998).

  Le montant total payé par la Confédération était de 4977 millions de francs en 2004 (tab. 3.2, bloc C, colonne 3), comprenant la part de 17% du point TVA et la part du bénéfice de la régie des alcools (223 millions de francs ; bloc B2). Les participations des cantons sont de 3,64%, soit 1,1 milliard de francs.

### 3.2.3 Les autres impôts affectés

Quatre autres impôts sont également affectés à des assurances sociales : trois à l'AVS et un à la réduction des cotisations individuelles à l'assurance maladie.

**À l'AVS**

Sont affectés à l'assurance vieillesse et survivants :

- l'impôt sur les tabacs, y compris les droits de douanes sur le tabac ;
- le bénéfice de la Régie fédérale des alcools plus l'impôt sur la bière ;
- depuis avril 2000, la recette de l'impôt sur les maisons de jeux et les jeux de hasard (LF du 18.12.1998).

**À l'assurance-maladie**

Dès 2003, des taxes d'incitation sur les huiles de chauffage et composés organiques causant des externalités négatives environnementales sont perçues. Mais, le but n'étant pas d'accroître la quote-part fiscale de l'Etat dans le PIB, elles sont redistribuées en déduction des primes individuelles d'assurance maladie :

- le produit de la taxe sur les composés organiques volatils (COV)[6] a rapporté 124 millions de francs en 2004 ;
- le produit de la taxe d'incitation sur l'huile de chauffage « extra-légère » (HEL)[7] d'une teneur en soufre supérieure à 0,1% a rapporté 313894 francs en 2004.

### 3.2.4 Les cotisations sociales liées aux salaires

Considérer sous le chapeau « fiscalité », les cotisations sociales sur les salaires se justifie parce que dans un système actuariel de répartition, il y a rupture du lien de réciprocité entre paiement et prestation : (i) l'assuré paie une cotisation d'assurance au temps $t_0$ non pas pour lui mais pour les bénéficiaires des prestations durant la même période $t_0$ ; (ii) l'assuré espère que l'éventualité d'assurance ne survienne pas. On a donc un prélèvement qui s'apparente à un impôt : obligatoire, auquel on ne peut échapper (sauf par évasion ou en « économie souterraine ») et sans droit à une contre-prestation réciproque (OCDE 2004 : 300).

Le tableau 3.4 illustre la situation en Suisse pour 2006. Il mentionne les taux et les conditions de prélèvement des cotisations sociales sur les salariés. On distingue les catégories suivantes :

- Les rubriques 1 à 7 sont des assurances de répartition : les cotisations au temps $t_0$ concourent au financement des prestations en $t_0$.
- Ces mêmes assurances 1 à 7 sont fondées sur un régime avec primauté des prestations : c'est dire que la prestation est décidée politiquement, tandis que la variable d'ajustement est soit la cotisation, soit la participation financière du secteur public à l'assurance.
- Les assurances 8 et 9 sont des assurances de capitalisation : les cotisations individuelles fondent les prestations individuelles futures, cotisant par cotisant.
- Le régime des assurances 1 à 4 + 8 est fédéral : prestations et cotisations sont fixées en droit fédéral et sont identiques dans tous les cantons. Le régime des assurances 5 à 7 est cantonal en ce qui concerne les cotisations, mais les prestations sont les mêmes. Le régime de l'assurance 9 varie d'un employeur à l'autre ou d'une caisse à l'autre.

[6] Ordonnance du 12 novembre 1997 sur la taxe d'incitation sur les composée organiques volatils (RS 814.018) ; Compte d'Etat 2004 : 482, rubriques 606.5090.001 et 006. La taxe est de 3 francs par kg de COV.

[7] Ordonnance du 12 novembre 1997 sur la taxe d'incitation sur l'huile de chauffage extra-légère d'une teneur de souffre supérieure à 0,1% (RS 814.013.22) ; Compte d'Etat 2004 : 482, rubrique 606.5090.002. La taxe est de 12 francs par 1000 kg HEL, soit 10,14 francs pour 1000 litre à 15 degré C. Egalement : Ordonnance du 15 octobre 2003 sur la taxe d'incitation sur l'essence et l'huile diesel d'une teneur en soufre supérieure à 0,001% (OEDS).

**Tableau 3.4** Les cotisations sociales liées au salaire (1.1.2006).

| Libellé | | Taux en % du salaire brut | |
|---|---|---|---|
| | | employé | employeur |
| 1 | | 2 | 3 |
| 1 | Assurance-vieillesse et survivants (AVS)[1] | 4,20 | 4,20 |
| | Frais de gestion AVS | – | 0,17675 |
| 2 | Assurance-invalidité (AI)[1] | 0,70 | 0,70 |
| 3 | Allocations pour perte de gain (APG)[1] | 0,15 | 0,15 |
| 4 | Assurance chômage (AC)[2] | 1,00 | 1,00 |
| 5 | Assurance contre les accidentes et maladies professionnels (LAA)[3] | | |
| | (CNA) | 1,58 | 0,7250 à 3,1313 |
| | (pool FR) | 0.910 | 0,186 |
| 6 | Allocations familiales (régime cantonal)[4] | – | 2,45 |
| 7 | Formation professionnelle[4] | – | 0,04 |
| 8 | Prévoyance professionnelle (LPP)[5] | 1,2 à 10,20 | 1,2 à 10,20 |
| 9 | Caisse de prévoyance (CP)[6] | 8,00 | 11,5 |
| 10 | Total avec LPP min + LAA pool (1+ 2 + 3 + 4 + 5 pool + 6 + 7 + 8 min) | 8,16 | 10,10275 |
| 11 | Total avec LPP max + LAA CNA (1 + 2 + 3 + 4 + 5 CNA + 6 + 7 + 8 max) | 17,83 | 22,04805 |
| 12 | Total avec CP + LAA pool (1 + 2 + 3 + 4 + 5 pool+ 6 + 7 + 9) | 14,96 | 20,40275 |

Ainsi, la charge minimale sur les salaires est de 18,26275 % (LPP min + LAA pool), tandis que la charge maximale est de 39,87805 (LPP max + CNA risques accrus).

[1] Les cotisations des chiffres 1, 2 et 3 prélevées globalement à raison de 5,05 % à charge de l'employé + 5,05 % à charge de l'employeur, sont payées sur le salaire AVS déterminant, dès 16800 francs par an, sans limite maximale. La rente maximale est calculée pour un salaire de référence de 77400 francs. Au-delà de ce montant, la situation est celle d'un apport net. Le principe de solidarité est applicable. Cela signifie que l'assuré ne retrouvera pas sous forme de prestations l'équivalent calculé sur les cotisations payées pour la part de salaire supérieure à 77400 francs. Le principe d'assurance est celui de la répartition (les cotisations au temps $t_0$ concourent au financement des prestations en $t_0$ avec primauté des prestations). Les indépendants paient une cotisation totale de 9,5 % du revenu de l'activité lucrative (7,8 + 1,4 + 0,3) pour un revenu annuel égal ou supérieur à 51600 francs; un barème dégressif est appliqué en dessous de 51600 francs jusqu'à 8500 francs. La rente AVS maximale simple est de 25800 francs par an.

[2] Le salaire maximal assurable est de 106800 francs. Pour le salaire dépassant ce montant mais inférieur à 267000 francs, l'AC percevait dès le 1.1.2000 une cotisation de 2 % (1 % + 1 %) ; en 2003, cette cotisation supplémentaire, dite « de solidarité » a été abaissée à 0,5 % + 0,5 % ; mais les prestations restent calculées sur un montant maximal de 106800 francs. Depuis 2004, cette cotisation est supprimée.

[3] Le salaire maximal assurable est de 106800 francs. Les primes LAA mentionnées sont celles qu'applique la Caisse Nationale d'Assurance. Contrairement aux assurances privées, la CNA ne peut pas refuser les catégories d'assurés à mauvais risques. C'est pourquoi elle applique deux barèmes, pour les risques « normaux » (au taux de 0,7250 %) et pour les risques « accrus » (au taux de 3,1313 %). A Fribourg, le pool d'assurances privées propose pour la fonction publique une prime plus avantageuse que la CNA parce qu'il n'assure pas les risques accrus.

[4] Obligation fédérale, mais régime cantonal.

[5] Régime minimal de prévoyance professionnelle au niveau fédéral (2e pilier). Le salaire déterminant minimal est de 22575 francs (montant de coordination, 87,5 % de la rente simple AVS complète): en dessous de ce montant, il n'y a pas de LPP. Le montant minimal assurable est de 3225 francs. Le montant maximal est de 77400 francs (3× la rente simple AVS maximale). La déduction de coordination selon le régime obligatoire LPP est de 22575 francs. Le taux de cotisation est déterminé par l'âge de l'assuré (les travailleurs âgés paient plus que les jeunes).

[6] Régime de l'Etat de Fribourg ; les taux mentionnés comprennent la partie obligatoire correspondant à la LPP et la partie surobligatoire. On constate que ce régime neutralise les variations des taux LPP dues à l'âge des assurés et constitue de ce fait une sorte de pool de solidarité entre assurés jeunes et vieux. De tels régimes et primes peuvent varier dans le secteur privé en fonction des conditions et des systèmes d'assurance.

Les lignes 10 à 12 du tableau donnent les charges totales qui pèsent sur les salaires en raison des assurances sociales. Les proportions sont importantes, d'autant qu'elles sont ici calculées sans les cotisations à l'assurance maladie et accidents non professionnels et avant impôt sur le revenu. Comme les prestations et les cotisations d'assurances sont fiscalisées (sect. 3.3), le résultat final varie fortement d'un canton à l'autre et, dans un même canton, selon le statut du contribuable cotisant ou bénéficiaire d'une prestation.

### 3.2.5 Les participations du secteur public aux assurances sociales

Dans l'histoire des assurances sociales, il n'a jamais été question d'un financement par les seules cotisations des assurés et des employeurs. Dès leur création, le législateur fédéral a prévu des participations régulières et structurelles de la Confédération et des cantons (ces derniers reportant sur les communes une partie de l'effort financier demandé). Elles sont financées par les budgets courants, donc les impôts, ressources principales des collectivités publiques. Le tableau 3.5 les résume. Notons aussi, en séquence temps, que les affectations de certains impôts (tab. 3.2, blocs B1 et B2) ont suivi les participations du secteur public (tab. 3.2, blocs C1 et C3) lorsque ces dernières ne suffisaient plus à assurer l'équilibre des comptes financiers des assurances sociales et que des hausses de cotisation n'étaient politiquement pas acceptables ou impossibles pour des raisons de concurrence, les charges sur les salaires devenant comparativement trop lourdes.

**Tableau 3.5** Le financement public des assurances sociales 2006.

| Assurance | | | Part de financement public (montants: voir tab. 3.2) | Clé de répartition en % | |
|---|---|---|---|---|---|
| | | | | Confédération | cantons |
| 1 | 2 | 3 | 4 | 5 | 6 |
| AVS | 1948 | 1973 | 20 % des dépenses totales | 16,36 [c] | 3,64 |
| | | 1999 | + 0,83 de 1 % TVA [a] | | |
| | | 2000 | + impôt sur les maisons de jeux [b] | | |
| AI | 1960 | 1973 | 50 % des dépenses totales | 37,5 | 12,5 |
| $PC_{AVS+AI}$ | 1934 | 1986 | 100 % des dépenses totales | 10 à 35 | 90 à 65 |
| AMal | 1912 | 1997 | 3780 millions de francs (but visé) | 2/3 | 1/3 |
| AC | 1915 | 2003 | 0,15 % de la somme des salaires soumis à cotisations | 100 | 0 |
| | | | + le cas échéant, totalité du découvert | prêts | 0 |
| AFA | 1945 | 1958 | déficit | 2/3 | 1/3 |

Source: Statistique des assurances sociales suisses 2006, OFAS; Recueil systématique de la législation interne suisse.

colonne 2: première contribution publique de la Confédération;

colonne 3: année d'introduction de la formule actuelle de répartition;

colonne 6: pour les cantons, une répartition entre canton et communes est parfois possible.

[a] Arrêté fédéral du 20 mars 1998; voir section 2.2.

[b] Voir section 2.3

[c] La Confédération paie 16,36 % au lieu de 17 % en raison du programme d'économie 2003 (portant sur les années 2004 à 2006), la différence étant comblée par les cantons

Le découpage des financements publics entre Confédération, d'une part, cantons et communes d'autre part[8], offre une image significative du rôle fédéral prépondérant : sur 32,2 milliards de recettes d'impôts sur le revenu et sur la consommation, la Confédération consacre 16,6 milliards, soit le 52%, à la politique sociale soit en participations soit par affectation. Les cantons et communes y consacrent 17% (6 milliards pour 36 milliards d'impôts sur le revenu), uniquement en participations[9].

## 3.3 Tout cela est-il bien « équitable » ?

L'état des lieux étant fait, revenons à la question posée en introduction : comment apprécier le résultat de l'action publique, dans l'interaction entre fiscalité, fédéralisme et politiques sociales ? Quel regard critique porter à la fois sur la fiscalisation de la politique sociale, les participations du secteur public au financement des assurances sociales et les affectations d'impôts à l'AVS et l'assurance maladie ? Notre réflexion se focalise ici seulement sur l'équité. En effet, à l'exception de la prévoyance professionnelle reposant sur la capitalisation, les autres assurances sociales, fondées sur le système de répartition, ont un objectif de redistribution beaucoup plus net, d'où le recours également à la fiscalité (Flückiger et Cordero 1995 : 90). Mais, l'ingénierie fiscale étant complexe, il faut désagréger et distinguer encore les sources de financement : affectation, participation, prélèvements obligatoires et fiscalisation. Les incidences redistributives des trois premières sont rappelées. La fiscalisation de la politique sociale retiendra plus longuement notre attention.

### 3.3.1 Les impôts affectés et les participations

Le recours à la TVA pour l'AVS et l'assurance maladie, demain peut-être pour l'AI, soulève immanquablement la question de l'équité. L'impôt sur la consommation est-il juste alors qu'il pénalise plus fortement les bas revenus, caractérisés par une propension à consommer proche de l'unité – tandis que les revenus élevés y échappent au travers de l'épargne ? Cette interrogation suscite deux remarques.

---

[8] Cantons et communes doivent être pris en blocs, car dans de nombreux cantons, les participations « cantonales » à des assurances sociales sont en partie reportées sur les communes.

[9] La Confédération affecte aux assurances sociales 1 924 + 2 455 millions de francs ; les participations sont de 2 054 + 10 184 millions de francs ; cela représente en tout 16 617 millions de francs, soit 37,2% du total de ses recettes fiscales (44 723 millions de francs). Pour les cantons et les communes, 4 865 + 1 137 millions de francs affectés aux assurances sociales pour 54 387 millions de recettes fiscales totales = 11%. Ajoutons encore que les assurances sociales ne sont qu'une partie des politiques sociales, et qu'il y a d'autres dépenses publiques fédérales, cantonales et communales pour ces dernières.

Premièrement, il n'est pas exact d'affirmer que la TVA est un impôt régressif. En organisant de manière convenable les consommations exonérées ou indispensables et soumises à un taux plus faible, on restitue à la TVA une certaine progressivité[10]. Deuxièmement, une évaluation tirée du tableau 3.2 montre que 40% du produit de la TVA sont consacrés au financement des assurances sociales[11].

Pour juger globalement l'équité de cet impôt, il faudrait analyser simultanément l'impact sur la distribution des revenus du prélèvement TVA et celui des prestations financées par ce biais. En outre, comme l'origine géographique de la TVA en fonction des consommations est différente de la répartition géographique du versement des rentes, l'impact est double : redistributif entre les individus, péréquatif entre les cantons. A notre connaissance, cette double étude reste à faire.

Pour les autres impôts affectés, on peut se demander quel argumentaire justifie l'affectation. Du point de vue incitatif, l'efficacité de ces prélèvements sur l'environnement est douteuse en regard de la faible élasticité-prix de la demande des huiles de chauffage et diesel. Pour obtenir une réduction significative de la pollution, il faudrait des droits beaucoup plus élevés. De plus, l'affectation en arrosoir[12] du produit de cet impôt pour diminuer les cotisations d'assurance maladie n'a aucune justification redistributive ou sociale. La réduction est dérisoire : 1,60 franc par mois et par assuré sur la prime de base LAMal qui, elle, se situe à environ 300 francs !

### 3.3.2 Les cotisations aux assurances sociales

Les effets redistributifs des cotisations individuelles et d'employeurs aux assurances sociales ont fait l'objet d'une étude publiée en 1999, qui détaille la méthode d'estimation et les incidences pour l'année 1995 (Dafflon

[10] Voir Dafflon (2007a) et également Flückiger et Cordero (1995 : 75-79).

[11] Pour 2004, le calcul est le suivant :

- Affectations : sur le total TVA de 17 666 millions de francs, 2 054 millions vont à l'assurance maladie et 1 924 millions directement à l'AVS pour le 83% (bloc B1). Le solde affecté de 17%, soit 394 millions, sert indirectement à financer la participation de la Confédération à l'AVS. Cela fait en tout 4 372 millions.
- Les participations de la Confédération à des assurances sociales (bloc C1) sont financées par les ressources générales de la Confédération, c'est-à-dire les impôts. La part de la TVA (moins les 4 372 millions déjà affectés) dans les recettes fiscales totales fédérales est en millions de francs de [(17 666–4 372) : 44 723] = 30%.
- La TVA finance donc indirectement 30% des participations, ce qui vaut [(10 184–394 déjà compté plus haut)].
- Ainsi, à hauteur de 4 372 millions par affectations et 2 910 millions pour les participations, 41 pour cent de la TVA [(4 372 + 2 910) : 17 666] sont attribués aux assurances sociales.

[12] Sous la forme d'un montant identique quelle que soit la situation patrimoniale ou le revenu du bénéficiaire.

1999b). Tenue à jour, l'analyse d'impact par quantiles de salaires montre que ces prélèvements ne sont que très faiblement progressifs. La charge sur les salaires va de 23% pour un salaire total comptabilisé de 58 000 francs à 27% pour un salaire total de 207 000 francs et plus sans la cotisation d'assurance maladie. Prise en compte, cette dernière réduit la progressivité calculée puisque, forfaitaire, elle pèse plus sur les bas revenus que sur les revenus élevés[13].

### 3.3.3 La fiscalisation par les déductions sociales

Evaluer la portée redistributive des déductions dites « sociales » est une opération complexe. Quatre difficultés conceptuelles doivent être résolues :

- Quels sont les revenus réguliers pris en compte pour l'impôt, $R_i$ dans les équations (3.1) et (3.2) ? Les allocations familiales sont comprises dans l'addition des $R_i$, les bourses d'études ne le sont pas ; les pensions alimentaires sont déduites chez celui qui les verse et ajoutées au contribuable qui les reçoit. Ces choix ne sont pas neutres lorsque le barème des taux est progressif.
- Dans un système fiscal avec déductions, l'accès a priori identique pour chacun selon les lois fédérales et cantonales ne signifie pas encore l'accès de chacun dans les faits.
- Procéder par déduction dans un système avec un barème progressif crée des inégalités face au calcul de l'impôt : un même montant déduit économise d'autant plus d'impôt que le revenu imposable est élevé.
- Avec des barèmes progressifs, l'empilement des déductions augmente l'économie d'impôt pour chaque déduction : pour un même revenu initial, la déduction pour enfant, par exemple, ne vaudra pas la même économie d'impôt selon qu'un contribuable bénéficie de trois ou de cinq autres déductions[14].

L'exemple qui suit illustre la nature des problèmes. Les allocations familiales sont imposables. Mais, en contrepoint, les lois fiscales fédérale et cantonales prévoient une déduction pour chaque enfant mineur, en apprentissage ou aux études (tab. 3.3, D3 ligne 14). Ainsi, dans le canton de Fribourg par exemple, on va ajouter 2 640 francs d'allocation ; et retrancher une déduction pour enfant forfaitaire de 6 100 francs pour l'IFD et dégressive pour l'impôt cantonal, allant de 7 000 francs pour les revenus inférieurs à 60 000 francs à 5 500 francs pour un revenu de 74 001 francs et

---

[13] Voir Dafflon (2007b).

[14] Techniquement, cela pose aussi le problème de la mesure des incidences par l'utilisation du taux marginal pour chaque déduction ajoutée, ou celui du taux moyen sur le revenu imposable final, une fois toutes les déductions considérées. Si le calcul se fait sur le taux marginal, la séquence des déductions influence le résultat, puisque les taux marginaux varient par quantile des revenus.

plus. En supposant cette seule déduction, pour deux contribuables situés aux seuils du revenu minimal (donc bénéficiant de l'allocation maximale) et maximal (donc recevant l'allocation minimale), on obtient le calcul résumé dans le tableau 3.6.

**Tableau 3.6** Fiscalisation des allocations familiales et des déductions pour enfant, 2006.

| | Revenu de référence | | | Impôt cantonal FR | IFD |
|---|---|---|---|---|---|
| 1 | 2 | 3 | 4 | 5 | 6 |
| Contribuable I | A | Revenu de base | 60000 | 3989,80 | 505,00 |
| | B | Revenu + allocation (+ 2640) | 62460 | 4249,10 | 578,80 |
| | | Revenu de base – déduction enfant | | | |
| | C1 | Canton (– 7000) | 53000 | 3278,40 | |
| | C3 | IFD (– 6100) | 53900 | | 332,00 |
| | D | Revenu + allocation – déduction | | | |
| | | Canton FR (+ 2640 – 7000) | 55460 | 3524,15 | |
| | | IFD (+ 2640 – 6100) | 56360 | | 395,80 |
| | | *Economie d'impôt entre A et D* | | *465,65* | *109,20* |
| Contribuable II | A | Revenu de base | 74001 | 5584,55 | 956,00 |
| | B | Revenu + allocation (+ 2640) | 76461 | 5891,40 | 1054,45 |
| | | Revenu de base – déduction enfant | | | |
| | C1 | Canton FR (– 7000) | 67001 | 4755,80 | |
| | C2 | Canton FR ( – 5500) | 68501 | 4925,50 | |
| | C3 | IFD (– 6100) | 67901 | | 742,00 |
| | D | Revenu + allocation – déduction | | | |
| | | Canton FR (– 5500) | 70961 | 5214,90 | |
| | | IFD (– 6100) | 70361 | | 815,85 |
| | | *Economie d'impôt entre A et D* | | *369,55* | *140,15* |
| | | *Différence en économie d'impôt* | | *96,10* | *– 30,95* |

Source: Canton de Fribourg, Instructions générales concernant la déclaration des personnes physiques, impôt 2006, SCC, Direction des finances, 2007: 38, 49, 52, 56; nos calculs.

**Tableau 3.7** Progressivité : rapport de l'impôt (contribuable II / contribuable I).

| | A | B | C1 | C2 | C3 | D |
|---|---|---|---|---|---|---|
| cantonal | 1,400 | 1,387 | 1,451 | 1,502 | | 1,480 |
| fédéral | 1,893 | 1,822 | --- | --- | 2,235 | 2,061 |

Dans les colonnes 2 et 3, les deux revenus sélectionnés en A, pour les contribuables I 60 000 francs et II 74 001 francs, l'ont été parce qu'ils marquent les seuils minimal et maximal de la déduction dégressive pour enfant. Les situations B, C1, C2 et C3 sont des situations théoriques permettant d'isoler les conséquences de la fiscalisation de l'allocation pour enfant (B) et de la déduction pour enfant, cantonale maximale (C1), minimale (C2) ou fédérale (C3). La situation réelle avec fiscalisation est donnée en D, comparée à A pour les revenus avant fiscalisation, sans allocation ni déduction. L'analyse comparative partielle permet d'estimer les incidences redistributives. La colonne 4 donne le revenu de référence pour le calcul de l'impôt. Les colonnes 5 et 6 contiennent l'impôt cantonal (FR) et l'IFD[15].

Le tableau 3.7 calcule les variations de la progressivité des barèmes en comparant, pour chaque situation, le rapport entre l'impôt payé par le contribuable II et par le contribuable I. Une valeur égale à 1,00 indique un taux proportionnel ; supérieure à 1,00 un barème progressif. De gauche à droite, si la valeur diminue, cela signifie que la progressivité ralentit, la situation devenant moins favorable pour le contribuable I et inversement. Entre la situation A et la situation B, les rapports d'impôt entre le contribuable II et le contribuable I diminuent : la situation se dégrade pour le contribuable I. Pour l'IFD, par exemple, on passe d'une valeur 1,893 (956/505) à 1,822 (1 054,45/578,80) : dans la colonne 6, l'augmentation de A à B pour le contribuable I est de 73,80 francs, pour un impôt de départ de 505 francs, soit + 14,6% ; pour le contribuable II, l'augmentation de 97,45 francs sur 956 francs est de + 10%. L'effort fiscal est proportionnellement moindre pour le contribuable II.

Les situations C1, C2 et C3 montrent ce que seraient les rapports d'impôts avec les déductions. Au niveau cantonal, avec une déduction dont le montant diminue lorsque le revenu augmente, les rapports d'impôts passent de 1,451 (4 755,80/3 278,40) à 1,502 (4 925,50/3 278,40), ce qui avantage comparativement le contribuable I. La déduction plus généreuse pour I donne l'impression que la démarche globale est assez fortement redistributive en sa faveur. C'est également le cas en C3 avec l'impôt fédéral. Or, par le jeu de la progressivité, la différence en économies d'impôts n'est pas importante : le gain d'impôt cantonal du contribuable I est de 465 francs, de 369 francs pour le contribuable II. L'opération combinée se résume à un gain d'impôt de 96 francs en plus pour le contribuable I – pour un écart de revenu qui est, rappelons-le, de 14 001 francs au départ, ce qui fait moins que 1%. Au niveau fédéral, à cause de la forte progressivité de l'IFD, c'est le contribuable II qui sort gagnant : l'opération combinée [revenu + allocation – déduction] lui fait économiser 140,15 francs et seulement 109,20 francs au contribuable I, soit 31 francs de moins. On n'ose plus parler de politique redistributive !

Cet exemple, décrivant deux niveaux de revenu I et II, avec une même situation familiale (un enfant), une mesure de politique familiale (l'allo-

[15] Les données de la colonne 6 sont vérifiées pour toute la Suisse. Elles correspondent à l'équation (3.1) du début du paragraphe 3.2.1. Par contre, les résultats de la colonne 5 varient d'un canton à l'autre. C'est le sens de l'équation (3.2) du paragraphe 3.2.1. En outre, C1 pour le contribuable II est un scénario de référence qui n'est pas applicable dans la comparaison effective puisqu'en pratique c'est C2 qui prévaut. Une telle référence est cependant nécessaire dès lors qu'un canton, ici Fribourg, proposerait une déduction dégressive au fur et à mesure que le revenu augmente (ici la déduction pour enfant).

cation) et une mesure fiscale (la déduction pour enfant) montre aussi la difficulté d'une évaluation générale qui devrait prendre en compte tous les quantiles de revenus, les situations des ménages, les allocations possibles qui s'ajoutent au revenu et l'empilement par ménage des déductions possibles. Ainsi, si l'on ne considère que l'allocation pour enfant, on a un système qui est socialement redistributif (plus équitable ?) parce que l'apport est relativement plus important pour les bas revenus. C'est donc le poids de la fiscalité qui fait basculer ce rapport. On comprend alors pourquoi, avec 26 barèmes cantonaux d'impôt sur le revenu, la mesure des incidences est complexe. Prendre conscience de cette situation est indispensable dans l'optique de l'introduction d'une vraie *income flat rate tax.*

## 3.4 Conclusions

Le financement public des assurances sociales, combinant participations fédérales et cantonales et affectations d'impôts fédéraux, est devenu illisible quant aux conséquences allocatives et redistributives qu'il entraîne. L'inventaire est « à la Prévert » :

- cinq impôts, importants (83% du point TVA, tabac) ou presque confidentiels (alcool, maisons de jeux, HEL + COV), sont partiellement ou totalement affectés à deux assurances (AVS et AMal), versés quatre fois à une institution (AVS) et une fois en arrosoir pour diminuer ( !) les cotisations individuelle de l'assurance maladie de base ;
- deux affectations (17% du point TVA, alcool) ne sont pas directes mais servent à financer partiellement la participation de la Confédération à l'AVS ;
- six assurances sociales bénéficient des aides publiques, cinq fois comme institutions (AVA, AI, PC, AC et AF), une fois au travers des assurés de condition économique modeste pour les réductions des primes d'assurance maladie de base ;
- sept assurances sociales sont financées par des prélèvements obligatoires sur les salaires, dont une en capitalisation (PP) et six en répartition (AVS, AI, APG, AC, AA, AF) ; une autre politique sociale (formation professionnelle) l'est également ; tous ces prélèvements peuvent être déduits du revenu imposable, donc fiscalisés.

Face à cette ingénierie budgétaire, impossible de dire quelles sont les conséquences des politiques fiscales sur les assurances sociales : on peut estimer les soldes budgétaires et les parts de financement au plan « macro » ou par assurance, mais on ne peut pas dire si les effets sont neutres dans les choix économiques « micro » des individus et des organisation chargées de mettre en œuvre les politiques sociales, ou bien encore si et comment une équité redistributive entre individus ou péréquative entre cantons sont satisfaite. Approfondir l'état des lieux du point de vue de l'économie politique institutionnelle (« the new political economy of... »), en précisant le niveau d'analyse et l'angle d'approche, est une première nécessité.

La fiscalisation des politiques sociales est, elle, définitivement problématique. La version « politiquement correcte » est que les déductions fiscales jouent un rôle redistributif important dans la concrétisation des politiques sociales en soulageant les contribuables moyens et pauvres. L'exemple donné montre que cette affirmation est une contre-vérité ; il peut être généralisé. En réalité, pour les revenus élevés les déductions provoquent des économies d'impôt plus confortables en raison de la progressivité des barèmes. Les rares études généralisant cette question (CEPP 1998 ; Saint-Hilaire 1996) montrent qu'il est impossible de poursuivre des objectifs de politique sociale par le biais des déductions fiscales. Ainsi peut-on répondre au moins partiellement à la question du titre : non, dans sa forme actuelle, fiscalité directe et politiques sociales ne font pas bon ménage. Un autre modèle est requis (Dafflon 2003 : 179-194). Un vrai impôt proportionnel à base large (*a broad-based income flat rate tax*)[16] accompagné d'allocations ciblées (par exemple en faveur d'une politique familiale), détaxées, serait sans doute une alternative à étudier.

## 3.5 Bibliographie

CEPP, Commission externe d'évaluation des politiques publiques, *Evaluation des déductions genevoises sur le revenu des personnes physiques sous l'angle de leur impact financier, de leur vérification par l'administration et de l'égalité de traitement*, Genève, rapport d'évaluation, 1998 (http ://www.geneve.ch/cepp/).

Dafflon B., « Politique sociale et solidarité péréquative dans un Etat fédéraliste : le cas suisse », *Schweizerische Zeitschrift für Volkswirtschaft und Statistik*, 135/3, 1999a, pp. 455-476.

[16] Avertissement : l'impôt dont nous parlons ici ne doit pas être confondu avec un impôt proportionnel, dit *flat rate tax* auquel se réfèrent le plus souvent politiciens et journaux économiques : ils visent à remplacer les barèmes des taux [$B^F$ et $B^C$ dans les équations du paragraphe 3.2.1] par un seul taux moyen, si possible plus bas, une démarche qui est plutôt favorable aux revenus élevés. Selon ses concepteurs (Hall et Rabushka 1985), l'impôt proportionnel sur le revenu à base large étend la réflexion à l'ensemble des équations (3.1) et (3.2), soit le barème B, les revenus R à prendre en compte SANS déduction D. Pour R, avec un taux proportionnel, la différence entre revenus réguliers et revenus irréguliers (successions, bénéfice en capital) ne se justifie plus. Les politiques publiques redistributives voulues par les déductions D doivent être soigneusement réexaminées pour savoir lesquelles sont maintenues. Si elles le sont, les instruments doivent être autres que ceux de la fiscalité pour ne pas retomber dans le travers dénoncé. Pour le lecteur intéressé, consulter le dossier contenu dans *La vie économique, Revue de politique économique 5-2005* notamment aux pages 15 à 18. Le dossier contient plusieurs références bibliographiques utiles.

Dafflon B., « Le financement des assurances sociales en Suisse : analyse du point de vue des charges sur les salaires et des incidences redistributives », *Schweizerische Zeitschrift für Sozialversicherung und berufliche Vorsorge*, 43/I, 1999b, pp. 22-47.

Dafflon B., *La politique familiale en Suisse : enjeux et défis*, Lausanne, Editions Réalités sociales, 2003.

Dafflon B., « Die Dezentralisierung der Sozialpolitik : eine unmögliche Mission ? Der Fall der Krankenversicherung in der Schweiz » in Färber G., *Das föderative System in Deutschland : Bestandeaufnahme, Reformbedarf und Handlungsempfehlungen aus raumwissenschaftlicher Sicht*, ARL Veröffentlichungen der Akademie für Raumforschung und Landesplanung, Hannover, Forschungs- und Sitzungsberichte, Band 224, 2005, pp. 257-281.

Dafflon B., « La TVA est-elle équitable ? », in *Cours d'introduction aux finances publiques*, Université de Fribourg, chapitre 8, 2007a (accessible sur http ://www.unifr.ch/finpub).

Dafflon B., « Les cotisations sociales liées au salaire », *Cours d'introduction aux finances publiques*, Université de Fribourg, chapitre 5, 2007b (accessible sur http ://www.unifr.ch/finpub).

Flückiger Y. et Cordero J.S., « Analyse économique des différentes propositions de réforme du financement des assurances sociales », Observatoire universitaire de l'emploi, Genève, Rapport n° 2 et Laboratoire d'Economie Appliquée, publication n° 7, 1995.

Gilliand P. et Rossini S., *Le budget social de la Suisse. Conception théorique, méthode et chiffrage*, Lausanne, Editions Réalités sociales, 1995.

Hall R. et Rabushka E. A., *The Flat Tax*, Hoover Institution Press, Standford, 1985 (nouvelle édition 2007, accessible sous http ://www.hoover.org/publications/books/3602666.html).

OCDE, *Statistiques des recettes publiques*, Paris, OCDE, 2004.

OFAS, *Statistique des assurances sociales suisses, Comptes globaux,Résultats principaux, Séries*, Office fédéral des assurances sociales, Berne, 2006.

Rossini S., « L'assurance invalidité, révélatrice de la complexité des enjeux sociaux et économiques », in Modak M. et Tabin J.-P. (eds) : *Penser le social, Hommage à Jean-Pierre Fragnière*, Lausanne, Les Cahiers de l'EESP, 2006, pp. 75-88.

Saint-Hilaire F., *For whom the Tax breaks*, Choices Public Finance, Institut de Recherches en Politiques Publiques, Montréal, volume 2/2, 1996.

SESPROS, *Manuel du Système de statistiques intégrées de la protection sociale de l'Union Européenne*, Office des publications officielles des Communautés européennes, Luxembourg, 1996.

Kapitel 4

# Arbeit soll sich immer lohnen!

## Armutsbekämpfung ohne Sozialleistungsfallen

Carlo Knöpfel[1]

Die primäre Quelle der sozialen Sicherheit ist die Erwerbsarbeit, die sekundäre Quelle der Existenzsicherung die Familie. Erst wenn diese zwei Ressourcen zu wenig finanzielle Mittel für den Lebensbedarf generieren, muss der Sozialstaat Hilfe leisten. Die wichtigsten Instrumente zur Bekämpfung der Armut sind die kantonalen und kommunalen Sozialtransfers und die Sozialhilfe der Gemeinden.

Diese sozialstaatlichen Instrumente sind so zu gestalten, dass sie die soziale Existenz armutsbetroffener Haushalte zu gewährleisten vermögen und gleichzeitig die Ablösung von der sozialstaatlichen Hilfe fördern. In der konkreten Ausgestaltung der Unterstützungsleistungen ist darauf zu achten, dass negative Arbeitsanreize vermieden werden und keine systembedingten Ungerechtigkeiten auftreten. Empirische Studien zum Verlauf des verfügbaren Einkommens in den Kantonshauptorten der Schweiz zeigen, dass dies längst nicht überall der Fall ist. Die Kantone und Kommunen sind dazu aufgerufen, ihre Steuer- und Transfersysteme so auszugestalten, dass keine Sozialleistungsfallen mehr auftreten.

Im ersten Teil dieses Beitrags werden die Ziele der Sozialhilfe als das wichtigste Instrument der Existenzsicherung in der Schweiz diskutiert. Besonderes Augenmerk wird dabei dem so genannten Dilemma der Sozialhilfe gewidmet. Der zweite Abschnitt dokumentiert die vorhandenen Daten zur Armut und zum Bezug von Sozialhilfe in der Schweiz. Hier geht es vor allem auch um die Frage, wie viele armutsbetroffene Haushalte trotz Erwerbstätigkeit auf finanzielle Unterstützung vom Sozialamt angewiesen sind. In einem drittel Kapitel wird das Anreizsystem der neuen SKOS-Richtlinien erklärt und kritisch diskutiert. Es wird sich zeigen, dass die aktuelle Sozialhilfe nicht nur ein liberales Bonus-System kennt, sondern in hohem Masse unter dem Titel der Schadensminderungspflicht auch auf Sanktionen setzt, oder setzen muss. Es folgt dann ein vierter Abschnitt, in dem die Resultate der neuen Studie der SKOS (Schweizerische Konferenz für Sozialhilfe)

[1] Carlo Knöpfel, Leiter Bereich Grundlagen der Caritas Schweiz.

über Auswirkungen des Steuer- und Transfersystems auf das Einkommen präsentiert werden. Dabei wird deutlich werden, wie häufig systembedingte Ungerechtigkeiten horizontaler und vertikaler Art in den untersuchten Kantonshauptorten auftreten, die zu massiven negativen Arbeitsanreizen führen. Im letzten Abschnitt werden einige Lösungsansätze diskutiert, die zu einer deutlich besseren Ausgestaltung der Steuer- und Transfersysteme ohne Sozialleistungsfallen führen.

## 4.1 Das Dilemma der Sozialhilfe

Die Sozialhilfe nimmt im System der sozialen Sicherheit einen besonderen, aber auch umstrittenen Platz ein. Gemeinhin wird die Sozialhilfe als letztes Auffangnetz bezeichnet, das jene trägt, die weder aus eigener Kraft noch mit Hilfe der verschiedenen Sozialversicherungen ihre Existenz sichern können. Sie wird als individuelle Hilfe in einer Notlage beschrieben, die subsidiär und vorübergehend Unterstützung gewährt, solange die anderen Sicherungssysteme nicht greifen. Allerdings führt der gesellschaftliche Wandel dazu, dass der Sozialhilfe immer öfter auch eine komplementäre Rolle im Sozialstaat zugewiesen wird. Für neue soziale Armutsrisiken wie die Erwerbsarmut, die Langzeitarbeitslosigkeit und die Scheidung stehen keine anderen sozialen Sicherungsinstrumente zur Verfügung als die Sozialhilfe. Die Sozialhilfe muss dann auch strukturelle Hilfe leisten, welche die vorhandenen Sozialversicherungen ergänzt und auf Dauer ausgerichtet wird (Knöpfel und Ferroni 1999: 65-70).

In diesem Kontext hat die Sozialhilfe im herkömmlichen Verständnis drei Ziele zu verfolgen:

- Die Sozialhilfe hat die soziale Existenz armutsbetroffener Haushalte zu garantieren. Darum müssen die Unterstützungsleistungen so bemessen sein, dass nicht nur die materielle Existenz gewährleistet wird, sondern dass die bedürftigen Haushalte auch weiterhin ihr soziales Beziehungsnetz pflegen und am gesellschaftlichen Leben partizipieren können.

- Die Sozialhilfe hat die soziale und berufliche (Re-)Integration armutsbetroffener Haushalte zu fördern. Sie muss darauf ausgerichtet sein, allen immer wieder eine Chance zu bieten, wieder in die materielle Eigenständigkeit zurückzufinden. Wo diese berufliche Integration nicht möglich ist, muss zumindest die soziale Integration, zum Beispiel in Sozialfirmen, gefördert werden.

- Die Sozialhilfe muss finanzierbar bleiben. Die Unterstützungsleistungen und Integrationshilfen werden über die kantonalen und kommunalen Einkommenssteuern finanziert. Die steigenden Fallzahlen belasten entsprechend die öffentliche Hand und führen immer wieder zu kontroversen

Auseinandersetzungen. Es ist darum wichtig, dass die Mittel effektiv, effizient und mit einem erkennbaren gesellschaftlichen Nutzen eingesetzt werden.

Wenn die Sozialhilfe diese drei Vorgaben gleichrangig anstrebt, gerät sie sehr rasch in Zielkonflikte. Die Wissenschaft spricht dann vom Dilemma der Sozialhilfe. Werden die Unterstützungsleistungen zu hoch angesetzt, fehlt es an Anreizen, sich wieder beruflich in den regulären Arbeitsmarkt zu integrieren und die Ausgaben für die Sozialhilfe sind entsprechend hoch. Werden starke materielle Anreize zur Ablösung von der Sozialhilfe gesetzt, so drohen hohe zusätzliche Ausgaben, wenn das Unterstützungsniveau nicht deutlich gesenkt wird.

Dieses Dilemma lässt sich auch graphisch illustrieren. In der Darstellung 4.1 bildet die eine Achse das Bruttoeinkommen, die andere das verfügbare Einkommen ab. Wenn weder Steuern gezahlt werden müssen, noch irgendwelche Sozialtransfers gewährt werden, kann der Zusammenhang zwischen den beiden Messgrössen als Diagonale abgebildet werden: Auf dieser Geraden ist jedes Bruttoeinkommen immer gleich dem verfügbaren Einkommen.

Die Kurve $B_1$-A-D zeigt nun den typischen Verlauf einer auf Existenzsicherung angelegten Sozialhilfe ohne besondere Anreize zur Erwerbstätigkeit. $B_1$ ist die Höhe der Existenzsicherung, die Haushalten gewährt wird, die kein eigenes Einkommen erzielen können. Diese Höhe der Existenzsicherung wird allen Haushalten bis zu einem Bruttoeinkommen von $X_1$ gewährt. Ab hier beginnt die Steuerpflicht. Die Kurve A-D verläuft darum unter der Diagonalen ($X=Y$). Diese Form der Existenzsicherung bedeutet aber auch, dass Haushalte, die ein Einkommen zwischen $X_0$ und $X_1$ erzielen, immer auf der gleichen Höhe des verfügbaren Einkommens $B_1$ bleiben. Die Sozialhilfe wird im gleichen Mass gekürzt, wie eigenes Erwerbseinkommen erzielt wird. Der Anreiz zur Arbeitsaufnahme ist darum in einem solchen Modell nicht vorhanden. Die Annahme einer Erwerbsarbeit muss deshalb unter dem Konstrukt der Schadensminderungspflicht erzwungen werden, eine Verweigerung entsprechend sanktioniert werden.

Diese Ausgestaltung wird immer wieder kritisiert. Das Modell kann in zwei Richtungen geändert werden. Die Kurve $B_1$-C-D gibt die erste Variante wieder. Die Höhe der Existenzsicherung wird beibehalten. Dann aber wird ein Anreiz zur Aufnahme von Erwerbsarbeit und zur Verbesserung der Position auf dem Arbeitsmarkt gesetzt. Ein steigendes Einkommen wird belohnt. Die Reduktion der Sozialhilfe ist kleiner als das erzielte zusätzliche Erwerbseinkommen. Bis Punkt C verläuft die Kurve dieser Variante darum über der Kurve $B_1$-A-D. Bei Punkt C tritt die Steuerpflicht ein, und die beiden Kurven werden deckungsgleich. Ein solches Anreizsystem hat allerdings zwei besondere Auswirkungen. Zum einen entstehen Mehrkosten für die Sozialhilfe gegenüber der herkömmlichen Variante, weil die Leistungen nicht mehr in gleichem Masse gekürzt werden, wie eigenes Einkommen generiert wird. Zum anderen können im zweiten Modell mehr Haushalte Unterstützungsleistungen beziehen, weil die Bezugsberechtigung sich von $X_1$ zu $X_2$ verschiebt.

Dieser Sachverhalt führt zu einem dritten Modell, das in der Kurve B2-A-D wiedergegeben wird. Auch diese Kurve beinhaltet einen Anreiz zur Erwerbsarbeit. Die Unterstützungsleistungen enden aber wie im herkömmlichen Modell bei Punkt A. Dies kann nur mit einer Absenkung des Grundbedarfs von $B_1$ auf $B_2$ erkauft werden! In diesem Modell spart die Sozialhilfe trotz einem Anreizsystem gegenüber dem herkömmlichen Modell deutlich an finanziellen Mitteln, gefährdet aber das Ziel der Existenzsicherung.

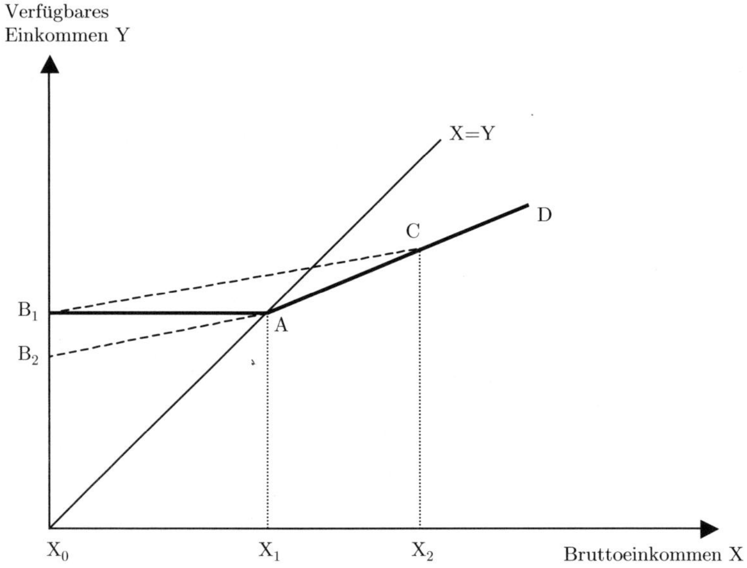


**Darst. 4.1** Sozialhilfemodelle mit und ohne Erwerbsanreiz.

Dieses Dilemma lässt sich nicht ohne politische Kompromisse auflösen. Dabei ist zu beachten, dass die drei Ziele, die der Sozialhilfe zugeschrieben werden, nicht einfach als gleichwertig zu betrachten sind. Die primäre Aufgabe der Sozialhilfe ist und bleibt die soziale Existenzsicherung. Richtig ist allerdings auch, dass die Höhe der Unterstützungsleistungen und die Festlegung der Armutsgrenze keine wissenschaftliche Fragen, sondern politische Aufgabe sind, deren Lösung immer auch von finanzpolitischen Überlegungen geprägt sein wird.

Schliesslich muss noch darauf hingewiesen werden, dass die hier diskutierten drei Zielsetzungen unter dem Blickwinkel einer lebenslauforientierten Sozialpolitik keineswegs vollständig sind (Leibfried *et al.* 1995; Kehrli und Knöpfel 2006: 196-209). Die drei Ziele beschränken das Wirken der Sozialhilfe auf jene Phase, wo die Bedürftigkeit bereits eingetreten ist. In diesem Sinne wird eine *end-of-pipe*-Politik festgeschrieben, in der erst gehandelt wird, wenn der Schaden, also die Armut der Haushalte, bereits eingetreten ist. Immer wichtiger wird aber die Frage, wie Armut vermieden werden kann, vor allem unter einer intergenerativen Perspektive. Es darf nicht sein, dass mit grosser Wahrscheinlichkeit Kinder, die in armutsbetroffenen Haushalten aufwachsen, sich später als Erwachsene als *working poor* wiederfinden. Die Schweiz gehört aber zu jenen weit entwickelten Ländern mit den tiefsten Raten der sozialen Mobilität und dem höchsten Ausmass an schichtbezogener sozialer Vererbung.

## 4.2 Armut und Sozialhilfe

Im Jahr 2005 betrug die Armutsquote im Erwerbsalter zwischen 20 und 59 Jahren 8,5 Prozent, die entsprechende *working poor*-Quote belief sich auf 4,2 Prozent (BFS 2007). Diese Zahlen des Bundesamtes für Statistik sind erklärungs- und interpretationsbedürftig. Leicht erkennbar ist, dass rund die Hälfte aller armen erwachsenen Personen in einem Haushalt lebt, in dem mindestens eine Person voll erwerbstätig ist, das Haushaltseinkommen aber unter der Armutsgrenze liegt. Die andere Hälfte der armen Erwachsenen lebt in Haushalten ohne eine Erwerbstätigkeit oder mit einer Teilzeiterwerbstätigkeit. Damit sind arme Personen erfasst, die nicht erwerbsfähig sind oder aber auf Grund ihrer Lebensumstände keine Vollzeitstelle annehmen können. Dies gilt insbesondere für die armutsbetroffenen Alleinerziehenden.

Das Bundesamt erfasst das Einkommen der Haushalte mithilfe einer telefonischen Umfrage im Rahmen der Schweizerischen Arbeitskräfteerhebung. Zum Einkommen zählen alle Geldströme, die einem Haushalt zufliessen, insbesondere alle Lohneinkommen, aber auch alle Sozialtransfers wie die Kinderzulagen, die Prämienverbilligungen bei der Krankenversicherung oder die Alimentenbevorschussung. Selbst die Sozialhilfe wird als Teil des Einkommens ausgewiesen. Die Armutsquote misst darum die Armut nach einem möglichen Bezug von sozialstaatlichen Unterstützungsleistungen. In Fachkreisen spricht man darum von einer Nachtransfer-Armutsquote. 360000 erwachsene Personen leben also noch immer in Armut, obwohl Sozialtransfers längst berücksichtigt wurden. Dies wirft zwei Fragen auf: Wie hoch ist dann wohl die so genannte Vortransfer-Armutsquote, welche die Sozialhilfe nicht berücksichtigt ? Und warum beziehen viele Haushalte ganz offenbar keine Sozialhilfe ?

Leider hat das Bundesamt für Statistik noch keine Antwort auf die erste Frage gegeben, so wie es auch noch keine Angaben über die Armut der Gesamtbevölkerung gibt. Für die zweite Antwort gibt es einige Hinweise. Massgeblich für den Entscheid, ob ein Haushalt Sozialhilfe bezieht oder nicht, ist das Ausmass der Armutslücke, also die Höhe der Differenz zwischen dem erzielten Haushaltseinkommen und der Armutsgrenze (Gerfin *et al.* 2002: 41-48). Hat ein Haushalt kein eigenes Lohneinkommen, so bleibt ihm in der Regel nichts anderes übrig, als Sozialhilfe zu beanspruchen, egal wie gross die Ängste vor einer Stigmatisierung, wie stark die Schamgefühle und wie indiskret und kompliziert die Abklärungen zur Anspruchsberechtigung auch sein mögen. Je kleiner hingegen diese Armutslücke ist, desto eher kann sich ein Haushalt überlegen, ob der Gang zum Sozialamt notwendig ist.

Nun zeigen verschiedene Untersuchungen, dass erstaunlich viele Haushalte ein Einkommen knapp an der Armutsgrenze beziehen. Besonders eindrücklich illustrieren dies wieder die schon zitierten Zahlen zur Armut vom Bundesamt für Statistik. Für die neuen Angaben hat das Amt nämlich die verwendete Armutsgrenze neu berechnet. Sie liegt für alleinstehende Personen deutlich tiefer gegenüber der früher verwendeten Skala, für Familien mit Kindern aber nur geringfügig niedriger. Für das Jahr 2003 liegen Armutsquoten für beide Armutsgrenzen vor. Nach der alten Skala betrug die Armutsquote in diesem Jahr 13 Prozent, nach der neuen Rechung aber nur 8,5 Prozent. Die Verschiebung der Armutsgrenze nach unten reduziert die Zahl der Armen um rund ein Drittel. Bei den *working poor*-Haushalten ergibt sich sogar eine Verminderung der Bedürftigen um 44 Prozent. Ganz offensichtlich reagiert die Zahl der Armen sehr sensitiv auf Verschiebungen der Armutsgrenze. Das wiederum deutet auf eine Konzentration von Haushalten in prekären Lebenslagen mit Einkommen nahe um die Armutsgrenze herumhin.

Die Zahlen zur Armut in der Schweiz können nun mit den Zahlen zur Sozialhilfe verglichen werden, die wieder vom Bundesamt für Statistik stammen. Die erste schweizerische Sozialhilfestatistik liefert Daten für das Jahr 2004 (BFS 2006). In diesem Jahr ergibt sich für die Schweiz eine Sozialhilfequote von 3,2 Prozent bei erwachsenen Personen. Für das gleiche Jahr beträgt die Armutsquote im Erwerbsalter aber 8,8 Prozent. Auch wenn die vom Bundesamt für Statistik festgelegte Armutsgrenze nicht völlig identisch ist mit jenen Grenzen, die in den 26 Kantonen der Schweiz verwendet werden, um die Anspruchsberechtigung zu klären, erstaunt die Abweichung doch. Nicht mal die Hälfte aller armen Erwachsenen beansprucht Sozialhilfe!

Interessant sind die Angaben zur Erwerbstätigkeit der Sozialhilfebeziehenden. Der Darstellung 4.2 kann entnommen werden, dass kaum ein Drittel aller Privathaushalte innerhalb der Sozialhilfe zu den working poor gehören. In der Armutsstatistik für das Jahr 2004 liegt der Anteil der working poor-Haushalte aber bei über 50 Prozent. Erneut ergibt sich hier ein Hinweis auf die niedrige Bezugsquote von Haushalten, in denen ein Lohneinkommen erzielt wird und die Armutslücke vergleichsweise niedrig ausfällt.

Diese Bemerkung gewinnt weiter an Kontur, wenn berücksichtigt wird, dass in der Sozialhilfestatistik auch eine Erwerbstätigkeit erfasst wird, die keiner Vollzeitstelle entspricht. Es überrascht dann nicht mehr so stark, dass ausgerechnet die höchsten Anteile von erwerbstätigen und sozialhilfebeziehenden Haushalten bei den Alleinerziehenden und Paaren mit Kindern zu finden sind. Kinder in Privathaushalten sind nach wie vor in einem doppelten Sinne ein Armutsrisiko: Auf der einen Seite sind dem Beschäftigungsgrad der Haushalte Grenzen gesetzt, insbesondere wenn die Kinder noch klein sind, zum anderen verursachen sie zusätzliche Kosten, die von den familienpolitischen Instrumenten nur unzureichend gedeckt werden.

**Tab. 4.2** Erwerbssituation der Sozialhilfebeziehenden nach Haushaltstyp.

| Haushaltstyp | erwerbstätig | erwerbslos | nicht erwerbstätig, nicht auf Arbeitssuche |
|---|---|---|---|
| Privathaushalte | 29,5 | 39,0 | 31,5 |
| Alleinstehende | 21,1 | 49,7 | 29,2 |
| Alleinerziehende | 41,7 | 23,1 | 35,1 |
| Paare mit Kindern | 38,9 | 29,2 | 31,8 |
| Paare ohne Kinder | 27,5 | 37,5 | 35,0 |
| Andere | 25,6 | 27,8 | 46,5 |

Quelle: BFS (2006: 25)

Die nationale Sozialhilfestatistik macht noch auf etwas anderes aufmerksam. Betrachtet man die Liste der Sozialhilfequoten der verschiedenen Kantonshauptorte, so fallen grosse Unterschiede auf: Die höchsten Werte verzeichnen Freiburg (9,8 Prozent), Lausanne (8,3 Prozent) und Basel (7,1 Prozent). Die tiefsten Zahlen finden sich in Appenzell (1,5 Prozent) und Stans (1,4 Prozent). Diese Diskrepanzen lassen sich zum Teil durch die periphere Lage und die Zentrumsfunktionen grosser Städte erklären. Doch darüber hinaus machen diese Differenzen bei den Sozialhilfequoten auch auf das Zusammenspiel zwischen der Sozialhilfe und den ihr vorgelagerten Sozialtransfers aufmerksam. In Kantonshauptorten mit ausgebauten Hilfeleistungen für bestimmte Zielgruppen, etwa kinderreiche Familien oder Alleinerziehende, werden die Sozialhilfezahlen niedriger ausfallen als in Kantonen, in denen bei Transferzahlungen eher Zurückhaltung geübt wird.

## 4.3 Die neuen SKOS-Richtlinien

Seit dem 1. Januar 2005 sind die revidierten SKOS-Richtlinien in Kraft. Sie dienen den Kantonen und Gemeinden als Orientierungshilfe bei der Bemessung der Unterstützungsleistungen für Bedürftige und der konkreten Organisation der Sozialhilfe. Die Revision wurde notwendig, weil die Kritik an den alten Richtlinien immer lauter geworden war. Im Rahmen dieser alten Richtlinien wurden nicht erwerbstätige Bedürftige praktisch gleich stark unterstützt wie die *working poor*. Einzig in der Erwerbskostenpauschale gab es eine bescheidene Möglichkeit, Bemühungen zur beruflichen Integration zu belohnen. Der Mangel an Anreizen konnte nur mit einer starken Betonung der Schadensminderungspflicht kompensiert werden.

Im Zentrum der Revision stand darum folgerichtig die Forderung, in den Richtlinien die Zielsetzung der sozialen und beruflichen Integration gegenüber der Existenzsicherung stärker zu betonen. In den neuen Richtlinien kommt diese Gewichtsverschiebung deutlich zum Ausdruck (Darstellung 4.3):

- Das soziale Existenzminimum wurde um rund sieben Prozent gesenkt. Der Grundbedarf orientiert sich neu am Einkommen der 10 Prozent Ärmsten in der Schweiz.

- Die Förderung der beruflichen und sozialen Integration wird stärker betont. Eingeführt wird eine minimale Integrationszulage von 100 Franken für Personen, die sich zum Beispiel aus gesundheitlichen Gründen oder wegen Betreuungspflichten nicht in der Lage sehen, sich um eine weiterreichende Integration zu bemühen.

- Für nicht erwerbstätige, aber kooperationsbereite und leistungsfähige Sozialhilfebezüger ab 16 Jahren wird eine Integrationszulage in der Bandbreite von 100 bis 300 Franken eingeführt. Mit dieser Zulage werden die Teilnahme an Massnahmen im zweiten Arbeitsmarkt und Tätigkeiten im Erziehungs- und Betreuungsbereich gefördert. Das Spektrum möglicher gemeinnütziger Leistungen, die honoriert werden, soll breit sein.

- Für *working poor* ist ein Einkommensfreibetrag von 400 bis 700 Franken vorgesehen, der nicht mit den Unterstützungsleistungen der Sozialhilfe verrechnet wird. Dem gesamten Haushalt darf aber nicht mehr als 850 Franken zugesprochen werden. Die allgemeine Erwerbsunkostenpauschale wird dafür abgeschafft, die Abgeltung der tatsächlichen Erwerbsunkosten erfolgt aber weiterhin.

- Die Missbrauchsbekämpfung wird verstärkt. Der Grundbedarf kann bei Fehlverhalten um maximal 15 Prozent auf das absolute Existenzminimum gekürzt werden. Eine solche Strafe kann bis zu einem Jahr verfügt und jeweils um maximal ein weiteres Jahr verlängert, muss aber periodisch überprüft werden. Selbst eine völlige Einstellung der Unterstützungsleistung, wie dies das Bundesgericht in einzelnen Fällen bereits zugestanden hat, ist – wenn auch unter einschränkenden Bedingungen – in den SKOS-Richtlinien vorgesehen.

Die Darstellung 4.3 macht deutlich, dass mit den neuen SKOS-Richtlinien eine explizite Segmentierung der Klientel einhergeht. Das Kriterium zur Selektion ist die Erwerbsfähigkeit. Je höher diese eingeschätzt wird, desto stärker werden die Anreize zur beruflichen Integration gesetzt. Diese

Anreize beschränken sich aber nicht nur auf jene, die erwerbsfähig sind, damit sie eine bezahlte Arbeit aufnehmen, wie dies in den üblichen ökonomischen Modellen verlangt wird, sondern es werden auch Anreize für jene gesetzt, die im Moment keine Stelle finden können, damit diese ihre Beschäftigungsfähigkeit verbessern. Dies kann über Weiterbildungsangebote und Sprachkurse geschehen, oder durch eine Anstellung in einem Beschäftigungsprogramm beziehungsweise in einer Sozialfirma.

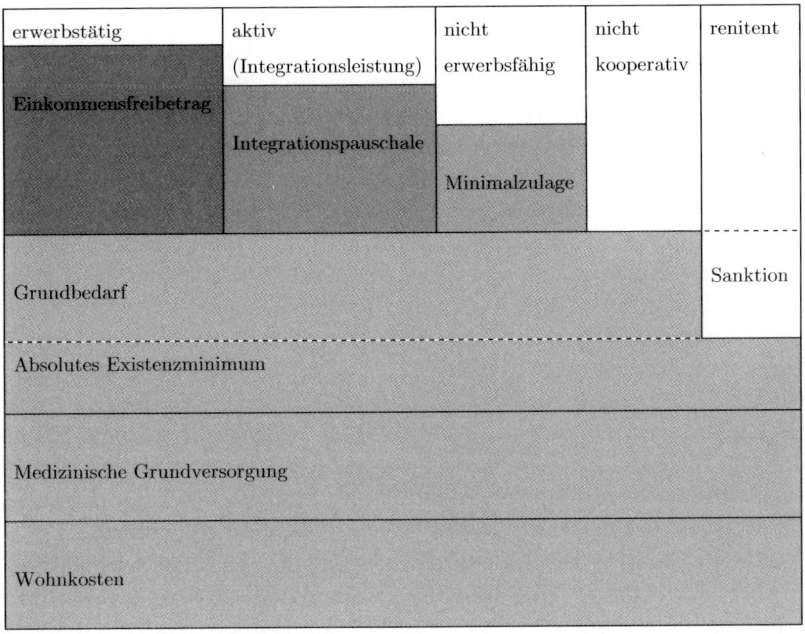


**Darst. 4.3** Die Segmentierung in den neuen SKOS-Richtlinien.

Mit der Betonung der beruflichen Integration und dem Ausbau der Missbrauchsbekämpfung rückt die Sozialhilfe in der Schweiz immer näher an das Konzept des *workfare*. Auch nach der Revision kennen die SKOS-Richtlinien nicht nur ein liberales Bonus-System, sondern vielmehr ein Bonus-Malus-System. Noch immer gilt: Wer nicht bereit ist, seiner so genannten Schadensminderungspflicht nachzukommen und irgendeinen Job anzunehmen, dem kann in letzter Konsequenz die materielle Unterstützung verweigert werden. Trotzdem ist in den SKOS-Richtlinien keine Zumutbarkeitsregelung analog zur Arbeitslosenversicherung zu finden.

Ein besonderes Problem stellt die Ausgestaltung des Anreizes für die working poor dar. In den Richtlinien wird nur ein Einkommensfreibetrag genannt, die konkrete Ausgestaltung aber den Kantonen überlassen. Die meisten von ihnen haben ein stufenförmiges Modell gewählt, das sich zum Beispiel am Beschäftigungsgrad orientiert. Je höher dieser ist, desto höher fällt auch der Einkommensfreibetrag aus. Damit wird vor allem die Aufnahme einer Erwerbstätigkeit gefördert, nicht aber die Ausdehnung der Beschäftigung. Wer eine Vollzeitstelle mit tiefer Entlöhnung hat, der stellt sich innerhalb der Sozialhilfe nicht mehr besser, wenn er oder sie etwas mehr verdient. Das verfügbare Einkommen bleibt konstant.

## 4.4 Steuern, Transfers und Einkommen in der Schweiz

Die neue Studie der SKOS stellt erstmals für die Schweiz Berechnungs- und Simulationsmodelle zum frei verfügbaren Einkommen in den 26 Kantonshauptorten zur Verfügung (Knupfer und Bieri 2007). Die Berechnungen werden für drei Haushaltstypen vorgenommen. Bei den berücksichtigten Haushaltstypen handelt es sich um eine alleinerziehende geschiedene Frau mit einem Kleinkind (Falltyp 1) mit Anspruch auf Alimentenbevorschussung, eine Familie mit zwei Kindern (Falltyp 2) sowie einen alleinstehenden Mann mit Alimentenverpflichtung (Falltyp 3). Das frei verfügbare Einkommen ist jenes Einkommen, welches den Haushalt unter Berücksichtigung aller Einnahmen (Lohneinkommen und Sozialtransfers), abzüglich Steuern, Miete, Krankenkassenprämie und Kosten für die Kinderbetreuung, zur Verfügung steht. Alle Beträge werden für ein Jahr berechnet und bilden damit das jährliche Budget der betrachteten Haushalte ab. Mit dem frei verfügbaren Einkommen müssen alle Ausgaben für Nahrung, Kleidung, Bildung, Mobilität, Freizeit und anderes mehr sowie nicht berücksichtigte Versicherungsleistungen und allfällige Selbstbehalte finanziert werden. Die gesetzlichen Grundlagen zur Berechnung basieren auf dem Stichdatum 1.1.2006.

Die so erarbeitete Datenbank erlaubt es, die frei verfügbaren Einkommen der verschiedenen Haushaltstypen für alle Kantonshauptorte für ein Bruttoeinkommen zwischen 0 und 120 000 Franken abzubilden. Damit lässt sich der Verlauf des frei verfügbaren Einkommens aufzeichnen und vorhandene Sozialleistungsfallen für alle untersuchten Haushalte und Kantonshauptorte abbilden. In der Darstellung 4.4 wird die Kurve exemplarisch für den Kantonshauptort Zürich und den Falltyp 1 der alleinerziehenden Frau mit einem Kind gezeigt.

In der Darstellung 4.4 sind eine dunkle und eine helle Kurve erkennbar. Die dunkle Kurve markiert den Verlauf des frei verfügbaren Einkommens bei steigendem Bruttoeinkommen innerhalb der Sozialhilfe. Die helle Kurve gibt den Verlauf des frei verfügbaren Einkommens ausserhalb der Sozialhilfe wieder.

Bei einem Bruttoeinkommen von 0 Franken beträgt das soziale Existenzminimum für die alleinerziehende Frau mit ihrem Kind nicht ganz 20 000 Franken im Jahr. Das steigende Bruttoeinkommen wird zunächst bestimmten Teilzeitbeschäftigungen von 20 und 40 Prozent zugewiesen, mit entsprechendem Ausmass an Fremdbetreuung des Kindes. Ab 25 000

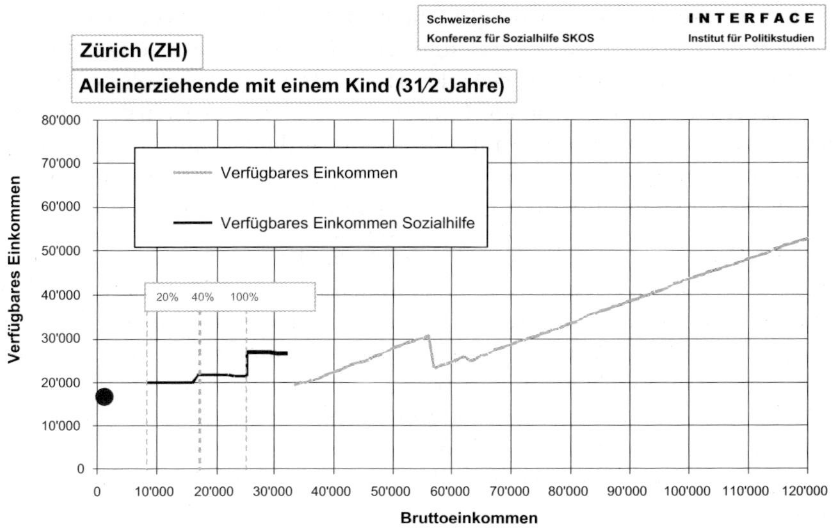


**Darst. 4.4** Frei verfügbares Einkommen der Alleinerziehenden mit einem Kind im Kantonshauptort Zürich.

Franken wird im Modell eine Vollzeitstelle angenommen und damit einhergehend eine familienergänzende Kinderbetreuung in einer Krippe während der ganzen Woche. Der stufenweise Anstieg der dunklen Kurve ist auf den nach Erwerbspensum abgestuften Einkommensfreibetrag zurückzuführen. Bei einem Bruttoeinkommen von 28 000 Franken nimmt das frei verfügbare Einkommen auf Grund der einsetzenden Steuerbelastung leicht ab. Bei rund 33 000 Franken Bruttoeinkommen endet der Anspruch auf Sozialhilfe in der Stadt Zürich.

Bei einem höheren Bruttoeinkommen liegt nun das ablesbare frei verfügbare Einkommen auf der hellen Linie. Hier zeigt sich die erste Sozialleistungsfalle: Bei Austritt aus der Sozialhilfe reduziert sich das frei verfügbare Einkommen um rund 7 000 Franken! Umgekehrt gilt aber auch: Wer auf der hellen Linie ein sinkendes Einkommen verzeichnet und darum Sozialhilfe beanspruchen kann, erlebt eine markante Verbesserung der prekären Lebenslage. Der Sprung von der hellen auf die dunkle Linie führt zu einer Zunahme des frei verfügbaren Einkommens im gleichen Ausmass! Die Lücke zwischen der dunklen und der hellen Kurve wird durch mehrere Faktoren bestimmt: *working poor*, die noch von der Sozialhilfe unterstützt werden, bekommen den vollen Einkommensfreibetrag als Anreiz ausbezahlt. Den working poor auf der hellen Linie wird dieser Betrag bei der Prüfung der Bedürftigkeit aber nicht angerechnet! Zudem muss auf der hellen Linie die Krankenversicherung inklusive Selbstbehalt bezahlt werden, auch wenn die Belastung durch die Prämienverbilligung deutlich reduziert wird. Klar ersichtlich wird eine systembedingte Ungerechtigkeit: praktisch gleiche Bruttoeinkommen werden im Steuer- und Transfersystem sehr unterschiedlich „behandelt“, je nachdem ob sich der Haushalt in der Sozialhilfe befindet oder nicht. Die alleinerziehende Frau muss nach dem Austritt aus der Sozialhilfe rund 16 000 Franken im Jahr mehr verdienen, um wieder auf das gleiche frei verfügbare Einkommen zu gelangen, das sie unter Einbezug der Sozialhilfe bei einem Beschäftigungsgrad von 100 Prozent erreicht hat.

Nach Auslaufen der Sozialhilfe steigt die Kurve des frei verfügbaren Einkommens bis zu einem Bruttoeinkommen von rund 55 000 Franken kontinuierlich an. In diesem Einkommensbereich endet der Anspruch auf die Bevorschussung der Alimente. Als Folge davon nimmt das frei verfügbare Einkommen trotz steigendem Bruttoeinkommen wieder markant um rund 7 000 Franken ab. Hier wird eine zweite Sozialleistungsfalle sichtbar: Die stufenförmige Ausgestaltung der Alimentenbevorschussung mit einer absoluten Bezugsgrenze führt zu einem abrupten Einbruch beim frei verfügbaren Einkommen.

Folgt man der Kurve weiter nach oben, ist beim Bruttoeinkommen von rund 62 000 Franken ein weiterer leichter Knick zu erkennen. In diesem Bereich endet der Anspruch auf Prämienverbilligung. Hier wird die dritte Sozialleistungsfalle erkennbar, auch wenn diesmal die Reduktion des frei verfügbaren Einkommens nicht mehr sehr markant ausfällt.

Danach wird der Verlauf der Kurve nur noch durch das Steuersystem und den Krippentarif bestimmt. Erst bei einem Bruttoeinkommen von rund 75 000 Franken erreicht die Alleinerziehende allerdings wieder dasselbe Niveau des verfügbaren Einkommens wie bei einem Bruttoeinkommen von 55 000 Franken!

Was hier exemplarisch für Zürich und die alleinerziehende Frau mit einem Kind diskutiert wird, kann in fast allen Kantonshauptorten und bei den meisten Falltypen beobachtet werden. Sozialleistungsfallen treten vor allem im Übergang von der Sozialhilfe zum Steuer- und Transfersystem auf. In vielen Kantonshauptorten werden der Eintritt in die Sozialhilfe und der Austritt aus ihr nicht auf den gleichen Bemessungsgrundlagen berechnet. Weitere Sozialleistungsfallen müssen immer dann registriert werden, wenn bestimmte Sozialtransferleistungen bei einem festgelegten Bruttoeinkommen enden oder auch nur mit dem steigenden Bruttoeinkommen vollständig verrechnet werden. So ergeben sich im unteren Einkommenssegment Kurvenverläufe, die in hohem Masse von systembedingten Ungerechtigkeiten und negativen Arbeitsanreizen geprägt sind. Die höchsten Grenzsteuersätze finden sich nicht bei den gutverdienenden Haushalten, sondern bei den Tieflohnbezügerinnen und –bezügern und der unteren Mittelschicht.

## 4.5 Sozialpolitische Herausforderungen in der Armutsbekämpfung

In Anbetracht der Untersuchungsergebnisse aus der SKOS-Studie muss der Handlungsbedarf für die kantonale Steuer- und Sozialpolitik wohl kaum weiter begründet werden. Die Frage ist vielmehr, was sinnvollerweise gemacht werden kann. Eine mögliche radikale Position ist die immer wieder erhobene Forderung nach Einführung einer *negative income tax*, mit der alle anderen Transfersysteme ersetzt würden. In etwas abgeschwächter Form einer Steuergutschrift wurde dies gerade durch eine Expertenkommission im Auftrag des Bundesrates geprüft (Leu und Gerfin 2007).

Doch die Erfahrung zeigt, dass das politische System der Schweiz wenig von radikalen Einschnitten hält und sehr viel stärker auf eine Weiterentwicklung des Bestehenden setzt. Wie aber kann das Zusammenspiel zwischen Steuer- und Transfersystem unter Einbezug der Sozialhilfe verbessert werden? Wer diese Frage zu beantworten versucht, hat verschiedene Vorgaben zu berücksichtigen:

- Der Grundbedarf bei einem Einkommen von 0 Franken wurde mit der Revision der SKOS-Richtlinien auf das Einkommensniveau der 10 Prozent Ärmsten in diesem Land gesenkt. Hier besteht kein Handlungsspielraum mehr, wenn nicht das Ziel der sozialen Existenzsicherung gefährdet werden soll.

- Das Anreizsystem in der Sozialhilfe zur Aufnahme und Fortführung einer Erwerbsarbeit ist zu erhalten und eher noch zu verstärken. Der Einkommensfreibetrag ist so zu gestalten, dass auch in der Sozialhilfe mehr Erwerbseinkommen mit einem höheren frei verfügbaren Einkommen einhergeht.

- Der Übergang zwischen der Sozialhilfe und dem Steuer- und Transfersystem ist so zu gestalten, dass das fiskalische Prinzip der horizontalen Gerechtigkeit nicht verletzt wird.

- Diese Anpassungen sind so vorzunehmen, dass sie für die Kantone und Kommunen „bezahlbar“ bleiben.

In Darstellung 4.5 sind zwei mögliche Kurvenverläufe, welche diesen Vorgaben weitestgehend gerecht werden, eingezeichnet. Der gepunktete (·········) Kurvenverlauf (Modell A) zeichnet sich durch einen umfassenden Anreiz zur Erwerbsarbeit aus. Dies führt aber zu einer starken Ausdehnung des Kreises der Bezugsberechtigten und tangiert damit die finanzpolitische Restriktion deutlich.

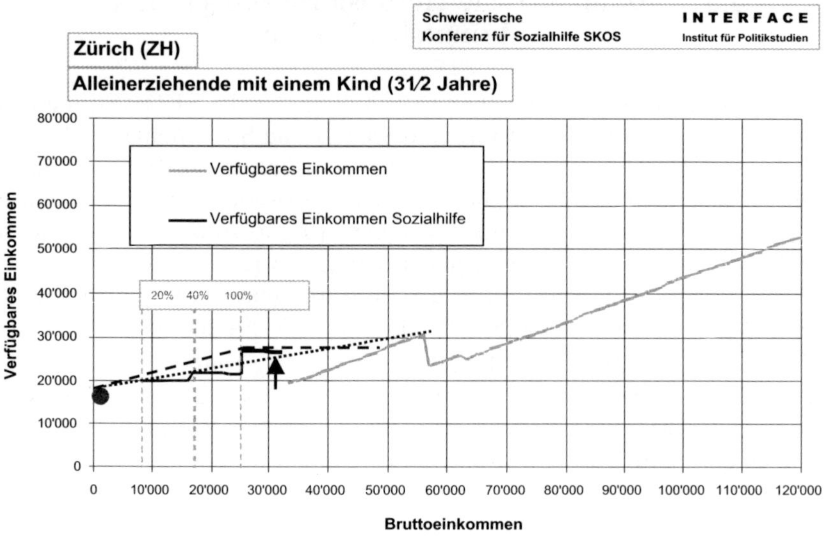


**Darst. 4.5** Neue Modelle für die Sozialhilfe.

Die gestrichelte (- - -) Kurve (Modell F) erreicht einen Plafond, bei dem der monetäre Anreiz gegen 0 sinkt. Damit verletzt das Modell die angestrebte vollumfängliche Anreizwirkung, wird aber der Finanzierungsbedingung eher gerecht. In beiden Modellen verschwindet aber wie gewünscht der Bruch im Übergang zwischen der dunklen und der hellen Kurve, also im Übergang zwischen der Sozialhilfe und dem vorgelagerten Steuer- und Transfersystem.

Welche tatsächlichen Mehrkosten die beiden Modelle gegenüber dem heutigen System verursachen, kann mit dem vorliegenden Berechnungs- und Simulationsmodell nicht kalkuliert werden. Dazu sind weitere Daten über die Einkommensverteilung der verschiedenen Falltypen notwendig. Ebenso wichtig wie die Berechnung der Mehrkosten ist dann die Frage der Finanzierung. Die beiden hier diskutierten Modelle stellen einen Ausbau der Sozialhilfe dar. Die Mehrkosten würden sich vollumfänglich im Budget der Sozialhilfe niederschlagen. Ebenso gut könnte natürlich auch die helle Kurve, wie mit der schwarzen Pfeil-Markierung angedeutet, angehoben werden. Dies könnte über eine Kombination von steuerlichen Erleichterungen und dem Ausbau einzelner Sozialtransfers erreicht werden. Der optimale Mix könnte mit dem hier präsentierten Berechnungs- und Simulationsmodell getestet werden. Wichtig ist die gewünschte Gesamtwirkung, die zumindest zu einem horizontalen Verlauf des frei verfügbaren Einkommens und einem bruchfreien Übergang zwischen der Sozialhilfe und dem Steuer- und Transfersystem führen sollte.

## 4.6 Literaturverzeichnis

BFS, *Armut von Personen im Erwerbsalter. Armutsquote und Working-Poor-Quote der 20- bis 59-jährigen Bevölkerung in der Schweiz zwischen 2000 und 2005*, Neuchâtel, BFS Aktuell, 2007.

BFS, *Die Schweizerische Sozialhilfestatistik 2004. Erste gesamtschweizerische Ergebnisse*, Neuchâtel, BFS Aktuell, 2006.

Gerfin M., Leu R. E., Brun S. und Tschöpe A., „Steuergutschriften, Mindestlöhne und Armut unter Erwerbstätigen in der Schweiz", *Grundlagen der Wirtschaftspolitik*, n° 5, Bern, Staatssekretariat für Wirtschaft SECO, 2002.

Kehrli C. und Knöpfel C., *Handbuch Armut in der Schweiz*, Luzern, Caritas Verlag, 2006.

Knöpfel C. und Ferroni A. M., „Braucht die Schweiz eine neue Sozialhilfe?", *Zeitschrift für Sozialhilfe*, n° 5, 1999, S. 65-70.

Knupfer C. und Bieri O., *Steuern, Transfers und Einkommen in der Schweiz. Aktualisierung und Erweiterung der Studie Existenzsicherung im Föderalismus der Schweiz*, Bern, SKOS, 2007.

Leibfried S. und Leisering L. (Hrsg.), *Zeit der Armut. Lebensläufe im Sozialstaat*, Suhrkamp, Frankfurt am Main, 1995.

Leu R. E. und Gerfin M., *Erwerbsabhängige Steuergutschriften: Möglichkeiten und Auswirkungen einer Einführung in der Schweiz*, Bern, Eidgenössisches Finanzdepartement, 2007.

CHAPITRE 5

# Améliorer l'efficacité des mesures de réinsertion professionnelle

YVES FLÜCKIGER ET PIERRE KEMPENEERS[1]

Au cours des deux dernières décennies, la croissance des dépenses publiques de la Confédération et de la plupart des cantons suisses a contribué à augmenter la pression sur le système d'assurances sociales qui a subi de plein fouet une hausse, jusqu'alors inconnue pour la Suisse, du chômage et des personnes dépendantes de l'assistance. Dans ce contexte, l'utilisation parcimonieuse des ressources publiques est devenue, plus que jamais, une priorité de l'action des pouvoirs publics, en particulier dans le domaine des mesures de réinsertion professionnelle. Depuis le milieu des années 1990, on a vu ainsi se développer en Suisse une multitude d'études qui ont eu pour objectif d'examiner l'efficacité à la fois des instruments de réinsertion professionnelle ainsi que des offices chargés de leur mise en œuvre. De ce point de vue, les réformes introduites dans le cadre de la LACI illustrent parfaitement ce souci de rationalisation des moyens utilisés pour combattre le chômage. Il s'est traduit en particulier par un examen plus ou moins systématique de l'efficacité des mesures actives du marché du travail et des offices régionaux de placement.

Si cette volonté de mesurer systématiquement l'efficacité des mesures de réinsertion professionnelle est salutaire, elle est néanmoins entachée d'un certain nombre de problèmes et de lacunes. En particulier, cette question est souvent abordée de manière très partielle en ignorant les interactions qui

[1] Yves Flückiger est professeur au Département d'économie politique de l'Université de Genève et directeur de l'Observatoire universitaire de l'emploi (OUE). Il est actuellement vice-recteur de l'Université de Genève. Pierre Kempeneers est collaborateur scientifique auprès du Laboratoire d'économie appliquée (LEA) de l'Université de Genève.

existent entre différentes politiques sociales et en faisant par trop abstraction du contexte socio-économique qui exerce une influence sur l'efficacité des mesures de réinsertion professionnelle. C'est la raison pour laquelle nous avons volontairement choisi d'aborder cette analyse de manière globale et en tenant compte des conditions existantes sur le marché du travail.

Les mesures de réinsertion professionnelle peuvent être scindées en trois groupes principaux, distingués selon l'impact qu'elles exercent sur le marché du travail.

- *L'action sur l'offre de travail* : elle vise essentiellement à améliorer l'adéquation entre les qualifications des personnes actives sur le marché du travail et les exigences des emplois disponibles par le biais notamment des programmes de formation destinés à des chômeurs ou par le biais de mesures de formation continue. Dans certains cas, ces politiques de l'emploi ont également pour objectif de favoriser les retraites anticipées, la réduction progressive du taux d'activité des personnes proches de la retraite ou encore des mesures visant à favoriser la transition entre le système éducatif et le marché du travail ou à permettre simplement aux personnes qui sont actives de demeurer employées en luttant en particulier contre le chômage des personnes de plus de 50 ans.
- *L'action sur la demande de travail* : elle vise principalement à inciter les entreprises à créer des emplois, destinés en particulier aux travailleurs qui sont les plus fragiles face au phénomène de substitution de la main-d'œuvre peu qualifiée par du capital. Ces politiques ont donc pour principal objectif de rendre la croissance économique plus génératrice d'emplois. En effet, une mesure donnée de réinsertion professionnelle sera d'autant plus efficace qu'elle peut s'appuyer sur une création importante d'emplois susceptibles d'être occupés par les personnes qui sont à la recherche d'un nouveau travail.
- *L'action sur le fonctionnement du marché du travail* : elle vise principalement à accroître l'efficacité des dispositifs mis en place par l'Etat pour accélérer, d'une part, le retour en emploi des chômeurs et améliorer, d'autre part, les conditions de ce retour en termes de durabilité du travail obtenu et de salaires. Cette politique peut avoir tout simplement pour objectif d'améliorer la transparence et la circulation de l'information sur le marché du travail. Mais elle peut aussi agir sur le fonctionnement des offices chargés de placer les chômeurs (les ORP) ou sur les mesures actives visant à faciliter la réinsertion professionnelle des chômeurs.

Notre chapitre est articulé autour de ces trois types de politiques publiques qui ont toutes pour objectif commun de permettre une réinsertion professionnelle rapide et durable des chômeurs à la recherche d'un emploi et de créer des conditions favorables au maintien des personnes actives sur le marché du travail et à l'entrée sur le marché des individus qui le souhaitent, notamment ceux qui viennent d'achever une formation. L'amélioration de l'efficacité globale des mesures de réinsertion professionnelle suppose précisément une action coordonnée entre ces différents types de politique. Selon les circonstances, il conviendra de mettre l'accent plutôt sur un de ces trois piliers tout en ciblant les mesures en fonction de l'importance relative des divers groupes de la population les plus touchés par le chômage.

## 5.1 Les actions sur l'offre de travail

Sans entrer dans le détail de toutes les mesures susceptibles d'être rangées parmi les politiques visant l'offre de travail, on peut s'accorder à y classer notamment les actions portant sur les préretraites et les cessations anticipées d'activité. L'objectif de ces dispositifs est de réduire le chômage des personnes plus âgées en prenant en charge leur transition vers la retraite tout en facilitant subséquemment, tout au moins l'espère-t-on, l'entrée des jeunes sur le marché du travail. Dans les années 1990, cette politique a été fréquemment employée par les entreprises suisses pour faire face au fléchissement de l'activité économique. Selon les données du Recensement fédéral de la population (RFP), le pourcentage de personnes en retraite anticipée, une année avant l'âge légal, a augmenté de 31,8% en 1990 à 48,4% en 2000 pour les hommes et de 28,7% à 32,6% pour les femmes.

**Tableau 5.1** Taux de retraite anticipée, par âge et par sexe, 1990 - 2000.

| | **1990** | | | **2000** | | |
|---|---|---|---|---|---|---|
| | Total | Hommes | Femmes | Total | Hommes | Femmes |
| Age | | | | | | |
| 55 ans | 3,6 | 2,9 | 4,9 | 8,3 | 7,7 | 9,2 |
| 56 ans | 4,4 | 3,4 | 6,1 | 9,3 | 8,8 | 10,1 |
| 57 ans | 5,4 | 4,1 | 7,8 | 11,1 | 10,1 | 12,5 |
| 58 ans | 6,7 | 4,9 | 9,9 | 13,7 | 12,4 | 15,4 |
| 59 ans | 8,4 | 6,2 | 12,5 | 16,7 | 15,4 | 18,6 |
| 60 ans | 12,2 | 8,8 | 18,5 | 23,2 | 21,4 | 25,7 |
| 61 ans | 18,5 | 12,5 | 28,7 | 29,0 | 26,3 | 32,6 |
| 62 ans | – | 19,4 | – | – | 33,3 | – |
| 63 ans | – | 24,9 | – | – | 40,4 | – |
| 64 ans | – | 31,8 | – | – | 48,4 | – |

Source : Recensement fédéral de la population (RFP) 1990-2000, OFS - calculs OUE.

Si ces départs anticipés ont certes permis de réduire mécaniquement le taux de chômage, notamment auprès des personnes de plus de 50 ans, cela n'a pas permis pour autant d'améliorer la situation des nouveaux entrants sur le marché du travail. Cela a aussi contribué à jeter un regard négatif sur la productivité supposée des personnes actives plus âgées. Finalement, cette politique a contribué à accentuer les inégalités au sein des classes d'âge de 50 ans et plus, entre ceux qui avaient les ressources pour pouvoir partir plus tôt du marché et ceux qui ne pouvaient pas se le permettre. Il convient donc de faire en sorte que les entreprises cessent leur politique de mise en retraite anticipée, ceci d'autant plus qu'elles ont eu un coût non négligeable pour la Suisse (équivalent à près de 6,7% de son PIB potentiel).

A ce propos, il convient de rappeler que si le risque de tomber au chômage est plus faible pour les personnes âgées de plus de 50 ans, leur durée de chômage est nettement plus longue, notamment pour ceux qui n'ont pas pu bénéficier, au cours de leur vie active, de remise à niveau de leur capital humain. Au-delà de 50 ans, et même de 45 ans déjà selon des études qui ont été menées par l'Observatoire universitaire de l'emploi de l'Université de Genève (voir notamment Flückiger et Meunier 2003, ou plus récemment Flückiger, Kempeneers et Bazen 2007), il semble que plus aucun facteur autre que l'âge n'exerce d'influence significative sur la probabilité de sortir du chômage.

Du point de vue des politiques de l'emploi, il convient surtout de favoriser le maintien de la population des plus de 50 ans sur le marché du travail avant de se préoccuper de les pousser en retraite anticipée comme cela s'est fait dans les années 1990. De ce point de vue, des réformes sont possibles en Suisse. Elles touchent notamment les bonifications de vieillesse du deuxième pilier qui contribuent aujourd'hui, comme en témoigne le tableau 5.2, à accroître le coût de la main-d'œuvre. Cette augmentation du coût brut du travail décourage les entreprises à embaucher du personnel plus âgé.

**Tableau 5.2** Bonifications de vieillesse dans la prévoyance professionnelle.

| Hommes | Femmes | Taux du salaire coordonné en % |
|---|---|---|
| 25 à 34 ans | 25 à 31 ans | 7 % |
| 35 à 44 ans | 32 à 41 ans | 10 % |
| 45 à 54 ans | 42 à 51 ans | 15 % |
| 55 à 65 ans | 52 à 62 (63) ans | 18 % |

Source : OFAS.

Ces réformes doivent aussi porter sur des changements nécessaires dans les politiques de rémunération. En effet, jusqu'à ce jour, on constate que dans la plupart des secteurs économiques, les salaires ont tendance à progresser assez fortement en fonction du nombre d'années passées au sein de l'entreprise avec un plafond qui tend à être atteint après 25 à 30 années. Les travailleurs âgés de 50 ans ou plus et qui sont restés longtemps dans leur entreprise se trouvent donc au sommet de leur progression salariale et s'ils ont le malheur de perdre leur travail, leur salaire de réserve sera particulièrement élevé et leur embauche relativement coûteuse pour des employeurs potentiels. Dès lors, leur chance de retrouver un emploi s'en trouve réduite d'autant que leurs exigences seront, comme leur coût pour l'entreprise, élevées.

Pourtant, diverses études menées dans le cadre de l'OUE (Flückiger et Graf 2007) semblent montrer que le marché suisse du travail commence à accorder progressivement moins d'importance à l'ancienneté pour mettre l'accent plutôt sur l'expérience professionnelle acquise auprès de divers employeurs. Dès lors, le profil salarial risque de s'aplatir quelque peu avec des rémunérations plus élevées en début de carrière, qui rendront le travail plus attractif pour les jeunes, et moins importantes en fin de carrière, ce qui devrait favoriser le retour en emploi des plus de 50 ans lorsqu'ils ont eu la malchance de perdre leur travail.

Le deuxième groupe d'actions sur l'offre de travail porte sur la formation. Elles ont pour objectif d'améliorer les chances de réinsertion professionnelle des personnes à la recherche d'un emploi et leurs perspectives de salaires. Elles visent aussi à prévenir les risques de tomber au chômage en agissant sur le capital humain des personnes en activité grâce notamment à la formation continue. Celle-ci est souvent plus efficace qu'une intervention a posteriori, au moment où les personnes concernées sont malheureusement déjà au chômage. Les actions sur la formation visent aussi à favoriser la transition entre le système éducatif et le marché du travail pour les jeunes arrivés au terme de leur formation, après la fin de la scolarité obligatoire ou d'études de plus longue durée.

Finalement, le troisième groupe de mesures qui est aussi celui sur lequel nous allons nous attarder plus longuement, concerne les incitations à la reprise d'un emploi. L'objectif de ces mesures est d'encourager les chômeurs, les personnes assistées ou inactives à (re-)prendre un emploi et ceci le plus rapidement possible pour éviter que la durée passée au chômage ne contribue à stigmatiser les personnes à la recherche d'un emploi. Cela peut parfois impliquer une diminution du salaire par rapport à la rémunération qui était obtenue avant la période de chômage mais ce sacrifice est souvent moins pénalisant qu'une longue période de chômage qui rend le retour vers l'emploi de plus en plus difficile et de plus en plus précaire.

Les mesures utilisées pour agir sur l'offre de travail peuvent prendre la forme d'un impôt négatif conditionné à l'exercice d'un emploi, la possibilité de cumul partiel des allocations chômage ou de minima sociaux avec des revenus d'activité. Elles peuvent aussi prendre l'aspect de mesures de contraintes et de sanctions à l'encontre des personnes qui n'adopteraient pas un comportement susceptible d'améliorer leurs chances de retrouver un emploi. Ces mesures visent également à offrir des mesures d'accompagnement à ceux qui en ont besoin (aide à la recherche d'emploi, aide à la mobilité, aide à la garde d'enfants, etc.). Compte tenu de la diversité de ces différents types d'action nous allons nous concentrer sur certaines d'entre elles pour illustrer la situation en Suisse et indiquer des solutions possibles dans ce contexte.

Pour que ce troisième groupe de politiques soit efficace, il est indispensable que le travail reste suffisamment attractif pour que les chômeurs soient incités à accepter les emplois susceptibles de leur être proposés. En effet, le revenu auquel les chômeurs ou les personnes assistées en Suisse peuvent aspirer est parfois insuffisant comparé aux prestations sociales pour encourager les personnes concernées à offrir leurs services sur le marché du travail ou à reprendre un emploi après une période de chômage. De même, les personnes qui sont à l'assistance sociale ne sont pas incitées non plus à accepter un emploi, même à temps partiel, pour compléter leurs prestations car, selon les systèmes en vigueur, chaque franc obtenu en plus par le travail est réduit de l'aide reçue. De même, les personnes qui sortent de l'aide sociale perdent fréquemment le droit à des prestations et des subventions, ce qui contribue à réduire leur revenu net, après déductions fiscales et des cotisations sociales, au-dessous de ce qu'elles auraient obtenu en demeurant dans le système social. Une étude récente (Leu *et al.* 2007) portant sur l'éventuelle introduction en Suisse du système de crédit d'impôts a mis en évidence que dans de nombreux cantons suisses, la sortie du système de l'aide sociale se traduit par une diminution substantielle du niveau de revenu net des personnes concernées ainsi qu'en témoigne la figure 5.1. A la lecture de cette figure qui illustre la situation d'une famille monoparentale avec un enfant de 3 ans et demi ne pouvant pas encore être pris en charge par des structures de garde externe, on constate qu'au moment où le chef de famille dépasse le revenu brut qui donne le droit à une prestation de l'aide sociale, son revenu net diminue de manière très importante en raison des impôts qu'il doit payer, des cotisations sociales qu'il doit verser et des transferts qui lui sont retirés. On observe également que pour revenir au même niveau de revenu net que le montant maximal qu'il obtenait à l'aide sociale, ce chef de famille doit obtenir 15000 francs de plus.

Beaucoup de ménages oscillent donc entre travail et système de protection sociale sans réussir toujours à sortir de cet engrenage. Il faut donc faire en sorte que le travail soit rémunérateur en trouvant le meilleur compromis possible entre système de prélèvements, système de prestations et salaire (minimum). Pour y parvenir, il faut donc agir sur trois paramètres : tout d'abord sur les prestations accordées par les systèmes d'aide, les prélèvements opérés par le système fiscal et les salaires obtenus sur le marché du travail. Dans le même temps, le travail doit être également *accessible* en particulier pour les parents (en conciliant profession et famille) mais aussi pour les personnes handicapées qui se heurtent encore souvent à des obstacles organisationnels dans le monde du travail. Finalement, si l'emploi

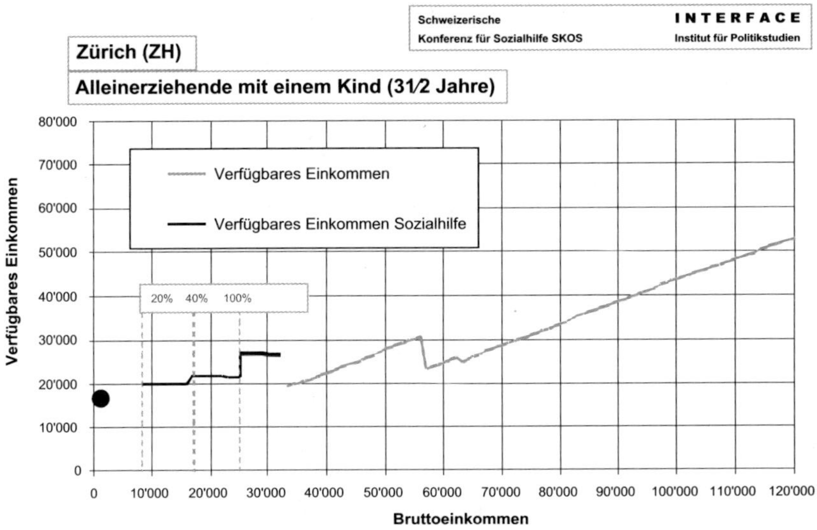


Source: Leu *et al.* (2007:37)

**Fig. 5.1** Revenus brut et net d'un chef de famille monoparentale, ville de Zurich.

doit être rémunérateur, il faut aussi qu'il soit *abordable* pour les employeurs (sect. 5.2).

En termes de politiques de l'emploi, il convient de réformer tout d'abord le système fiscal et social pour éviter qu'une hausse de revenu liée à une prise d'emploi ne soit réduite à néant par les hausses d'impôt et de cotisations et par les suppressions de prestations sociales. Il faut donc faire en sorte que les personnes qui trouvent un emploi ne perdent pas brutalement les aides qu'elles reçoivent ; elles doivent être réduites progressivement au fur et à mesure que le revenu du travail augmente. En comparaison internationale, le système de prélèvements appliqué en Suisse est pénalisant pour les personnes qui reprennent un emploi, comme en témoigne la figure 5.2 qui met en évidence que le taux marginal d'imposition (net des prélèvements versés ou reçus) est plus élevé en Suisse qu'il ne l'est dans les autres pays pour un travailleur dont le salaire à plein temps équivaut à 2/3 du salaire médian de chaque pays. De ce point de vue, la situation en Suisse est moins favorable que dans les autres pays (OCDE 2005 : 141-191). Ce taux net d'imposition particulièrement important est susceptible de décourager les personnes au chômage à reprendre un emploi comme en témoigne la figure 5.2 qui indique que plus ce taux est faible et plus le taux de chômage est bas parmi les personnes les moins qualifiées de la population et ceci même s'il ne faut pas déduire de la figure 5.2 un lien de causalité significatif qui n'existerait pas.

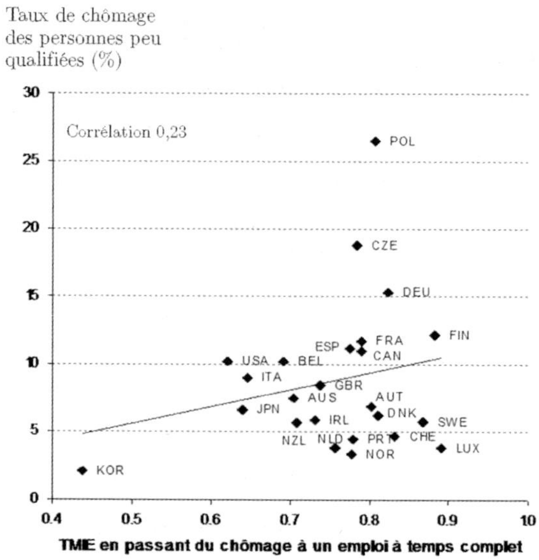


Source : OCDE (2005: 155).

**Fig. 5.2** Taux marginal d'imposition effectif (TMIE) et taux de chômage pour les personnes peu qualifiées, divers pays de l'OCDE.

Toujours dans la même idée, il faut uniformiser le calcul du revenu déterminant le droit à des prestations et hiérarchiser les aides octroyées. Un système hiérarchisé permet d'éviter que, par le cumul des prestations octroyées par différents services, le revenu des personnes qui se trouvent juste au-dessous des seuils déterminant le droit à des aides sociales dépasse en fin de compte le revenu des ménages situés juste au-dessus de ce seuil. Ce type de situation contribue à créer une trappe à la pauvreté et à l'inactivité (Flückiger *et al.* 2005).

Il convient finalement d'augmenter le niveau des salaires minimaux afin que les personnes qui sont à la recherche d'un emploi ou qui sont en situation de dépendance soient encouragées à accepter les postes qui sont susceptibles de leur être proposés. En Suisse, cette action doit être entreprise de manière sectorielle et à l'échelle régionale, par le biais des différentes CCT qui sont négociées entre les partenaires sociaux. A ce propos, il convient néanmoins de relever que la politique du salaire minimal peut être une arme à double tranchant. En effet, si une hausse des rémunérations est susceptible d'encourager des personnes au chômage à accepter certains emplois, elle peut aussi et simultanément réduire le nombre d'emplois offerts. Il existe donc un seuil de salaire à partir duquel le facteur incitatif peut se transformer en un frein à la création d'emploi. Ce seuil ne peut pas être défini a priori de manière absolue mais il est étroitement lié au salaire médian, raison pour laquelle le salaire minimal est souvent exprimé en pourcent de la rémunération médiane.

La lutte contre les bas salaires ne se justifie pas seulement pour des motifs d'équité. Elle est indispensable aussi pour des raisons d'efficacité économique. Tout d'abord, parce que dans un monde caractérisé par des imperfections du marché des crédits, les inégalités conduisent à des investissements insuffisants en capital humain, surtout pour les personnes les plus démunies. Les inégalités contribuent ainsi à ralentir la croissance économique. D'autre part, les secteurs à bas salaires se caractérisent par des taux de rotation du personnel élevés, liés à leurs conditions de travail peu attractives. Cette situation n'incite pas les entreprises à développer la formation continue de leur personnel et elle tend à réduire la productivité du travail. Finalement, des salaires insuffisants, trop proches des normes d'assistance, réduisent l'efficacité des mesures de réinsertion professionnelle des chômeurs ou des personnes en fin de droit. Le travail doit rester plus attractif que les prestations sociales. C'est une condition indispensable à la lutte contre le chômage et l'exclusion.

Pour réduire les inégalités de salaire et assurer un niveau de revenu minimal aux personnes actives, différentes solutions existent. Elles peuvent prendre la forme d'une redistribution pure par le biais de la fiscalité (exonération des revenus les plus bas) ou de charges sociales réduites pour les salaires situés en-dessous d'un certain seuil. Cette politique peut prendre aussi la forme de transferts en complétant par exemple les rémunérations les plus faibles par des aides sociales qui protègeraient les travailleurs de la pauvreté. Cette approche est cependant très discutable. Notamment parce qu'elle contribue à reporter la charge des bas salaires sur les budgets de l'Etat qui subventionne ainsi certains secteurs économiques. Une autre solution consiste à intervenir directement sur le marché pour introduire un salaire minimal. Elle a été adoptée par de nombreux pays et même par les Etats-Unis ou l'Angleterre pourtant réputés pour leur libéralisme.

Par le passé, les économistes ont souvent prétendu que cette politique risquait de créer du chômage en augmentant l'offre de travail et en diminuant la demande émanant des entreprises. Or des études empiriques récentes ont démontré qu'à l'exception des jeunes, ces effets négatifs n'existent pas. Même l'OCDE reconnaît aujourd'hui qu'une politique de salaire minimal, adaptée aux conditions de chaque pays et de chaque groupe démographique, n'a pas d'effets négatifs mais contribue à réduire les inégalités et à soulager, partiellement, la pauvreté. Si l'on considère les pays qui ont adopté ce type de politique, on constate que les solutions choisies diffèrent sensiblement d'un cas à l'autre. Ces disparités ne se manifestent pas seulement du point de vue du niveau des salaires minimaux retenus. Elles se traduisent également par des couvertures différentes selon que la loi s'applique à toute la population active (comme c'est le cas aux Etats-Unis) ou qu'elle se limite aux personnes âgées de plus de 18 ans (comme en France), de plus de 21 ans (Belgique) ou même de plus de 23 ans (Pays-Bas). Les différences se manifestent également et surtout par rapport au niveau du salaire minimal adopté. Si en France le salaire minimal correspond à près de 70% du salaire médian, cette proportion descend à 55% aux Pays-Bas, 40% aux Etats-Unis et au Japon et même à 36% en Espagne. A titre comparatif, un salaire minimal brut fixé à 2 500 francs en Suisse représenterait, en 2006, 44% du salaire médian alors qu'une rémunération de 3 500 francs équivaudrait à près de 62% de la médiane enregistrée en 2006 (soit 5 674 francs).

La figure 5.3 met en évidence que la campagne qui avait été lancée au cours de l'année 1998 par l'Union Syndicale Suisse pour l'introduction d'un salaire minimal national, si elle n'avait pas abouti, a eu néanmoins, par son action sur les négociations salariales, un impact sectoriel non négligeable sur la fraction de la population salariée située au bas de l'échelle des rémunérations. En améliorant le niveau des salaires de toute une série d'emplois prioritairement destinés à des personnes peu qualifiées, la politique en faveur des bas salaires constitue une mesure efficace de réinsertion professionnelle.

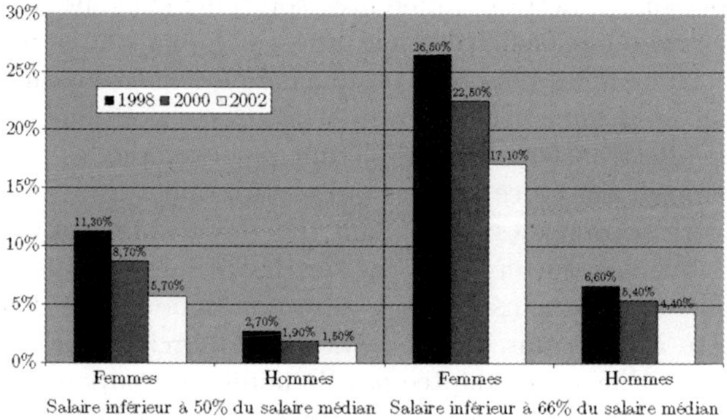


Source : Enquête suisse sur les salaires (LSE) - calculs OUE.

**Fig. 5.3** Pourcentage de la population salariée occupée dans le secteur privé dont le salaire équivalent à plein temps est inférieur au seuil, respectivement, de 50% et de 66% du salaire médian.

Pour illustrer l'impact possible et l'intérêt des politiques visant à stimuler l'offre de travail, on peut relater brièvement le *projet d'autosuffisance* (PAS) qui a été développé au Canada pour encourager l'emploi et réduire la pauvreté parmi les parents isolés. L'expérience contrôlée a duré cinq ans. Les bénéficiaires du programme ont été choisis de manière aléatoire et leur comportement a été comparé à celui d'individus auxquels aucun supplément de revenu n'a été offert (groupe de contrôle).

Le projet prévoyait le versement d'une prime de retour à l'emploi ciblée sur un groupe spécifique (parents isolés ayant perçus des minima sociaux depuis moins d'un an). La prestation était versée pendant une durée limitée à trois ans. Elle représentait la moitié de la différence entre le revenu du travail du participant et un revenu de référence sous réserve que le bénéficiaire effectue au moins 30 heures de travail hebdomadaire. Cette prime doublait à peu près le revenu de nombreux travailleurs à bas salaires (avant impôt et frais liés au travail). Les bénéficiaires de la prime ne pouvaient plus percevoir leur prestation d'aide sociale antérieure. En revanche, ils restaient éligibles à d'autres transferts monétaires tels que ceux du système d'allocations familiales. Personne n'était tenu de participer au PAS et les participants pouvaient à tout moment quitter le programme pour retourner au système d'aide sociale.

Les résultats du programme ont été très encourageants. Il ont permis de ramener un nombre important de personnes vers l'emploi et il a eu des effets très marqués sur le revenu et la pauvreté. Cependant, comme on peut l'observer à la lecture du tableau 5.3, l'effet de ce programme s'est estompé à partir du moment où la prime a cessé d'être versée. La prime aurait pu être plus efficace et avoir un effet plus durable si on l'avait conjuguée à des services d'accompagnement dans l'emploi ou d'aides au réemploi pour les personnes concernées, notamment pour celles qui étaient depuis longtemps, et de manière récurrente, dans des systèmes d'aide sociale. Lorsque le programme a été proposé à des nouveaux bénéficiaires de l'aide sociale, les effets positifs sur l'emploi et les gains ont été particulièrement importants et durables.

**Tableau 5.3** Impact du programme PAS sur les taux d'emploi et les gains mensuels observés auprès du groupe témoin et des personnes soumises à l'expérimentation.

| Années | 1 | 2 | 3 | 4 | 5 | |
|---|---|---|---|---|---|---|
| | | | Fin du programme | | 1er semestre | 2e semestre |
| Taux d'emploi (%) | | | | | | |
| Programme | 29,7 | 40,6 | 39,9 | 41,2 | 42,1 | 41,8 |
| Témoin | 25,4 | 30,1 | 32,6 | 36,8 | 39,8 | 41,9 |
| *Impact* | ***4,3*** | ***10,5*** | ***7,3*** | ***4,4*** | ***2,3*** | ***n.s.*** |
| Taux d'emploi à plein temps | | | | | | |
| Programme | 18,0 | 28,5 | 27,7 | 28,5 | 28,3 | 28,0 |
| Témoin | 11,6 | 16,0 | 18,4 | 22,3 | 25,0 | 26,5 |
| *Impact* | ***6,4*** | ***12,5*** | ***9,3*** | ***6,2*** | ***3,3*** | ***n.s.*** |
| Gains mensuels | | | | | | |
| Programme | 233 | 370 | 387 | 476 | 499 | 496 |
| Témoin | 186 | 269 | 317 | 424 | 462 | 488 |
| *Impact* | ***47*** | ***101*** | ***70*** | ***52*** | ***n.s.*** | ***n.s*** |

Source : Rapport final du Projet d'autosuffisance à l'intention des prestataires de l'aide sociale de longue date - Société de Recherche Sociale Appliquée - Juillet 2002.

## 5.2 Les actions sur la demande de travail

Pour favoriser la réinsertion professionnelle des chômeurs et des personnes dépendantes de l'assistance sociale, il faut non seulement que les personnes concernées soient aptes et incitées à occuper les emplois disponibles mais il faut également que des postes de travail leur soient proposés. De ce point de vue, les prestations sociales subordonnées à l'exercice d'un emploi peuvent certes encourager les personnes assistées à entrer sur le marché du travail mais celles-ci peuvent aussi se heurter à une insuffisance de la demande de travail.

Le coût du travail peut en effet constituer une contrainte forte pour les entreprises et limiter leurs capacités de recrutement. Pour pallier cette situation, on peut adopter différentes solutions parmi lesquelles on peut mentionner les mesures générales visant l'ensemble de la population exerçant un emploi à bas salaire et les dispositifs ciblés plus étroitement sur des personnes sans emploi et difficilement employables (allocations d'initiation au travail, AIT, au niveau fédéral, allocations de retour en emploi, ARE, dans le canton de Genève pour les chômeurs arrivés en fin de droit, ou modèle zurichois de *Teillohnjob*). Le système d'allocation de retour en emploi permet de combattre la stigmatisation dont sont victimes les chômeurs de longue durée. Ce phénomène est particulièrement mis en évidence par l'effet qu'exerce la durée du chômage sur la probabilité des chômeurs à retrouver un travail. Il a été mis en exergue par de nombreuses études réalisées sur ce thème en Suisse (Flückiger *et al.* 2007) mais il explique aussi sans doute pourquoi on observe, notamment dans certains cantons comme Genève, que le niveau des salaires continue à progresser alors même que le chômage s'accroît. La stigmatisation dont sont victimes les chômeurs de longue durée provient notamment du fait que les entreprises, lorsqu'elles cherchent à embaucher un ou une candidate, utilisent certaines caractéristiques individuelles comme signal de leur productivité. De ce point de vue, la durée du chômage est interprétée comme le signe d'une moindre productivité. Dès lors, une prise en charge partielle, temporaire et dégressive, du salaire des chômeurs de longue durée par l'Etat est en mesure d'encourager les entreprises à les embaucher puisqu'elle permet de réduire le montant du risque pris par les entreprises, surtout s'il s'agit d'une décision limitée dans le temps.

A ce propos, il convient de souligner que les effets d'aubaine liés aux ARE ou aux AIT sont moins importants que ceux qui peuvent être créés par des mesures visant un groupe très large de personnes telles que des réductions généralisées de cotisations sociales pour les travailleurs à bas salaires. Ce type de mécanisme peut aussi susciter l'apparition de trappes à bas salaires, les employeurs rechignant à accorder des hausses de rémunération qui contribueraient à supprimer les aides octroyées. Pour éviter ce type d'effet, il convient d'introduire des mesures complémentaires aux allégements de cotisation telles que des subventions transitoires sur les augmentations de salaires. De ce point de vue, les subventions ciblées semblent plus efficaces.

Une autre mesure susceptible d'encourager la création d'emplois consiste à modifier la logique de financement des assurances sociales et notamment de l'assurance-chômage. A ce propos, il convient de relever que la Suisse, comme la plupart des autres pays de l'OCDE, finance son système de sécurité sociale par des cotisations salariales. On peut adresser quatre critiques à l'encontre de ce mode de financement. La première est liée à l'évolution de l'assiette fiscale sur laquelle sont prélevées les cotisations. Dans la majorité des pays, la part des salaires dans le revenu national diminue. Si cette tendance devait s'accentuer, cela signifierait que les cotisations salariales ne suivront plus la croissance des dépenses sociales qui augmentent au rythme du revenu national. D'autre part, ce mode de financement crée des différences de traitement injustifiées entre les secteurs économiques. Si l'on mesure les contributions patronales à l'assurance-chômage par rapport à la valeur ajoutée brute, il apparaît que les cotisations versées par les entreprises de la métallurgie représentent en Suisse le double de celles du secteur bancaire. La troisième critique provient du fait que le financement actuel a été construit sur la base d'une société où le statut de salarié occupé à plein temps constituait la forme d'emploi la plus fréquente. Or on assiste à l'apparition de nouvelles formes d'emplois qui vont poser des problèmes pour les systèmes de protection sociale (temps partiel, indépendants, télétravail, etc.). Finalement, les cotisations salariales tendent à augmenter les coûts indirects du travail. Les entreprises qui licencient reportent sur les autres, celles qui conservent leur personnel, les coûts sociaux de leur propre décision.

Une réforme du financement s'impose donc. Elle doit être basée sur la finalité de l'assurance considérée. Si celle-ci a pour but essentiel de couvrir un risque, il faut utiliser les cotisations. La voie de la fiscalité doit être en revanche choisie si l'objectif prioritaire est la redistribution du revenu. Dans le cas de l'assurance-chômage, il est ainsi normal d'utiliser les cotisations. Cependant, celles-ci ne devraient plus être appliquées sur les salaires, comme actuellement, mais sur la totalité de la valeur ajoutée brute des entreprises. Avec ce système, les cotisations seraient prélevées non seulement sur la masse salariale mais aussi sur les dividendes, sur les bénéfices distribués ou non, sur les intérêts ainsi que sur les amortissements. Ce type de cotisations aurait l'immense mérite de ne plus faire peser sur le travail seulement le poids du financement de l'assurance chômage qui, d'une part, décourage l'embauche et qui, d'autre part, en période de récession économique, pousse les entreprises à réduire encore plus que nécessaire leur volume d'emploi. Ceci d'autant plus que, durant ces périodes difficiles, le taux de cotisations salariales a tendance à prendre l'ascenseur afin de pouvoir couvrir les dépenses croissantes liées à la progression du chômage. Ce système traditionnel de financement a donc des effets pervers puisqu'il ne permet pas de faire supporter aux entreprises le poids de leur responsabilité sociale.

Dans le cas de l'AVS, compte tenu des développements récents (prise en considération des tâches éducatives et d'assistance dans le calcul de la rente) et futurs éventuels (prise en considération d'autres activités d'intérêt collectif), le recours à la fiscalité, en complément aux cotisations salariales, s'avère justifié puisque la part redistributive de l'assurance tend à s'accroître. Différentes solutions sont envisageables. La contribution sociale généralisée (appliquée à tout revenu) a le mérite d'être un impôt simple, caractérisé par une assiette très large, proportionnelle au revenu. Elle est plus équitable que la TVA. En revanche, la TVA présente un avantage qu'elle ne partage avec aucun autre impôt. En taxant les importations et en exonérant les exportations, elle n'influence pas la compétitivité des entreprises domestiques sur les marchés mondiaux. Simultanément, les produits fabriqués à l'étranger apportent leur contribution au financement des assurances sociales. De ce point de vue, la TVA agirait comme une mesure de protection sociale de l'économie nationale. Pour départager ces deux impôts comme source de financement complémentaire de l'AVS, il faut pondérer leurs mérites et inconvénients respectifs.

## 5.3 Les actions portant sur le fonctionnement du marché du travail

Au-delà des politiques axées sur l'offre ou la demande de travail, il convient d'examiner les facteurs susceptibles d'influencer le fonctionnement du marché. Il s'agit notamment de se demander si les Offices régionaux de placement (ORP) utilisent au mieux les ressources mises à leur disposition pour obtenir les performances les plus élevées possibles et de déterminer également si les mesures mises en œuvre par les ORP sont les plus efficaces possibles compte tenu du profil de leurs chômeurs.

A ce propos, il convient de rappeler que la révision de la LACI en 1995 a constitué un tournant dans la politique de lutte contre le chômage en introduisant en Suisse les mesures actives du marché du travail (LMMT). Pour gérer ces mesures, les cantons ont dû instaurer des Offices régionaux de placement (ORP) chargés de la mise en œuvre des MMT. La décentralisation voulue par le législateur visait à laisser aux cantons une marge de manœuvre suffisante pour permettre aux ORP d'adapter leurs services de placement aux conditions de l'économie locale. En même temps qu'elle mettait en place une structure décentralisée de lutte contre le chômage, la LACI a introduit le principe de l'évaluation de l'efficacité des mesures actives et des offices chargés de leur application.

Dans ce but, le Secrétariat d'Etat à l'économie (Seco) a défini des indicateurs de performance des ORP qui apparaissent (implicitement) dans la loi.

Il en a retenu quatre : la durée du chômage, la proportion des chômeurs de longue durée (plus de 12 mois), la proportion des fins de droit et le pourcentage de retour au chômage durant les 4 mois qui suivent une reprise d'emploi. Pour examiner l'efficacité des ORP, il faut analyser la relation entre les ressources utilisées (les inputs tels que le nombre de conseillers) et la quantité de services produits (les outputs) en tenant compte du fait que chaque ORP travaille dans un contexte cantonal différent (facteurs externes tels que la situation conjoncturelle locale, la proportion de chômeurs qualifiés, de nationalité suisse, etc.). Sur la base des inputs et des facteurs externes, il est possible de définir une frontière de production efficace, dont les ORP peuvent être plus ou moins éloignés. La distance d'un ORP par rapport à cette frontière reflète sa performance relative en fonction de ses inputs et compte tenu du contexte dans lequel il opère.

Si le principe de l'évaluation des performances des services publics est généralement admis, surtout lorsqu'une loi laisse à une organisation décentralisée une grande latitude de mise en œuvre, l'analyse effectuée par le Seco démontre toute la difficulté d'un tel exercice (ATAG, Ernst et Young 1999). La première d'entre elles provient de la définition des outputs. Dans le cas des ORP, on constate que des quatre objectifs retenus, les trois premiers sont très fortement corrélés. Ils mesurent tous la rapidité de la réinsertion. Le quatrième concerne la qualité de la réintégration. Il faudrait donc limiter les outputs à deux indicateurs : la rapidité et la qualité du retour en emploi. Cet exemple démontre également que les processus d'évaluation ont tendance à privilégier les indicateurs quantitatifs (mesurables) au détriment de critères plus qualitatifs tout aussi importants. D'autre part, la méthode employée traite chacun des quatre outputs retenus de manière *séparée*. Or les ORP se caractérisent par des processus de production à produits joints. Leur performance doit donc être examinée en considérant les différents outputs *conjointement*. Un autre problème est lié à l'utilisation des résultats de l'évaluation. Idéalement, l'évaluation devrait permettre de démontrer à chaque ORP si, compte tenu de ses inputs et de ses facteurs externes, il atteint un output maximal. Elle devrait surtout lui indiquer les raisons qui l'empêchent d'atteindre la performance qu'un autre ORP, en tous points semblables, parvient à obtenir. Finalement, si l'évaluation est associée à une incitation financière, encore faut-il déterminer comment distribuer les récompenses. On peut choisir de récompenser les ORP qui parviennent à améliorer leur performance au cours du temps ou on peut attribuer un bonus aux ORP qui sont plus efficaces que la moyenne tout en pénalisant les autres.

Pour améliorer l'analyse de l'efficacité des ORP, permettre de définir d'éventuelles mesures correctives et donner aux ORP des impulsions allant dans le sens d'un accroissement de leurs performances, Ferro Luzzi, Flückiger, Ramirez et Vassiliev (2003) ont mené une vaste étude financée par le Fonds national (PNR 45). En utilisant différentes techniques d'évaluation, ce projet a permis d'améliorer notre compréhension des différences d'efficacité observées auprès des ORP en tenant compte notamment des inputs qu'ils mettent en œuvre et en intégrant de surcroît les divers outputs qu'ils sont censé produire et ceci sans définir a priori, comme le fait le Seco, le poids de chacun d'eux dans leur fonction de production. Surtout, il offre à chaque ORP inefficace un autre office auquel il puisse se comparer et qui atteint le score maximal d'efficacité. En étudiant de plus près l'organisation interne de cet office réputé efficace, l'analyse offre à chaque ORP les informations indispensables pour lui permettre d'améliorer sa performance. Finalement, l'étude a permis de vérifier si, comme on pourrait s'y attendre a priori, le regroupement des tâches au sein d'offices de plus grande taille est effectivement accompagné d'économies d'échelle permettant d'atteindre un même output avec un usage plus parcimonieux de ressources. Les données utilisées dans ce projet sont fondamentalement les mêmes que celles employées par ATAG, Ernst et Young et proviennent des systèmes PLASTA et SIPAC. Ces données ont pour avantage essentiel de regrouper une quantité importante d'informations sur les caractéristiques des ORP et le type de chômeurs qui y sont inscrits, ainsi que de suivre les ORP sur plusieurs périodes.

Les analyses effectuées par Ferro Luzzi *et al.* (2003) ont montré que, quelle que soit la méthode économétrique utilisée ou la période considérée, l'activité des ORP se caractérise par des rendements d'échelle décroissants voire constants. Ce résultat original est intéressant parce qu'il contredit l'idée reçue selon laquelle un regroupement d'offices de placement améliore la productivité des inputs utilisés. Cette conclusion qui peut sembler a priori étonnante, s'explique par le fait que le fonctionnement des ORP ne permet pas d'économiser dans les coûts fixes associés au capital physique des ORP (fournitures, locaux, ordinateurs). Au contraire, les résultats démontrent qu'une réduction de la taille des ORP pourrait même entraîner une baisse du coût fixe par unité d'output. Dans cette perspective, une plus grande décentralisation conduirait à des gains d'efficience.

Une autre conclusion intéressante met clairement en évidence qu'une augmentation de la fraction du temps alloué aux tâches administratives diminue la productivité des ORP. Plus précisément, en fixant le temps alloué aux autres tâches, une hausse de 10% du temps accordé à ce type de tâches réduit le taux de sortie du chômage de 0,8%, alors qu'une même variation du temps de travail des conseillers alloué aux tâches de conseils ou à d'autres tâches accroît l'output de 1,2% et 1,0% respectivement. L'étude permet également de mettre en évidence qu'une hausse du nombre de conseillers détenteurs du brevet fédéral avait un impact positif sur la productivité moyenne des ORP. Il en va de même avec le niveau d'ancienneté moyen des conseillers. L'élasticité de l'output par rapport à la part de conseillers ayant plus de trois années d'ancienneté est de l'ordre de 0,17, alors qu'elle est nulle par rapport à la fraction de conseillers ayant moins d'un an d'ancienneté.

Si l'analyse de l'efficacité des ORP est particulièrement importante pour améliorer l'efficacité des mesures de réinsertion professionnelle, celle des mesures actives est tout aussi cruciale, si ce n'est plus encore. De nombreuses études ont été réalisées sur ce thème et nous n'allons pas les reprendre ou même les synthétiser dans le cadre de cet article. En revanche, nous souhaitons souligner à quel point ces analyses sont souvent délicates à mener sur un plan strictement scientifique, ce qui en réduit de facto la portée politique ou l'utilisation pour établir des recommandations à l'adresse des ORP. Cette difficulté provient notamment du fait que l'analyse de l'effet des mesures actives est très souvent biaisée par le fait que les mesures étudiées sont généralement octroyées à un groupe particulier, non aléatoire, de chômeurs si bien qu'il impossible de savoir si l'effet observé est le produit de la mesure elle-même ou si il provient de la sélection plus ou moins efficace des candidats retenus. Il convient de relever de surcroît que ce choix n'est pas seulement opéré par les offices chargés de mettre en œuvre les mesures actives, mais qu'il peut être aussi associé aux chômeurs eux-mêmes qui peuvent s'autosélectionner dans un programme susceptible de leur être proposé, ce qui accentue encore les effets de biais qui entachent les évaluations scientifiques.

De ce point de vue, il nous a semblé particulièrement intéressant de présenter les résultats d'un projet-pilote de remise en emploi de chômeurs de longue durée (plus de 12 mois) qui a débuté en octobre 2006 dans le canton de Genève. Pour explorer des voies alternatives visant à augmenter l'efficience du dispositif actuel des mesures actives destinées aux chômeurs de longue durée, le conseiller d'Etat François Longchamp a initié un projet-pilote consistant à mandater une entreprise privée pour un reclassement rapide des chômeurs de longue durée pour déterminer si une telle mesure peut accroître l'efficacité de leur réinsertion professionnelle. La société privée « Maison Hestia » s'est ainsi vu assigner le traitement d'un collectif permanent de 100 chômeurs, choisis aléatoirement pour une durée d'une année, soit du 25 septembre 2006 au 24 septembre 2007.

Sur le plan organisationnel, Hestia est une petite entité « décentralisée » composée de 3 consultants, 2 télé-acteurs et 1 secrétaire-réceptionniste. Sa méthode de travail consiste en trois phases : collecte de postes auprès des entreprises, conduite d'entretien avec les candidats en vue d'améliorer leur compétitivité, reclassement des candidats dans des emplois durables. Durant les cinq premiers mois de la mission, Hestia a collecté 1000 postes auprès de 2600 entreprises, mené avec les candidats un entretien par semaine et reclassé 31 personnes. Il a été précisé d'emblée que l'expérience serait soumise à une évaluation scientifique permanente, confiée à une organisation indépendante, l'Observatoire universitaire de l'emploi (OUE) de l'Université de Genève. L'évaluation a porté sur la période complète du projet-pilote, soit une année, et elle a consisté à observer comparativement deux publics. Tout d'abord, les candidats sélectionnés par tirage aléatoire pour participer à la mesure Hestia (population Hestia). D'autre part, les chômeurs de longue durée qui n'ont pas participé à la mesure (population de contrôle). Les questions abordées dans le cadre de cette évaluation étaient les suivantes :

- les chômeurs Hestia sont-ils réinsérés plus rapidement ? (efficacité économique)
- le coût de la réinsertion Hestia est-il plus élevé ? (efficacité financière)
- les emplois obtenus sont-ils plus durables ? (efficacité sociale)

Les conclusions obtenues dans le cadre de cette analyse peuvent être résumées comme suit. Au niveau de l'efficacité économique, il apparait qu'après 6 mois passés dans le dispositif Hestia, les probabilités de sortie vers l'emploi sont de 30% contre seulement 20% pour la population de contrôle. Cela signifie que, pour 100 personnes entrées dans le dispositif Hestia en septembre 2006, il n'en reste plus que 70 qui n'ont pas encore trouvé d'emploi après 6 mois, ce nombre étant de 80 pour la population de contrôle. On constate également que les probabilités de sortie augmentent plus rapidement au cours du temps parmi les chômeurs Hestia qu'au sein de la population de contrôle.

Au niveau de l'efficacité financière, l'analyse a mis en évidence que, sur une première période limitée à 6 mois, le dispositif Hestia implique un surcoût de 66% par rapport au coût combiné ORP-mesures du marché du travail. Il résulte d'un coût mensuel moyen par chômeur demandé par Hestia plus élevé mais également d'une remise en emploi plus élevée et plus rapide chez Hestia. Néanmoins, la différence de coût n'est pas compensée complètement par l'écart des probabilités de sortie.

Toutefois, si l'on place l'efficacité financière du dispositif Hestia sur une période plus longue de 12 mois supplémentaires, en considérant ce qui se passe au-delà de la fin du droit aux indemnités fédérales (entrée des chômeurs non placés dans les mesures cantonales), la réduction des coûts des mesures cantonales générée par le dispositif Hestia compense largement le surcoût de la prise en charge pendant 6 mois de 100 chômeurs de longue durée, le coût mensuel des mesures cantonales atteignant quatre fois le coût de la mesure Hestia.

Finalement, au niveau de l'efficacité sociale, il apparaît que, durant les 6 premiers mois de l'expérience, 62% des personnes ayant retrouvé un emploi, dans le cadre du dispositif Hestia, ont un travail à plein temps et 68% un emploi à durée indéterminée. Dans la population de contrôle, les chiffres sont respectivement de 83% et 54%. Dans les deux cas, l'emploi a été confirmé après 3 mois, soit au-delà du cap de la période d'essai. Il convient néanmoins de souligner à ce propos que le manque de recul par rapport au devenir des chômeurs qui ont trouvé un emploi grâce au dispositif Hestia ne permet pas encore de tirer à l'heure actuelle des conclusions pertinentes et solides quant à l'efficacité sociale du dispositif.

A ce stade, on constate donc que le dispositif Hestia est à court terme plus efficace mais plus coûteux que le dispositif mis en place par les ORP à Genève pour les chômeurs de longue durée. A terme, en revanche, la différence susmentionnée s'inverse dès le moment où les personnes toujours en recherche d'emploi pénètrent dans le périmètre plus coûteux des mesures cantonales. Ces quelques résultats partiels ne font que confirmer l'analyse réalisée par Ferro Luzzi *et al.* (2003) sur les facteurs d'efficacité propres aux ORP. Il convient néanmoins d'attendre la fin de déroulement du projet-pilote (24 septembre 2007) pour tirer les conclusions consolidées d'une expérience d'ores et déjà plein d'enseignements susceptibles d'améliorer la performance cantonale en matière de lutte contre le chômage.

## 5.4 Conclusions

Dans cette contribution, nous avons présenté le plus largement possible, si ce n'est de manière exhaustive, l'ensemble des instruments de politique économique, sociale et financière susceptibles d'améliorer l'efficacité des politiques de réinsertion professionnelle. Ces instruments peuvent être rangés en trois catégories : ceux qui ont une influence sur l'offre de travail, sur la demande de travail et sur le fonctionnement du marché du travail.

Nous avons, par la suite, mis en évidence l'importance de coordonner ces différents instruments sous peine de les voir se neutraliser mutuellement et hypothéquer drastiquement l'efficacité des politiques de réinsertion. Toute la difficulté réside ainsi dans la mise en place d'un ensemble de mesures qui se renforcent mutuellement dans le sens d'une meilleure réinsertion professionnelle.

Ainsi, pour aller dans le sens d'une meilleure efficacité des politiques de réinsertion professionnelle, il est nécessaire de mieux profiler les mesures par rapport aux publics cibles (cf. *Job seekers classification instrument* en Australie ou projet SAPS en Suisse) mais il faut également créer les incitations économiques nécessaires à une reprise d'emploi.

Pour ce faire, il serait souhaitable, entre autres, de s'inspirer des exemples de programme développés ailleurs et d'encourager l'expérimentation tout en ayant des attentes réalistes quant à l'importance des effets produits par les nouveaux programmes. Une évaluation scientifique *in itinere* permettrait de tester rapidement la pertinence et l'efficacité de ces mesures par rapport aux résultats attendus.

## 5.5 Bibliographie

ATAG, Ernst et Young, *Calcul des résultats des ORP compte tenu des facteurs d'influence exogènes*, Rapport final, version à l'intention du Seco et des directeurs des Offices cantonaux, 1999.

Curti M. et Meins E., « Politique suisse du marché du travail : différences résultant de sa mise en application au niveau du service de l'emploi », *La vie économique*, 2/99, 1999, pp. 64-70.

Dolado J., Felgueroso F. et Jimeno J., « The Role of the Minimum Wage in the Welfare State : An appraisal », *Revue suisse d'économie politique et de statistique*, 136(3), 2000, pp. 223-245.

Ferro Luzzi G., Flückiger Y., Ramirez J. et Vassiliev A., *Examen des méthodes d'évaluation de la performance des offices régionaux de placement*, rapport de synthèse, projet PNR 45, 2003.

Ferro Luzzi G., Flückiger Y., Ramirez J. et Vassiliev A., « Swiss Unemployment Policy : an Evaluation of the Public Employment Service », *Swiss Journal of Sociology*, 30(3), 2004, pp. 1-19.

Ferro Luzzi G., Flückiger Y., Ramirez J. et Vassiliev A., « Unemployment and Employment Offices' Efficiency : What can be done ? », *Socio-Economic Planning Sciences*, 40, 2006, pp. 169-186.

Flückiger Y. et Suarez J., « Propositions de réforme du financement de la sécurité sociale en Suisse », in Greber P.-Y. (Ed), *La sécurité sociale en Europe à l'aube du XXIe siècle : mutations, nouvelles voies, réformes du financement*, Helbing & Lichtenhahn, Bâle et Francfort-sur-le Main, 1996.

Flückiger Y., Falter J.-M. et Silber J., « From Employment to Exclusion : a Statistical Analysis of Unemployment in the Geneva area in 1995-1996 », *International Journal of Manpower*, 19(6), 1998, pp. 424-437.

Flückiger Y., « La formation continue face aux mutations économiques actuelles », in Auroi-Jaggi G., Ryser M. et Zwicky M. (Eds), *Guide de la formation professionnelle continue*, Editions J.-M. Blanc, Lausanne, 1998, pp. 1-10.

Flückiger Y. et Falter J.-M., *Analyse des conséquences budgétaires d'une réforme du règlement de l'aide sociale en Ville de Genève*, Rapport n° 6 de l'OUE, septembre 1998.

Flückiger Y., Falter J.-M. et Silber J., *Analyse statistique de la population au chômage et des chômeurs en fin de droit à Genève*, Rapport n° 7 de l'OUE, septembre 1998.

Flückiger Y., « Le chômage en Suisse : causes, évolutions et efficacité des mesures actives », *Aspects de la sécurité sociale*, 4, 2002, pp. 11-21.

Flückiger Y. et Meunier M., *Genre, âge et marché du travail : une analyse de la population active dans le canon de Zürich*, OUE, Université de Genève, Genève, 2003.

Flückiger Y., Bilger M., Thorel G. et Vassiliev A., *Simulations des effets de l'adoption d'un nouveau revenu déterminant le droit aux prestations sociales cantonales*, LEA, Université de Genève, janvier 2005.

Flückiger Y., Kempeneers P. et Bazen S., « Les différences régionales en matière de chômage : une approche renouvelée », *La vie économique*, 7/8, 2007.

Flückiger Y. et Graf R., *Les salaires en Suisse et dans les cantons : une analyse comparative de leurs déterminants*, Communications statistiques, à paraître, OCSTAT, 2007.

Gärtner L. et Flückiger Y., *Problèmes de l'Etat social : causes, fondements et perspectives*, Verlag Rüegger, 2006, Zurich.

Leu R., Gerfin M., Flückiger Y., Müller T., Knöpfel C., Kirchgässner G. et Spermann A., *Erwerbsabhängige Steuergustchriften : Möglichkeiten und Auswirkungen einer Einführung in der Schweiz*, Uni. Berne, 2007.

Mahon P., « Le financement de la sécurité sociale en Suisse », *Cahiers genevois et romands de la sécurité sociale*, n° 14, Genève, 1995.

OCDE, *Perspectives de l'emploi de l'OCDE*, Paris, OCDE, 2005.

OFS, *La statistique suisse de l'aide sociale : les premiers résultats nationaux*, Neuchâtel, 2006.

Pena-Casas R. et Latta M., *Working Poor in the European Union*, Luxembourg, European Foundation for the Improvement of Living and Working Conditions, 2004.

Perrin G., *Rationalisation du financement de la sécurité sociale, Sécurité sociale : quelle méthode de financement ? Une analyse internationale*, Genève, Bureau International du Travail, 1984.

Chapitre 6

# Emploi et vieillissement : vers des nouveaux modèles de transition de la vie active à la retraite ?

Fabio Bertozzi[1]

## 6.1 Introduction

Les experts scientifiques reconnaissent unanimement que les évolutions démographiques contemporaines et les perspectives futures constituent un défi majeur pour les marchés du travail et les systèmes de retraite actuellement en place en Suisse et, de façon plus générale, dans l'ensemble des pays occidentaux. En effet, du point de vue du financement de ces systèmes, la modification du rapport entre le nombre de personnes actives sur le marché du travail et celles qui bénéficient des prestations de vieillesse constitue un grave problème, et ceci tout particulièrement si l'on a à faire à un système reposant sur le mécanisme de la répartition. La proportion de cotisants par rapport aux bénéficiaires est en diminution et est destinée à baisser dans le futur.

Pour faire face à ce problème, une des principales solutions évoquées de façon récurrente au niveau politique et scientifique est celle consistant à obliger – par le relèvement de l'âge légal de la retraite – ou à inciter – à travers d'autres mesures – la prolongation de l'activité professionnelle chez ceux que l'on nomme les « seniors » ou encore les « travailleurs âgés ». Ces derniers sont définis par l'OCDE comme les travailleurs de 50 ans et plus

[1] Fabio Bertozzi est collaborateur scientifique auprès de l'Institut de hautes études en administration publique (IDHEAP) à Chavannes-près-Renens – Lausanne.

(OCDE 2006 : 44)[2]. L'augmentation du taux d'emploi des seniors devrait ainsi contribuer à réduire partiellement les problèmes de financement des systèmes de retraite en place.

Il s'agit donc dans ce chapitre de questionner la nécessité, dans les années à venir, de prolonger la durée de l'activité professionnelle ainsi que les conditions s'y rapportant, et ce dans un contexte où l'espérance de vie ne cesse de grandir. De nouvelles formes de transition de l'emploi à la retraite sont-elles envisageables ? Quels sont les enjeux de cette évolution en termes des politiques de la vieillesse et du marché du travail ? Quelles sont les mesures réalisables dans ce domaine (comme par exemple la retraite à temps partiel, la flexibilisation de l'âge de la retraite, l'élimination des désincitations à l'emploi des seniors, etc.) ? Enfin, nous verrons la direction que prend actuellement la politique suisse de la vieillesse dans ce domaine. Dans quelle mesure se différencie-t-elle des politiques similaires mises en œuvre au sein des autres pays occidentaux ?

## 6.2 Vieillissement, emploi et retraites : problèmes et défis

### Le vieillissement de la population

Depuis le début des années 1990, notamment depuis la publication du rapport de la Banque mondiale intitulé *La crise du vieillissement : Mesures destinées à protéger les personnes âgées et à promouvoir la croissance* en 1994 (World Bank 1994), le débat politique et scientifique en matière de retraites s'est principalement concentré sur les mesures aptes à faire face au vieillissement de la population dans les pays occidentaux. Plus spécifiquement, les interrogations portent sur les stratégies en mesure de préparer les régimes de retraite aux conséquences du phénomène du vieillissement.

En effet, sans pour autant rentrer dans le détail, tous les pays occidentaux sont aujourd'hui confrontés au problème du vieillissement de leur population, principalement dû à l'augmentation de l'espérance de vie et à la diminution du taux de fécondité (chap. 8). L'effet principal de cette tendance est la croissance de la part de la population de plus de 65 ans par rapport à l'ensemble de la société. Alors que les plus de 65 ne représentaient en moyenne dans les pays de l'OCDE que 8,5% de l'ensemble de la population en 1960, en 2005 ce taux a grimpé à 13,8%, et on prévoit qu'il sera de 16,2% en 2020 (OECD 2006). En d'autres termes, la proportion de population de plus de 65 ans aura presque doublé entre 1960 et 2020.

[2] L'OCDE précise que le choix de ce seuil se justifie parce qu'il correspond à l'âge à partir duquel le taux d'activité commence à baisser dans de nombreux pays (OCDE 2006 : 16).

**L'impact sur les systèmes de retraite**

Cette évolution démographique a, et aura encore davantage à l'avenir, de lourdes conséquences sur diverses dimensions socio-économiques de nos sociétés. Du point de vue des systèmes de retraite, le principal problème est celui soulevé par l'évolution du nombre de personnes actives sur le marché de l'emploi par rapport au nombre de personnes à la retraite. Cela est particulièrement problématique pour les systèmes de retraite financés par répartition, c'est-à-dire les systèmes qui reposent sur les cotisations sociales versées par les personnes actives pour financer les retraites actuelles, ce qui est notamment le cas de l'AVS en Suisse.

Pour ce type de financement, une variable essentielle est le taux de dépendance, c'est-à-dire le rapport entre population de plus de 65 ans et population en âge de travailler (20-64). En moyenne OCDE, on prévoit une augmentation dramatique de ce taux de 23% à 53% entre l'année 2000 et 2050 (OCDE 2007)[3]. En d'autres termes, nous allons passer, en quelques décennies seulement, d'environ quatre personnes en âge de travailler pour chaque retraité à moins de deux personnes en âge de travailler pour chaque retraité. Ces chiffres sont encore plus alarmants si l'on considère qu'en moyenne uniquement deux tiers des personnes en âge de travailler sont de nos jours effectivement actives sur le marché de l'emploi des pays de l'OCDE[4]. En conséquence, le rapport entre cotisants – les actifs – et les bénéficiaires des systèmes de retraite sera à l'avenir de plus en plus problématique.

**Réformer les systèmes de retraite et/ou stimuler l'activité professionnelle**

Les solutions envisagées et envisageables tant au niveau national qu'international pour faire face à ce défi sont multiples : réduction de rentes, augmentation de l'âge légal de la retraite, diversifications et augmentation des sources de financement, modification du système de financement, etc. Ces solutions, dont les conséquences sont très différentes en termes socio-économiques, ont été adoptées et mises en œuvre dans plusieurs pays dans le cadre d'importantes réformes des systèmes de retraite (OECD 2007b).

Si la réforme des régimes de retraite constitue une piste certes importante pour faire face au défi du vieillissement, il existe également d'autres pistes contribuant fortement à la réduction de l'impact de cette évolution démographique majeure. Nous pensons ici en particulier à l'augmentation de la fécondité, à l'encouragement de l'immigration ou à l'augmentation de la participation au marché de l'emploi, approche qui semble particulièrement prometteuse. En effet, comme mentionné précédemment, de nos jours

[3] http://www.oecd.org/dataoecd/12/7/38138100.xls.

[4] Le taux d'emploi, en pourcentage de la population en âge de travailler, s'élève à 66,6% en moyenne OCDE (OCDE 2007).
http://www.oecd.org/dataoecd/12/7/38138100.xls.

seulement deux personnes sur trois en âge de travailler sont effectivement actives professionnellement dans les pays de l'OCDE. De la sorte, nous ne pouvons que constater qu'il existe une marge importante d'accroissement du taux d'activité professionnelle. En définitive, les politiques de l'emploi représentent une composante majeure des solutions pour les problèmes des retraites (Palier 2003 : 36).

Il est possible d'identifier trois groupes de la population qui contribuent spécialement à la baisse du taux de participation au marché du travail dans nos sociétés (tab. 6.2) :

- Premièrement, les jeunes générations, qui pour différentes raisons – prolongation de la période de formation initiale, difficultés d'insertion sur le marché de l'emploi, etc. – affichent des taux d'emploi clairement inférieurs à la moyenne de la population en âge de travailler. Il est à souligner que ce développement n'est pas en soi négatif, étant donné qu'il peut être à la source d'une amélioration du niveau de formation.
- Deuxièmement, dans un grand nombre de pays, le taux de participation des femmes reste remarquablement inférieur à celui des hommes, notamment pour les femmes qui ont un ou plusieurs enfants. A titre d'exemple, pour l'année 2003, en moyenne OCDE, alors que le taux d'emploi des femmes sans enfants était de 75,1%, le même taux était de 71,5% pour les femmes avec un enfant et de 62,2% pour les femmes avec deux ou plus enfants (OCDE 2007).
- Troisièmement, les travailleurs âgés affichent des taux d'emploi nettement inférieurs à ceux de l'ensemble de la population en âge de travailler. La différence est actuellement considérable. Pour un taux d'emploi général de 66,6% (20-64 ans), les 55-64 ans affichent uniquement un taux d'emploi de 52,0% (moyennes OCDE) (OCDE 2007; OECD 2007a).

Les politiques à adopter afin de favoriser une augmentation de la participation au marché de l'emploi pour ces trois groupes de la population sont, bien évidemment, différentes. Ainsi, si l'on prend l'exemple des femmes avec enfants, nous ne pouvons que souligner l'importance de développer des mesures visant à faciliter la conciliation entre activité professionnelle et vie familiale (Bertozzi *et al.* 2005 : 85-104). Alors que cette dernière thématique est déjà abordée dans d'autres chapitres de ce livre – voir les chapitres 7 et 8 – le présent écrit se concentre sur la troisième catégorie identifiée : les travailleurs âgés.

## 6.3 Les travailleurs âgés : la situation en Suisse et en comparaison internationale

Différents facteurs expliquent le décalage existant entre le taux d'emploi des travailleurs âgés et celui de l'ensemble de la population en âge de travailler. Il existe d'une part de nombreux obstacles qui rendent la conservation d'un emploi plus difficile pour les travailleurs âges par rapport à la main-d'œuvre plus jeune, et d'autre part, les opportunités de préretraite qui incitent les travailleurs âgés à quitter le marché de l'emploi avant l'âge légal de la retraite.

**Les obstacles sur le marché de l'emploi**

La littérature internationale énumère plusieurs facteurs qui restreignent les possibilités de conserver ou d'obtenir un emploi pour les travailleurs âgés (OCDE 2006 : 53). Les principaux étant la perception négative des capacités des travailleurs âgés de la part des employeurs, un rapport défavorable entre coût du travail et productivité, la dépréciation du capital humain et l'obsolescence des compétences et de l'expérience suite à l'évolution technologique. A cela s'ajoute une tendance, tant des employeurs que des travailleurs âgés eux-mêmes, à peu vouloir investir dans une formation continue au-delà d'un certain âge (Zölch *et al.* 2007).

Dans le cas particulier de la Suisse, une étude de l'OCDE (2003) évoque une série d'obstacles à l'emploi des seniors qui s'additionnent à ceux précédemment cités. Parmi ceux-ci nous pouvons mentionner l'usage d'indiquer une limite d'âge dans les annonces de places vacantes – ce qui est légal en Suisse – et des prélèvements du deuxième pilier augmentant avec l'âge. En effet, les bonifications de vieillesse pour le deuxième pilier sont fixées en pour-cent du salaire et en fonction de l'âge de l'assuré-e. Celles-ci augmentent progressivement de 7% pour les salarié-e-s entre 25 et 34 ans, à 18% pour les salarié-e-s entre 55 et 65 ans. Cette augmentation se cumule avec les salaires généralement plus élevés dont bénéficient les travailleurs âgés grâce aux mécanismes d'ancienneté. Le coût de la main-d'œuvre âgée se retrouve donc fortement augmenté par ces facteurs, ce qui peut inciter les employeurs à remplacer les travailleurs âgés par des plus jeunes. Cela s'est partiellement réalisé pendant la crise économique qui a frappé la Suisse pendant les années 1990 (chap. 5).

**Les opportunités de retraite anticipée**

Les obstacles à l'emploi des travailleurs âgés ne doivent pas pour autant faire oublier l'existence de dispositifs favorisant le départ anticipé à la retraite, qui contribuent également à la baisse du taux d'emploi de cette catégorie d'âge.

Dans la plupart des pays occidentaux, il existe en effet des possibilités de partir à la retraite avant l'âge légal (Blöndal et Scarpetta 1999 ; Duval 2004 ; OCDE 2006 : 54-55). Selon les pays, une retraite anticipée peut être obtenue à travers différents mécanismes. Premièrement, les systèmes de retraite permettent souvent une anticipation de la rente à certaines conditions et généralement avec une réduction de celle-ci. Deuxièmement, il existe dans certains pays des programmes de préretraite *ad hoc*, spécialement créés dans le but de couvrir les années de retraite anticipée prises avant l'entrée en vigueur dès l'âge légal du système de retraite standard. Troisièmement, un départ anticipé du marché de l'emploi peut s'obtenir en s'appuyant sur d'autres dispositifs de politique sociale, telles que les assurances invalidité et/ou chômage. En effet, il arrive que ces assurances contiennent des dispositions particulières dont le but est de permettre une transition aux personnes d'âge légèrement inférieur à l'âge légal de la retraite, et ce jusqu'au moment où le régime standard de retraite entre en jeux.

Il est intéressant de remarquer que, surtout à partir des années 1980, plusieurs pays d'Europe continentale ont fait un usage massif des dispositifs de préretraite afin d'écarter les travailleurs âgés du marché de l'emploi, faisant ainsi baisser le niveau du chômage (Palier 2003 : 35 ; Bertozzi *et al.* 2005 : 63-84). La conséquence de l'existence de ces opportunités de préretraite, combinée à une situation de pénurie d'emploi sur le marché du travail, a été une baisse de l'âge réel de retraite, c'est-à-dire du moment où les travailleurs se retirent concrètement du marché de l'emploi, par rapport à l'âge légal de la retraite (Scherer 2002).

**Tableau 6.1** Âge légal de la retraite et âge affectif de retrait du marché du travail dans quelques pays européens.

| | Âge légal de la retraite* | Âge moyen du retrait du marché du travail en 2000/2001 | *Différence entre âge légal et retrait effectif, en années* |
|---|---|---|---|
| Allemagne | 65 | 61,6 | *3,9* |
| Danemark | 65 | 63,6 | *1,3* |
| Espagne | 65 | 61,5 | *3,5* |
| Finlande | 65 | 62,2 | *2,8* |
| France | 60 | 58,7 | *1,3* |
| Grèce | 65 | 60,4 | *4,6* |
| Irlande | 65 | 64,3 | *0,7* |
| Italie | H : 65 / F : 60 | H : 60,4 / F : 60,3 | *H : 4,6 / F : -0,3* |
| Luxembourg | 65 | 57,5 | *7,5* |
| Pays-Bas | 65 | 61,7 | *3,3* |
| Portugal | 65 | 64,5 | *0,5* |
| Royaume-Uni | H : 65 / F : 60 | H : 64,2 / F : 62,0 | *H : 0,8 / F : -2,0* |

Sources : Palier (2003: 38) et CCE (2002: 56).

* Âge légal de la retraite à l'époque de la mensuration de l'âge moyen de retrait du marché du travail, c'est-à-dire en 2000/2001. Depuis l'âge légal de la retraite a subi des modifications dans certains pays.

Lorsque l'on compare le décalage existant entre l'âge légal de la retraite et l'âge moyen de retrait effectif du marché du travail dans différents pays européens (tab. 6.1), les différences sont importantes. Alors que dans certains pays ce décalage est de plusieurs années – en particulier au Luxembourg, en Grèce, en Italie (pour les hommes), en Allemagne, en Espagne et aux Pays-Bas – dans d'autres cas le décalage est minime, c'est-à-dire de quelque mois seulement. C'est notamment le cas en Irlande, au Portugal et au Royaume-Uni.

## Le taux d'emploi des travailleurs âgés

Les mêmes différences entre pays peuvent être constatées si l'on compare les taux d'emploi – c'est-à-dire le nombre d'actifs occupés en pourcentage de la population totale – pour différentes classes d'âge. Malgré des variations importantes entre pays, certaines constantes peuvent être dégagées. Dans l'ensemble des pays qui figurent dans le tableau 6.2, la classe d'âge 55-64 affiche un taux d'emploi nettement inférieur à celui du groupe d'âge 25-54.

**Tableau 6.2** Taux d'emploi par groupes d'âges en 1990, 2000 et 2004.

| | 25-54 ans | | | 55-64 ans | | | *Réduction en % entre les groupes 25-54 et 55-64* | | |
|---|---|---|---|---|---|---|---|---|---|
| | 1990 | 2000 | 2004 | 1990 | 2000 | 2004 | *1990* | *2000* | ***2004*** |
| Italie | 68,2 | 68,0 | 72,1 | 32,6 | 27,7 | 30,5 | *–52,2* | *–59,3* | ***–57,7*** |
| Allemagne | 73,6 | 79,3 | 79,5 | 36,8 | 37,6 | 39,2 | *–50,0* | *–52,6* | ***–50,7*** |
| France | 77,4 | 78,3 | 79,3 | 35,6 | 34,3 | 40,6 | *–54,0* | *–56,2* | ***–48,8*** |
| Pays-Bas | 71,2 | 81,1 | 82,1* | 29,7 | 37,9 | 43,5* | *–58,3* | *–53,3* | ***–47,0**** |
| Royaume-Uni | 79,1 | 80,2 | 80,7 | 49,2 | 50,4 | 50,3 | *–37,8* | *–37,2* | ***–37,7*** |
| Danemark | 84,0 | 84,3 | 84,0 | 53,6 | 54,6 | 61,8 | *–36,2* | *–35,2* | ***–26,4*** |
| Etats-Unis | 79,7 | 81,5 | 79,0 | 54,0 | 57,8 | 59,9 | *–32,2* | *–29,1* | ***–24,2*** |
| Suisse | 84,5** | 85,4 | 84,7 | 63,1** | 63,3 | 65,1 | *–25,3*** | *–25,9* | ***–23,1*** |
| Japon | 79,6 | 78,6 | 78,6 | 62,9 | 62,8 | 63,0 | *–21,0* | *–20,1* | ***–19,8*** |
| Suède | 91,6 | 83,8 | 82,9 | 69,5 | 65,1 | 69,5 | *–24,1* | *–22,3* | ***–16,2*** |
| UE15 | 73,6 | 76,4 | 77,6 | 38,5 | 38,3 | 42,3 | *–47,7* | *–49,9* | ***–45,5*** |
| Total OCDE | 75,8 | 76,1 | 75,7 | 48,0 | 47,9 | 50,9 | *–36,7* | *–37,1* | ***–32,8*** |

Taux d'emploi : nombre d'actifs occupés en pourcentage de la population totale de cette classe d'âge.
Réduction en % entre les groupes 25-54 et 55-64 : différence entre le taux d'emploi du groupe 55-64 et le taux d'emploi du groupe 25-54 par rapport au taux d'emploi du groupe 25-54 en pourcentage.
Source : OECD (2006), calculs personnels.
* 2003.
** 1991.

Selon les pays et selon les années, les réductions du taux d'emploi varient entre 16% et presque 60%. Si l'on prend les moyennes pour l'UE15 et l'ensemble des pays OECD, on constate qu'entre 3 et 5 travailleurs âgés sur 10 abandonnent leur emploi entre 55 et 64 ans. La diminution du taux d'emploi avec l'avancement de l'âge est donc un phénomène de grande ampleur.

Cela dit, les différences entre pays restent très importantes. Si l'on se concentre sur la diminution du taux d'emploi en 2004, les quatre pays d'Europe continentale inclus dans le tableau 6.2 – Italie, Allemagne, France et Pays-Bas – sont ceux qui affichent les diminutions les plus importantes. Dans ces quatre pays, la diminution du taux d'emploi se situe autour de 50%, voire plus dans certains cas. Par contre, à l'autre extrémité du tableau, nous retrouvons quatre pays – Suède, Japon, Suisse et Etats-Unis – où les diminutions sont inférieures à 25%. Il est également possible de mettre en exergue que, dans beaucoup de pays, la réduction du taux d'emploi chez les travailleurs âgés par rapport à celui du groupe 25-54 a tendance à diminuer au fil du temps, en particulier entre 2000 et 2004. Cette baisse pourrait indiquer que le phénomène du retrait du marché de l'emploi avant l'âge de 65 ans serait déjà en légère diminution.

Ces tendances au niveau de l'ensemble des personnes en âge de travailler ne doivent pas occulter d'autre différences que l'on peut constater en termes de taux d'emploi (Zaidi et Fuchs 2006). Tout d'abord il faut souligner que dans la plupart des pays européens le taux d'emploi des travailleurs âgés est plus élevé chez les hommes que les femmes, à l'exception des pays scandinaves. Cet état de fait est parfois la conséquence de systèmes de retraite offrant un âge légal inférieur pour les femmes, et ce, même si, suite à une décision de la Cour européenne de justice, les pays membres de l'UE sont désormais obligés d'uniformiser l'âge légal de la retraite quel que soit le sexe. Toutefois, il est à noter que ces dernières années ont vu, dans la majorité des pays européens, le taux d'emploi des travailleuses âgées augmenter plus rapidement que celui des hommes.

Le niveau de formation des travailleurs âgés constitue une autre disparité. En effet, nous constatons que les personnes de cette catégorie d'âge ayant un niveau élevé de formation (niveau tertiaire) affichent des taux d'emploi nettement supérieurs en comparaison aux personnes de la même catégorie d'âge disposant d'une formation de base (école obligatoire).

### La situation helvétique en comparaison internationale

Comme l'indique le tableau 6.2, le taux d'emploi des travailleurs âgés en Suisse est parmi les plus élevés au monde. Si l'on compare la moyenne des pays de l'OCDE, et d'autant plus si l'on tient compte de l'UE15, les 55-64 ans de Suisse se retrouvent beaucoup plus souvent du côté des actifs professionnels que dans l'inactivité (OCDE 2003 : 40), et ce malgré une tendance croissante à faire recours à la retraite anticipée au cours des années 1990, conséquence de l'importante crise économique qui a frappé le pays (Dorn et Sousa-Poza 2004b). Selon plusieurs spécialistes (Dorn et Sousa-Poza 2005 ; Reday-Mulvey 2005 : 152-153), les caractéristiques du système de sécurité sociale helvétique permettent d'expliquer cet état de fait. En effet, à l'inverse de beaucoup d'autres pays, les principaux éléments de l'Etat social suisse, c'est-à-dire l'AVS, la prévoyance professionnelle, l'assurance-invalidité et l'assurance-chômage, ne présentent que peu d'éléments favorisant une retraite anticipée.

En Suisse, malgré un taux d'emploi encore plus élevé chez les hommes de 50 à 64 ans, il est à noter que les femmes du même âge ont davantage augmenté leur taux d'emploi au cours de ces dernières années (OCDE 2003 : 40-44). En effet, si l'on compare les taux d'emploi des 50-64 ans entre 1991 et 2000, on remarque une légère diminution du taux d'emploi chez les hommes (de 89% à 86%), mais une augmentation (de 53% à 62%) chez les femmes. Toutefois, ce niveau élevé du taux d'emploi des femmes suisses âgées entre 50 et 64 ans mérite d'être quelque peu nuancé. En effet, l'emploi féminin helvétique est constitué d'une très forte proportion d'emploi à temps partiel. De la sorte, si l'on tient compte de cet aspect qui nécessite un ajustement du taux d'emploi par le taux d'occupation[5], le taux d'emploi des travailleuses suisses de 50 à 64 ans en l'an 2000 passe, après ajustement, de 59% à 38%. A contrario, le taux d'emploi des hommes ne diminue pas en cas d'ajustement.

**La retraite anticipée en Suisse**

Comme mentionné précédemment, les opportunités de retraite anticipée en Suisse sont relativement limitées comparées à d'autres pays (Reday-Mulvey 2005 : 152). Dans le cadre du premier pilier (AVS) il est possible d'obtenir un versement anticipé de la rente pour l'équivalent d'une ou de deux années (art. 40 de la LAVS). Toutefois, une telle anticipation engendre une réduction de la rente de 6,8% par année d'anticipation. De plus, il est à savoir que cette réduction se prolonge au-delà de l'âge légal de la retraite (art. 56 du RAVS). Il faut également souligner qu'il existe la possibilité de repousser – « ajourner » selon le jargon AVS – de un à cinq ans le moment du début du versement de la rente avec, à la clé, une augmentation de celle-ci (tab. 6.3).

Tout comme le premier pilier, la prévoyance professionnelle (deuxième pilier) offre la possibilité de percevoir la prestation de vieillesse avant d'atteindre l'âge ordinaire de la retraite. Toutefois, une anticipation n'est envisageable que si le règlement de l'institution de prévoyance permet expressément cette possibilité. L'âge minimal pour la retraite anticipée a été relevé

[5] Les taux d'emploi ajusté est obtenu en multipliant le taux d'emploi normal par les heures effectivement travaillées par semaine divisées par 40 (OCDE 2003 : 44).

**Tableau 6.3** Effets de l'anticipation et de l'ajournement de la rente AVS actuellement.

| Durée | Anticipation ← | | Âge légal | → Ajournement | | | | |
|---|---|---|---|---|---|---|---|---|
| | **2 ans** | **1 an** | **0** | **1 an** | **2 ans** | **3 ans** | **4 ans** | **5 ans** |
| Taux de réduction ou augmentation de la rente | -13,6%* | -6,8%* | 0% | +5,2% | +10,8% | +17,1% | +24,0% | +31,5% |

* Un taux de réduction de 3,4% par année d'anticipation est prévu pour les femmes nées entre 1939 et 1947.

Source : art. $55^{ter}$ et art. 56 du Règlement sur l'assurance-vieillesse et survivants (RAVS).

en 2005 de 55 à 58 ans (Art. 1i OPP 2)[6]. Une fois encore il est à noter que les prestations de vieillesse sont réduites en cas de retraite anticipée. Mais alors, combien de travailleurs se retirent du marché de l'emploi avant l'âge légal de la retraite en Suisse ? Quels instruments utilisent-ils pour cela ? Quel est leur profil? Une série d'études parues en 2003 dans le cadre du programme de recherche élaboré par le groupe de travail interdépartemental IDA ForAlt nous aide à répondre à ces questions (Groupe de travail interdépartemental IDA ForAlt 2003)[7].

Dans un échantillon, utilisé par l'une de ces études (Balthasar *et al.* 2003), composé de personnes ayant atteint l'âge ordinaire de la retraite, 24,6% des retraités ont eu recours à la préretraite. Dans ce groupe, 30,8% des personnes ont été contraintes d'anticiper leur retraite, alors que 69,2% ont fait ce choix de leur plein gré. Au total, le nombre moyen d'années d'anticipation est d'environ 3 ans. Les facteurs individuels ayant un impact décisif quant au choix de partir en préretraite sont les suivants:

- La situation financière individuelle est déterminante (Groupe de travail interdépartemental IDA ForAlt 2003 : 10-11). En effet, le pourcentage de personnes prenant une retraite anticipée augmente en fonction du revenu annuel précédant le départ à la retraite. Mais l'avoir vieillesse accumulé dans le deuxième pilier est un facteur encore plus décisif. Plus celui-ci est élevé, plus la probabilité de retraite anticipée est élevée, et plus celle-ci a lieu tôt (tab. 6.4). Il n'est donc pas étonnant de constater que dans 61% des cas, les prestations de la prévoyance professionnelle constituent la principale source de financement de la retraite anticipée. Un récent rapport de l'OFAS (2007) montre que le taux d'anticipation de la rente AVS en 2006 est de seulement 7,4% pour les hommes et de

[6] Ordonnance sur la prévoyance professionnelle vieillesse, survivant et invalidité.

[7] Il faut signaler qu'il existe également une étude plus récente de Guggisberg (2006 : 14-21) qui, ayant choisi des définitions différentes, obtient parfois des résultats partiellement différents. Sur le même sujet voir aussi Dorn et Sousa-Poza (2004a).

29,8% pour les femmes[8]. Cela démontre que l'anticipation, en particulier chez les hommes, se fait essentiellement à travers le deuxième pilier.

- Le secteur d'activité ainsi que le statut professionnel des travailleurs âgés constituent également un facteur explicatif (Antille Gaillard *et al.* 2003). C'est dans l'administration publique, dans les transports et communications que le taux de retraite anticipée est le plus élevé. A l'inverse, les travailleurs indépendants, qui pour la plupart ne possèdent pas d'avoir vieillesse du deuxième pilier, affichent des taux de retraite anticipée largement inférieurs à ceux de la population salariée.
- L'état de santé des travailleurs âgés joue également un rôle (Groupe de travail interdépartemental IDA ForAlt 2003 : 12). Des problèmes de santé – accident, maladie ou invalidité – sont à l'origine de 23% des cas de retraite anticipée volontaire et de 37% des cas de retraite anticipée forcée. Toutefois, une perspective plus globale nous montre que les personnes en bonne santé sont autant nombreuses que les personnes malades à opter pour une retraite anticipée.
- La composition du ménage a aussi une certaine importance (Antille Gaillard *et al.* 2003). En effet, les personnes vivant avec un conjoint inactif ont davantage tendance à quitter le marché du travail avant l'âge légal de la retraite. En effet, la retraite anticipée est moins fréquente parmi les personnes seules ou ayant un ou une partenaire qui travaille. Généralement, les femmes tiennent davantage compte du statut d'activité de leur conjoint dans leur décision de préretraite.

De façon synthétique, il ressort que le taux d'activité des travailleurs âgés en Suisse est élevé en comparaison internationale, ce qui ne signifie pas pour autant que la préretraite – choisie ou imposée – soit une pratique inexistante en Suisse. D'ailleurs, le nombre de personnes abandonnant le marché du travail avant l'âge légal de la retraite a augmenté dans le courant des années 1990. Cette pratique est fortement corrélée avec plusieurs facteurs d'ordre financier, professionnel, personnel et familial.

## 6.4 Perspectives futures : un marché du travail et un système de retraite pour le 21e siècle ?

Comme nous venons de le voir jusqu'ici, favoriser l'emploi des seniors est une des principales mesures actuellement envisageables afin de faire face à l'impact du vieillissement sur la viabilité à long terme des systèmes de retraite. Cette approche est promue vigoureusement par les organisations

---

[8] Le taux élevé d'anticipation du 1er pilier chez les femmes s'explique par le fait que pour les générations actuelles de retraitées le taux de réduction de la rente est moitié moindre par rapport à celui pour les hommes (tab. 6.3).

**Tableau 6.4** Taux d'anticipation du départ à la retraite en fonction de l'avoir vieillesse dans la prévoyance professionnelle à l'âge légal de la retraite.

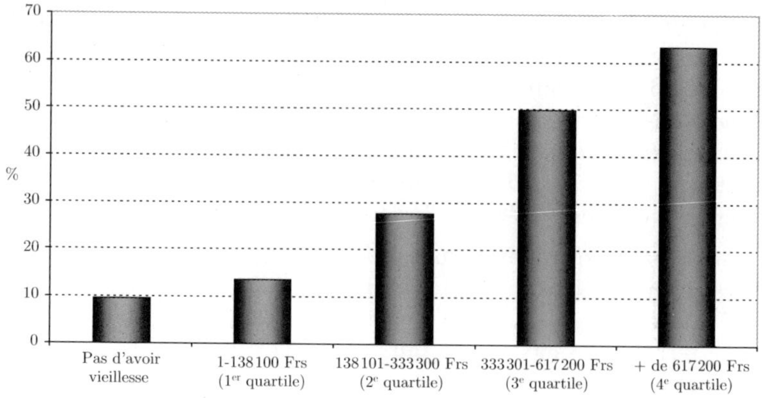


Source des données: Balthasar *et al.* (2003 : 71)

inter- et supranationales. A titre d'exemple, l'OCDE réalise des études et promeut des recommandations basées sur le slogan « *vivre et travailler plus longtemps* » (OCDE 2006). En même temps, l'Union européenne a inclus l'objectif d'une augmentation du taux d'emploi des travailleurs âgés dans les lignes directrices de la Stratégie européenne pour l'emploi (SEE)[9], censée orienter la réforme des politiques nationales dans le domaine.

A la lumière des données présentées dans les parties précédentes de ce chapitre, quelles sont les stratégies concrètement envisageables pour promouvoir l'emploi des seniors, et qu'en est-il spécifiquement pour la Suisse ? Dans le cadre d'une telle stratégie, de quels facteurs faut-il particulièrement tenir compte ?

## Vers une pénurie de main-d'œuvre sur le marché du travail ?

Les perspectives démographiques futures, en particulier la baisse de la fécondité, suggèrent une forte évolution de la situation des marchés du travail des pays occidentaux au cours des prochaines années. En effet, alors que les générations issues du baby-boom sortent progressivement de la vie active, elles seront remplacées par les cohortes des années à faible natalité. Une importante pénurie de main-d'œuvre est donc prévisible à partir de 2015 (UPS 2006). Cela ne signifie pas pour autant la fin du chômage qui ne

[9] L'UE fixe un objectif quantitatif clair dans ce domaine, c'est-à-dire atteindre en moyenne un taux d'emploi des travailleurs âgés (55 à 64 ans) de 50% d'ici à 2010 (Décision du Conseil de l'Union européenne du 12 juillet 2005 relative aux lignes directrices pour les politiques de l'emploi des Etats membres, 2005/600/CE, http://eur-lex.europa.eu/LexUriServ/site/fr/oj/2005/L205/L20520050806fr00210027.pdf).

résulte pas uniquement d'une faible demande du marché de travail, mais également de l'inadéquation entre l'offre et la demande sur ce même marché. En d'autres termes, le défi sera essentiellement celui de fournir aux jeunes, tout comme à l'ensemble des travailleurs, les opportunités pour atteindre les niveaux de formation requis sur le marché de l'emploi.

Dans un tel contexte, la stimulation de l'emploi des travailleurs âgés ne sera plus nécessairement en concurrence avec les opportunités d'emploi offertes aux plus jeunes. En somme, les initiatives visant à faciliter la transition entre formation et emploi des jeunes ne rentreront plus en contradiction avec les mesures visant à favoriser l'emploi des travailleurs âgés. Ainsi, promouvoir l'emploi des seniors ne rimera plus avec la réduction fatale des opportunités de travail pour les jeunes générations.

## Quelles mesures pour promouvoir l'emploi des seniors ?

Les pistes suggérées par la littérature internationale s'étant penchée sur ce sujet sont multiples et variées. Voici un résumé des principales mesures proposées (Reday-Mulvey 2005 ; OCDE 2006) :

- Premièrement, instaurer des incitations financières encourageant l'activité des seniors, notamment dans le cadre du système de retraite, mais également dans d'autres dispositifs sociaux. Ceci implique en particulier la correction des mécanismes de politique sociale qui découragent l'emploi. En ce qui concerne les systèmes de retraite, les mesures suggérées sont le relèvement de l'âge légal et de l'âge initial de départ à la retraite, ainsi qu'une modification des corrections des rentes en cas de retraite anticipée ou de départ différé.
- Deuxièmement, envisager des initiatives visant à modifier l'attitude des employeurs envers les travailleurs âgés. Parmi celles-ci on peut évoquer des campagnes d'information destinées aux employeurs, l'élaboration de recommandations à leur égard et l'adoption de lois qui proscrivent les discriminations liées à l'âge des travailleurs. Bref, les entreprises doivent adopter des politiques de management de l'âge de leurs employés.
- Troisièmement, stimuler l'employabilité des seniors. Il faut favoriser l'obtention ou la conservation d'un emploi pour les travailleurs âgés. Pour cela, la mise à jour des compétences, un accès facilité aux services de l'emploi et de bonnes conditions de travail sont des facteurs déterminants.

## Quelles mesures pour la Suisse ?

Une stratégie favorisant l'emploi des travailleurs âgés en Suisse devrait au moins impliquer quatre domaines : la prévoyance professionnelle, l'AVS, la politique de l'emploi et l'attitude des employeurs en matière de gestion des ressources humaines.

En ce qui concerne la prévoyance professionnelle, elle représente de nos jours, comme nous l'avons vu auparavant, le principal instrument utilisé en cas de retraite anticipée. Toutefois, même si les règlements des institutions de prévoyance ne peuvent pas prévoir d'âge de retraite inférieur à 58 ans, formellement les opportunités de retraite anticipée dépendent des prescriptions de chaque institution. Cela signifie que l'option de la retraite anticipée à travers le deuxième pilier n'est de loin pas uniforme pour l'ensemble des travailleurs. Faudrait-t-il prévoir une règlementation plus stricte dans ce domaine ? Nous ne pouvons que souligner qu'une telle modification apporterait davantage d'équité en termes d'opportunités de retraite anticipée parmi les travailleurs. Mais dans le cadre de la prévoyance professionnelle, la mesure centrale pour éviter de pénaliser l'emploi des seniors est l'uniformisation des bonifications vieillesse pour les travailleurs de tous âges. Cela contribuerait fortement à diminuer les différences de coût d'engagement d'un travailleur âgé par rapport aux plus jeunes.

Les opportunités de retraite anticipée ou différée dans le cadre de l'AVS sont actuellement très limitées en comparaison internationale. Cela est particulièrement problématique pour les travailleurs sans deuxième pilier, ou qui ont un montant de l'avoir vieillesse accumulé limité, ne leur laissant ainsi pas d'autres instruments pour effectuer un choix plus flexible concernant leur transition de l'emploi à la retraite. Il faut signaler que, dans le cadre de la onzième révision de l'AVS (nouvelle version)[10], de nouveaux instruments sont prévus à cet effet. Ce projet prévoit de permettre l'anticipation de la rente entière, avec une réduction actuarielle du montant de cette dernière, à partir de l'âge de 62 ans pour les hommes tout comme pour les femmes[11]. De plus, afin de permettre une transition plus douce vers la retraite, et ainsi éviter un passage trop brusque de la vie professionnelle à la vie de retraité[12], il est prévu de rendre possible une anticipation partielle de la rente. Une demi-rente pourrait donc être obtenue à partir de l'âge de 60 ans. Toutefois l'adoption de ces instruments, instaurant plus de flexibilité dans les opportunités de retraite anticipée, n'est pas encore assurée. En effet, l'issue de cette réforme reste incertaine et les oppositions politiques importantes.

La politique de l'emploi doit, quant à elle, éliminer tout obstacle à l'emploi des seniors. Il est en particulier essentiel d'interdire toute forme de discrimination liée à l'âge, ce qui est déjà le cas dans l'UE depuis 2006. De plus, sachant que les seniors rencontrent de grandes difficultés à retrouver un emploi en cas de chômage, des mesures spécifique pour cette catégo-

[10] La première version de la 11e révision de l'AVS a été rejetée par 67,9% des votants en mai 2004.

[11] Il faut souligner que ce même projet prévoit de relever l'âge légal de la retraite pour les femmes à 65 ans.

[12] Voir le premier message sur la 11e révision de l'AVS (nouvelle version) du 21 décembre 2005 (http://www.admin.ch/ch/f/ff/2006/1917.pdf).

rie de travailleurs sont à envisager. Cet élément a également été souligné par le groupe directeur, engagé depuis quelques années conjointement par le Département fédéral de l'intérieur (DFI) et le Département fédéral de l'économie (DFE), dont le but est d'élaborer des propositions de réforme visant à favoriser la participation des travailleurs âgés (Groupe directeur mixte DFE/DFI « Participation des travailleurs âgés » 2005). En effet, une des principales pistes identifiées préconise d'axer davantage les services de placement et les mesures relatives au marché du travail sur les besoins spécifiques des travailleurs âgés.

Enfin, un changement de perspective auprès des employeurs constitue la quatrième et dernière composante déterminante pour favoriser l'emploi des travailleurs âgés. Dans le cas présent, nous pensons tout particulièrement à la nécessité de diminuer le remplacement de travailleurs âgés, plus coûteux du point de vue des charges sociales et du salaire, par de jeunes travailleurs. De telles pratiques doivent être évitées non seulement pour des raisons de politique sociale ou économique, mais également dans la perspective de préparer les entreprises à faire face à la pénurie de main-d'œuvre qui s'annonce pour le milieu de la prochaine décennie. Pour ce faire, plusieurs campagnes d'information, rapports et autres initiatives destinées à sensibiliser les employeurs sont actuellement en cours (UPS 2006 ; Manpower 2007). La mise en œuvre d'une politique de management de l'âge au sein des entreprises devient de ce fait fort stratégique pour adapter les tâches à l'âge des collaborateurs et tirer profit de la mixité intergénérationnelle qui offre un enrichissement grâce à l'expérience (Höpflinger 2007) et à la mémoire institutionnelle des seniors. Des mesures allant dans cette direction ont déjà été adoptées par plusieurs entreprises privées, mais également par certaines administrations publiques (Reday-Mulvey 2005 : 156-157).

## La prise en compte de la pénibilité du travail et de l'espérance de vie

La promotion de l'emploi des travailleurs âgés fait désormais partie de l'agenda politique des pays occidentaux et des principales organisations internationales. Si cette direction est souhaitable du point de vue de la politique sociale et du marché du travail, il est indispensable de ne pas négliger l'existence d'importants facteurs d'inégalité socioprofessionnels dans la population.

Comme souligné précédemment, l'état de santé est un facteur décisif lors de la prise de décision des seniors de vouloir rester ou non sur le marché de l'emploi. Or nous savons que le type d'emploi a un impact sur la santé, au point même que l'espérance de vie diffère selon les catégories socioéconomiques. Ce fait est également démontré pour la Suisse (Spoerri *et al.* 2006).

Une politique de promotion de l'emploi des seniors non discriminatoire doit donc tenir compte de ce fait, afin de ne pas amplifier les inégalités existantes. Concrètement, cela signifie que la pénibilité du travail exercé doit être considérée dans les mesures adoptées, évitant de la sorte qu'une promotion de l'emploi des travailleurs âgés ne se fasse au détriment de leur santé. En Suisse, comme souligné auparavant, les opportunités de retraite anticipée sont corrélées avec le niveau de salaire des travailleurs. En somme, les personnes exerçant un travail physiquement pénible ne sont pas forcément celles qui peuvent envisager la possibilité de quitter le marché du travail de manière anticipée.

Des mesures concrètes peuvent être adoptées dans le cadre du système de retraite afin que les opportunités de retraite anticipée, ainsi que les incitations à retarder l'abandon du marché de l'emploi tiennent compte de ces inégalités. Pour exemple, nous pouvons citer la prise en compte des années de cotisations (étant donné que les travailleurs exerçant habituellement des travaux pénibles débutent plus rapidement leur carrière professionnelle) ou autres formes de bonus pour certains groupes professionnels.

## 6.5 Conclusions

Les évolutions démographiques contemporaines posent un défi important aux politiques sociales en place – en particulier aux systèmes de retraite – et au marché du travail. Soutenir et stimuler l'emploi des seniors peut donc être une des pistes à développer pour contribuer à faire face aux problèmes de financement de l'Etat social et à la pénurie future de la main-d'œuvre sur le marché du travail. Les domaines d'intervention sont multiples : politique sociale, politique du marché du travail, attitude des employeurs, etc.

En comparaison internationale, le taux de participation au marché de l'emploi des travailleurs âgés en Suisse est très élevé, en particulier celui des hommes. Un relèvement général de l'âge légal de la retraite pour l'ensemble des travailleurs ne nous semble donc pas forcément indispensable. Par contre, des mesures visant à stimuler l'emploi des travailleurs âgés, surtout ceux exerçant des travaux non pénibles physiquement, sont certainement souhaitables.

Dans l'expectative qu'elles soient acceptées, les mesures déjà prévues dans le cadre de la onzième révision de l'AVS (nouvelle version) apportent des modifications intéressantes. A savoir, l'introduction de la demi-rente permettrait le maintien d'une activité professionnelle à temps partiel pour les travailleurs âgés qui ne seraient plus en mesure de travailler à temps plein. Finalement, la voie la plus prometteuse consiste à mettre en place une flexibilité accrue en matière de transition de l'emploi à la retraite, qui, tout en incitant l'emploi, laisse une marge de manœuvre aux travailleurs qui peuvent de la sorte prendre une décision en tenant compte de leur situation professionnelle, leur état de santé et la pénibilité liée à leur domaine d'activité.

En définitive, la Suisse s'est déjà timidement confrontée aux réflexions ayant trait aux mesures visant à maintenir en emploi les travailleurs âgés. A l'heure actuelle, la stratégie adoptée n'est pas encore clairement définie : faut-il « stimuler » ou « obliger » les seniors à l'emploi ? Seules les années à venir sauront nous répondre. Néanmoins, comme nous venons de le démontrer au fil des paragraphes, seule la première option est équitable, offrant la possibilité de tenir compte des inégalités existantes sur le marché de l'emploi.

## 6.6 Bibliographie

Antille Gaillard G., Bilger M., Candolfi P., Chaze J.-P. et Flückiger Y., *Analyse des déterminants individuels et institutionnels du départ anticipé à la retraite*, coll. « Aspects de la sécurité sociale », 1/03, Berne, Office fédéral des assurances sociales (OFAS), 2003.

Balthasar A., Bieri O., Grau P., Künzi K. et Guggisberg J., *Der Übergang in den Ruhestand - Wege, Einflussfaktoren und Konsequenzen*, coll. « Beiträge zur Sozialen Sicherheit », 2/03, Bern, Bundesamt für Sozialversicherung (BSV), 2003.

Bertozzi F., Bonoli G. et Gay-des-Combes B., *La réforme de l'Etat social en Suisse. Vieillissement, emploi, conflit travail-famille*, coll. Le savoir suisse, n° 27, Lausanne, Presses polytechniques et universitaires romandes (PPUR), 2005.

Blöndal S. et Scarpetta S., « Early Retirement in OECD Countries: The Role of Social Security Systems », *OECD Economic Studies*, 1997/II(29), 1999, pp. 7-54.

CCE, *Projet de Rapport conjoint de la Commission et du Conseil sur des pensions viables et adéquates*, Bruxelles, Commission des Communautés Européennes, 2002.

Dorn D. et Sousa-Poza A., « The Determinants of Early Retirement in Switzerland », *Diskussionspapiere des Forschungsinstituts für Arbeit und Arbeitsrecht an der Universität St. Gallen*, 98, 2004a.

Dorn D. et Sousa-Poza A., « Motives for Early Retirement: Switzerland in an International Comparison », *Diskussionspapiere des Forschungsinstituts für Arbeit und Arbeitsrecht an der Universität St. Gallen*, 99, 2004b.

Dorn D. et Sousa-Poza A., « Why Is Employment Rate of Older Swiss so High? An Analysis of the Social Security System », *European Papers on the New Welfare*, 1 (May 2005), 2005, pp. 90-109.

Duval R., « Retirement behaviour in OECD countries: impact of old-age pension schemes and other social transfer programmes », *OECD Economic Studies*, 37(2003/2), 2004, pp. 7-50.

Groupe de travail interdépartemental IDA ForAlt, *Rapport de synthèse du programme de recherche sur l'avenir à long terme de la prévoyance vieillesse (IDA ForAlt)*, coll. « Aspects de la sécurité sociale », 13/03, Berne, Office fédéral des assurances sociales (OFAS), 2003.

Groupe directeur mixte DFE/DFI « Participation des travailleurs âgés », *Participation des travailleuses et travailleurs âgés. Rapport de synthèse*, Berne, DFE/DFI, 2005.

Guggisberg, J., *Prévoyance et situation économique des personnes retraitées et préretraitées*, coll. « info:social », Neuchâtel, Office fédéral de la statistique (OFS), 2006.

Höpflinger F., « Le changement de génération sur le marché de du travail et dans les entreprises », *La Vie économique*, 7/8, pp. 4-7, 2007.

Manpower, *Les seniors : nouvelles perspectives sur le marché du travail*, Zurich, Manpower, 2007.

OCDE, *Vieillissement et politiques de l'emploi. Suisse*, Paris, OCDE, 2003.

OCDE, *Vivre et travailler plus longtemps. Vieillissement et politiques de l'emploi*, Paris, OCDE, 2006.

OCDE, *Panorama de la société. Les indicateurs sociaux de l'OCDE Edition 2006*, Paris, OCDE, 2007.

OECD, *OECD Factbook 2006. Economic, Environmental and Social Statistics*, Paris, OECD, 2006.

OECD, *OECD Factbook 2007. Economic, Environmental and Social Statistics*, Paris, OECD, 2007a.

OECD, *Pensions at a Glance. Public Policies across OECD Countries 2007 Edition*, Paris, OECD, 2007b.

OFAS, *Anticipation de la rente chez les hommes et chez les femmes*, Berne, Office fédéral des assurance sociales (OFAS), 2007.

Palier B., *La réforme des retraites*, coll. « Que sais-je ? », 3667, Paris, Presses Universitaires de France (PUF), 2003.

Reday-Mulvey G., *Working Beyond 60. Key Policies and Practices in Europe*, Houndmills, Palgrave Macmillan, 2005.

Scherer P., « Age of withdrawal from the labour force in OECD countries », *Labour market and social policy - occasional papers*, 49, 2002.

Spoerri A., Zwahlen M., Egger M., Gutzwiller F., Minder C. et Bopp M., « Educational inequalities in life expectancy in the German speaking part of Switzerland between 1990 and 1997: Swiss National Cohort », *Swiss Medical Weekly*, 136, 2006, pp. 145-148.

UPS, *Stratégie pour l'emploi des seniors*, Zurich, Union patronale suisse, 2006.

World Bank, *Averting the Old Age Crisis: Policies to Protect the Old and Promote Growth*, New York, Oxford University Press/World Bank, 1994.

Zaidi A. et Fuchs M., « Transition from Work to Retirement in EU25 », *Policy Brief December 2006*, Vienna, European Centre for Social Welfare Policy and Research, 2006.

Zölch M., Mücke A. et Korn K., « Evaluation des conditions de travail selon les catégories d'âge: les employés suisses en comparaison européenne », *La Vie économique*, 7/8, 2007, pp. 8-11.

Kapitel 7

# Konsequente Anerkennung der familialen Leistungen

Lucrezia Meier-Schatz[1]

Viele Familien beklagen die fehlende Anerkennung ihrer Leistungen[2]. Doch welche davon gesellschaftlich anerkannt werden sollten und weshalb es so sein sollte, bleibt oft unbeantwortet. Die Leistungen der Familien sind vielfältig und die Adressaten nicht immer klar definiert. Im folgenden Beitrag wird von den gesellschaftlichen Herausforderungen ausgegangen. Die daraus ersichtliche Generationenlücke und die damit verbundenen Fragen deuten auf kommende Verteilungskonflikte zwischen und innerhalb der Generationen hin. Daher kommt der Generationengerechtigkeit eine besondere Bedeutung zu. Diese postulierte Gerechtigkeit kann ohne Kenntnis des gesellschaftlichen Nutzens der erbrachten familialen Leistungen nicht hergestellt werden. Der Blick auf diese Leistungen und auf deren ökonomischen, sozialen und kulturellen Folgen zeigt die Notwendigkeit der Eliminierung der erlebten Mehrfachbelastungen der Familien. Schliesslich gilt es, mögliche Wege zur Erstellung einer gerechten und nachhaltigen Verteilung der Lasten, die mit dem höchst persönlichen Entscheid zur Elternschaft aber von immenser gesellschaftlicher Tragweite ist, aufzuzeigen.

## 7.1 Die Herausforderungen

Weltweit nimmt die Bevölkerung weiter zu. Die Thesen von Paul Ehrlich (1968)[3] und der danach gegründeten Bewegung „Population Connection" der späten 60$^{er}$ Jahre haben nicht viel an Aktualität eingebüsst. Dennoch ist

---

[1] Lucrezia Meier-Schatz ist Geschäftsführerin der Pro Familia Schweiz und Nationalrätin.

[2] Ein besonderer Dank geht an meine wissenschaftlichen Mitarbeiterinnen lic. ès sc. pol. Véronique Amgwerd und lic. rel. int. Alexandra Perina Werz für ihre Hinweise und Ratschläge.

[3] Theorie der „Zero Population Growth".

die Realität von Kontinent zu Kontinent, von Land zu Land unterschiedlich. So weisen seit bald zwei Jahrzehnten verschiedene Wissenschafter (Sauvy 1980) auf die bevorstehende Generationenerneuerungskrise in Europa hin, denn die demographische Entwicklung und die Trends in der Gesellschaft zeigen nicht nur in der Schweiz, sondern in ganz Europa eine Alterung und eine Schrumpfung der Gesellschaft sowie eine wachsende Individualisierung der Lebensläufe und eine Heterogenisierung der Bevölkerung auf. Die Folgen dieser Entwicklung sind vielfältig.

Im Bewusstsein um diese Entwicklung, die einerseits positive Aspekte, darunter die Langlebigkeit und die stets verbesserte Lebensqualität im Seniorenalter, und andererseits die negativen Folgen, die sich im generellen Geburtenrückgang und der fehlenden Generationenerneuerung zeigen, haben die Weltkommission für Umwelt und Entwicklung – mit dem Brundtland-Bericht[4] – und die Europäische Union – mit dem Grünbuch[5] zum demographischen Wandel – auf die damit verbundenen Zukunftsprobleme hingewiesen. Der Brundtland-Bericht lancierte die weltweite Debatte zur Nachhaltigkeit, das erwähnte Grünbuch wies auch auf die Notwendigkeit einer nachhaltigen Bevölkerungsentwicklung hin.

Dem Diskurs folgen nur zögerlich Konkretisierungsvorschläge. Selbst wenn einzelne europäische Länder Überlegungen zur Generationenerneuerung formuliert haben, bleibt die politische Verdrängung an der Tagesordnung. Somit werden aber das genaue Hinschauen und die Erarbeitung von tragfähigen nachhaltigen Lösungen, die allen Generationen gerecht werden, verunmöglicht! Franz X. Kaufmann schrieb denn auch, dass diese kollektive Verdrängung auf den Umstand zurückzuführen sei, dass die Öffentlichkeit „bisher keine Begriffe gefunden hat, um die ‚Problematik‘ – d.h. das Problem und seine Lösungsperspektiven – für ‚Links‘ und ‚Rechts‘ bzw. für ‚Frau‘ und ‚Mann’ in akzeptabler Weise zu formulieren“ (Kaufmann 2005: 174).

## Die Bevölkerungsentwicklung der Schweiz

Die demographische Entwicklung ist, anders als andere unvorhersehbare politische oder wirtschaftliche Ereignisse, ein langfristiges sehr gut berechenbares Phänomen. Die Menschen, von welchen die Rede ist, sind bereits geboren. So bieten die Szenarien zur Bevölkerungsentwicklung keine Überraschungen, sondern gelten als notwendige und verlässliche Instrumente für die politischen Akteure. Drei Grundszenarien liegen vor, in welchen die verwendeten Parameter eine Veränderung des Jugend- und des Altersquotienten aufzeigen. Ohne näher auf diese einzugehen, muss doch erwähnt werden, dass die Zahl der über 80-Jährigen bis 2050 um mehr als das Zwei-

[4] Bericht der Weltkommission für Umwelt und Entwicklung, bekannt als Brundtland-Bericht (World Commission on Environment and Development 1987).
[5] Europäische Union (2005).

einhalbfache zunehmen wird: auf 100 Personen zwischen 20 und 64 Jahren kommen 50 über 65-Jährige.

Daher wird in den kommenden Jahren die Entwicklung der Erwerbsbevölkerung stark von der demographischen Entwicklung abhängen. Trotz einer wachsenden Beteiligung der Frauen am Arbeitsmarkt, trotz der Personenfreizügigkeit und der erhöhten Mobilität innerhalb Europas wird die Zahl der Erwerbstätigen abnehmen.

Das Phänomen der älter werdenden Bevölkerung ist seit längerem bekannt, doch die damit verbundene kollektive Verdrängungsstrategie schafft für Politik, Wirtschaft und Gesellschaft grosse Probleme, die von der Arbeitsmarktpolitik über die Sicherung der Sozialwerke bis hin zur Bildungs-, Siedlungs- und Migrationspolitik reichen.

## Die Pluralität der Lebensformen

Die Schrumpfung unserer Gesellschaft lässt sich auch anhand einer anderen Entwicklung feststellen. Die Haushaltsstruktur hat sich in den letzten Jahrzehnten stark verändert und führt dazu, dass bereits heute die kinderlosen Haushalte eine grosse Mehrheit bilden[6]. Dieser Trend wird sich angesichts der Alterung der Gesellschaft fortsetzen. Längst sind nicht alle Personen, die in einem kinderlosen Haushalt leben, ohne Angehörige. Viele dieser Personen befinden sich in einer späteren familialen Lebensphase. Die erwachsenen Kinder führen einen eigenen Haushalt, oft aber einen kinderlosen. Denn der Trend zu Kinderlosigkeit, vorwiegend gut ausgebildeter Frauen, setzt sich fort. Schliesslich entscheiden sich immer weniger Paare für die Lebensform Ehe.

Eine Folge der Individualisierung der Lebensläufe lässt sich am Geburtenrückgang erkennen und im zunehmenden Bewusstsein der jüngeren Bevölkerung, dass verschiedene gesellschafts- und wirtschaftsbedingte Hindernisse einer Familiengründung im Wege stehen. So wird die Bereitschaft zur namentlich mehrfachen Elternschaft oft von äusseren Faktoren abhängig gemacht. Tatsache ist, dass der Kinderwunsch in allen Bildungsschichten grösser ist als die Zahl der geborenen Kinder[7]. Diese Diskrepanz zwischen Kinderwunsch und Kinderzahl ist ein Grund für die Alterung unserer Gesellschaft und für die bestehende Generationenlücke (EDI 2004: 25).

[6] Gemäss der Eidgenössischen Volkszählung 2000 leben 36 Prozent aller Personen in einem 1-Personenhaushalt (1960 waren es lediglich 14.2 Prozent), 31,6 Prozent leben in einem 2-Personenhaushalt, 12,9 Prozent in einem 3-Personenhaushalt (1960 waren es noch 20,6 Prozent), 13,2 Prozent in einem 4-Personenhaushalt (1960 waren dies noch 17,2 Prozent) und schliesslich 6,3 Prozent leben in einem 5+-Personenhaushalt (1960 waren es noch 21,2 Prozent).

[7] Siehe Wanner, Kapitel 9. Ein Überblick über die verschiedenen theoretischen Ansätze der Hintergründe der tiefen Geburtenraten findet sich auch in Lefebvre und Merrigan (2003).

## Die wirtschaftlichen und gesellschaftlichen Herausforderungen

Die demographischen und gesellschaftlichen Veränderungen haben Auswirkungen auf die Wirtschaft, den sozialen Zusammenhalt und somit auf eine Vielzahl von wichtigen Politikbereichen, auf die hier nur kurz eingegangen wird.

Ein neuer Wettbewerb wird um das schrumpfende Nachwuchspotential unter den Unternehmen entstehen, es sei denn, dieser Schrumpfung kann mit adäquaten gesellschaftlichen Massnahmen, sprich mit adäquaten familienpolitischen Massnahmen, begegnet werden. Das veränderte Arbeitskräftepotential wird auch für das Innovationspotential Implikationen haben, selbst wenn das Ausbildungsniveau der erwerbstätigen Schweizer Bevölkerung in den kommenden Jahren steigen wird. Um das vorhandene Potential der heranwachsenden Jugend optimal auszuschöpfen, werden Wirtschaft und Politik jedoch Anstrengungen unternehmen müssen, damit auch das Ausbildungsniveau der ausländischen Wohnbevölkerung angehoben wird. Ansonsten droht eine Entkoppelung eines weiter wachsenden Teils der Bevölkerung; die Geburtenrate liegt bekanntlich bei den Familien ausländischer Herkunft um vieles höher als jene der Schweizerinnen. In Zukunft wird nicht nur die Zahl der Erwerbstätigen, sondern auch deren Qualifikation für die Unternehmen noch ausschlaggebender sein. Die heutige Entwicklung unserer Volkswirtschaft zeigt einen klaren Trend der Wandlung hin zu einer Dienstleistungs- und Wissensgesellschaft. Finden die Unternehmen nicht hier zu Lande die erforderlichen Qualifikationen, werden sie sich in jene Länder begeben, in denen die jüngeren hochqualifizierten Erwerbstätigen nicht „Mangelware“ sind. Doch eine solche Verschiebung der wirtschaftlichen Tätigkeit, auch in westlichen Staaten mit höheren Geburtenraten wie u.a. die USA, Frankreich und England, hätte eine Verminderung des Wohlstandes in unserem Lande zur Folge.

Die Zahl der Erwerbstätigen spielt auch im Kontext der sozialen Sicherheit eine bedeutende Rolle. Die Erwerbstätigen müssen sowohl für die kommende Generation als auch partiell für die Altersvorsorge der älteren Generation aufkommen. Der heutige Solidarvertrag zwischen den Erwerbstätigen und den Rentnern bedingt eine intakte Generationenfolge, die weder heute noch in Zukunft gewährleistet ist. Die heutigen Erwachsenen, bald Rentner, der Babyboomer-Generation haben selber nicht genügend Kinder geboren, um ihre eigene Altersvorsorge zu sichern.

Die demographische Herausforderung erschwert die Umsetzung sozialer und gesellschaftlicher Massnahmen und kann zur Zerreissprobe unseres Wohlfahrtstaates werden. Doch „wo Verteilungskonflikte anstehen, liegen Gerechtigkeitsargumente nahe“ (Kaufmann 2005: 219). Wenn wir die anstehenden Reformen in der Sozial-, Alters- und Familienpolitik als Gesellschaftspolitik verstehen, dann wird es auch möglich, die Rechte nicht nur der heutigen, sondern auch der zukünftigen Generationen zu berücksichtigen. Schliesslich hängt der langfristige, nachhaltige Wohlstand unserer Gesellschaft auch von den zukünftigen Generationen ab.

## 7.2 Die Generationengerechtigkeit

Die Generationengerechtigkeit liegt dann vor, „wenn es im Zeitverlauf zu keiner Begünstigung oder Benachteiligung einer Generation auf Kosten oder zu Gunsten einer anderen Generation kommt“ (Althammer und Mayert 2006). Angesichts der fehlenden Generationenerneuerung und der Individualisierung der Lebensläufe aber rücken zunehmend ethische Fragen in den Vordergrund. Denn auf der einen Seite geht der gesellschaftliche Trend Richtung Individualisierung der Rechte, gemeint sind damit die Sozial- und Fiskalrechte[8], mit der Verpflichtung zur Eigenverantwortung. Dieser Akzent hat zur Folge, dass die Universalität gewisser Leistungen des Sozialstaates hinterfragt wird und der subsidiäre, bedarfsorientierte Ansatz an Bedeutung gewinnt. Auf der anderen Seite fordert man aber angesichts der wachsenden Sozial- und Alterslast vermehrt die intergenerationelle familiale Solidarität und betrachtet nicht nur die Familie als wichtige Stütze auch im Alter, sondern spricht erneut das Wort der während einem halben Jahrhundert vergessenen Verwandtenunterstützung.

### Verteilungsgerechtigkeit und Chancengleichheit

Faktum ist aber, dass es in Zukunft eine wachsende Zahl von Menschen geben wird, die keine Nachkommen und möglicherweise keine Geschwister haben und somit über kein familiäres Netz verfügen, welches in den Zäsuren der Lebensbiographie und vor allem im Alter die notwendige Unterstützung schenken kann. Einzelne Autoren warnen denn auch bereits heute vor einer „Zweiklassengesellschaft im Alter“, die es zu vermeiden gilt (Wanner *et al.* 2005: 136). Familien werden somit weiterhin doppelt herausgefordert. Von ihnen erwartet die angehende auch zum Teil kinderlose Rentnergeneration, dass sie im Laufe der unterschiedlichen familialen Lebensphasen vermehrt noch gesellschaftlich unabdingbare Leistungen erbringen und diese stellvertretend für Dritte übernehmen. Ob sich diese Erwartung erfüllen lässt, hängt massgebend davon ab, ob und inwieweit die Gesellschaft bereit ist, die erbrachten gesellschaftlich bedeutenden familialen Leistungen adäquat zu honorieren.

Ein gelungenes Zusammenspiel der Generationen in unserer komplexen modernen Gesellschaft erfordert ein Nachdenken über die erbrachten unentgeltlichen Leistungen jener Menschen, die sowohl Erziehungsverantwortung für die kommenden Generationen als auch Betreuungsaufgaben für die älteren Generationen übernehmen (Meier-Schatz 2000). Führt die Erbringung dieser Leistung zu unerträglichen Lasten oder gar zu mittel- und langfristigen Diskriminierungen, dann ist die Generationengerechtigkeit nachhaltig gestört, was zu einer Verschärfung des Verteilkampfes um die knappen Humanressourcen und die verfügbaren finanziellen Ressourcen führen wird. Die Gerechtigkeitsvorstellungen bedürfen in einer modernen

[8] Sh. in diesem Zusammenhang Sterdyniak (2004: 90 ff.).

demokratischen Gesellschaft trotz allgemein gültiger Gerechtigkeitsgrundsätzen einer steten neuen Legitimation und Bestätigung. Dies setzt jedoch voraus, dass die Gerechtigkeitsprinzipien in der pluralistischen Gesellschaft von allen geteilt werden[9]. Dieser Legitimationsprozess setzt ferner einen politischen Konsens über Grundwerte voraus. Letztere können in einer pluralistischen, interkulturellen und gleichzeitig alternden Gesellschaft nicht länger als gegeben angenommen werden.

Die Verteilungsgerechtigkeit und die Chancengleichheit rücken unter der Perspektive der notwendigen inter- und intragenerationellen Kohäsion in den Vordergrund, will man verhindern, dass eine Generation, die nachkommende, unerträgliche Lasten zu Gunsten der älteren Generationen tragen muss. Die Solidarität unter den und innerhalb der Generationen bekommt angesichts der demographischen Herausforderung eine neue Bedeutung. So fordert zum Beispiel die Europäische Union im Anschluss an die Veröffentlichung des Grünbuches zum demographischen Wandel eine Stärkung der Solidarität unter den Generationen, damit den Bedürfnissen der Familien und der Kinder besser Rechnung getragen werde (Commission of the European Communities 2007: 9). Im Jahr 2001 hat ferner das deutsche Bundesverfassungsgericht in einem wegweisenden Urteil den Grundsatz festgehalten, dass die Erhebung einheitlicher Beitragssätze in der gesetzlichen Pflegeversicherung für Personen mit und ohne Kinder gegen den Gleichheitsgrundsatz der Verfassung verstosse[10]. Eine differenzierte Betrachtungsweise liesse sich dadurch begründen, dass jede staatliche Gemeinschaft auf die Wertschöpfung der heranwachsenden Generationen angewiesen sei, doch dieser generative Beitrag, welcher im Interesse der Allgemeinheit sei, dürfe nicht dazu führen, dass daraus eine benachteiligende Wirkung erfolge. Es sei die Beitragslast der Eltern gebührend zu berücksichtigen[11]. Dieses Urteil löste in Deutschland eine heftige Debatte zur Thematik aus, ob sich die Berücksichtigung der Elternschaft, also von Kindern, bei umlagefinanzierten Versicherungszweigen rechtfertigen liesse[12]. Sie stellt somit die Frage der Generationengerechtigkeit und der Umverteilungswirkungen der politischen Massnahmen in den Mittelpunkt der Überlegungen.

### Familienpolitischer Paradigmenwechsel

Unter der Berücksichtigung des mangelhaften Potentials der Generationenerneuerung ist zur Verhinderung einer Umverteilung der anfallenden

[9] Sh. hiezu insb. die von Rawls (1975) zur Begründung seines Gerechtigkeitskonzeptes verwendeten Instrumente der Vertragstheorie.

[10] Deutsches Bundesverfassungsgericht, BVerFG, 1 BvR 1629/94 vom 3.4.2001, Absatz-Nr. 1-75.

[11] Deutsches Bundesverfassungsgericht, BVerFG, 1 BvR 1629/94 vom 3.4.2001, Absatz-Nr. 61-62.

[12] Kritisch äusserten sich unter wohlfahrtstheoretischer Perspektive Konrad und Richter (2003; 2005).

Lasten von Jung zu Alt ein familienpolitischer Paradigmenwechsel anzustreben. Die heutigen Denkmuster müssen kritisch hinterfragt werden. Das Wohlbefinden der Kinder und der abhängigen Personen bekommt durch die gesellschaftlichen Veränderungen eine neue Dimension. Die Übernahme von Familienverantwortung und Familienpflichten ist keine Selbstverständlichkeit mehr. Daher ist eine Veränderung der Denkmuster erforderlich. Ohne Thematisierung der Folgen der Familienlasten und des ungenügenden Familienleistungsausgleichs droht den Familien eine nachhaltige Verschlechterung ihrer Lebensqualität und ihres Wohlstandes. Denn die zahlreichen Menschen ohne Nachkommen leisten keinen langfristigen und nachhaltigen Beitrag an den Wohlstand der zukünftigen Generationen. Auch investieren sie nicht in das Humankapital von morgen. Sie dürfen aber von den zukünftigen Leistungen der kommenden Generationen profitieren.

Auch die Wirtschaft wird kaum den Wohlstand in dieser schrumpfenden Gesellschaft ausschliesslich mit Produktivitätsfortschritten und Wachstum sichern können. Sie ist auf die kommenden Generationen angewiesen: Junge Familien tragen zur Bildung des Investitions- und des Innovationspotentials von morgen bei, doch sie benötigen, um ihre vielfältige Verantwortung übernehmen zu können, geeignete Rahmenbedingungen und die Solidarität der Kinderlosen und der älteren Menschen.

Es gilt daher die Akzeptanz der Öffentlichkeit für diesen Paradigmenwechsel, welcher auch fiskal- und sozialpolitische Auswirkungen haben muss, zu entwickeln, damit die Solidarität und aber auch die Eigenverantwortung aller Mitglieder, und nicht nur der Familien, für das ganze Leben gefördert werden[13]. Nur so kann in Zukunft die seit mehreren Jahrzehnten diagnostizierte strukturelle Rücksichtslosigkeit Familien gegenüber behoben werden.

## 7.3 Die Familien als Leistungserbringerinnen

Der Wandel der Familienstrukturen und die Emotionalisierung der Eltern-Kind-Beziehungen wecken hohe Erwartungen. Doch dieser bewusste Entscheid eines Paares für die Elternschaft wird angesichts der gestellten gesellschaftlichen Anforderungen von verschiedenen Überlegungen begleitet. Freude, Erwartungen, Verwirklichung und Entfaltung sowie eine neue Emotionalität sind in diesem Entscheid für eine verantwortete Elternschaft (Kaufmann 2005: 134) ebenso bedeutend wie die Analyse der bevorstehenden persönlichen Möglichkeiten, am gesellschaftlichen und wirtschaftlichen Leben teilzuhaben. Der rationale Entscheid, die Analyse der Opportunitätskosten des Kinderhabens, wiegt in einer individualisierten Gesellschaft schwer. Viele Paare realisieren spätestens zu diesem Zeitpunkt, dass der

[13] Sh. u.a. Henman (2004), zu den ökonomischen Zusammenhängen zwischen Renten-, Familien- und Bildungspolitik.

Gewinn von Kindern nahezu ausschliesslich immaterieller Art ist, was sich jedoch angesichts der Bedürfnisse der älteren Generationen bereits in näherer Zukunft ändern könnte. Daher muss die soziale Organisation der Generationenbeziehungen als Schlüsselthema unserer Gegenwart thematisiert werden. Dies setzt voraus, dass die erbrachten Leistungen bekannt sind und gesellschaftlich anerkannt werden, um der strukturellen Benachteiligung der Elternschaft zu begegnen. Das Betreuen, Erziehen, Bilden von Kindern ist mit hohen Kosten[14] und Belastungen[15] verbunden, die im Gegensatz zum Risiko „Alter" institutionell nicht abgesichert sind. „Elternschaft" bleibt Privatsache. Doch vom höchst persönlichen Entscheid zur Elternschaft profitieren auch jene die sich nur über ihre Sozialabgaben und Steuern an den Aufwendungen für die kommende Generation beteiligen, selber aber keine Nachkommen haben.

**Gesellschaftlich relevante Leistungen**

Vor mehr als einem Jahrzehnt erschien eine erste Publikation zum Thema der unbezahlten unschätzbaren Leistungen der Familien (Höpflinger und Debrunner 1994), weitere folgten im In- und Ausland. So wurde in der Schweiz einige Jahre nach dieser ersten Publikation der wirtschaftliche Wert der unbezahlten Haus-, Familien- und Freiwilligenarbeit zum zweiten Mal evaluiert und auf 215 Milliarden Franken jährlich berechnet (BFS 1999). Eine Arbeit, die als so genannt „unproduktiv" gilt und dementsprechend nicht im Bruttoinlandprodukt abgebildet wird, als ob das Erziehen und Bilden von Kindern keinen volkswirtschaftlichen Wert hätte![16]

Auch wenn die erbrachten Leistungen von Eltern zuerst dem Kind, welches auf eine verlässliche und stabile Unterstützung und Förderung angewiesen ist, zugute kommen, sind diese internen Leistungen von immanenter Bedeutung für die Sicherung des zukünftigen wirtschaftlichen, sozialen und kulturellen Entwicklungspotentials unserer Gesellschaft. Von der Qualität und der Intensität, vom Erlernen der Bildungs- und Sozialkompetenzen hängt der Wohlstand zukünftiger Generationen ab.

Heute werden diese Leistungen als "die in einer bestimmten Zeit durch Arbeit in der Familie erreichten Ergebnisse bei der Versorgung, Betreuung, Erziehung und Bildung der Kinder" verstanden, die "für die Effekte gemeinsamer Haushaltsproduktion, gegenseitiger Hilfe und persönlicher Kommu-

---

[14] Dazu die verschiedenen Kinderkostenanalysen, die aufzeigen, dass ein Kind in den ersten 16 Lebensjahren zwischen 340000.- bis 670000.- Franken kostet (Bauer *et al.* 2004: 65).

[15] Die Mehrfachbenachteiligung der Familien, auch als Deprivationslage analysiert, ist Bestandteil der Publikation Wohlstand und Wohlbefinden. Verschiedene Indikatoren dienen der Messung u.a. des Lebensstandards und folgender Bereiche Arbeit, Gesundheit, Freizeit, Partizipation, Wohnen Haushalt, Familie, persönliche Sicherheit.

[16] Pointiert kann festgestellt werden, dass wer Tiere aufzieht, eine produktive Leistung, wer Kinder aufzieht, eine unproduktive Leistung erbringt. Erstere wird im BIP abgebildet, letztere immer noch nicht.

nikation für alle Familienmitglieder, sowie die Leistungen in den familialen Netzwerkhilfen für Ältere, Behinderte und Kranke, die allesamt der Humanvermögensbildung und –erhaltung dienen" (Gerechtigkeit für Familien 2001: 93).

Die Erstellung von Leistungen zugunsten der Kinder ist zeitlich sehr umfangreich und erstreckt sich über eine lange Lebensphase. Sie ist mit der Übernahme von Unterhaltsverpflichtungen und weiteren Pflichten verbunden. Die Übernahme von Verantwortung für Kinder ist mit Freude, Emotionalität und aber auch Verzicht und erhöhter Arbeitsbelastung verbunden[17]. Paare, die eine Elternschaft bejahen, tragen nicht nur zur Generationenerneuerung, zur gegenseitigen Verlässlichkeit und zur Sicherung der sozialen Sicherheit, sondern auch zur Förderung des Wohlstandes und zur Stabilisierung der intergenerationellen Solidarität bei. Sie vermitteln ihren Kindern die grundlegenden Daseinskompetenzen, also Schlüsselkompetenzen, ohne die kein soziales Gefüge funktionieren kann.

## Gesetzlicher Druck zur Erbringung der familialen Leistungen

Spätestens seit dem Aufflammen der Diskussionen über die Bedeutung von Erziehung sollte der Gesellschaft bewusst sein, dass die Fähigkeiten junger Menschen, sich den verschiedenen Herausforderungen des Lebens zu stellen, vom Erziehungs- und Sozialisationserfolg, den die Familien in Verbindung mit den öffentlichen Bildungseinrichtungen erreichen, abhängt. Die Qualität des Zusammenlebens sowie die Entwicklungs- und Innovationsfähigkeit sind entscheidend in allen Lebensbereichen, seien sie wirtschaftlicher, sozialer oder kultureller Natur.

Auch leisten Familienangehörige in späteren Lebensphasen Betreuungs- und Pflegeleistungen für die ältere Generation. Die Bedeutung dieser Leistung kann mit Bezug auf die stets wachsenden Betreuungs- und Pflegekosten in späteren Lebensphasen aufgezeigt werden. Wird diese nicht von Familienangehörigen erbracht (Stuckelberger und Höpflinger 2002), erhöhen sich die staatlichen Leistungen. Angesichts der Veränderungen in den Familienstrukturen[18] und der wachsenden Zahl kinderloser Menschen ist der erhöhte Bedarf an staatlicher Unterstützung in den späteren Lebensphasen absehbar (Ruh 2003: 191).

Durch Leistungen, die Familien für ihre Kinder und für ihre erwachsenen nicht erwerbsfähigen, abhängigen oder wirtschaftlich schwachen Angehörigen erbringen, werden die Sozialwerke entlastet. Erstere nehmen eine Versicherungsfunktion wahr und leisten soziale Selbsthilfe. Sie begleiten und übernehmen die Betreuung und Pflege im Alter und entlasten somit

[17] Finanzielle Einbussen, ungünstige Bedingungen für die soziale und räumliche Mobilität, geringere Chancen im Erwerbsleben, schlechtere Absicherung des Risikos „Alter", fehlende Regenerationszeit.

[18] Die hohe Scheidungszahl führt dazu, dass die Betreuung im Alter nicht mehr zwingend von den Angehörigen übernommen wird.

die sozialen Infrastruktureinrichtungen. Dadurch mindern sich die staatlichen Ausgaben, an deren Finanzierung alle beteiligt sind. Diese Entlastung der sozialen Systeme und Infrastrukturen beruht nicht ausschliesslich auf Freiwilligkeit, da der Gesetzgeber, in Anwendung des Subsidiaritätsprinzips Verpflichtungen festgelegt hat, so zum Beispiel die Unterhaltspflicht und die Verwandtenunterstützung, die in bestimmten Lebenslagen einzelner Familienmitglieder andere Familienangehörige zu monetären Transfers verpflichten, welche für Personen ohne Familienangehörige vom Staat, von der kommunalen Sozialhilfe, von den kantonalen subjektbezogenen Subventionen sowie von den Sozialversicherungen übernommen werden müssen.

## 7.4 Das Wohlstandsgefälle

Kinder sind nun mal keine ausschliesslich private Angelegenheit, daher bedarf es einer Wirtschafts- und einer Gesellschaftsordnung, welche die Übernahme von Elternverantwortung begünstigen und die Elternschaft nicht mit ungebührlichen Nachteilen verbinden. Eine Gesellschaft, die Kinderlosigkeit prämiert, schlägt einen falschen Weg ein.

Die Einkommensanalyse der Haushalte in der Schweiz zeigt unmissverständlich auf, dass der Anteil von Paarhaushalten mit Kindern und Ein-Eltern-Haushalten mit Kindern in den tiefsten Sozialschichten überdurchschnittlich hoch ist. Mehr als ein Drittel aller Kinder lebt in einem einkommensschwachen Haushalt. Aus Sicht der Kinder heisst dies ferner, dass weitere 59 Prozent in mittelständischen und lediglich 6 Prozent in wohlhabenden Familien leben (Wohlstand und Wohlbefinden 2002: 42). Die kinderlosen Paarhaushalte und Ein-Personen-Haushalte verfügen im Vergleich über einen höheren Lebensstandard, ein grösseres Äquivalenzeinkommen (Ecoplan 2004: 45), und gehören tendenziell der oberen Mittelschicht sowie der obersten Sozialschicht an und sind in letztgenannter Sozialschicht überdurchschnittlich vertreten (Ecoplan 2004: 25). Mit Einkommensschwäche ist auch die Deprivation verbunden. Die damit einhergehende Lebensqualitätseinbusse wird in der Analyse der objektiven Mehrfachbenachteiligung der Eltern bestätigt. Die niedrigsten Einkommensgruppen, darunter also zahlreiche Familien, sind in einem besonderen Ausmass davon betroffen[19]. Auch zwischen der mittleren und höchsten Einkommensgruppe bleibt die Differenz beträchtlich. Dieses Wohlstands- und Wohlbefindensgefälle hat gesellschaftliche und soziale Konsequenzen.

Wird die Familiengründung als potenzielles Armutsrisiko wahrgenommen, bleibt der Entscheid zur Elternschaft aus, mit der langfristigen Konsequenz, dass die Alterslasten auf eine noch kleinere Gruppe zukünftiger Erwerbstätigen verteilt werden. Elternschaft wiederum perpetuiert die Einkommensdisparitäten auf der Lebenszeitachse, da diese sowohl kurzfristig

[19] Sh. auch Schmid (2004).

als auch mittel- und langfristig negative Auswirkungen auf das Ersparnispotential und somit auf die Entfaltungsmöglichkeit aller Familienangehörigen und auf die Selbstbestimmung des Lebens auch im Alter haben[20].

**Kinderlose als „Trittbrettfahrer"**

Kinderlose profitieren mittel- und langfristig von den erbrachten Leistungen der Familien und bilden selber kein künftiges Humanvermögen, sie werden daher auch als „Trittbrettfahrer" bezeichnet, was aus ihrer Sicht Irritation auslöst, weil die Argumentation ihrer Ansicht nach nicht stimme. Sie leisteten, so ihre Behauptung, durch ihre staatlichen Abgaben, die höher ausfielen als jene der Familien, eine Ausgleichszahlung zu deren Gunsten. Auch profitierten einkommensschwache und mittelständische Familien von den durch Steuern mitfinanzierten Sozialtransfers in Form von Subventionen[21]. Ein weiteres Argument der kinderlosen Haushalte lautet, dass ihr Beitrag an die soziale Sicherheit ebenfalls höher ausfalle als jener der Haushalte mit Kindern.

Diese Argumente greifen zu kurz, denn die Analyse ergibt ein differenzierteres Bild. Vergleicht man die direkten durchschnittlichen Zahlungen der Haushalte in das System der sozialen Sicherheit, dann stellt man fest, dass der jährliche Beitrag der Paarhaushalte ohne Kinder nur um 5 Prozent höher als jener eines Paares mit einem Kind[22] ist. Die Differenz zur erbrachten Leistung einer Familie mit drei oder mehr Kindern fällt jedoch erstaunlicherweise noch tiefer aus und beträgt lediglich noch 3,8 Prozent. Da die getätigten Einzahlungen in die soziale Sicherheit zu einem tieferen steuerbaren Einkommen führen, welches zwar nach Kanton und Gemeinde unterschiedlich ausfällt, interessiert auch die Wirkung dieser Einsparungen auf die verschiedenen Einkommens- und Haushaltsgruppen. Je höher das Einkommen, desto grösser ist die Steuereinsparung. Die Familienhaushalte werden dadurch sehr unterschiedlich entlastet. Da eine grosse Mehrheit aller Familienhaushalte den unteren und mittleren Sozialschichten angehört, fällt die dadurch erzielte steuerliche Entlastung tiefer aus als für jene Paarhaushalte ohne Kinder, die tendenziell in den höheren Sozialschichten angesiedelt sind. Ein Blick auf die Situation der kinderlosen Paarhaushalte zeigt auf, dass in der oberen Einkommensgruppe Steuerersparnisse von mehreren Tausend Franken im Vergleich zu einem Paar mit 2 Kindern in der schwächsten Einkommensgruppe anfallen (Künzi und Schärrer

[20] Sh. Wohlstand und Wohlbefinden (2002: 16): „Während kinderlose Paare gehäuft in wohlhabenden Verhältnissen leben, sind 25 von 100 mit bis zu zwei Kindern und sogar 46 von 100 Paaren mit mindestens drei Kindern von Einkommensschwäche betroffen. In finanziell ähnlich prekären Verhältnissen wie kinderreiche Familien leben auch Alleinerziehende."

[21] Sozialhilfe, Ergänzungsleistungen, Prämienverbilligungen.

[22] In Franken pro Jahr macht dies lediglich eine Differenz von 982.- (19941.- vs. 18959.-) (Künzi und Schärrer 2004: 81). Die Differenz fällt noch kleiner aus im Vergleich mit einer Familie mit 3 Kindern, sie beträgt dann nur noch 738.- oder 3,8 Prozent.

2004: 91)[23]. Die einkommensstärksten Haushalte erhalten z.T. über 30 Prozent ihrer direkten Zahlungen vom Staat in Form von Steuereinsparungen (Künzi und Schärrer 2004: 162) zurück, während der Anteil bei den einkommensschwachen Haushalten, auch Familienhaushalten, lediglich 12 bis 16 Prozent beträgt.

Auch die Analyse des verfügbaren Einkommens der Eltern und der Kinderlosen bei gleichem Bruttoeinkommen erlaubt, die obgenannte einleitende Behauptung der kinderlosen Haushalte partiell zu entkräften. Entscheidend ist, wie viel verfügbares Einkommen, nach Abzug der Zwangsabgaben[24] und der Steuern sowie nach Berücksichtigung der unterschiedlichen Transferzahlungen, einem Haushalt für den Konsum und die Ersparnis bleibt. Die weiteren Belastungen, die das reale frei verfügbare Einkommen schmälern wie die Wohnungs- und Privatversicherungskosten, werden für diesen Vergleich nicht beigezogen, obschon ein Familienhaushalt dadurch tendenziell eine höhere Belastung erfährt. So erstaunt nicht, dass die tieferen Einkommensschichten den grössten Anteil ihres Einkommens konsumieren und nur einen geringen Teil für das Sparen reservieren können, dies selbst unter Berücksichtigung des sehr unterschiedlichen Konsumverhaltens der Sozialschichten (Ecoplan 2004: 101).

Ferner leistet ein erwerbstätiges Paar ohne Kinder, welches der Mittelschicht angehört, weniger Abgaben (24,13 Prozent) an den Sozialstaat als ein erwerbstätiges Paar mit einem Kind (26,96 Prozent), welches dem gleichen Einkommensquintil[25] angehört. Auch ist die Differenz zulasten der Paare ohne Kinder in höheren Einkommensklassen zwischen Paaren ohne oder mit Kindern sehr gering und beträgt zwischen 0,5 Prozent bei einem Kind, 1,3 Prozent bei zwei Kindern und 3,5 Prozent bei drei Kindern.

Weiter zeigt auch der Blick auf das umlagefinanzierte Altersicherungssystem auf, dass eine solche Finanzierungsform nur finanzierbar bleibt, wenn genügend Nachkommen einen Beitrag in die kollektive Altersvorsorge leisten, d.h., „wenn – aus welchen Gründen auch immer – genügend Investitionen in das Humankapital der jungen Generation erfolgen“ (Littman-Wernli 2004: 27).

Schliesslich gilt es festzustellen, dass kinderlose Haushalte unterschiedlicher Einkommensgruppen sehr wohl im Rahmen eines kurzfristigen Ausgleichs Transferzahlungen, vorwiegend in den Bereichen Kinder- und Ausbildungszulagen sowie Kindersteuerabzüge, nämlich einen jährlichen Ausgleichsbeitrag an die Familien leisten (Bauer *et al.* 2004: 153). Die Analyse der Folgen namentlich des vertikalen Ausgleichs macht aber deutlich, dass

[23] Die Differenz beträgt in diesem Fall 263 Prozent!

[24] Unter Zwangsabgaben werden Sozialversicherungsbeiträge inkl. BVG subsumiert, nicht aber Konsumsteuern (MWSt und Tabaksteuer).

[25] Die Zahl betrifft das zweitunterste Quintil und gleicht einem Primäreinkommen von Fr. 83038.- für ein Paar mit Kind. (1. Quintil 56961.- 3. Quintil 110178.-) (Künzi und Schärrer 2004: 72).

auch in diesen Unterstützungsbereichen 36 Prozent des ausbezahlten Ausgleichsbetrages von den Familien selbst eingebracht werden (Bauer *et al.* 2004: 159). Familien wiederum leisten mit ihren Steuern und Versicherungsbeiträgen einen mittel- und langfristigen Beitrag an die älteren auch kinderlosen Haushalte, denn 44 Prozent der Sozialleistungen entfallen auf die Alterssicherung, während die Leistungen für Familien und Kinder lediglich 5 Prozent ausmachen.

Diese Fakten verdeutlichen die Notwendigkeit des geforderten Paradigmenwechsels. Nur wenn die sehr individualistisch geprägten Denkmuster überdacht werden, kann der erforderliche Schritt zu mehr Gerechtigkeit Familien gegenüber gemacht werden.

## 7.5 Der erforderliche Leistungs- resp. Lastenausgleich

Die Analyse der Familiensituation macht deutlich, dass Familien ein weit grösseres Armutsrisiko verzeichnen als kinderlose Haushalte. Auch in Bezug auf die Umverteilung zwischen Haushalten unterschiedlicher Grösse sind erstere benachteiligt. Dieser horizontale Lasten- resp. Leistungsausgleich muss, will man die ursprünglich festgelegten Ziele[26] der Einkommensgerechtigkeit zwischen Haushalten mit Kindern und solchen ohne erreichen, hergestellt werden. Auch gilt eine besondere Aufmerksamkeit dem vertikalen Ausgleich, also jener Umverteilung zwischen den unterschiedlichen Einkommensklassen, die vorwiegend über Sozialabgaben und Steuern erfolgt. In diesem Zusammenhang kann nicht verschwiegen werden, dass gewisse Steuerungselemente, wie etwa der Kinderabzug vom steuerbaren Einkommen, konträre Wirkungen erzielen und zu einer Umverteilung von den unteren Sozialschichten zu den oberen Sozialschichten führen (Bauer *et al.* 2004: 155). Jeder Ausgestaltung eines Familien-Leistungsausgleichssystems muss daher eine Wirkungsanalyse vorangehen. Die Zweckmässigkeit respektive die Notwendigkeit einer solchen Überprüfung[27] rechtfertigt sich, um unerwünschte Umverteilungseffekte auf allen drei Staatsebenen Gemeinde, Kanton und Bund zu verhindern.

### Folgen der institutionellen Entscheide

Wenn Elternschaft und das Erziehen von Kindern positive gesellschaftliche und wirtschaftliche externe Effekte auslösen, dann bekommt die Kindererziehung eine konstitutive Bedeutung und muss in Verbindung zu anderen unterstützungswürdigen Bereichen wie zum Beispiel das umlagefinanzierte

---

[26] Wie die Entstehungsgeschichte der Familienpolitik im letzten Jahrhundert belegt, standen folgende Ziele im Vordergrund: Kompensation der Kaufkraft, Herstellung von Steuergerechtigkeit, Vermeidung von Armut.

[27] Solche Studien werden gegenwärtig in den Nachbarstaaten gemacht, Sh. z.B. Baclet *et al.* (2005).

Rentensystem gesetzt werden. Gerade diese Finanzierungsform zeigt auf, dass nicht alle in gleicher Art und Weise einen Beitrag leisten, denn die aus dem Umlageverfahren bezahlten Beiträge sind von der Erziehung der Nachkommen abhängig[28]. Dennoch hat der Gesetzgeber in der ersten Säule der sozialen Sicherheit „die Erträge der Kindererziehung in Form der späteren Beitragszahlungen bewusst, d.h. durch institutionelle Regelungen, zugunsten der Kinderlosen und Kinderarmen umverteilt. Der Zusatznutzen für Dritte ist nicht Folge eines Marktversagens bezüglich des Gutes „Kindererziehung“, sondern politischer Entscheidungen“ (Henman 2004: 5). Dieses Konstrukt verursacht in einem Land mit einer tieferen Fertilitätsrate als für die Generationenerneuerung notwendig entweder eine Anpassung der Leistungen zu Lasten der aktuellen Erwerbstätigen, also auch der Eltern, oder eine Erhöhung der Leistungen der Beitragszahler der künftigen Generationen, also der Kinder, um auch die Leistungen jener Personen mitzufinanzieren, die keine Erziehungsleistungen erbracht haben[29]. Die heutige Schlechterstellung[30] der Eltern und ihrer Kinder wird ersichtlich, sie erleiden eine ungerechtfertigte Mehrbelastung, sofern ihre Erziehungsleistungen nicht adäquat berücksichtigt werden[31]. Eine Mehrbelastung, die dem Äquivalenzprinzip der erbrachten Leistungen widerspricht und sich weder ethisch noch ideologisch rechtfertigten lässt.

Weiter muss festgestellt werden, dass die finanzielle Absicherung des Alters der Eltern, insbesondere der Mütter, durch das Fehlen adäquater staatlicher Betreuungsinfrastrukturen während der Erziehungszeit zu Einbussen in späteren Lebensphasen führt, die durch fehlendes Handeln des Staates verursacht werden. Solange namentlich Mütter erst gar nicht zwischen ausschliesslicher Familienarbeit und einer Kombination zwischen Erwerbs- und Erziehungsarbeit wählen können, weil entweder die sozialen, wirtschaftli-

[28] Althammer und Mayert (2006: 48-49): „Eltern leisten (...) durch die Geburt und Erziehung ihrer Kinder einen für die finanzielle Stabilität und Nachhaltigkeit umlagefinanzierter sozialer Sicherungssysteme ebenso unverzichtbaren Beitrag wie die Zahler monetärer Beiträge. Werden diese Leistungen nicht adäquat im Sozialversicherungssystem abgebildet, so findet eine Umverteilung von den Eltern zu den Kinderlosen statt. Diese Umverteilung widerspricht nicht nur dem Kriterium der Leistungsgerechtigkeit, sondern kann unter Umständen auch die Bereitschaft beeinträchtigen, Kinder zu bekommen. Dieser fertilitätsreduzierende Effekt umlagefinanzierter Alterssicherungssysteme ist in der Literatur als Social-Security-Hypothese geläufig.“

[29] Gegenwärtig wird die Diskussion über die Folgen des Umlageverfahrens in verschiedenen europäischen Ländern intensiv besprochen, s. u.a. Albouy und Roth (2003), Ruland (2003), Dang und Monnier (2003), Courtioux *et al.* (2005), O'Neal (2005), Gravelle (2006), Österreichisches Institut für Familienforschung (2006).

[30] Früher wurden diese Leistungen noch implizit anerkannt, musste die Ehe- und Familienfrau keine AHV-Beiträge bezahlen. Später wurde die AHV-Pflicht für alle eingeführt, ein Erziehungs- und Betreuungsbonus für alle Eltern gesprochen, diese Leistungen ermöglichen höchstens eine sehr partielle Kompensation im Rentenalter – schmälern aber während der Erziehungs- und Familienzeit das verfügbare Einkommen.

[31] Sh. auch Gärtner (2003: 117).

chen und geographischen Gegebenheiten oder das Gemeinwesen es verunmöglichen, ist der Staat in der Pflicht, die Kompensation der fehlenden Möglichkeiten zu garantieren. Ein ähnliches Argument gilt für Familien in späteren Lebensphasen, die Pflegeleistungen für Angehörige übernehmen, soll eine Zweiklassen-Altersgesellschaft verhindert werden (Künzler 2000: 119-142). Bei fehlender Wahlmöglichkeit der Eltern, weil die öffentliche Hand zur Umsetzung dieser Wahlfreiheit und zur Übernahme der Eigenverantwortung keinen Handlungsbedarf ortet, ist durch gezielte Massnahmen ein Ausgleich erforderlich. Diese Kompensation der erbrachten erzieherischen Leistungen und der Betreuungsleistungen drängt sich auf, weil die politisch zuständigen Behörden durch ihre Entscheide und allenfalls durch ihre Abstimmungsempfehlungen die Möglichkeit der Eltern zur Einkommenserzielung bewusst einschränken. Die Folgen widerspiegeln sich in der zum Teil prekären Einkommenssituation der Familien.

Ferner widerspricht es den staatlich festgelegten Grundsätzen der Subsidiarität und der Eigenverantwortung sowie der Besteuerung nach wirtschaftlicher Leistungsfähigkeit, wenn Familien die finanziellen Mittel entzogen werden, die sie zum Leben benötigen, selbst wenn eine partielle Kompensation mittels Kinder- und Ausbildungszulagen, Kindersteuerabzüge und für gewisse Eltern Prämienverbilligungen in die Familien zurückfliesst. Doch gerade die Besteuerung der Kinder- und Ausbildungszulagen[32] sowie jene des Existenzminimums, beides Massnahmen die zur Unterstützung der Familien gedacht sind, schmälern das verfügbare Familieneinkommen.

## Eliminieren der Mehrfachbelastungen

Paare sehen sich durch ihren Entscheid für eine Elternschaft mit verschiedensten Einschränkungen und Mehrbelastungen konfrontiert. Diese sind nicht nur monetärer Art, sondern prägen auch das Wohlbefinden, das Entfaltungs- und Entwicklungspotential der Familiengemeinschaft und haben Auswirkungen auf die gesellschaftliche und soziale Integration jedes einzelnen Mitgliedes der Familie.

Dennoch, auch im Wissen, dass die Kaufkraft eines Paares mit einem Kind zwischen 60 und 65 Prozent im Vergleich zu einem Paar ohne Kind beträgt, jene eines Paares mit zwei Kindern sich im Vergleich zu kinderlosen Paaren auf 45 Prozent bis 50 Prozent beläuft, deckt der heutige partielle Familienlastenausgleich nach wie vor nur einen geringen Teil der direkten und indirekten Kinderkosten ab (Meier-Schatz 2005: 77 ff.)[33]. Die Sozialhilfeabhängigkeit vieler Kinder und die damit verbundene Familienarmut sowie die langsame aber stete Erosion der mittelständischen Familien sind Zeichen der Schwäche des Familienlastenausgleiches.

---

[32] Sh. Vorstoss Meier-Schatz: Steuerbefreiung der Kinder- und Ausbildungszulagen.

[33] Sh. auch im internationalen Vergleich: Godet und Sullerot (2005: 202 ff.), Bagavos und Martin (2001: 4-29).

Selbst im Wissen um den demographischen Wandel, der sich in einer steigenden Lebenserwartung und sinkenden Geburtenraten abbildet, ist der geforderte Paradigmenwechsel noch nicht ersichtlich. Die heutige Haushalts- und Altersstruktur der Entscheidungsträger[34] scheint nach wie vor einem solchen Vorhaben entgegenzustehen.

Um aber der Familie ein verantwortungsvolles und würdiges Leben zu ermöglichen, müssen die Folgen der Fehlentwicklungen analysiert und korrigiert werden. Dies bedingt eine Anerkennung der Disparitäten zwischen den kinderlosen Haushalten und den Familienhaushalten. Die vermehrte Berücksichtigung der Kosten und der Einschränkungen der Eltern muss sowohl im Rahmen der intergenerationellen Gerechtigkeit als auch in jenem der intragenerationellen Gerechtigkeit erfolgen. Die Leistungsgerechtigkeit muss mittels unterschiedlicher Massnahmen hergestellt werden. Dies setzt voraus, dass, bevor Massnahmen überhaupt implementiert werden, die Umverteilungseffekte analysiert und mögliche negative Effekte eliminiert werden. Die Steuerungsinstrumente des horizontalen und vertikalen Leistungsausgleichs dienen der Herstellung der Einkommens- und Chancengerechtigkeit der Eltern, müssen aber in ihrer Anwendung so ausgestaltet werden, dass sie nicht zu einer Diskriminierung anderer Haushaltsformen unterschiedlicher Sozialschichten führen. Denn „bei einem vollständigen horizontalen Ausgleich der Kinderkosten wird die vertikale Gerechtigkeit verletzt, weil es dann zwangsläufig zu einer Umverteilung von einkommensschwachen kinderlosen Haushalten zu einkommensstarken Familien kommt“ (Bauer und Streuli 2000: 2 ff.).

## 7.6 Einige Schlussbemerkungen

Verschiedene familienpolitische Akteure[35] haben in den letzten Jahren Ansätze zur Schaffung von mehr Gerechtigkeit zwischen den verschiedenen Bevölkerungs- und Einkommensgruppen formuliert. Diese gehen von der Forderung nach einem so genannten Bürgerlohn[36], der Einführung einer negativen Einkommenssteuer, bis hin zu einer massiven Erhöhung der steuerlichen Kinder- und Ausbildungsabzüge. Allen gemeinsam ist, dass sie vor allem eine Verbesserung der heutigen Familiensituation erreichen möchten, dennoch ist festzustellen, dass nicht alle Vorschläge diesem Ziel näher kommen. Einerseits führen gewisse Forderungen zu negativen Verteilungseffekten und zu einer ungebührlichen Belastung der tieferen Sozialschichten.

[34] Eine Mehrheit der Stimmbürger ist mehr als 50 Jahre alt und hat somit die Elternphase, wenn überhaupt, fast abgeschlossen. Viele Familien, weil ausländischer Herkunft, sind von der Entscheidungsfindung ausgeschlossen.

[35] Sh. die Forderungen von Pro Familia Schweiz und die vier-Säulen-Politik der Eidg. Koordinationskommission für Familienfragen sowie die parteipolitischen Forderungen, die im Vergleich unterschiedlicher nicht sein könnten.

[36] Sh. insbesondere Ruh (2003).

Andererseits herrscht immer noch eine begriffliche Konfusion, an der gewisse Kreise bewusst festhalten, zwischen Paarhaushalten respektive kinderlosen Ehepaarhaushalten und Familien respektive Haushalten mit Kindern, was zur Folge hat, dass die Forderung nach einer neuen Ausrichtung der Familienpolitik zwecks Herstellung einer gerechteren Verteilung der Lasten über einen konsequenten horizontalen Ausgleich noch auf wenig Akzeptanz stösst. Daher gilt es die Öffentlichkeit über die Begriffe und die Umverteilungseffekte aufzuklären, um einer nachhaltigen Familienpolitik, welche der gesamten Gesellschaft zugute kommt, zum Durchbruch zu verhelfen.

Nur wer die mit Kindern verbundenen Opportunitätskosten und die Mehrfachbenachteiligung der Eltern erkennt und anerkennt, kann der Frage der gerechten und nachhaltigen Verteilung der familialen Leistungen nachgehen. Dabei müssen die monetären Aufwendungen der Eltern und die durch staatliche Regulierungen bedingten Lasten berücksichtigt werden, ebenso jene Lasten, die für die mittel- und langfristige Absicherung der familienbezogenen Lebensphasen oder -krisen notwendig sind. Werden diese Lasten den privaten und öffentlichen Aufwendungen für Kinder gegenübergestellt, den verschiedenen Transferzahlungen nicht nur zugunsten der Familien, aber auch jenen der Familien zugunsten der kinderlosen Haushalte und jenen, die im Rahmen der intergenerationellen Solidarität erbracht werden[37], dann bekommt der Ruf nach einer horizontal gerechten Verteilung der Steuerlasten und nach der Umsetzung eines intergenerationellen Leistungsausgleichs mehr Bedeutung.

Zwei Verteilungsansätze, der allokationspolitische und der verteilungspolitische, müssen weiterverfolgt werden. Auch müssen unterschiedlichste Formen des monetären Ausgleichs nebeneinander bestehen können. Doch ohne Koordination der Ausgleichszahlungen und ohne Berücksichtigung der Verteilungseffekte dieser einzelnen Massnahmen können konträre Wirkungen erzielt werden, die es mittels Koordination der Massnahmen zu verhindern gilt. Einzelne Leistungen müssen einen universellen Charakter[38] haben, dies im Wissen, dass diese Form der Ressourcenallokation den grössten Nettoeffekt erzielt (Bauer *et al.* 2004: 143). Andere wiederum müssen bedarfsgerecht sein, um die Startchancen zu erhöhen oder die Lebensphasenrisiken der Familien zu mildern. Es gibt daher nicht nur einen Lösungsansatz, denn die zu lösenden Aufgaben betreffen sowohl den Lasten- und Leistungsausgleich von Eltern während der Erziehungsphase, die späteren familialen Lebensphasen als auch den Beitrag dieser Eltern an das System der Alterssicherung aller Mitglieder der Gesellschaft. Dieser Komplexität muss sich jede Gesellschaft bewusst sein, die mit einer hohen Lebenserwartung, einer tiefen Geburtenrate und einer steigenden Belastung der aktiven Bevölkerung konfrontiert ist. Da das Risiko Alter, nicht aber das Erziehen

[37] Sh. Krankenversicherung, Pflegeversicherung und AHV.

[38] Kinder- und Ausbildungszulagen – sobald der Grundsatz „ein Kind – eine Zulage“ umgesetzt ist.

von Kindern institutionell abgesichert ist, veranlasst dieses Fehlen der Absicherung den geforderten Ausgleich der erbrachten Leistungen der Eltern, der Familien durch die Gesellschaft. Dabei geht es nicht um die Ökonomisierung aller Lebensphasen und Lebensbereiche, sondern lediglich um die Milderung der erwiesenen Mehrfachbelastungen der Eltern.

Schliesslich muss der Hinweis auf die unzureichende Funktionserfüllung des Staates und der weiteren politischen Entscheidungsträger, welche durch ihre Entscheide die Eigenverantwortung der Eltern und die Möglichkeit einer genügenden Einkommenserzielung sowie das verfügbare Einkommen schmälern, gemacht werden. Diese tragen eine wesentliche Verantwortung für die fehlende Herstellung von Gerechtigkeit bezüglich der festgestellten Einkommensschwäche zahlreicher Familien. Doch gäbe es durchaus eine gesellschaftliche Rationalität, die auch aus volkswirtschaftlichen Gründen ein Handeln des Staates sowie der Gesellschaft rechtfertigen würde. Schliesslich geht es bei jedem Leistungs- respektive Lastenausgleich um die Förderung einerseits der Startchancen der Kinder und andererseits um die Partizipationsgerechtigkeit der Eltern.

## 7.7 Literaturverzeichnis

Albouy V. und Roth N., *Les aides publiques en direction des familles. Ampleur et incidences sur les niveaux de vie*, Paris, Haut Conseil de la population et de la famille, République française, 2003.

Althammer J. und Mayert A., *Familiengerechtigkeit*, Bochum, Lehrstuhl für Sozialpolitik und Sozialökonomie, Sozialwissenschaftliche Fakultät Ruhr-Universität, 2006.

Baclet A., Dell F., Steiner V. und Wrohlich K., *Verteilungseffekte der staatlichen Familienförderung. Ein empirischer Vergleich zwischen Deutschland und Frankreich*, Berlin, Kurzexpertise, DIW, 2005.

Bauer T. und Streuli E., *Modelle des Ausgleichs von Familienlasten. Eine datengestützte Analyse*, Bern, Eidgenössische Koordinationskommission für Familienfragen, 2000.

Bauer T., Strub S. und Stutz H., *Familien, Geld und Politik*, Zürich/Chur, Verlag Rüegger, 2004.

Bavagos C. und Martin C., *Low fertility, families and public policies*, Wien, Synthesis Report, Austrian Institute for Family Studies & European Observatory on Family Matters, 2001.

BFS, *Unbezahlt – aber trotzdem Arbeit. Zeitaufwand für Haus und Familienarbeit, Ehrenamt, Freiwilligenarbeit und Nachbarschaftshilfe*, Neuchâtel, 1999.

Commission of the European Communities, *Promoting Solidarity between the Generations*, Brussels, Communications from the Commission to the European Parliament, the Council, the European Economic and Social Committee and the Committee of the Regions, 10.5.2007 COM(2007) 244 final, 2007.

Courtioux P., Laïb N., Le Minez S. und Mirouse B., « L'incidence du système de prélèvements et de transferts sociaux sur le niveau de vie des familles en 2004 : une approche par microsimulation », in *Etudes et Résultats*, Paris, Drees, 2005.

Dang A.-T. und Monnier J.-M., *Les effets redistributifs des transferts en faveur des familles en France : un éclairage en longue période*, Paris, CNAF, 2003.

Ecoplan, *Verteilung des Wohlstandes in der Schweiz*, Bern, Studie im Auftrag der Eidgenössischen Steuerverwaltung, 2004.

Ehrlich P., *The Population Bomb*, New York, Ballantine Books, 1968.

Eidg. Koordinationskommission für Familienfragen EKFF, *Pflegen, betreuen und bezahlen, Familien in späteren Lebensphasen*, Bern, 2006.

Eidgenössische Volkszählung 2000, *Familien und Haushalte*, Neuchâtel, BFS, 2005.

Europäische Union, *Grünbuch der Europäischen Union Angesichts des demografischen Wandels: eine neue Solidarität zwischen den Generationen*, Brüssel, 2005.

EDI, *Familienbericht 2004. Strukturelle Anforderungen an eine bedürfnisgerechte Familienpolitik*, Bern, Eidgenössisches Departement des Innern, 2004.

Gärtner L., „Intergenerationelle Solidarität und soziale Sicherheit: hält der Generationenvertrag?", in Caritas (Hg), *Die demographische Herausforderung*, Sozialalmanach 2004, Luzern, Caritas, 2003, S. 105-122.

Gerechtigkeit für Familien, *Zur Begründung und Weiterentwicklung des Familienlasten- und Familienleistungsausgleichs*, Wissenschaftlicher Beirat für Familienfragen (Hg.), Bundesministerium für Familie, Senioren, Frauen und Jugend, Stuttgart, Verlag W. Kohlhammer, 2001.

Godet M. und Sullerot E., « La famille, une affaire publique », in *La documentation française*, Paris, 2005.

Gravelle J., "Horizontal equity and family tax treatment: the orphan child of tax policy", *National Tax Journal*, 59 (3), 2006.

Henman B., „Zu den ökonomischen Zusammenhängen zwischen Renten", *Familien- und Bildungspolitik*, Ein Plädoyer für die Aufwertung der Erziehungsrente je Kind, Köln, Otto-Wolff-Institut für Wirtschaftsordnung, 2004.

Höpflinger F. und Debrunner A., *Die unschätzbaren Leistungen der Familien*, Bern, Pro Familia Schweiz, 1994.

Kaufmann F. X., *Schrumpfende Gesellschaft. Vom Bevölkerungsrückgang und seinen Folgen*, Suhrkamp, Frankfurt am Main, 2005.

Konrad K. A. und Richter W. F., „Zur Berücksichtigung von Kindern bei umlagefinanzierter Alterssicherung", *Discussion Paper*, SP II 2003. 02, Berlin, Wissenschaftszentrum, 2003.

Konrad K. A. und Richter W. F., „Zur Berücksichtigung von Kindern bei umlagefinanzierter Alterssicherung», in *Perspektiven der Wirtschaftspolitik. Zeitschrift des Vereins für Sozialpolitik*, H.1, Berlin, Wissenschaftszentrum Berlin für Sozialforschung / Universität Dortmund, 2005, S.115-130.

Künzi K. und Schärrer M., *Wer zahlt für die Soziale Sicherheit und wer profitiert davon? Eine Analyse der Sozialtransfers in der Schweiz*, Zürich/Chur, Verlag Rüegger, 2004.

Künzler J., "Compatibility between modernization and the family", in Schulze, H.-J. (Hg.), *Stability and complexity: perspectives for a child-oriented family policy*, Amsterdam, University Press, 2000.

Lefebvre P. und Merrigan P., "Assessing Family Policy in Canada. A New Deal for Families and Children", *Choices*, 9 (5), 2003.

Littmann-Wernli S., „Das Transfersystem der Altersvorsorge. Eine Analyse aus volkswirtschaftlicher Sicht", in *Familie und Gesellschaft*, Bern, 2004.

Meier-Schatz L., *La politique familiale en Suisse. Profitent des enfants ceux qui n'en ont pas !*, Bern, (Hg) SODK/CDAS, 2005.

O'Neal R., *Fiscal Policy and the Family, How the Family Fares in France, Germany and the UK*, London, Institute for the Study of Civil Society, 2005.

Österreichisches Institut für Familienforschung, „Was macht der Norden anders?", in *Informationsdienst des Institutes für Familienforschung*, Wien, 2006.

Rawls J., *Eine Theorie der Gerechtigkeit*, Frankfurt am Main, Suhrkamp, 1975.

Ruh H., „Braucht es einen neuen Generationenvertrag", in Caritas (Hg.), *Die demographische Herausforderung*, Sozialalmanach 2004, Luzern, Caritas, 2003.

Ruland F., „Familien und Rentenversicherung", in *VDR Verband Deutscher Rentenversicherungsträger*, Frankfurt am Main, 2003.

Sauvy A., « Démographie et refus de voir », in *L'enjeu démographique*, Paris, 1980.

Schmid B., *Objektive und subjektive Problemlagen: eine Frage des Einkommens?*, Neuchâtel, BFS, Sektion Sozioökonomische Analysen, 2004.

Sterdyniak H., « Contre l'individualisation des droits sociaux », in Revue de l'OFCE, Paris, 2004.

Stuckelberger A. und Höpflinger F., *Späte und nachberufliche Familienphasen: intergenerationelle Leistungen moderner Familien*, Solothurn, Vortrag am Forum für Familienfragen der Eidgenössichen Koordinationskommission für Familienfragen, EKFF, 2002.

Wanner P., Sauvain-Dugerdil C., Guilley E. und Hussy C., *Alter und Generationen: das Leben in der Schweiz ab 50 Jahren*, Neuchâtel, Volkszählung 2000, Strukturerhebung, BFS, 2005.

Wohlstand und Wohlbefinden, *Lebensstandard und soziale Benachteiligung in der Schweiz*, Neuchâtel, BFS, 2002.

World Commission on Environment and Development, *Our Common Future*, Oxford, Oxford University Press, 1987.

CHAPITRE 8

# Développer une politique familiale qui permette aux parents d'avoir le nombre d'enfants qu'ils souhaitent

PHILIPPE WANNER[1]

Avec un nombre moyen de 1,4 enfant par femme, la Suisse ne peut plus compter sur la fécondité pour renouveler sa population sur le long terme. Cette situation, qui se rencontre dans de nombreux pays européens, conduit à une dépendance de plus en plus étroite envers les flux migratoires, les seuls à pouvoir garantir sur le long terme une stabilité démographique. Or, dans un contexte de baisse générale de la fécondité – la moitié de la population mondiale vit désormais dans une région de faible fécondité (Wilson et Pison 2004) – et compte tenu de l'accroissement de la demande de personnel hautement qualifié dans les pays du Nord, les candidats à la migration deviendront progressivement de moins en moins nombreux et de plus en plus demandés par les différentes économies.

Face à cette situation où les migrations ne sont définitivement qu'une solution partielle et provisoire pour faire face aux évolutions démographiques (NU 2000), il peut être légitime, sous l'hypothèse qu'il soit nécessaire de garantir une stabilité à moyen terme des structures démographiques et de la main-d'œuvre, de faire appel à des mécanismes étatiques pour soutenir la fécondité.

Les politiques de soutien à la fécondité qui se développent en Europe ne se réfèrent pas seulement à cette référence démographique. Elles ont en premier lieu pour objectif d'aider les familles devant leurs nombreuses

[1] Philippe Wanner est professeur auprès du Laboratoire de démographie et d'études familiales de l'Université de Genève.

aspirations, et d'autoriser chacune et chacun de mettre au monde le nombre d'enfants souhaité.

L'introduction des moyens modernes de contraception a été vue comme une avancée permettant aux familles et aux individus de « contrôler » ou « maîtriser » leur fécondité, de manière à réduire la taille de la famille, souvent trop élevée par rapport aux souhaits des parents. Aujourd'hui, la réalisation des souhaits en matière de fécondité reste un objectif pour le bien-être individuel, familial et social. Cependant, la problématique s'est inversée depuis les années 1970, puisque le désir d'enfants dépasse désormais la fécondité effectivement mesurée.

Cependant, alors qu'un consensus général se développe sur la nécessité de formuler des politiques familiales et d'aider les familles, même dans les pays qui traditionnellement n'interviennent pas dans ce thème, des questions restent encore ouvertes, d'une part sur la nature des moyens à mettre en œuvre, d'autre part sur leur efficacité. Le processus menant à la naissance d'un enfant ne répond pas à des critères toujours rationnels. Les facteurs intervenant sur la fécondité d'une population sont nombreux et complexes. Dès lors, l'implémentation de politiques de fécondité atteignant des résultats significatifs n'est pas toujours vérifiée. Le manque d'efficacité parfois suspecté est d'ailleurs l'un des motifs justifiant l'absence d'interventions.

Dans cette contribution, nous évoquerons en premier lieu la définition d'un objectif, qui serait celui d'atteindre le « nombre idéal d'enfants ». Puis, en recourant à une théorie de la fécondité, nous définirons quelles devraient être les dimensions principales d'une politique adaptée. Nous discuterons ensuite de l'efficacité des mesures politiques pour, finalement, focaliser notre approche sur le cas suisse.

## 8.1 Le nombre souhaité d'enfants : choix individuel ou choix sociétal ?

A l'échelle des sociétés industrialisées, il n'existe pas de consensus sur un niveau « idéal » de fécondité. On articule souvent le chiffre de 2,1 enfants par femme – chiffre qui assure le renouvellement des populations – mais on pourrait s'interroger longtemps sur la pertinence de ce critère. D'autres niveaux de fécondité, plus élevés, permettraient à long terme le maintien d'un rapport constant entre jeunes et âgés, entre actifs et retraités, etc. Des niveaux plus faibles de fécondité pourraient, à long terme, avoir certains avantages socioéconomiques. Face à l'absence d'un « optimum » de population défini de manière objective selon une échelle *collective*, il est d'usage de considérer que le niveau de fécondité d'une population est « adapté » lorsque les souhaits *individuels* d'enfants sont réalisés.

La baisse de la fécondité ayant marqué la fin du baby-boom n'a pas été accompagnée d'une diminution significative du nombre « souhaité » d'enfants. La notion de famille « idéale » ou « souhaitée » a en effet diminué beaucoup plus lentement que la fécondité effective (Léridon 1985), d'où un décalage croissant entre les souhaits et ce qui est observé. Les jeunes Suisses interrogés lors de l'enquête suisse sur la famille de 1994/95 déclarent, en moyenne, souhaiter légèrement plus de deux enfants (2,2 enfants en moyenne pour les femmes de 20-24 ans), Ces mêmes femmes considèrent que la taille idéale de la famille en Suisse est de 2,1 enfants (Gabadinho 1998). Or, dans les faits, la « descendance finale », soit le nombre d'enfants mis au monde, de ces jeunes devrait être comprise entre 1,6 et 1,8 enfant par femme. L'écart le plus important est observé chez les femmes de niveau de formation supérieure, dont les souhaits dépassent deux enfants, alors même que leur fécondité effective s'approche de 1,3 enfant en moyenne.

Girard et Roussel (1981) ont expliqué la différence entre souhaits et réalisation par le fait que les deux concepts couvrent des dimensions très différentes. La fécondité souhaitée ou idéale exprime une norme collective, alors que la fécondité effective se réfère à des situations individuelles. Une étude menée en France montre ainsi que pour les personnes sans enfant, ce sont les références familiales qui jouent un rôle prépondérant sur les désirs d'enfants. Cependant, dès la naissance du premier enfant et la prise en compte des implications qu'il représente, d'autres logiques entrent en ligne de compte (Régnier-Loilier 2006). En outre, de par un mécanisme d'adaptation, les hommes et femmes modifient progressivement leurs souhaits de manière à ce que ceux-ci atteignent le nombre d'enfants déjà nés (Toulemon et Testa 2005). Interrogées à la fin de leur vie reproductive, les femmes déclarent un nombre idéal d'enfants pas très éloigné de leur descendance atteinte.

S'ils étaient une dimension clairement identifiée par les couples et indépendante des aléas de la vie, les souhaits individuels pourraient représenter une manière idéale de dépister celles et ceux qui n'atteignent pas la descendance désirée. Dans ce cas, des politiques de fécondité pourraient être ciblées sur ces couples présentant un « déficit » de naissances comparativement à leurs souhaits. Cependant, compte tenu de la nature de cette dimension, une telle approche n'est pas possible. Pour cette raison, il convient de se référer à un contexte plus large pour identifier les possibilités d'actions.

## 8.2 La théorie du choix rationnel et les déterminants de la fécondité

### La rationalité de la fécondité

Afin de comprendre quelles sont les politiques nécessaires, et comment elles peuvent agir, il convient de déterminer dans un premier temps, à l'aide de propositions théoriques issues de la littérature scientifique, quels sont les déterminants de la fécondité. Une fois ces déterminants identifiés, des interventions efficaces pourront être formulées. Cette démarche, adaptée de McDonald (2000), reste en certains points problématique : en particulier, aucune théorie de la fécondité n'a réellement pu identifier quels étaient les déterminants de la fécondité. Dans un article assez récent, Burch (1999) relevait l'échec d'un appel à communication portant spécifiquement sur les théories de déclin de la fécondité, organisé par la revue *Demography* en 1991. La revue avait finalement renoncé à son numéro spécial, en l'absence de contributions théoriques valables sur ce thème.

La difficulté de construire une théorie de la fécondité qui soit séduisante provient essentiellement du fait que l'enfant n'est pas un « bien » selon le sens traditionnel du terme : il ne répond pas uniquement à des considérations économiques, mais dépend très étroitement de facteurs biologiques, psychologiques, sociaux et culturels, intervenant à l'échelle de la mère, du père, de la famille dans son ensemble et de la société. Dès lors, il convient de quitter des approches purement objectives pour inclure des dimensions subjectives.

Au risque de simplifier à l'extrême, la théorie du choix rationnel – qui découle de la théorie économique néoclassique – du Prix Nobel d'économie Gary Becker (1976 ; 1991) nous semble suffisamment aboutie pour déboucher sur quelques propositions de politiques de fécondité.

Cette théorie met en relation la fécondité avec les bénéfices escomptés et les coûts, considérés dans un sens large. Un couple décide d'un projet de fécondité à partir du moment où l'ensemble des bénéfices dépasse les coûts. Les bénéfices peuvent être soit économiques, dans la mesure où la présence d'un enfant peut représenter une garantie, par exemple au moment de la retraite. Mais dans les sociétés occidentales, ils sont surtout de l'ordre de l'émotionnel et liés à la valeur affective de l'enfant et à la position dans la société que confère pour les parents la naissance d'un enfant.

Les coûts sont pour leur part directs et associés aux soins accordés à l'enfant. Ils peuvent aussi être indirects, et constituer en un coût d'opportunité (perte de salaire associée au temps consacré aux enfants par exemple). Parfois, le coût ne peut pas être chiffré, par exemple lorsqu'il est lié à des changements dans l'organisation de la vie de couple. Quelquefois les bénéfices et les coûts ne sont pas connus au moment de la décision d'agrandir la famille, ce qui rend encore plus complexe la validité de cette approche.

La théorie du choix rationnel suggère que le bénéfice escompté de l'enfant et ses coûts varient en fonction de différents paramètres, tels le rang de l'enfant, l'âge des parents ou leur situation socioéconomique. Par exemple, le premier enfant représente un changement dans l'organisation de la vie du couple généralement plus important que les naissances suivantes. Les coûts directs sont pour leur part plus importants pour le premier enfant, certaines acquisitions très diverses (un appartement de plus grande taille, un berceau, etc.) étant rendues nécessaires mais pouvant être utilisées pour les enfants suivants. MacDonald (2002), suggère que les coûts directs liés à la naissance du premier enfant sont certainement plus importants que les coûts indirects. Dès la seconde naissance, ces coûts directs augmentent très peu. Par contre, il peut être suspecté, dans certains pays comme la Suisse, que certains coûts indirects s'accroissent significativement dès la deuxième naissance. C'est le cas par exemple dans les pays où la seconde naissance entraîne une baisse significative du taux d'activité.

L'âge des parents intervient également sur les coûts et les bénéfices escomptés d'une naissance. Lorsque celle-ci survient au sein d'un jeune couple, la naissance a des implications différentes que la naissance qui se produit chez une femme en fin de vie reproductive (McDonald 2002). D'autres facteurs, tels quel la situation socioéconomique, jouent un rôle. En Suisse, la fécondité est la plus élevée parmi les couples composés d'un homme de niveau de formation tertiaire et d'une femme de niveau primaire (Wanner et Peng Fei 2005) : le niveau socioéconomique de l'homme est plutôt positivement associé à l'agrandissement de la famille, alors que le contraire s'observe chez la femme. Celle-ci renoncera à une naissance si cet événement entre en concurrence avec d'autres activités fortement rémunérées.

### Les conséquences du choix rationnel pour les politiques de fécondité

La théorie du choix rationnel accorde beaucoup de place à la comparaison des avantages et inconvénients d'une naissance : dans la réalité, compte tenu de la complexité de la prise de la décision, il existe certainement autant de couples donnant naissance à des enfants dans une situation où les coûts sont plus élevés que les bénéfices, que de couples restant sans enfant malgré les avantages matériels ou émotionnels qui pourraient résulter d'une naissance. Malgré ses défauts, la théorie constitue cependant un intéressant cadre de réflexion en vue de dégager des priorités d'action.

En premier lieu, l'approche nous indique qu'il conviendrait, pour soutenir la fécondité, d'augmenter les bénéfices d'une naissance ou d'en diminuer les coûts. En second lieu, la théorie de Becker suggère que les coûts et bénéfices d'une naissance varient en fonction de l'âge des parents et du rang de naissance. Dès lors, l'intérêt de flexibiliser les mesures est évident. Dans un contexte de ressources limitées, il vaudrait mieux se focaliser sur les couples pour lesquels une intervention est susceptible de modifier les comportements de fécondité, à savoir les couples chez qui les « coûts » et les « bénéfices » sont proches.

### L'éventail des mesures de diminution des coûts

Certains couples renoncent à avoir des enfants car ceux-ci coûtent trop cher. Selon l'enquête suisse sur la famille, 37% des femmes ne désirant plus d'enfants citaient ce motif pour expliquer leur choix (Gabadinho 1998). Un accroissement de la fécondité pourrait pour cette raison résulter d'une diminution des coûts directs ou indirects pour les parents.

Cela passe, le plus souvent, par des transferts financiers, tels que les allocations familiales ou allocations de naissances, des abattements fiscaux ou la prise en charge par l'Etat de coûts générés par l'enfant (instruction, assurances maladie, etc.). Une diminution des coûts pour les parents peut également passer par le développement d'infrastructures de prise en charge de l'enfant, et par des mesures parfois fort simples et peu coûteuses visant à favoriser la conciliation des différentes activités professionnelles, parentales et de loisirs : cantine scolaire, service d'accueil après l'école, réseaux de baby sitters, etc.

Certaines de ces interventions se situent sur une échelle nationale, tandis que d'autres sont d'une compétence plutôt locale, voire même de quartier. Si la responsabilité de ces mesures est le plus souvent imputée aux collectivités publiques, le rôle des employeurs ne doit pas être non plus sous-estimé.

Devant le nombre particulièrement élevé de mesures prises dans les pays industrialisés, on peut se référer à Heitlinger (1991), cité par McDonald (2002), pour un classement en trois groupes.

En premier lieu, les *incitations financières* à destination des ménages confrontés au choix ou non d'avoir des enfants. Dans ce groupe on inclut en particulier les allocations périodiques (allocations mensuelles ou annuelles pour enfants). On peut également classer dans cette catégorie les abattements fiscaux, les tarifs spéciaux ou la gratuité pour enfants ou familles (dans les transports publics par exemple), ainsi que les aides au logement. Il est intéressant de noter que, à l'exception des aides au logement qui ne font pas l'objet de mesures systématiques, la politique familiale suisse est dotée d'une large gamme d'incitations financières. Celles-ci sont cependant relativement limitées et non spécifiques aux familles : que ce soit dans les transports, pour les loisirs (piscines, stations de skis, etc.), les tarifs spéciaux concernent en règle générale autant les retraités et rentiers AI que les étudiants et écoliers.

Les mesures qui permettent de *concilier vie familiale et vie professionnelle* représentent le deuxième type de facteurs pouvant rentrer dans le cadre des politiques de fécondité. Ces mesures se réfèrent en particulier aux congés de maternité et de paternité, à la subvention et l'installation de crèches et de structures d'accueil adaptées pour les enfants, ainsi qu'aux politiques sur la place de travail (travail à domicile, horaire flexible ou modulable, etc.). Dans ce domaine également, la Suisse a montré différents progrès significatifs, avec récemment des interventions significatives tant au niveau de la durée de congé pour les mères exerçant une activité professionnelle qu'en ce qui concerne les systèmes de garde pour enfant. Le congé maternité de 14 semaines accepté par référendum en 2004 place cependant la Suisse en queue de classement des pays d'Europe occidentale.

Enfin, les *changements sociaux favorables à la famille*, troisième axe des politiques de fécondité, incluent différentes interventions dont l'objectif est de favoriser l'emploi des mères, la lutte contre les inégalités entre les sexes.

On inclut également dans cette catégorie les mesures favorables au mariage et à la mise en couple et les environnements de vie devant être accueillants pour les enfants.

**La flexibilisation des politiques : indispensable ou contre-productive ?**

La théorie du choix rationnel suggère par ailleurs que les mesures les plus efficaces sont celles qui seraient ciblées sur les couples dont la décision d'avoir ou non un enfant est en train d'être prise, et où les avantages d'une naissance et leurs coûts sont en train d'être comparés. Par contre, une intervention qui ciblerait les couples peu sensibles à la fécondité n'aurait que très peu de chance d'aboutir.

Il n'est bien sûr pas possible de connaître a priori ceux désireux d'avoir un (autre) enfant, ceux qui resteront définitivement inféconds, et ceux dont l'agrandissement de la famille est susceptible d'être influencé par des interventions politiques. Malgré cette limite, dans des contextes parfois très différents, des interventions ciblées sur les couples en voie d'agrandissement de la famille ont été testées avec succès. Pressat en 1979 relevait déjà que les mesures sélectives de la fécondité, destinées aux naissances de rang 2 ou 3, dans certains régimes communistes, avaient contribué au soutien de la fécondité. Aujourd'hui, on retrouve dans les pays à politique ouvertement nataliste, comme la France et Singapour, des mesures ciblées sur les couples ayant déjà débuté leur fécondité, et qui ont montré des résultats plutôt variés.

En France, le soutien aux familles repose grandement sur les allocations familiales (allocations parentales d'éducation, versées aux mères cessant d'exercer une activité pour s'occuper des enfants) d'importance croissante en fonction du nombre d'enfants. Des déductions fiscales complètent l'aide aux familles nombreuses, la politique de fécondité visant à favoriser ce type de familles (Breton et Prioux 2005). Cet aspect particulièrement visible de la politique familiale ne doit pas faire oublier le rôle d'un horaire de travail plutôt allégé en moyenne internationale, et d'horaires scolaires adaptés. Ces deux facteurs jouent certainement aussi un rôle non négligeable sur la gestion du temps, entre famille et activité professionnelle et par là sur les réalisations des désirs d'enfants. Indéniablement, la politique nataliste française montre des résultats intéressants. La France se caractérise en particulier par une forte probabilité d'avoir un enfant de rang 3 chez les femmes de catégorie socioprofessionnelle élevée (Eckert-Jaffé 2002).

A Singapour, la politique antinataliste intitulée « Stop at two » a représenté la référence dans une période marquée par une forte baisse de la fécondité (le nombre moyen d'enfants par femme passa de 6,4 en 1950 à 1,7 vers 1985). Cette politique fut remplacée dès 1987 par une nouvelle approche d'orientation pronataliste dont le slogan fut « Have three, and more if you can afford it ». Cette nouvelle orientation politique incluait une série d'avantages fiscaux et de couverture de frais (médicaux et autres), axés en particulier sur les naissances de rang 3 et plus. En outre, le gouvernement introduisit des activités (forums, discussions) afin de favoriser les rencontres et les mariages des fonctionnaires célibataires (Muy Teng Yap 2003). Devant la poursuite de la baisse de la fécondité (qui a atteint 1,26 enfant par femme en 2003), le gouvernement a accru encore en 2001 les aides accordées aux enfants de rang supérieur à 2. Dans le cas de Singapour, la politique n'a, pour le moment, pas eu des résultats significatifs.

Les divergences dans les résultats des politiques de la France et de Singapour s'expliquent certainement par la confiance accordée par les couples aux politiques respectives. En effet, pour être efficace, l'implémentation de mesures doit nécessairement s'effectuer dans un contexte de continuité et de non-spécificité. La naissance représente en effet un risque pour le couple ou les parents : ce risque n'est pas seulement économique, mais il est surtout lié aux bouleversements attendus, et mal perçus avant la naissance, dans l'organisation de la vie et dans le fonctionnement du couple. Dans ce contexte, un élément important, pour les familles et en particulier les jeunes couples, est l'existence d'infrastructures permettant de prendre en charge, si cela devient nécessaire, certaines tâches liées aux enfants (système de crèches, soutiens aux familles, etc.). Ceci non seulement au moment de la naissance, mais également à plus long terme. En Europe, les pays observant les taux de fécondité les plus élevés sont aussi ceux qui ont montré une continuité dans leur politique de fécondité : c'est le cas de la politique nataliste française et de la politique d'Etat-providence suédoise.

## 8.3 L'efficacité des politiques de fécondité

Le nombre d'études traitant de l'efficacité des politiques de fécondité est à l'échelle du nombre d'interventions possibles. Cependant, au sein de la communauté internationale, il n'existe pas encore de consensus bien établi sur l'efficacité de ces politiques. On distinguera deux types d'analyses, celles portant sur le niveau général et mettant en relation l'intensité des politiques familiales et le niveau de fécondité, et celles qui se consacrent à l'évaluation de différents types d'interventions.

Au niveau du degré d'intervention étatique, des auteurs, à l'instar de Chesnais (1996) ou de Gauthier (2001), ont montré, à partir d'analyses transnationales, que les politiques familiales sont associées à l'écart entre le nombre effectif d'enfants observés dans une société et le souhait d'enfants. Chesnais (2002) a par ailleurs mis en évidence le lien existant entre la descendance finale – le nombre d'enfants observé dans une génération de femmes – et le contenu des politiques (tab. 8.1).

Gauthier (2001) a pour sa part recensé les principales études effectuées pour la plupart dans les années 1990 portant sur l'impact des politiques sur la fécondité (12 études), les naissances au sein des jeunes femmes (9 études), la structure familiale (12 études) ou l'activité professionnelle de

**Tableau 8.1** Descendance finale de la génération 1960-64 et indice d'intervention des politiques familiales dans quelques pays européens.

| Pays | Descendance finale | Indice de politique familiale |
|---|---|---|
| Espagne | 1,47 | Bas |
| Italie | 1,45 | Bas |
| Russie | 1,50 | Bas |
| Allemagne | 1,52 | Bas |
| France | 1,98 | Moyen |
| Royaume-Uni | 1,86 | Moyen |
| Danemark | 1,89 | Haut |
| Finlande | 1,92 | Haut |
| Norvège | 2,06 | Haut |
| Suède | 2,00 | Haut |

Pour la Russie : estimation. Bas : moins de 1/5 du coût de l'enfant compensé par les pouvoirs publics. Moyen : 2/5 du coût compensé. Haut : près de 50% du coût compensé. Coût financier direct de l'enfant, y compris enseignement et santé. Source : Chesnais (2002).

la mère (22 études). Ces études montrent globalement un impact positif quoique relativement faible des politiques sur la fécondité, impact qui se traduit surtout par un changement du calendrier des naissances mais aussi, pour Ermisch (1988), sur la probabilité d'avoir un enfant de rang égal ou supérieur à 3. L'impact des politiques sur la fécondité des jeunes femmes est plus discutable.

Gauthier et Hatzius (1997) ont en outre calculé une faible élasticité des mesures financières : un accroissement de 25% des allocations familiales conduirait selon eux à un accroissement de 4% de la fécondité. MacDonald (2002) fait pour sa part le constat selon lequel certaines de ces mesures financières profitent plus aux parents – et plus spécifiquement au père – qu'aux enfants.

Un changement de politique familial peut également avoir un effet sur le comportement de la femme vis-à-vis du marché du travail. Ermisch et Wright (1991) et Blank (1985) ont à ce propos montré un impact négatif des allocations familiales sur le retour sur le marché du travail. Cependant, des études plus récentes ne confirment pas un tel effet (cf. Kreyenfeld et Hank, 2000). Il semble que la situation familiale de la mère, qui peut varier d'un contexte à l'autre, rend difficile la mesure de ces effets.

## 8.4 La Suisse : vers un changement d'orientation ?

A l'instar de l'Allemagne qui, profondément marquée par des événements historiques tragiques, a longtemps renoncé à intervenir dans les comportements familiaux et reproductifs de sa population, la Suisse a montré durant la seconde moitié du 20e siècle une approche des plus prudentes. Considérée comme appartenant au domaine de la vie privée, la fécondité est traditionnellement laissée à l'écart des priorités gouvernementales. Les mesures de soutiens aux familles instaurées progressivement sont restées également très prudentes. Selon les statistiques sociales disponibles, la Suisse consacre un franc à la famille pour dix francs environ dépensés pour les retraites.

Depuis le début du 21e siècle, et de manière simultanée en Suisse et en Allemagne, les initiatives allant dans le sens d'un interventionnisme moins frileux se sont multipliées : l'élaboration d'un rapport sur la famille publié en 2004 (DFI 2004) déclencha en Suisse une réflexion plus aboutie sur la nécessité d'une politique familiale. « La Suisse a besoin de plus d'enfants et de plus de femmes qui travaillent », ce sous-titre du discours publié à l'occasion de la sortie de cette étude par le conseiller fédéral Pascal Couchepin, illustre à la fois la problématique actuelle et la complexité des réponses à fournir.

Malgré ce changement d'orientation, le degré d'intervention reste à ce jour très modeste et le soutien pour les familles est limité par une orientation dite « subsidiaire », laissant aux parents non seulement le choix et les responsabilités, mais également les conséquences économiques et financières de la naissance.

Les chiffres articulés par les économistes sont à prendre avec extrêmement de prudence, cependant les ordres de grandeur mettent en évidence cette subsidiarité. Ainsi, Bauer (1998) estimait sur la base de l'année 1995 entre 500 000 et un million de francs le coût direct et indirect de l'enfant, jusqu'à l'âge adulte, tandis que des données zurichoises estimaient en 2004 à légèrement moins de 2000 francs mensuel le coût du premier enfant, ce qui correspond approximativement aux chiffres de Bauer (données citées par DFI 2004). Bien sûr, ces montants ne sont de loin pas couverts ni par les allocations familiales, ni par les déductions fiscales, et encore moins par les autres transferts financiers découlant de la naissance ou de la présence des enfants dans le couple.

L'aspect financier, même si il est pour certains couples important, n'est pas le seul à freiner la fécondité. A cette balance financière négative s'ajoutent de nombreux facteurs limitatifs tels que la difficile conciliation des tâches professionnelles et éducationnelles pour la mère, mise en évidence par un récent rapport de l'OCDE (2004), l'absence d'aides au logement pour les familles et des places de crèches encore difficiles à obtenir dans certaines régions.

Le rapport de l'OCDE (2004) formulait différentes recommandations relatives à l'articulation des activités rémunérées et de la fécondité. Ces interventions devraient rendre plus séduisante l'activité professionnelle de la mère (par exemple par une imposition individuelle, par la possibilité de flexibiliser le travail après la naissance et par la subordination de prestations complémentaires à l'exercice d'un emploi, cf. Adema et Thévenon 2004). L'impact de telles incitations sur l'activité des mères est évident, mais concernant la fécondité, il risque d'être modeste sinon nul.

Un relèvement significatif de la fécondité en Suisse n'est en effet pas aisé. Pour qu'elle soit efficace, une politique doit prendre en considération les besoins des Suissesses et des Suisses, fournir des réponses aux barrières qui apparaissent au moment de la réalisation des souhaits d'enfants, et gagner la confiance de la population. Les motifs d'une fécondité limitée déclarés dans le cadre de l'enquête suisse sur la famille de 1994/95 sont à ce propos éloquents. A cette époque étaient citées comme raisons les plus importantes pour les femmes pour ne pas avoir d'autres enfants que ceux déjà nés : (1) la difficulté de concilier une activité professionnelle et familiale (58% des femmes évoquent cette raison), (2) les responsabilités familiales déjà lourdes (47%), (3) les soucis et problèmes dans l'éducation des enfants (42%) ainsi que (4) le coût des enfants (37%) (Gabadinho 1998). Ces résultats montrent combien il serait nécessaire d'améliorer la conciliation des rôles féminins, de mettre en place des mécanismes garantissant le soutien aux familles ainsi que des mesures financières.

Bien sûr, renforcer les éléments actuellement existants (accroître la durée du congé maternité, créer des places dans les crèches, augmenter les allocations) rejoindrait certainement les préoccupations des familles. Plus vraisemblablement, et compte tenu des contraintes et des spécificités de la politique familiale suisse, trois autres pistes pourraient rapidement donner de bons résultats :

- *Une politique fiscale pro-familiale* : celle-ci ne devrait pas seulement viser à diminuer les inégalités entre couples mariés et non mariés, mais d'assurer des déductions plus importantes pour les enfants du couple. La déduction de frais d'éducation (tels les frais de garde) semble donner de bons résultats, par exemple aux Etats-Unis.
- *De nouvelles responsabilités pour les entreprises* : avec le vieillissement de la population et le départ à la retraite des baby-boomers, les grandes entreprises pourraient être incitées à développer leurs propres offres d'encadrement pour les enfants de leurs employés. Le jour où la présence de crèches, des possibilités de télétravail ou de flexibilisation horaire feront systématiquement partie des arguments de recrutement, il est probable que non seulement l'activité féminine s'accroîtra, mais aussi la fécondité.
- *Prendre en compte la situation économique des familles* : celles-ci ont été les principales victimes de la crise économique de la fin des années 1990. Au contraire, de par les progrès dans la prévoyance sociale et professionnelle, les retraités améliorent progressivement leurs conditions de vie (Wanner et Gabadinho 2007). Prendre en compte cette réalité

dans la planification des politiques sociales au sens large serait le signe, pour les familles, que l'Etat ne les laisse pas tomber.

En conclusion, il n'existe donc pas de recette miracle pour accroître la fécondité. Aucune politique familiale ne peut garantir que la fécondité dépassera le seuil nécessaire au renouvellement de la population, ni qu'elle puisse répondre aux souhaits exprimés par les couples. L'absence de rationalité dans les comportements explique en partie cette situation. Malgré ces limites, des politiques ciblées, crédibles et à destination des familles conduiraient certainement, tôt ou tard, à un relèvement de la fécondité.

## 8.5 Bibliographie

Adema W. et Thévenon O., « Bébés et employeurs : la Suisse face aux autres pays de l'OCDE », *La Vie Economique*, novembre, 2004, pp. 5-9.

Bauer T., *Kinder, Zeit und Geld*, Beitrage zur Sozialen Sicherheit Forschungsbericht 10/98, Bern, 1998.

Becker G. S., *The Economic Approach to Human Behavior*, Chicago, University Press, 1976.

Becker G. S., *A Treatise on the Family*, Cambridge, Massachusetts, Harvard University Press, 1991.

Blank R. M., « The impact of state economic differentials on household welfare and labor force behaviour », *Journal of Public Economics*, 28, 1985, pp. 25-58.

Breton D. et Prioux F., *Deux ou trois enfants ? Influence de la politique familiale et de quelques facteurs sociodémographiques*, Population, 60(4), 2005, pp. 489-492.

Burch T.K., « Something Ventured, Something Gained. Progress Toward an Unified Theory of Fertility Decline », in Institut de démographie de l'Université de Louvain (éd.), *Théories, paradigmes et courants explicatifs en démographie*, Chaire Quetelet 1997, Louvain-la-Neuve, Academia-Bruylant / L'Harmattan, 1999, pp. 253-277.

Chesnais J.C., « Fertility, Family, and Social Policy», *Population and Development Review*, 22(4), 1996, pp. 729-739.

Chesnais J.C., « L'inversion de la pyramide des âges, ses variantes et les politiques nécessaires », in AIDELF (éd), *Vivre plus longtemps, avoir moins d'enfants, quelles implications*, Paris, AIDELF, 2002, pp. 659-670.

DFI, *Rapport sur les familles 2004. Structures nécessaires pour une politique familiale qui réponde aux besoins*, Berne, Office fédéral des assurances sociales, 2004.

Eckert-Jaffé O., « Fécondité, calendrier des naissances et milieu social en France et en Grande-Bretagne », *Population*, n° 57(3), 2002, pp. 85-518.

Ermisch J. F., « The Econometric Analysis of Birth Rate Dynamics in Britain », *The Journal of Human Resources*, 23(4), 1988, pp. 563-576.

Ermisch J. F. et Wright R. E., « Employment Dynamics among British Single Mothers », *Oxford Bulletin of Economics and Statistics*, 53(2), 1991, pp. 99-122.

Gabadinho A., « L'enquête suisse sur la famille 1994/95 », Berne, Office fédéral de la statistique, 1998.

Gauthier A. et Hatzius J., « Family benefits and fertility. An econometric analysis », *Population Studies*, 3, 1997, pp. 295-306.

Gauthier A. H., « The impact of public policies on families and demographic behaviour », Paper presented at the ESF/EURESCO conference, *The second demographic transition in Europe* (Bad Herrenalb, Germany, 23-28 June 2001), 2001.

Girard A. et Roussel L., « Dimension idéale de la famille, fécondité et politique démographique. Nouvelles données dans les pays de la Communauté économique européenne et interprétation », *Population*, 36(6), 1981, pp. 1005-1034.

Heitlinger A., « Pronatalism and Women's Equality Policies », *European Journal of Population*, 7, 1991, pp. 343-375.

Kreyenfeld M. et Hank K., « Does the Availability of Child Care Influence the Employment of Mothers ? Findings from Western Germany », *Population Research and Policy Review*, 19, 2000, pp.317-337.

Léridon H., « La baisse de la fécondité depuis 1965 : moins d'enfants désirés et moins de grossesses non désirées », *Population*, 40(3), 1985, pp. 507-525.

McDonald P., « Gender Equity in Theories of Fertility », *Population and Development Review*, 26(3), 2000, pp. 427-439.

McDonald P., « Les politiques de soutien à la fécondité : l'éventail des possibilités », *Population*, 57(3), 2002, pp. 423-456.

Muy Teng Yap, « Fertility and Population Policy : the Singapore Experience », *Journal of Population and Social Security*, Supp. Volume 1, 2003, pp. 643-658 (http ://www.ipss.go.jp/webj-ad/WebJournal.files/population/2003_6/24.Yap.pdf)

Nations Unies, *Les migrations de remplacement : S'agit-il d'une solution au déclin et au vieillissement des populations ?*, New York, Nations Unies, 2000.

OCDE, *Bébés et Employeurs - Comment réconcilier travail et vie de famille (Vol. 3) : Nouvelle Zélande, Portugal, Suisse*, Paris, OCDE, 2004.

Pressat R., « Mesures natalistes et relèvement de la fécondité en Europe de l'Est », *Population*, 34(3), 1979, pp. 533-548.

Régnier-Loilier A., « L'influence de la fratrie d'origine sur le nombre souhaité d'enfants à différents moments de la vie », *Population*, 61(3), 2006, pp. 193-223.

Toulemon L. et Testa M. R., « Fécondité envisagée, fécondité réalisée : un lien complexe », *Population et Sociétés*, 415, 2005.

Wanner P. et Gabadinho A., *La situation économique des actifs et des retraités*, Berne, OFAS, 2007.

Wanner P. et Peng Fei, *Facteurs influençant le comportement reproductif des Suissesses et des Suisses*, Neuchâtel, OFS, 2005.

Wilson C. et Pison G., « La moitié de l'humanité vit dans un pays où la fécondité est basse » *Population et Sociétés*, 405, 2004.

Kapitel 9

# Der Umbau des Sozialstaates aus der Genderperspektive

Thanh-Huyen Ballmer-Cao[1]

*„Die Sozialpolitik muss proaktiv sein und vor allem auf Investitionen in die individuellen Fähigkeiten der Menschen und die Realisierung ihres jeweiligen Potenzials setzen, statt lediglich gegen Existenzrisiken abzusichern. An der Tagung mit dem Titel 'Mehr Chancen für alle durch eine aktive Sozialpolitik' waren sich die Sozialminister einig, dass wirtschaftliches Wachstum eine wesentliche Voraussetzung ist für Massnahmen zur Unterstützung der Familien und zur Reduzierung der Abhängigkeit von staatlicher Hilfe. Eine effektive Wirtschaftspolitik ergänzt eine effektive Sozialpolitik dabei, grössere Chancen zu eröffnen und mehr Ressourcen zu mobilisieren, als derzeit verfügbar sind. Desgleichen ist eine effektive Sozialpolitik notwendig, um wirtschaftliche Dynamik zu schaffen und zu flexiblen Arbeitsmärkten beizutragen, sicherzustellen, dass Erfahrungen der Kindheit nicht zu Benachteiligungen im Erwachsenenleben führen, Ausgrenzung am Arbeitsmarkt und in der Gesellschaft zu verhindern und ein tragfähiges System für die Unterstützung älterer Menschen zu gewährleisten.“*

Observateur der OECD, n° 249
Mai 2005 (deutsche Adaptation)

Dieses Zitat verweist auf das Prinzip der Sozialinvestition, das in der Sozialpolitik verschiedener wirtschaftlich hoch entwickelter Länder in den letzten fünfzehn Jahren offenbar an Bedeutung gewonnen hat und die Verantwortung des Staates und der Bürgerinnen und Bürger neu definiert. Danach sind die Erwachsenen für ihr Wohlergehen, ihr Einkommen und allgemein für den Erfolg in ihrem Leben selbst verantwortlich. Der Staat seinerseits hat die Aufgabe, in die Sicherung der Zukunft zu investieren (Jenson 2000). Wie ist dieses Prinzip, das in vielen Wohlfahrtsstaaten an

[1] Thanh-Huyen Ballmer-Cao ist Professorin für Politikwissenschaft an der Universität Genf und an der Universität Zürich. Übersetzung aus dem Französischen: Katharina Belser.

Boden gewinnt, zu verstehen? Woher kommt es? Welche Veränderungen in der Sozialpolitik zieht es nach sich? Und vor allem, wie verändert es das Verhältnis zwischen den Geschlechtern?

Der vorliegende Beitrag will diese Fragen aus der Geschlechterperspektive untersuchen und dabei ein paar wichtige und neue Leitgedanken aufgreifen. Ziel ist also weder ein vollständiger Überblick über den aktuellen Wissensstand noch die Formulierung von Rezepten. Es geht viel mehr darum, die Leserinnen und Leser mit ein paar *Highlights* der sozialpolitischen Analyse bekannt zu machen, sie auf die Spannungen hinzuweisen, denen staatliches Handeln unterliegt, und einige Perspektiven aufzuzeigen.

Der Beitrag beginnt mit einer kurzen Einführung in den Zusammenhang von Geschlecht und staatlicher Politik und stellt damit das Grundraster vor, mit dem wir das Thema analysieren wollen. Wir sind der Auffassung, dass die Geschlechterperspektive nötig ist, um die Möglichkeiten und Grenzen staatlichen Handelns im Allgemeinen, und der Sozialpolitik im Besonderen zu verstehen. Das Prinzip der Sozialinvestition wird danach vor dem Hintergrund grösserer Transformationen wie der Globalisierung, dem Neoliberalismus usw. analysiert. In diesem Kontext erweist es sich als vieldeutig: Im Hinblick auf die Gleichstellung von Frau und Mann ist es ein zweischneidiges Schwert. Der Beitrag schliesst mit ein paar Überlegungen über die Sozialpolitik der Zukunft. Im Zentrum unserer Analyse steht die Schnittstelle zwischen Familie und Erwerbsarbeit, dies im Anschluss sowohl an die feministische Kritik der Trennung von Familie und Erwerbsarbeit resp. Privatleben und Öffentlichkeit als auch an die Geschlechtertheorien (Identitätsbildung, Rollenaufteilung, Frauenrechte ...). Ausserdem zeigt sich, dass diese Schnittstelle auch in der aktuellen Debatte um die Definition der Staatsbürgerschaft (namentlich der Frauen) wie auch der Sozialpolitik (Aktivierung des Sozialschutzes, Armutsbekämpfung usw.) ein Schlüsselelement darstellt.

## 9.1 Geschlecht und Politik

### Staatliche Politik ist nicht geschlechtsneutral

Wer die Politik des Staates aus der Genderperspektive betrachten will, muss mindestens drei Postulate anerkennen. Zuerst muss man sich von der Vorstellung lösen, staatliches Handeln sei neutral. Nicht nur wurden die Beziehungen zwischen Frauen und Männern immer schon vom Staat geregelt – so etwa die Ehe, der Nachwuchs, die Abstammung –, es gibt auch eine implizite Übereinkunft oder zumindest ein Tolerieren, dass der Staat nicht interveniert, wie das lange Zeit etwa bei der häuslichen Gewalt gegen Frauen der Fall war. Sogar bei den anscheinend gänzlich neutralen Bestimmungen wie etwa der Angleichung des Rentenalters oder der Einführung einer Bedarfsklausel bei der Arbeitslosenversicherung sind die Auswirkungen je nach

Geschlecht der Betroffenen unterschiedlich. Die Tatsache der Nichtneutralität lenkt nun die Aufmerksamkeit auf die Omnipräsenz des Geschlechts, wodurch die Fragmentierung der staatlichen Politik aufgehoben wird. So stellt erstere etwa die klassische Aufteilung in Massnahmen, die nur Frauen betreffen, Massnahmen, die das Geschlechterverhältnis betreffen und geschlechtsneutrale Massnahmen, die alle Individuen gleich betreffen, in Frage (Charlton *et al.* in Waylen 1998: 9-12). Schliesslich impliziert die Nichtneutralität staatlichen Handelns auch die Vorstellung, der Staat interveniere in einem bereits durch ungleiche Machtverhältnisse bestimmten Umfeld und institutionalisiere mit seinen Massnahmen diese Verzerrungen, indem er sie zu einem zentralen Bestandteil des dominanten Gesellschaftssystems mache. So führt zum Beispiel das Sozialversicherungssystem mancher Staaten wie etwa der USA tendenziell zu einer geschlechtlichen sozialen Schichtung mit zwei Klassen von BürgerInnen: solchen, die Beiträge zahlen und später Renten beziehen (vorwiegend Männer) und solchen (mehrheitlich Frauen), die weder Beiträge bezahlen müssen noch Renten beziehen können und deshalb Anspruch auf Sozialhilfe haben (Lister 1997). Sogar die so genannten „positiven“ Massnahmen wie Geschlechterquoten in Entscheidgremien oder spezielle Berufsbildungsprogramme für Frauen können sich dieser Logik nicht immer entziehen. Meist beinhalten diese Massnahmen eine Bevorzugung der Frauen als Angehörige der benachteiligten Gruppe und zielen darauf ab, ihnen ein „Aufholen“ und damit eine Anpassung an das männliche Modell zu ermöglichen (Bacchi 1999).

Die Genderperspektive geht davon aus, dass das Geschlecht nicht einfach ein Produkt, sondern ein Organisationsprinzip der Gesellschaft ist. Sie entlarvt das Geschlecht als Strukturelement der Institutionen und Praxen, das gerade durch diese Eigenschaft unsichtbar wird und als neutral und objektiv erscheint. Sie erklärt auch die „paradoxe Situation“ der Frauen im modernen Staat: Einerseits gibt es grosse Fortschritte auf rechtlicher (Rechtsgleichheit), politischer (Zugang zu Entscheidpositionen) und symbolischer (Gleichstellung als sozial erwünschtes Ziel) Ebene; anderseits bleiben etwa Untervertretung in der Politik (zahlenmässig und machtmässig) und grössere Verletzlichkeit, v.a. bei staatlichen, wirtschaftlichen und andern Umstrukturierungen weiterhin bestehen (Andrew und Cardinal 1999). Ausserdem erlaubt die Genderperspektive ein besseres Verständnis der Grenzen der staatlichen Politik zur Geschlechtergleichstellung. Nicht so sehr, weil institutionelles Handeln „pfadabhängig“ ist und zwangsläufig auf Arrangements aufbaut, sondern auch und vor allem, weil man in den allermeisten Fällen ein konkretes Geschlechterproblem beheben will, ohne die herkömmlichen Geschlechterbilder, die Machtverhältnisse zwischen Mann und Frau, zu verändern; im Gegenteil: diese werden entweder als natürliche Gesetzmässigkeiten oder als tragende Stützen der Gesellschaftsordnung betrachtet. So ging etwa bei der Abtreibungsgesetzgebung in der Schweiz (Engeli 2006: 55-56), „der Diskurs immer davon aus, dass Mutterschaft zur Natur der Frauen gehöre und Abtreibung daher nur eine Ausnahme von der Norm sein dürfe", ausserdem sei die Entkriminalisierung keine Anerkennung des Rechts der Frauen auf Selbstbestimmung, sondern eine „Delegation der Verantwortung" für die ersten Schwangerschaftswochen durch den Staat an die Frauen. Indem sie aufzeigt, dass der Staat nichts Abstraktes ist und staatliche Massnahmen nicht neutral sind, fordert die Genderperspektive auch dazu auf, die Möglichkeiten staatlichen Handelns auszureizen. Sie ruft die Palette der anstehenden Herausforderungen in Erinnerung, schlägt ausgeklügelte Konzepte vor, zeigt Handlungsstrategien auf und trägt damit wesentlich zur Entwicklung einer neuen Generation von staatlichen Massnahmen bei, die auf die Gleichstellung von Frauen und Männern achten.

### Die Sozialpolitik aus der Genderperspektive

Seit den 80er-Jahren werden in den feministischen Analysen des Wohlfahrtsstaates die Mainstreamtheorien und namentlich deren Kriterien für die Evaluation der staatlichen Regimes stärker in den Blick genommen (Esping-Andersen 1990; Marshall 1964). Es zeigt sich, dass das als universell geltende Bewertungsraster effektiv auf dem männlichen Lebensmodell basiert und gegenüber der Situation der Frauen wie auch der Arbeitsteilung zwischen den Geschlechtern blind ist. Dieser *Bias* hat zur Folge, dass sich der Blick des Mainstream ausschliesslich auf scheinbar „neutrale und objektive" Elemente wie den Staat und die Umverteilung richtet, jedoch die Geschlechter- und Familienideologien, die in den verschiedenen wohlfahrtsstaatlichen Systemen zwar variieren, jedoch sehr präsent sind, einfach beiseite lässt (Daly 1994; Orloff 1996; Sainsbury 1994).

Konkreter ausgedrückt: Der feministische Blick hat zu einigen Erkenntnissen geführt, von denen hier drei näher betrachtet werden sollen, weil sie mit der Schnittstelle Familie-Erwerbsarbeit und den neuen Formen der Sozialpolitik, die im folgenden Abschnitt analysiert werden, verknüpft sind. Zuerst einmal setzt die Genderperspektive ein Fragezeichen hinter die familiale Solidarität, die in den Mainstreamtheorien des Wohlfahrtsstaates immer vorausgesetzt wird. Anstelle der sozioökonomischen Einheit (der Familie), basierend auf der Fürsorge des Ehegatten und Ernährers für seine Frau im Haushalt, entdeckt man einen Teufelskreis von Abhängigkeiten, der die Entscheidungs- und Verhandlungsmacht der Frauen bei der Aufteilung von Haus- und Erwerbsarbeit beeinträchtigt (Hobson 1990). Dieser Mechanismus ist politisch umso brisanter, je mehr sich der Anstieg der Scheidungsrate in den westlichen Ländern verstärkt: Sobald die Ehe in die Brüche geht, droht den abhängigen Personen (Frauen) Armut. Nun versteht man besser, dass das Problem der Vereinbarkeit von Familie und Beruf für eine moderne Sozialpolitik, die „aktiv" sein und die Probleme „an der Wurzel" anpacken will, im Zentrum stehen muss.

Ausgehend von der Kritik der familialen Solidarität gingen die Überlegungen weiter zu den Anspruchsvoraussetzungen von Sozialleistungen. Zu den drei traditionellen, von den Mainstreamtheoretikern des Wohlfahrtsstaates identifizierten Grundlagen – nämlich dem Arbeitsmarkt (Beschäftigung), der Staatsbürgerschaft (Nationalität oder Niederlassung) und dem Bedarf (soziale Sicherheit) – kommen nun Kriterien dazu, die die geschlechtliche Arbeitsteilung berücksichtigen, wie etwa der Unterhalt (Rechte, die aus dem Status der Haushalt führenden Ehefrau eines Ernährers abgeleitet sind) und vor allem das *Care* (eigene Rechte der Person, die Kinder und pflegebedürftige Erwachsene in der Familie betreut) (Daly 1994; Orloff 1996; Sainsbury 1994). Aus dieser Perspektive wird der Beitrag, der innerhalb der Privatsphäre von den Familien und namentlich von den Frauen an die soziale Wohlfahrt geleistet wird, sichtbar[2]. Im Zusammenhang mit der zunehmenden Erwerbsbeteiligung der Frauen und der Alterung der Gesellschaft gewinnen Unterhalt und *Care* an Aktualität, was die Frauen in eine gute Ausgangsposition bringt, von der aus sie nicht nur Anerkennung, sondern auch eine Neuverteilung der Verantwortlichkeiten fordern können. Daher erstaunt es nicht, dass die Fragen der Entlastung von der Familienarbeit und der Sozialisierung der Betreuungsarbeit seit rund fünfzehn Jahren ganz oben auf der politischen Agenda der Frauen stehen.

Schliesslich wird auch die „Dekommodifikation“[3] als Mainstreamkriterium für die Beurteilung des Wohlfahrtsstaates (Esping-Andersen 1990) in Frage gestellt, weil sie aus der Genderperspektive zweideutig ist. Wenn etwa der Staat die Erwerbsarbeit der Frauen fördert, bedeutet dies dann, dass er die Frauen dekommodifiziert, indem er ihnen wirtschaftliche Unabhängigkeit ermöglicht, oder will er sie im Gegenteil „kommodifizieren“ (Ballmer-Cao 2000)? Andererseits hat die Dekommodifikation nicht nur Vorteile für die Frauen: ein längerer Mutterschaftsurlaub kann die Karriere gefährden (Orloff 1993). Daher verwenden manche AutorInnen eher das Konzept der „Defamilialisierung“[4], das die Unabhängigkeit nicht vom Arbeitsmarkt, sondern von familialen Beziehungen bezeichnet (Lister 1997; Sainsbury 1996). Andere AutorInnen arbeiten mit umfassenderen Konzepten, die die verschiedenen Quellen ökonomischer (Un-)Abhängigkeit miteinander in Beziehung setzen, zum Beispiel das Dreieck, das die Ehe (*dependence through*

---

[2] Allerdings muss im Zusammenhang mit der Forderung nach Anerkennung von Unterhalt und Care als Basis für ein Teilhabe der Frauen am öffentlichen Leben an das „Paradox von Wollestonecraft“ (1790) erinnert werden: Entweder sind die Frauen als Individuen integriert und Gleichbehandlung bedeutet, dass sie sich den Männern anpassen, oder sie werden als Frauen integriert und die Differenz verhindert, dass sie gleichberechtigt teilhaben. Mit andern Worten, wenn die Teilnahme der Frauen am öffentlichen Leben anders begründet wird als jene der Männer, laufen die Frauen in einem patriarchalen Kontext Gefahr, Bürgerinnen zweiter Klasse zu werden.

[3] Dekommodifikation „*refers to the degree to which individuals, or families, can uphold a socially acceptable standard of living independently of market participation*“ (Esping-Andersen 1990: 37).

[4] Lister etwa definiert „Defamilialisierung“ als „*the degree to which individual adults can uphold a socially acceptable standard of living, independently of family relationships, either through paid work or through social security provisions*“ (Lister 1997: 173).

*family support*), den Arbeitsmarkt (*independence through wages*) und die soziale Wohlfahrt (*independence through social security*) miteinander verknüpft (Dahl 1987: 117-118; Skjeie 1996: 238-241).

Indem sie aufzeigt, dass sowohl staatliches Handeln wie auch die Mainstreamforschung stark vergeschlechtlicht sind, macht die feministische Perspektive das Geschlecht zu einem Element, das für die Analyse, Formulierung und Evaluation der staatlichen Politik, namentlich der Sozialpolitik, unentbehrlich ist.

## 9.2 Das Prinzip der „Sozialinvestition" aus der Genderperspektive

### Der „Sozialinvestitionsstaat"

Seit den 90er-Jahren zeichnet sich mit dem Konzept der Sozialinvestition ein bedeutender Wandel in der Sozialpolitik verschiedener postindustrieller Länder ab, denn damit wird eine neue Form von sozialer Wohlfahrt eingeführt, die dem Primat der Wirtschaft untersteht. Das bedeutet, dass Sozialausgaben nur dann als legitim betrachtet werden, wenn sie auch rentieren. Einerseits werden Investitionen in das Humankapital getätigt, damit sie langfristig Gewinn abwerfen. Anderseits kann es sich später als kostspielig erweisen, in Risikogruppen nicht investiert zu haben: Wer also heute die Kosten nicht scheut, kann sich spätere Ausgaben ersparen. So geht es weniger darum, das Sozialwesen an den Markt anzupassen als es zu einem Wirtschaftsinstrument zu machen (Dufour und Morrison 2005: 7-8; Giullari und Lewis 2005: 3-4; Jenson und Dufour 2003: 18 ff.; Revillard 2006a: 18). Es ist daher nicht erstaunlich, dass die Beschäftigung im Zentrum der Sozialinvestition des Staates steht, denn sie ist gleichzeitig ein Instrument der Inklusion (der Verletzlichen und Ausgeschlossenen) und ein Ziel, das angepeilt werden muss (die Erwerbsfähigkeit schützt die Erwerbsmöglichkeiten der Arbeitnehmenden mehr als ihre wirtschaftliche Sicherheit). So wird deutlicher, weshalb Massnahmen wie Bekämpfung der Armut (als Folge von prekären Anstellungsbedingungen und/oder niedriger Entlöhnung), die Förderung von Aus- und Weiterbildung (zur Steigerung der Excellenz und der Konkurrenzfähigkeit der Arbeitskräfte) oder auch Kinderbetreuung (im Hinblick auf deren Entwicklung) so wichtig sind.

Zahlreiche AutorInnen haben sich unter verschiedenen Bezeichnungen und mit unterschiedlichen Schwerpunkten mit der Logik der Sozialinvestition befasst: „aktiver Wohlfahrtsstaat" (Rosanvallon 1995), „Post-Wohlfahrtsstaat" (Dufour 2002), „*Workfare*-Modell oder Einstiegsvertrag" (Morel 2000), etc. Natürlich bedeutet der Aufstieg des „Sozialinvestitionsstaates" nicht, dass der traditionelle Wohlfahrtsstaat ausgedient hätte: die Umsetzung ist unvollständig, es gibt viele innere Widersprüche, häufig handelt es sich um eine Mischung verschiedener Systeme, und dazu kommen beträchtliche Variationen von Land zu Land. Trotzdem gewinnt das neue

Modell der sozialen Wohlfahrt an Boden. Es beschränkt sich nicht mehr auf die liberalen Wohlfahrtssysteme wie in Kanada und der USA, sondern fasst langsam auch in den Ländern der EU Fuss (Giullari and Lewis 2005; Scheiwe 2000). Auch in der Schweiz, wo die Sozialpolitik allgemein „unterentwickelt" ist und nur langsam vorankommt, ist die Integration in den Arbeitsmarkt zu einem zentralen Anliegen der aktiven Beschäftigungspolitik geworden (Bonoli 2007).

**Sozialinvestition, Neoliberalismus und Globalisierung: eine gegenseitige Befruchtung**

In der Geschwindigkeit und Breite, in der sich das neue, wirtschaftsdominierte Wohlfahrtsmodell verbreitet, zeigt sich der Einfluss der Globalisierung im Allgemeinen und des „Neo-liberal Economic Consensus"[5] (Jenson und De Sousa Santos 2000) im Besonderen. Als Ursache – wenn auch nicht als einzige – für den Aufstieg der neuen Logik der Sozialinvestition kann ein komplexes Bündel von miteinander zusammenhängenden Faktoren gesehen werden. So stellen die auf Konvergenz der Normen, der Praxis und der Ideen basierenden internationalen Regimes (Kardam 2004) einen neoliberalen Regulationsmechanismus par excellence dar, denn sie setzen stärker auf Einigung zwischen den Akteuren als auf direkte Intervention des Staates. Ebenso streben die verbreiteten Methoden der *Soft Governance* (*Benchmarkings*, Standards, Indikatoren) eher eine Regulierung über die Harmonisierung des Verhaltens auf globaler Ebene als eine klassische Reglementierung durch staatliche Zwänge an. Im Übrigen erleichtern die internationalen Regimes den Transfer staatlicher Massnahmen, umso mehr als die internationalen Organisationen (EU, OECD, Weltbank) sogar aktiv darauf hinarbeiten.

Vor diesem Hintergrund ist es nahe liegend, dass auch ein internationales Genderregime entsteht, das sich vor allem auf internationales Recht (Konvention zur Beseitigung aller Formen von Diskriminierung der Frauen 1979, europäische Sozialcharta 1996 usw.), die weltweite Verbreitung von bestimmten Instrumenten (Fördermassnahmen, Aktionsprogramme) und konsensfähige Ideen (universelle Menschenrechte, reproduktive Gesundheit der Frauen) abstützt (Kardam 2004). Ausserdem kann das internationale Genderregime auf vielfältige Unterstützung zählen: Einerseits gibt es länderübergreifende Netzwerke wie etwa die Nichtregierungsorganisationen der Frauen und die sogenannten femocrates, d.h. Feministinnen, die in den Institutionen tätig sind. Anderseits gewinnen globale Instrumente an Bedeutung wie etwa das Gender-Mainstreaming, das den Grundsatz der Geschlechtergleichstellung in die staatlichen und nichtstaatlichen Massnahmen aller Sektoren zu integrieren versucht (True 2003; True and Mintrom 2001).

---

[5] Die Hauptauswirkungen des „*Neo-liberal Economic Consensus*" auf die Aktivitäten des Staates bestehen darin, dass er sich als Regulator aus verschiedenen Bereichen zurückzieht und seine Sozialausgaben senkt (Jenson und De Sousa Santos 2000).

Wie wir gezeigt haben, findet der Umbau des Wohlfahrtsstaates in einem globalen und neoliberalen Rahmen statt. Es erstaunt daher nicht, dass der Sozialinvestitionsstaat zwar ein minimaler Staat ist, der jedoch regulationsfähig bleibt, sogar auf internationaler Ebene. Ausserdem ist es ein Staat, der – wie wir im nächsten Abschnitt sehen werden – nicht unbedingt auf den Grundsatz der Gleichstellung von Frau und Mann verzichtet. Manche Länder haben darin sogar einen nützlichen Modernisierungsmotor entdeckt[6], etwa um den Arbeitsmarkt in Schwung zu bringen (Schaffung von flexiblen Stellen) oder die Steuerpolitik zu reformieren (Einführung der Individualbesteuerung).

### Sozialinvestition und Geschlechterverhältnis

In gewisser Weise kommt die Sozialinvestition mancher alten Frauenforderung entgegen. Dies kann auf drei verschiedenen Ebenen beobachtet werden. Erstens setzt der Nach-Wohlfahrtsstaat mit seinem ökonomischen Credo auf die Beschäftigung – auch die der Frauen – und trägt damit dazu bei, die vom Feminismus kritisierte Trennung von privater und öffentlicher Sphäre, somit auch zwischen Familie und Erwerbsarbeit, aufzuheben. Zweitens tauchen auf der politischen Agenda Themen wie die Arbeitsmarktbeteiligung, Vereinbarkeit von Familie und Berufsarbeit und Sozialisierung des *Care* auf. Dies sind zweifellos Probleme, die – ob lösbar oder nicht – seit langem im Mittelpunkt des Kampfes der Frauen stehen. Drittens gibt es eine Tendenz zur Geschlechtsneutralisierung sowohl bei den Zielpersonen als auch in der Stossrichtung des staatlichen Handelns: Anstelle des traditionellen männlichen Arbeitnehmers, der vor den Risiken eines Stellenverlustes geschützt wird, rückt in der nach-wohlfahrtsstaatlichen Logik durch die Verknüpfung von Beschäftigungs- und Familienpolitik mehr die Leitfigur des „Produzenten“ (Eltern als Produzenten oder Kinder als künftige Produzenten) ins Zentrum (Dufour 2002: 320).

Mit diesen Feststellungen soll jedoch nicht verheimlicht werden, dass es zwischen den Prinzipen der Sozialinvestition und der Geschlechtergleichstellung viele Spannungen gibt. Aus der Genderperspektive besteht ein Problem darin, dass sich die Zweckbestimmungen verschieben. Mit andern Worten: Dass manche Forderungen der Frauen berücksichtigt werden, geschieht nicht in der Absicht, die Gleichstellung voranzubringen, sondern die ökonomische Effizienz und Rentabilität zu erhöhen. Die Frage nach dem Zweck ist aber wichtig, denn er bestimmt weitgehend die Wahl der Mittel und deren Auswirkungen.

[6] In ihrer Analyse des Globalisierungsprozesses der Gleichstellungspolitik spricht Ferreira von einem Übergang vom Reformismus des Sozialwesens zum Reformismus des Staates, denn in der neuen Phase will der Staat sich selbst reformieren, indem er namentlich den dritten Sektor, nämlich die Nichtregierungsorganisationen, die Dynamik des internationalen Genderregimes und des Gender Mainstreaming instrumentalisiert (Ferreira 2002).

In der Tat: Weil die Erwerbsarbeit in der Nach-Wohlfahrtsära zum eigentlichen Brennpunkt geworden ist, knüpft die Sozialhilfe nicht mehr wie in der Vergangenheit an der Familie an, sondern mehr und mehr an einer Beschäftigung, sei es in der „reinen" Form des *Workfare* (USA) oder in „abgeschwächten" Formen wie der Teilnahme an Wiedereingliederungsprogrammen (Frankreich) (Morel 2000). Die neue Leitfigur des *Adult Worker*, der immer grössere Akzeptanz geniesst, wird im Vergleich zum traditionellen *Male Breadwinner* tendenziell geschlechtsneutral. Diese Veränderung hat mehr als symbolischen Charakter, denn mit der Arbeitsmarktbeteiligung wird es den Frauen möglich, den Teufelskreis der Abhängigkeit, der ihre Entscheidungsmacht und ihre Verhandlungsposition bei der Aufteilung der Haus- und Erwerbsarbeit einschränkt, zu durchbrechen (Hobson 1990). Allerdings muss vor der Gefahr gewarnt werden, dass das viel grössere Anliegen der Gleichstellung von Frau und Mann einfach auf die Höhe der Erwerbsquote der Frauen reduziert wird (Giullari and Lewis 2005: 4). Ausserdem führt das Primat der Beschäftigung seinerseits zu zwei weiteren, aus der Genderperspektive besonders brisanten Problemen, die hier ebenfalls behandelt werden sollen, nämlich dem Einbezug der Frauen in den Arbeitsmarkt und der Schnittstelle Familie-Erwerbsarbeit.

Heute ist die Dekommodifikation kein Selbstzweck mehr, weder für Männer noch für Frauen. In der Nach-Wohlfahrtslogik geht es im Gegenteil in erster Linie darum, die Kommodifikation zu schützen. Doch muss festgestellt werden, dass die Integration der Frauen in den Arbeitsmarkt spezifische und ziemlich paradoxe Auswirkungen hat. Zweifellos erlaubt diese Partizipation den Frauen eine Individualisierung, ja Ausdehnung ihrer sozialen Rechte. Gleichzeitig führt die Kommodifikation tendenziell zu einer Defamilialisierung. Mit andern Worten: Anders als die Männer erhalten die Frauen ihre familiale Unabhängigkeit zum Preis der Abhängigkeit vom Markt. Zudem muss beachtet werden, dass sich die Erwerbsarbeit der Frauen – trotz grosser Fortschritte und unzähliger Abweichungen – noch immer durch bestimmte Merkmale auszeichnet. In allen Altersgruppen ist Frauenarbeit noch immer hauptsächlich Teilzeitarbeit in untergeordneten Positionen und in wenig zahlreichen Frauenberufen. Somit passt das neue Kleid des *Adult Worker* den Frauen nur teilweise, weshalb mit Recht von einer „partiellen Individualisierung" der Frauen gesprochen wird und von einer „Eineinhalb-Verdiener- Familie", wenn sie in einer Partnerschaft leben (Knijn in Giullari und Lewis 2005: 5). Die Spannungen, die die neue Strategie des „*work first*" erzeugt, werden noch besser sichtbar, wenn der Einbezug der Frauen in den Arbeitsmarkt vom Staat einzig und allein als Massnahme zur Förderung der Gleichstellung gerechtfertigt wird.

Schliesslich schützt die Erwerbsarbeit die Frauen nicht unbedingt vor Armut, doch sie hat den grossen Vorteil, dass damit das knifflige Problem des Unterhalts und des *Care* auf den Tisch kommt. Die Leitfigur des *Adult Worker* ist dann nicht mehr geschlechtsneutral, denn der produzierende Elternteil wird geschlechtlich differenziert, und in diesem Fall wird er weiblich. In dem Masse wie die Vereinbarkeit von Familie und Erwerbsarbeit zu einer staatlichen Aufgabe wird, zeigt sich, dass sie mehrere Zielsetzungen hat, die von Land zu Land variieren können. In Frankreich zum Beispiel ist die Betreuung der Kleinkinder heute die grosse Herausforderung (Revillard 2006a: 17). In Schweden und in den USA geht es eher darum, die Berufstätigkeit der Frauen zu fördern (Orloff 2006). Allgemeiner betrachtet jedoch ist festzustellen, dass die Vereinbarkeit in den meisten Sozialinvestitionsstaaten auch und vor allem eine Reaktion auf die Forderung nach einer „aktiveren Sozialpolitik" ist, die auf dem Zusammenhang von Beschäftigungspolitik und Fruchtbarkeit aufbaut (Esping-Andersen 1996). Unabhängig von der konkreten Zielsetzung, die mit der Vereinbarkeit angestrebt wird – sei dies das Wohl des Kindes durch die Sozialisierung der Betreuung, die Beseitigung der Frauenarmut über den Zugang zum Arbeitsmarkt oder die Verringerung der Defizite im Rentensystem durch demografische Massnahmen –, wird augenfällig, dass das Hauptziel nicht mehr wie bisher im traditionellen Anliegen der Gleichstellung von Mann und Frau besteht. Auch dort, wo die Gleichstellung im offiziellen Diskurs weiterhin eine Rolle spielt wie etwa in Frankreich, hat eine Verschiebung der Ziele stattgefunden. Anstelle der *Equal Opportunities in the Workplace*, bei der es darum geht, mit Kinderbetreuungsangeboten und Aufteilung der Hausarbeit zwischen den Partnern den Frauen die Zeiteinteilung zu erleichtern, sind es nun die *Equal Opportunities in Employment*, die es erlauben, einerseits die Verantwortung für Betreuungsangebote den Unternehmen zu übertragen (oft im Austausch gegen ein *Equality Label*), und anderseits die Geburtenrate zu erhöhen (Revillard 2006b: 146-147).

Aus der Perspektive des Geschlechts als Prinzip und nicht allein als Produkt staatlichen Handelns verstanden, ist das Verhältnis zwischen den Prinzipien der Sozialinvestition und der Gleichstellung zweideutig. Manchmal ergeben sich Synergien, meist jedoch entstehen Spannungen. Allgemein kann man festhalten: Trotz zunehmender Geschlechtsneutralität und dominierendem Egalitarismus (ob vom Staat gewollt oder nicht) wirkt sich die neue Logik des Nach-Wohlfahrtsstaates auf Frauen und Männer tendenziell unterschiedlich aus, wobei sie auch die Ungleichheiten innerhalb der beiden Gruppen verstärkt.

## 9.3 Schlussfolgerungen und Ausblick

Der Umbau des Wohlfahrtsstaates findet im Rahmen der Globalisierung und der Ausbreitung des Neoliberalismus statt. Das sich daraus entwickelnde Prinzip der Sozialinvestition trägt daher die typischen Merkmale dieses speziellen Kontextes. Ob und in welchem Masse das Rentabilitäts- und Effizienzdenken Lösungen für die Herausforderungen des Sozialstaates bietet, der lange Zeit auf Fundamenten des Gemeinwohls, der Solidarität, der Umverteilung usw. funktioniert hat, ist offen. Für eine Antwort ist es heute zweifellos noch zu früh. Als Beleg sei darauf hingewiesen, dass der Grundsatz der Gegenseitigkeit (Schutz im Austausch gegen Leistung), der für die Sozialinvestition charakteristisch ist, noch lange nicht zu einem dominierenden Prinzip avanciert ist. Zurzeit wird das Prinzip des Rechtsanspruchs, das im klassischen Sozialstaat gilt, weiterhin breit, wenn auch nicht widerspruchslos, anerkannt.

Ebenso schwierig ist die Frage nach den Folgen der Transformation des Sozialstaates für das Geschlechterverhältnis zu beantworten. Die Komplexität des Ganzen liegt nicht nur in nationalen Variationen, nichtlinearen *Policy Paths*, mehrdeutigen Konzepten usw. begründet, sondern auch in Einflussfaktoren ausserhalb der Sozialpolitik: der Struktur des Arbeitsmarktes, der Geschlechterideologie der Arbeitgeber, der Kosten-Nutzen-Rechnung der politischen Entscheidträger oder der Aufgabenteilung zwischen den Ehepartnern (Hobson 1990: 247). Bereits jetzt zeichnet sich aber ab, dass etwas ganz wichtig ist: die Rolle, die die Frauen mit ihren Organisationen der Zivilgesellschaft für den Sozialstaat spielen, ob als Arbeitnehmerinnen oder als Klientinnen des Sozialstaates (Andrew 1984). Gleichzeitig Problem und Lösung, erweist sich die Genderfrage nicht nur als zusätzliche Herausforderung für den Sozialstaat, sondern auch als Ausweg aus der Krise und als Chance, neue Wege zu beschreiten, damit Autonomie nicht mehr mit Unsicherheit erkauft werden muss.

## 9.4 Literaturverzeichnis

Andrew C., "Women and the Welfare State", *Canadian Journal of Political Science/Revue canadienne de science politique*, 17 (4), 1984, S. 667-683.

Andrew C. und Cardinal L., « L'Etat paradoxal », *Recherches féministes. Femmes, Etat, société*, 12 (1), 1999, S. 1-4.

Bacchi C. L., "Rolling back the state ? Feminism, theory and policy", in Hancock L. (Ed), *Women, Policy and the State*, South Yarra, Macmillan Education Australia, 1999.

Ballmer-Cao T.-H, *Changement social et rapports entre hommes et femmes. La question de l'égalité en Suisse*, Lausanne, Editions Payot, 2000.

Bonoli G., "Social Policies", in Klöti U., Knoepfel P., Kriesi H.-P., Linder W., Papadopoulos Y. und Sciarini P. (Eds), *Handbook of Swiss Politics*, Zurich, NZZ-Verlag, 2007.

Dahl S., *Women's Law. An Introduction to Feminist Jurisprudence*, Oslo, Norwegian University Press, 1987.

Daly M., "A matter of dependency? The gender dimension of British income maintenance provision", Sociology, 28 (3), 1994, S. 779-797.

Dufour P., « L'Etat post-providence : de nouvelles politiques sociales pour des parents-producteurs. Une perspective comparée », *Canadian Journal of Political Science/Revue canadienne de science politique*, 35 (2), 2002, S. 301-322.

Dufour P. und Morrison I., "The State of Social Investment. State in the Field of Employment Policy", *Canadian Journal of Career Development/Revue canadienne de développement de carrière*, 4 (1), 2005, S. 10.

Engeli I., « Enjeux de la problématisation de l'avortement : une analyse du débat au Conseil des Etats sur le régime du délai (2000-2001) », in Parini L., Ballmer-Cao T.-H und Durrer S. (Eds), *Régulation sociale et genre*, Paris, L'Harmattan, 2006.

Esping-Andersen G., *The Three Worlds of Welfare Capitalism*, Princeton, Princeton University Press, 1990.

Esping-Andersen G. (Ed), *Welfare states in transition: national adaptations in global economies*, London, Sage, 1996.

Ferreira V., « La mondialisation des politiques d'égalité : du réformisme social au réformisme d'Etat », *Cahiers du genre*, 33, 2002, S. 63-83.

Giullari S. und Lewis J., "The Adult Worker Model Family, Gender Equality and Care. The Search for New Policy Principles, and the Possibilities and Problems of a Capabilities Approach", in *Social Policy and Development*, United Nations Research Institute for Social Development UNRISD, 2005.

Hobson B., "No exit, no voice: women's economic dependency and the welfare state", *Acta sociologica*, 33 (3), 1990, S. 235-250.

Jenson J., « Le nouveau régime de citoyenneté au Canada : investir dans l'enfance », *Liens social et Politiques-RIAC*, 44, 2000, S. 11-23.

Jenson J. und De Sousa Santos B., "Introduction : Case Studies and Common Trends in Globalizations", in Jenson J. und De Sousa Santos B. (Eds), *Globalizing Institutions. Cases studies in regulation and innovation*, Aldershot, Ashgate, 2000.

Jenson J. und Dufour P., « Des politiques d'emploi à la lutte contre la pauvreté des travailleurs : l'état de l'investissement social dans les régimes libéraux de bien-être », Paper read at *De la sécurité de revenu à l'emploi*, forum canadien, St-Jean, Terre-Neuve und Labrador, 2003.

Kardam K., "The Emerging Global Gender Equality Regime from Neoliberal and Constructivist Perspectives in International Relations", *International Feminist Journal of Politics*, 6 (1), 2004, S. 85-109.

Lister R., *Citizenship. Feminist Perspectives*, Basingstoke, New York, Palgrave, 1997.

Marshall T. H., *Citizenship and Social Class*, London, Pluto Press, 1964.

Morel S., *Les logiques de la réciprocité. Les transformations de la relation d'assistance aux Etats-Unis et en France*, Paris, Presses Universitaires de France, 2000.

Orloff A.S., "Gender and the Social Rights of Citizenship. The Comparative Analysis of State Policies and Gender Relations", *American Sociological Review*, 58 (3), 1993, S. 303-327.

Orloff A.S., "Gender in the welfare state", *Annual Review of Sociology*, 22, 1996, S. 51-78.

Orloff A.S., « L'adieu au maternalisme ? Politiques de l'Etat et emploi des mères en Suède et aux Etats-Unis », *Recherches et Prévisions*, 83, 2006.

Revillard A., « La conciliation travail-famille : un enjeu complexe pour le féminisme d'Etat », *Recherches et Prévisions*, 85, 2006a, S. 17-27.

Revillard A., "Work/Family Policy in France: From State Familialism to State Feminism", *International Journal of Law, Policy and the Family*, 20 (2), 2006b, S. 133-150.

Rosanvallon P., *La nouvelle question sociale. Repenser l'Etat-providence*, Paris, Seuil, 1995.

Sainsbury D., "Women's and Men's Social Rights, Gendering Dimensions of Welfare States", in Sainsbury D. (Ed), *Gendering Welfare States*, London, Sage, 1994.

Sainsbury D., *Gender, equality and welfare states*, Cambridge, Cambridge University Press, 1996.

Scheiwe K., « La prise en charge des enfants et les inégalités de genre : des configurations institutionnelles dans une perspective comparatiste », *Lien social et Politiques-RIAC*, 44, 2000, S. 25-39.

Skjeie H., "Women in Politics in Norway", in Arioli K. (Ed), *Quoten und Gleichstellung von Mann und Frau*, Basel, Frankfurt am Main, Helbing & Lichtenhahn, 1996.

True J., "Mainstreaming Gender in Global Public Policy", *International Feminist Journal of Politics*, November, 2003, S. 368-396.

True J. und Mintrom M., "Transnational Networks and Policy Diffusion. The Case of Gender Mainstreaming", *International Studies Quaterly*, 45, 2001, S. 25-57.

Waylen G., "Gender, Feminism and the State: An Overview", in Randall V. und Waylen G., *Gender, Politics and the State*, London, New York, Routledge, 1998.

Chapitre 10

# Comparer l'efficience des prestations financières de l'aide sociale : le cas des centres sociaux régionaux vaudois

Nils C. Soguel et Jean-Marc Huguenin[1]

« Quand je m'examine, je m'inquiète. Quand je me compare, je me rassure. » Aux yeux de l'homme politique et diplomate français Talleyrand telle était l'utilité, au 18e siècle, d'une analyse par comparaison. Aujourd'hui, les organisations – publiques ou privées – n'attendent pas, n'attendent plus forcément d'une telle analyse qu'elle les rassure et les conforte dans leur action. D'ailleurs, le vocabulaire a évolué : on utilise volontiers le terme anglo-saxon de *benchmarking* pour désigner une démarche visant à améliorer le fonctionnement de sa propre organisation en identifiant les bonnes pratiques des pairs de référence. La comparaison tend donc à devenir une source d'inspiration pour évoluer, pour changer.

Certaines organisations ressentent davantage que d'autres le besoin d'évolution. Certains secteurs sont plus que d'autres soumis à des pressions. Dans le secteur public, la volonté actuelle de mieux maîtriser les dépenses achoppe dans des domaines où les besoins de prestations étatiques croissent. Ainsi, en Suisse, le nombre des bénéficiaires de l'aide sociale et les dépenses publiques correspondantes augmentent constamment depuis plusieurs années. 3 personnes sur 100 bénéficient d'une prestation de l'aide sociale (OFS 2006). Dans le canton de Vaud, le nombre de bénéficiaires a augmenté de 28,5% entre 1995 et 2005 (SCRIS 2006). La consommation de ressources budgétaires pour la prévoyance sociale de la Confédération, des cantons

[1] Nils C. Soguel est professeur de finances publiques auprès de l'Institut de hautes études en administration publique (IDHEAP) à Chavannes-près-Renens – Lausanne. Jean-Marc Huguenin est directeur des Economistes indépendants, un cabinet d'intelligence économique.

et des communes a plus que quadruplé entre 1980 et 2004 pour représenter désormais 20% des dépenses publiques totales (AFF 2006). L'aide sociale constitue donc un domaine majeur dans lequel identifier des potentiels d'amélioration par une analyse par comparaison peut contribuer à stabiliser les dépenses.

Pourtant, dans ce domaine, on dénombre encore très peu d'analyses allant au-delà de la présentation de statistiques primaires et permettant de se faire une idée de l'efficience avec laquelle les organismes concernés opèrent. Cette contribution, en se concentrant sur l'évaluation de l'efficience technique avec laquelle les prestations de l'aide sociale sont allouées, apparaît par conséquent comme inédite. Son objectif méthodologique est de proposer une démarche pour comparer l'efficience avec laquelle les prestations financières de l'aide sociale sont délivrées aux bénéficiaires. Elle a ensuite pour objectif empirique d'appliquer cette démarche aux centres qui, dans le canton de Vaud, sont responsables de fournir ces prestations. Les 12 centres sociaux régionaux de ce canton constituent un échantillon suffisant pour procéder à une analyse par comparaison à l'aide de la méthodologie proposée. Le chapitre est structuré en cinq parties. La première partie suivante évoque la signification de la notion de performance en particulier celle d'efficience lorsqu'elle est utilisée dans le domaine social. La deuxième partie présente succinctement les méthodes permettant d'analyser l'efficience en se concentrant sur la méthode d'analyse des données par enveloppement. C'est en effet cette méthode qui est utilisée dans la partie empirique de la contribution. La troisième partie décrit le contexte empirique (celui du canton de Vaud avec ses 12 centres sociaux régionaux) et les données à disposition. La quatrième partie est dévolue à la présentation des résultats de l'analyse empirique. Enfin, la cinquième partie synthétise les principaux constats et offre une conclusion.

## 10.1 Notion de performance dans le domaine social

La performance des organisations actives dans la fourniture de l'aide sociale peut se jauger à l'aune de trois critères d'évaluation complémentaires[2] :

- Pour juger de l'efficacité de l'intervention étatique dans ce domaine, l'évaluation des prestations fournies doit se fonder sur les objectifs de l'aide sociale[3]. Dans ce cadre, il s'agit de déterminer si les organisations chargées d'allouer l'aide sociale ont atteint les objectifs assignés.

[2] Les critères d'efficacité, d'efficience et d'égalité considérés ici sont également utilisés dans l'évaluation des politiques publiques d'autres domaines, comme l'éducation (Wolter 2006).

[3] Dans le canton de Vaud, les objectifs de l'aide sociale sont définis dans la loi du 2 décembre 2003 sur l'action sociale vaudoise. La prévention, l'appui social et le revenu d'insertion constituent les trois instruments devant permettre de venir en aide aux personnes ayant des difficultés sociales.

- Pour juger de l'efficience de l'intervention, l'évaluation doit s'intéresser au rapport entre les moyens mis en œuvre – c'est-à-dire les ressources productives consommées – et les résultats obtenus – c'est-à-dire en particulier le degré d'atteinte des objectifs.
- Pour juger de l'égalité de l'intervention, il s'agit de déterminer si l'égalité des chances – notamment en termes d'accès et de traitement– est respectée dans le domaine de l'aide sociale[4].

On constate ainsi que ces trois critères sont indépendants. En effet, l'efficacité n'est pas fonction des moyens investis, contrairement au critère d'efficience[5]. Par exemple, l'intervention étatique peut avoir atteint les objectifs assignés – et donc avoir été efficace – sans pour autant avoir été efficiente s'il s'avère que le rapport entre les moyens et les résultats aurait pu être meilleur (grâce à une consommation moindre de ressources). *A contrario*, une intervention peut être efficiente, sans pour autant être efficace.

Concernant plus spécifiquement la notion d'efficience, les auteurs opèrent parfois une distinction entre l'efficience interne et l'efficience externe (Grin et Hanhart 2003 ; Dohmen 2003). Cette distinction découle des impératifs de l'analyse de politique publique (Bussmann *et al.* 1997). En effet, cette dernière différencie les effets d'une politique publique en trois catégories. Les *outputs* correspondent aux effets immédiats du processus politico-administratif, par exemple le volume de dossiers traités ou le nombre de personnes bénéficiaires d'une prestation. Les *outcomes* correspondent aux effets intermédiaires et sectoriels de la politique, c'est-à-dire aux changements – ou à l'absence de changement – comportementaux des groupes de population visés (ou groupes-cibles) par la politique publique concernée, par exemple la durée de prise en charge dans le domaine de l'aide sociale. Les *impacts* correspondent aux effets finaux et globaux sur l'environnement, le système économique et social.

Partant de là, l'analyse de l'efficience interne couvre strictement l'étendue du processus politico-administratif. Plus précisément, elle s'intéresse à la relation entre, d'une part, les *inputs*, autrement dit les moyens mis en œuvre ou les ressources consommées et, d'autre part, les seuls *outputs*. Quant à elle, l'analyse de l'efficience externe couvre davantage que l'étendue du processus politico-administratif en dépassant le stade des *outputs* pour

[4] Soguel et Huguenin (2007) ont notamment démontré que les seuils d'entrée dans les systèmes d'aide sociale des différents cantons n'étaient pas identiques. Ils ont également relevé que les prestations financières de l'aide sociale pouvaient atteindre des écarts de 50% selon les cantons pour un profil de bénéficiaire identique. Ils soulèvent ainsi la question de l'égalité d'accès et de traitement. Knoepfel (2003) couvre également cette thématique.

[5] Les concepts d'efficacité et d'efficience sont clairement définis dans la littérature économique consacrée aux fonctions de production. Voir par exemple Cooper *et al.* (2006).

prendre en compte les *outcomes* et éventuellement les *impacts*. L'analyse externe s'intéresse donc à la relation entre les *inputs* et les *outcomes*.

Les auteurs opèrent une autre distinction entre l'efficience technique, l'efficience allocative et l'efficience économique (Coelli *et al.* 2005). Comme son nom l'indique, l'analyse de l'efficience technique consiste à investiguer selon quel « dosage » et dans quelles quantités les ressources physiques – heures de travail, volume d'équipement – sont techniquement consommées par le processus de production, *i.e.* le processus politico-administratif. Par conséquent, cette analyse permet de mesurer le degré d'efficience technique en tenant compte du niveau de consommation matérielle des différents facteurs de production d'une part, et d'autre part soit de l'*output* (efficience technique interne), soit de l'*outcome* produit (efficience technique externe). L'efficience allocative introduit dans l'analyse le prix respectif des facteurs de production (salaires, loyers, amortissements, etc.). C'est pourquoi on parle aussi d'efficience de prix. L'idée est alors de déterminer si le coût de production total ne pourrait pas être abaissé en modifiant l'arrangement des facteurs de production eu égard à leur prix respectif. Le degré d'efficience est alors donné par l'écart entre le coût total de production existant et le coût qui prévaudrait si l'arrangement des facteurs de production était techniquement efficient. Finalement, l'efficience économique correspond à une situation où les deux types d'efficience sont réalisés : l'efficience technique et l'efficience allocative. L'analyse de l'efficience économique consiste donc à comparer la situation existante avec la situation hypothétique où l'efficience économique serait atteinte. Les recherches de Farrel (1957) constituent un point de départ utile pour la définition des concepts d'efficience technique, allocative et économique. Johnes (2004) propose notamment une représentation graphique de ces différents concepts.

Cette contribution se concentre clairement sur l'analyse de l'efficience technique. Parce qu'elle inclut en même temps des mesures d'*outputs* et des mesures d'*outcomes*, elle comprend à la fois une dimension interne et externe.

## 10.2 Evaluation de l'efficience par enveloppement des données

### Deux grandes catégories de méthodes

Plusieurs méthodes ont été développées pour évaluer l'efficience des organisations. Ces méthodes se répartissent habituellement en deux catégories. Les méthodes statistiques (ou économétriques) forment une première catégorie. Elles nécessitent souvent de formuler une hypothèse sur la relation existant entre les *inputs* et les résultats (relation linéaire ou non linéaire). A côté de cette hypothèse sur la forme fonctionnelle, ces méthodes font l'hypothèse que les inefficiences suivent une distribution spécifique. Elles sont souvent – mais pas toujours – de nature paramétrique.

Les méthodes statistiques ont évolué de la méthode des moindres carrés ordinaires à l'analyse de frontière stochastique. Regroupées dans la seconde catégorie, les méthodes non-statistiques ne nécessitent pas d'hypothèses sur la distribution des inefficiences. Elles sont souvent – mais pas toujours – de nature non-paramétrique. Elles utilisent la programmation linéaire pour évaluer une enveloppe convexe qui représente la frontière d'efficience. La méthode de l'enveloppe de libre disposition (*Free Disposal Hull*, FDH) ou l'analyse des données par enveloppement (*Data Envelopment Analysis*, DEA) figurent parmi les méthodes non statistiques. C'est précisément cette dernière méthode qui est mise en œuvre ici.

### Présentation succincte de la méthode d'analyse des données par enveloppement

La méthode d'analyse des données par enveloppement – DEA – est une méthode relativement nouvelle orientée sur les données réelles observées pour évaluer la performance d'organisations paires. Elle a été développée en 1978 par les chercheurs et professeurs américains Charnes, Cooper et Rhodes (1978). Elle visait alors à évaluer l'efficience d'un programme fédéral d'allocation de ressources dans le système éducatif, *The Follow Through* (Charnes, Cooper et Rhodes 1981). Depuis lors, la méthode DEA a été développée et enrichie considérablement par la communauté scientifique. Elle est utilisée aujourd'hui pour évaluer l'efficience d'entreprises privées – banques, assurances, commerce de détail, etc. – et d'organisations publiques à but non lucratif dans des domaines variés comme la protection sociale, l'éducation, la santé, la défense ou encore la justice[6]. Tavares (2002) a recensé plus de 3200 articles scientifiques et livres rédigés par plus de 1600 auteurs dans 42 pays.

De nature non paramétrique, la méthode DEA est issue de la recherche opérationnelle. Elle permet de mesurer notamment l'efficience technique d'une organisation – appelée *Decision Making Unit* – produisant de multiples variables de résultats (*outputs* ou *outcomes*) à l'aide de multiples *inputs*[7]. Il s'agit d'une méthode relativement simple d'emploi. Il faut relever que la difficulté de ce type d'analyses ne provient pas de la méthode

[6] Cooper, Seiford et Zhu (2006) détaillent les applications récentes de la méthode DEA dans différents domaines (banques, éducation, sport, commerce de détail, santé, etc.).

[7] La méthode DEA maximise l'efficience technique d'une organisation en fonction des *inputs* consommés et des *outputs* ou *outcomes* réalisés selon la formule suivante :

$$\text{Max } TE_1 = 0 \leq \frac{\sum_{r=1}^{s} U_r Y_{r1}}{\sum_{i=1}^{m} V_i X_{i1}} \leq 1$$

où $TE_1$ représente l'efficience technique de l'organisation 1 ; $Y_{r1}$ correspond à la quantité de l'*output* ou de l'*outcome* $r$ produit par l'organisation 1 ; $U_r$ représente le poids associé à l'*output* ou à l'*outcome* $r$ ; $X_{i1}$ correspond à la quantité de l'*input* $i$ consommée par l'organisation 1 ; $V_i$ représente le poids associé à l'*input* $i$. Et ce pour plusieurs *outputs* ou *outcomes* et plusieurs *inputs*.

elle-même, mais des données qu'il faut obtenir pour la mettre en œuvre. De fait, dès le moment où l'on dispose d'une information chiffrée sur les *inputs* et les variables de résultats, la mise en œuvre s'opère assez facilement. Coelli (1996) propose notamment un logiciel en libre accès sur Internet.

Deux principaux modèles ont été développés dans le cadre de la méthode DEA. Le premier modèle se base sur l'hypothèse que toutes les organisations évoluent dans des situations de rendements d'échelle constants, c'est-à-dire que la consommation de ressources par unité produite (la consommation moyenne) est constante quel que soit le volume de prestations produit ou le nombre de bénéficiaires, autrement dit que les ressources consommées croissent proportionnellement lorsque le volume produit augmente (Charnes, Cooper et Rhodes 1978). Le second modèle pose l'hypothèse que les entités analysées se situent au contraire dans un environnement de rendements d'échelle variables, c'est-à-dire que la consommation moyenne de ressources varie, autrement dit que les ressources consommées croissent soit plus que proportionnellement, soit moins que proportionnellement lorsque le volume produit augmente (Banker, Charnes et Cooper 1984). Selon cette hypothèse, les organisations opèrent par conséquent à des tailles différentes qui ne sont pas forcément optimales. Coelli *et al.* (2005) relèvent que cette hypothèse est vraisemblable lorsque les organisations considérées évoluent dans un marché soumis à une concurrence imparfaite ou lorsque les régulations étatiques sont présentes. Ce modèle permet de calculer l'efficience technique pure de l'organisation en identifiant les effets liés aux inefficiences d'échelle.

Une sensibilisation aux algorithmes mathématiques développés dans le cadre des modèles sous hypothèses de rendements d'échelle constants et variables de la méthode DEA figure notamment chez Johnes (2004) et Coelli *et al.* (2005).

### Applications de la méthode DEA dans le domaine social

La méthode DEA s'est imposée comme un outil analytique et quantitatif puissant en relativement peu de temps pour évaluer la performance des organisations. Elle a été appliquée dans de nombreux domaines à l'étranger, notamment les systèmes bancaires, les assurances, le commerce de détail, l'agriculture, l'économie forestière, la distribution d'eau, l'éducation, la santé, le social, la défense et la sécurité. Cooper, Seiford et Zhu (2006) passent en revue les applications récentes dans un certain nombre de ces domaines.

En Suisse, l'application de la méthode DEA est plus limitée mais tend à se répandre rapidement. Ainsi, en recherche fondamentale, Steinmann (2002) étudie les problèmes de consistance de la méthode DEA dans la recherche empirique. Steinmann et Simar (2003) comparent quant à eux les scores d'efficience dans les modèles non paramétriques. En recherche appliquée, des analyses apparaissent dans l'éducation, la santé, le social, la gestion des déchets, la distribution d'eau et l'économie forestière notamment.

Dans le domaine de l'éducation, Sheldon (1995) étudie la faisabilité de l'application de la méthode DEA aux systèmes éducatifs. Shenker-Wicki et Huerlimann (2006), Diagne (2006) et Meunier (2007) évaluent respectivement le système de financement des universités suisses en fonction de l'efficience technique, l'efficience technique des gymnases romands et des systèmes cantonaux de scolarité obligatoire. Burgat et Jeanrenaud (1994) évaluent l'efficacité productive de l'enlèvement des déchets.

Dans le domaine social, on dénombre très peu d'applications. Tout au plus est-il possible de mentionner les travaux de Ferro-Luzzi *et al.* (2006) portant sur l'évaluation de l'efficience technique des offices régionaux de placement dans le cadre de la réinsertion des chômeurs, soit un domaine connexe à l'aide sociale. Perritaz (2006) analyse quant à lui l'efficience des soins infirmiers dans les hôpitaux suisses.

## 10.3 Présentation du cas étudié

### Organisation de l'aide sociale dans le canton de Vaud

Le canton de Vaud fournit une aide sociale aux ménages domiciliés dans le canton lorsque le revenu mensuel disponible ne suffit pas à couvrir ses besoins de base. L'aide fournie respecte dans une très large mesure les recommandations de la Conférence suisse des institutions d'action sociale (CSIAS 2005). Selon les cas, un ménage bénéficiaire reçoit des prestations financières[8] et/ou des prestations personnelles à travers un soutien, un conseil, une aide à la structuration du quotidien, etc.

Le Département vaudois des affaires sociales, soit le Département de la santé et de l'action sociale (DSAS), est l'autorité compétente pour définir et organiser l'action sociale. Ce département, les communes et les associations de communes sont principalement chargés d'appliquer l'action sociale. Les communes ou les associations de communes confient les tâches d'action sociale soit à un service communal, soit un centre social régional. Le canton est divisé en 12 régions d'action sociale dont les limites sont fixées par le Conseil d'Etat sur préavis des communes. Dans chaque région, un centre

[8] La CSIAS recommande que les prestations financières portent sur (a) un minimum vital absolu, qui englobe la garantie constitutionnelle d'une existence conforme à la dignité humaine, (b) la couverture des besoins de base – comprenant les frais de logement, les frais médicaux de base et le forfait pour l'entretien –, (c) le minimum social, qui, en plus de la couverture des besoins de base, englobe les prestations circonstancielles dont peuvent bénéficier les personnes, (d) des incitations matérielles – suppléments d'intégration et franchises sur le revenu d'une activité lucrative – qui récompensent les efforts d'intégration sociale ou professionnelle des bénéficiaires. Notons que le canton de Vaud renonce à fournir des suppléments d'intégration.

social régional (CSR) effectue les activités de gestion courante dans le processus d'octroi des prestations de l'aide sociale. Il accueille les demandeurs, instruit les dossiers, propose et prend les décisions nécessaires et assure le suivi des dossiers. Il verse également aux bénéficiaires les prestations financières.

**Données à disposition**

L'analyse porte sur les 12 centres sociaux régionaux (Aigle-Bex-Pays d'Enhaut, Broye, Est lausannois, Lausanne, Morges-Aubonne, Nord lausannois, Nyon-Rolle, Ouest lausannois, Cossonay-Orbe-La Vallée, Riviera Vevey, Riviera Montreux, Yverdon-Grandson). Elle se concentre sur l'évaluation de l'efficience technique de ces centres[9]. Quatre variables ont été retenues dans le modèle DEA. Parmi elles figurent deux *inputs* – quantité de personnel en équivalents plein temps et surface occupée en $m^2$ – et deux variables de résultats – nombre de bénéficiaires d'une prestation financière de l'aide sociale et durée moyenne de prise en charge en jours. Les données correspondent au quatrième trimestre de l'année 2006, sauf pour la durée moyenne de prise en charge. Le fait qu'il y ait un équilibre dans nos modèles entre le nombre d'*inputs* (2) et le nombre de variables de résultats considérés (2) est le fait du hasard : nous aurions tout aussi bien pu aboutir à un modèle comprenant davantage d'*inputs* que de variables de résultats, ou inversement. Par ailleurs, parce que le modèle comprend davantage qu'un *input* et qu'une variable de résultats, cela montre clairement que la méthode DEA permet de dépasser les limites des traditionnels ratios mettant en relation un seul *output* avec un seul *input*.

Le tableau 10.1 présente différents indicateurs statistiques concernant les variables des centres sociaux régionaux. Ainsi, les 12 centres prennent en charge 19 016 bénéficiaires. En moyenne, la prise en charge d'un bénéficiaire est de 846,6 jours, soit un peu plus de deux ans et trois mois. Les 12 centres emploient 365,3 personnes à plein temps sur une surface totale de 11 634 $m^2$. Les écarts types élevés observés témoignent des différences de taille entre les centres. Le plus petit centre emploie 11 personnes, le plus grand 148,5.

Les *inputs* retenus couvrent en partie le modèle Klems de l'Organisation de coopération et de développement économique (OCDE 2001). Ce modèle

[9] Il aurait été envisageable d'évaluer également l'efficience-coût des centres sociaux régionaux. Nous y avons renoncé malgré la disponibilité de l'information sur les coûts des *inputs*. Les traitements salariaux du personnel correspondent à la plus grande partie des coûts. Or, ils sont soumis à une échelle cantonale identique pour tous les centres. Intégrer cette information aboutirait à des inefficiences dues à une pyramide des âges potentiellement différente selon les centres. Autrement dit, un centre avec un personnel âgé serait moins efficient, en termes de coût, qu'un centre avec un personnel plus jeune, toutes choses étant égales par ailleurs. Or les directions des centres sociaux régionaux ne sont guère responsables de l'âge de leurs employés.

**Tableau 10.1** La taille des centres varie fortement.

| | Variables de résultats | | Inputs | |
|---|---|---|---|---|
| | Nombre de bénéficiaires | Durée moyenne (jours) | Personnel EPT | Surface en $m^2$ |
| Total | 19016 | 10159 | 365 | 11634 |
| Moyenne | 1585 | 847 | 30 | 970 |
| Ecart type | 1752 | 72 | 38 | 1211 |
| Minimum | 654 | 733 | 11 | 408 |
| Maximum | 7030 | 969 | 148 | 4800 |

distingue les *inputs* en capital (*capital*), travail (*labour*), énergie (*energy*), matières (*materials*) et services (*services*). Ici, le capital est capté par la surface en $m^2$ à disposition pour chacun des 12 centres. Cet *input* représente une approximation de l'investissement infrastructurel effectué. Le personnel en équivalents plein temps couvre la variable « travail ». L'énergie, les matières et services ne sont pas représentés dans les *inputs* retenus. Reconnaissons toutefois que ces ressources restent marginales dans ce type d'activités.

Parmi les variables de résultats retenus, le nombre de bénéficiaires implique une consommation de ressources productives dans le processus d'octroi des prestations financières de l'aide sociale. Il correspond par conséquent à une mesure quantitative de l'acte administratif, autrement dit un *output.* La durée moyenne de prise en charge, quant à elle, s'éloigne du processus de production. En témoignant de la capacité à réinsérer les bénéficiaires de l'aide sociale dans le marché du travail, elle représente une variable touchant au comportement des groupes-cibles et constitue donc plutôt une variable d'*outcome.*

Le nombre de centres sociaux régionaux – 12 – conditionne le nombre total d'*inputs* et de variables de résultats pouvant être intégrés dans le modèle DEA. Ainsi, Cooper *et al.* (2006) relèvent que le nombre d'organisations présentes dans l'échantillon doit être supérieur ou égal à la valeur maximale entre (1) le nombre d'*inputs* multiplié par le nombre de variables des résultats et (2) trois fois le nombre total de variables.

Ainsi, si $m$ représente le nombre d'*inputs* et $s$ le nombre de variables de résultats, le nombre de centres $n$ doit correspondre à :

$$n \geq \max\{m \times s, 3(m+s)\}$$

Un modèle à quatre variables nécessite par conséquent un minimum de 12 centres et répond ainsi aux conditions de Cooper *et al.* (2006). Un modèle à cinq variables exigerait quant à lui un minimum de 15 centres.

C'est pourquoi le modèle DEA retenu comprend deux *inputs* et deux variables de résultats uniquement. Il aurait été envisageable de considérer d'autres variables que celles considérées. La base de données statistique des centres contient en effet trois *inputs* (personnel en équivalents plein temps, surface en mètres carrés et nombre d'ordinateurs) et cinq variables de résultats (nombre de bénéficiaires, nombre de dossiers, nombre de sorties, nombre d'entretiens menés avec les bénéficiaires et durée moyenne de prise en charge).

Les raisons suivantes justifient le choix des variables pour le modèle présenté ici. Le personnel représente le principal *input* et la surface est moins corrélée que le nombre d'ordinateurs avec le personnel. Parmi les variables de résultats, le nombre de bénéficiaires, de dossiers, de sorties et d'entretiens sont des variables quasiment parfaitement corrélées. Le nombre de bénéficiaires est retenu dans le modèle, car il constitue une mesure plus fine (1) que le nombre de dossiers – qui contient précisément plusieurs bénéficiaires – et (2) que le nombre d'entretiens – qui sont menés avec le titulaire du dossier. Le nombre de bénéficiaires est également préféré au nombre de sorties de l'aide sociale pour des raisons techniques[10]. La durée moyenne de prise en charge est faiblement corrélée avec toutes les autres variables de résultats et permet de tenir compte d'au moins un *outcome*. Notons d'ailleurs que la durée moyenne constitue un résultat « indésirable », dans le sens que sa valeur doit être minimisée et non maximisée. Le modèle DEA se basant sur un algorithme de maximisation, suivant Seiford et Zhu (2002), les valeurs inverses des durées moyennes sont considérées (1/durée). Par conséquent, un centre qui se veut plus performant doit maximiser cette valeur inverse de la durée.

L'analyse est conduite à l'aide d'un modèle DEA sous hypothèses de rendements d'échelle constants d'une part et variables d'autre part. Les centres sociaux régionaux évoluent dans un marché public régulé, à l'intérieur d'un périmètre géographique pré-attribué. On doit donc se poser la question de savoir si leur taille est optimale. Cela nous conduit à formuler et à tester l'hypothèse de rendements d'échelle variables[11]. Pour évaluer les inefficiences d'échelle, un modèle DEA sous hypothèse de rendements d'échelle constants est également réalisé.

Les modèles sont orientés vers les *inputs*. Etant tributaires du périmètre géographique alloué à leur centre, les responsables des centres sociaux régionaux ne peuvent guère chercher à être plus efficients en augmentant le nombre de bénéficiaires de leur centre. Par ailleurs, le nombre de personnes qui sollicitent une aide sociale et la durée de prise en charge dépendent de variables environnementales hors du contrôle des responsables (taux de chômage notamment). Par contre, ils peuvent agir plus directement sur le volume d'*inputs* consommés par leur centre.

---

[10] Certaines sorties sont causées par l'obtention d'une rente fournie par une assurance sociale ou pour des raisons administratives. Par conséquent, elles ne reflètent pas nécessairement la capacité des centres à réinsérer les bénéficiaires de l'aide sociale.

[11] Les logiciels DEAP version 2.1 de Coelli (1996) et DEA Excel Solver (Zhu 2003) ont été utilisés pour évaluer l'efficience des centres sociaux régionaux.

## 10.4 Résultats

### Efficience technique

L'analyse DEA indique que les centres sociaux sont techniquement efficients à 91% en moyenne (hypothèse de rendements d'échelle constants). Pour gérer le même nombre de bénéficiaires, tout en assurant la même durée moyenne de prise en charge, ils pourraient réduire leur consommation de ressources productives de 9%. La figure 10.2 détaille le degré d'efficience technique de chacun des centres. Les résultats de l'analyse sont anonymisés pour garantir la confidentialité des données. C'est pourquoi les centres sont identifiés pour la suite à l'aide d'une lettre attribuée dans l'ordre décroissant du degré d'efficience technique calculé.

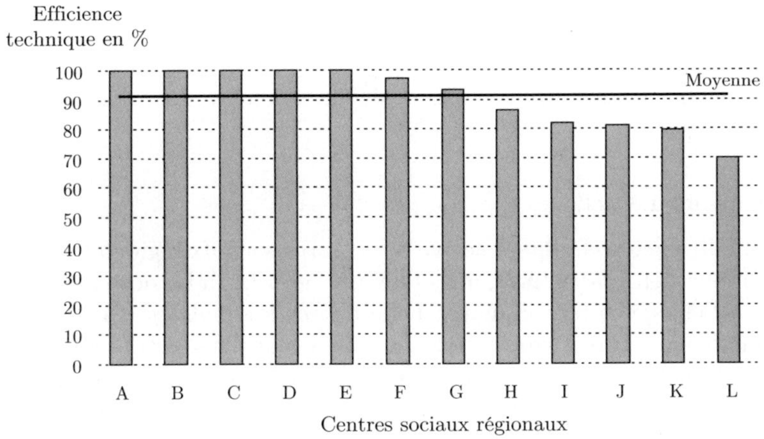


**Fig. 10.2** Les centres sociaux régionaux atteignent un degré d'efficience moyen de 91%.

Cinq centres sont efficients à 100% – A, B, C, D et E –. Les centres F et G obtiennent des scores d'efficience de respectivement 97 et 93%. Ils se situent en dessus de la moyenne (91%). Les centres H (86%), I (82%), J (81%), K (80%) et L (70%) s'inscrivent tous quant à eux en dessous de la moyenne.

### Potentiel d'amélioration

Le tableau 10.3 présente le potentiel d'amélioration, en termes d'économie de ressources consommées, pour chacun des centres sociaux régionaux. A titre d'illustration, le centre G pourrait continuer à gérer le même nombre de bénéficiaires, en assurant la même durée moyenne de prise en charge, avec une dotation en ressources productives inférieure de près de 7% pour le personnel et de 21% pour la surface occupée. Les centres A, B, C, D et

E ne disposent pas de potentiel d'amélioration, car leur degré d'efficience technique est de 100%[12].

**Tableau 10.3** L'analyse DEA révèle les potentiels d'amélioration des centres.

| Centres sociaux régionaux | Degré d'efficience en % | Potentiel d'amélioration en % | |
|---|---|---|---|
| | | Personnel EPT | Surface en $m^2$ |
| A | 100 | 0 | 0 |
| B | 100 | 0 | 0 |
| C | 100 | 0 | 0 |
| D | 100 | 0 | 0 |
| E | 100 | 0 | 0 |
| F | 97 | –2 | –2 |
| G | 93 | –7 | –21 |
| H | 86 | –14 | –14 |
| I | 82 | –18 | –18 |
| J | 81 | –19 | –19 |
| K | 80 | –21 | –20 |
| L | 70 | –30 | –35 |

## Rendements d'échelle

L'inefficience technique relative des centres sociaux régionaux peut s'expliquer par deux facteurs. Un facteur est lié à la taille des centres, c'est-à-dire à l'efficience technique d'échelle ou *scale efficiency* (SE). Un centre opérant à une échelle trop petite se trouve dans une situation de rendements d'échelle croissants : une hausse de son volume de production (ici son volume d'*outputs* et d'*outcomes*) aurait pour conséquence une hausse moins que proportionnelle de sa consommation moyenne de ressources. *A contrario*, un centre opérant à une échelle trop grande se trouve dans une situation de rendements d'échelle décroissants : une baisse de son volume de production lui permettrait de réduire plus que proportionnellement sa consommation moyenne de ressources.

Un autre facteur est indépendant de la taille des centres sociaux régionaux et concerne l'efficience technique pure ou *variable returns to scale technical efficiency* (VRSTE). Un centre parvient à améliorer son efficience en optimisant son organisation et son fonctionnement ou en bénéficiant de conditions plus favorables liées à son environnement. En effet, un déficit d'efficience technique pure dépend de la plus ou moins bonne gestion des centres sociaux régionaux (organisation du travail, rationalisation des processus et des procédures, coordination entre les services de l'Etat, etc.).

[12] Cela ne signifie pas pour autant que ces centres ne parviendraient pas à augmenter leur productivité dans l'absolu. La méthode DEA compare l'efficience des centres de manière relative – *i.e.* l'efficience de l'un par rapport à l'efficience des autres. Le centre qui obtient un score de 100% est par conséquent le plus performant du groupe de pairs. Il parviendrait toutefois certainement à améliorer encore ses processus.

Mais elle dépend également potentiellement de variables environnementales sur lesquelles les responsables des différents centres n'ont pas d'influence. Parmi ces variables, nous pouvons imaginer que la complexité des dossiers liés aux caractéristiques socio-économiques des bénéficiaires – niveau de formation, situation familiale, nationalité, etc. – exerce une influence.

A ce stade, il convient de déterminer si les inefficiences techniques relatives observées (tab. 10.3) sont dues à une taille inadéquate ou à d'autres facteurs, par exemple une organisation ou un fonctionnement perfectibles. La méthode DEA permet de dissocier ces deux éléments en comparant les modèles sous hypothèses de rendements d'échelle constants et variables. Elle permet également d'identifier la situation d'échelle dans laquelle se trouvent les centres.

**Tableau 10.4** De manière générale, les inefficiences sont plutôt dues à une organisation et un fonctionnement déficients.

| Centres sociaux régionaux | Efficience totale CRSTE[a] | Efficience pure VRSTE[b] | Efficience d'échelle CRSTE[c] | Rendements d'échelle |
|---|---|---|---|---|
| A | 100 | 100 | 100 | – |
| B | 100 | 100 | 100 | – |
| C | 100 | 100 | 100 | – |
| D | 100 | 100 | 100 | – |
| E | 100 | 100 | 100 | – |
| F | 97 | 98 | 99 | décroissants[e] |
| G | 93 | 93 | 100 | croissants[d] |
| H | 86 | 91 | 94 | croissants[d] |
| I | 82 | 83 | 99 | croissants[d] |
| J | 81 | 81 | 100 | croissants[d] |
| K | 80 | 84 | 95 | croissants[d] |
| L | 70 | 100 | 70 | décroissants[e] |
| Moyenne | 91 | 94 | 96 | |

[a] L'évaluation de l'efficience technique sous hypothèse de rendements d'échelle constants – CRSTE – postule que tous les centres sociaux régionaux opèrent à une taille idéale. Il n'est pas possible de réduire la consommation moyenne de ressources en augmentant ou en diminuant cette taille. Le degré d'efficience évalué se décompose en une partie liée à l'effet de taille et en une partie liée à d'autres facteurs, dont le fonctionnement des centres. La multiplication des degrés d'efficience purs et d'échelle – VRSTE et SE – aboutit au score d'efficience CRSTE.

[b] L'évaluation de l'efficience technique sous hypothèse de rendements d'échelle variables – VRSTE – postule que les centres sociaux régionaux n'ont pas tous atteint une taille idéale. Le degré d'efficience estimé correspond à l'efficience des centres en faisant abstraction de l'effet de taille.

[c] L'évaluation de l'efficience d'échelle – SE – isole l'effet de la taille des centres sur leur performance.

[d] Les centres qui se trouvent dans une situation d'échelle croissante n'ont pas encore atteint la taille idéale. Ils parviendraient à réduire leur consommation moyenne de ressources en augmentant leur taille.

[e] Les centres qui se trouvent dans une situation d'échelle décroissante ont dépassé la taille idéale. Ils parviendraient à réduire leur consommation moyenne de ressources en réduisant leur taille.

Le tableau 10.4 contient dans sa première colonne les degrés d'efficience estimés précédemment : CRSTE (pour *constant returns to scale technical efficiency* ou efficience technique sous hypothèse de rendements d'échelle constants). Ces degrés d'efficience « totaux » se décomposent ensuite en une part d'efficience pure – VRSTE (pour *variable returns to scale technical efficiency* ou efficience technique sous hypothèse de rendements d'échelle variables) – et en une part d'efficience liée à la taille des centres – SE (pour *scale efficiency* ou efficience d'échelle). Le tableau indique enfin si les centres se trouvent dans une situation de rendements d'échelle croissants ou décroissants.

Les centres A, B, C, D et E obtiennent des degrés d'efficience totale de 100%. Ils sont efficients tant au niveau de leur fonctionnement que de leur taille.

Le centre L présente un score d'efficience totale de 70% (colonne « Efficience totale CRSTE »). L'organisation et le fonctionnement de ce centre apparaissent comme optimaux, car il réalise un score d'efficience pure de 100% (colonne « Efficience pure VRSTE »). La totalité de son inefficience s'explique donc par des problèmes de taille (70% d'efficience d'échelle, colonne « Efficience d'échelle SE »). Le centre L se trouve dans une situation de rendements d'échelle décroissants. Il a dépassé sa taille critique. Pour résorber l'inefficience de 30% (100 moins 30), on pourrait imaginer scinder le centre en deux entités ou transférer une partie de ses dossiers à d'autres centres évoluant dans des situations d'échelle croissantes.

Le centre F obtient un score d'efficience totale de 97%. L'inefficience totale observée (3%) s'explique un peu par des problèmes de taille (efficience d'échelle légèrement inférieure à 99%) et un peu par un fonctionnement marginalement perfectible ou des variables environnementales défavorables (efficience pure de 98%). Le centre F évolue, tout comme le centre L, dans une situation de rendements d'échelle décroissants.

Les centres G, H, I, J et K évoluent quant à eux tous dans des situations de rendements d'échelle croissants. Leur inefficience totale respective s'explique plutôt par une organisation et un fonctionnement déficients ou par des variables environnementales défavorables. A titre d'illustration, le centre J présente une efficience totale de 81%. Sa taille est quasiment idéale (efficience d'échelle très proche de 100%). Les inefficiences s'expliquent par conséquent essentiellement par une organisation et un fonctionnement perfectibles ou par des variables environnementales défavorables (efficience pure de 81%).

En moyenne, les inefficiences observées s'expliquent plutôt par une organisation et un fonctionnement déficients et/ou par des variables environnementales défavorables que par des tailles inadaptées (efficience pure de 94% contre une efficience d'échelle de 96%). Pour résorber les inefficiences liées à une taille trop petite, il serait envisageable de fusionner certaines entités, de répartir les bénéficiaires d'un centre sur un ou plusieurs autres ou d'obtenir des dossiers des centres L et F, qui opèrent, quant à eux, à une échelle trop grande.

### Identification des pairs

Les inefficiences des centres sociaux régionaux sont plutôt dues à des problèmes d'organisation et de fonctionnement, dans un contexte de variables environnementales potentiellement défavorables. Pour résorber ces inefficiences, chaque centre pourrait avantageusement analyser le fonctionnement de ses pairs. La méthode DEA permet également d'identifier les pairs efficients qui se rapprochent le plus des centres inefficients. Ces derniers peuvent ainsi savoir quels pairs observer pour en tirer des enseignements afin d'améliorer leur fonctionnement.

Le tableau 10.5 recense les pairs pour chaque centre présentant une inefficience non liée à la taille (cf. colonne « Efficience pure VRSTE » du tableau 10.4). Ainsi, le centre H pourrait analyser les pratiques des centres B (à raison de près de 50%), A (à raison de 34%) et D (à raison de près de 16%) pour comprendre sa propre inefficience technique de presque 9% (100 – 91) et y remédier. C'est donc les pratiques du centre B que le centre H devrait observer en priorité. Les centres qui ne présentent aucun pair sont ceux qui sont efficients à 100% en termes de fonctionnement. Parmi eux, le centre D apparaît cinq fois comme pair de référence. Les centres A et B sont cités tous les deux quatre fois. Les centres C et E apparaissent respectivement deux et une fois.

**Tableau 10.5** Les centres inefficients peuvent s'inspirer de leurs pairs pour s'améliorer.

| Centres sociaux régionaux | Pairs (poids respectifs) |
|---|---|
| A | – |
| B | – |
| C | – |
| D | – |
| E | – |
| F | D(54%) ; A(24%) ; B(22%) |
| G | D(83%) ; C(17%) |
| H | B(50%) ; A(34%) ; D(16%) |
| I | B(54%) ; C(30%) ; D(16%) |
| J | A(52%) ; D(48%) |
| K | B(53%) ; A(26%) ; E(21%) |
| L | – |

## 10.5 Remarques conclusives

La méthode DEA permet d'aller au-delà des traditionnels ratios de productivité mettant en relation une seule variable de résultats (*output* ou *outcome*) avec un seul *input*. Dans le modèle développé ici, deux *inputs* et deux variables de résultats ont été intégrés. L'analyse de l'efficience technique des centres sociaux régionaux démontre que le potentiel d'amélioration pourrait être significatif : en moyenne, les centres pourraient gérer le même nombre de bénéficiaires en assurant la même durée de prise en charge avec une dotation en ressources productives inférieure de 9%.

Les inefficiences sont plutôt dues à un fonctionnement et à une organisation perfectibles, dans un contexte de variables environnementales potentiellement défavorables. En moyenne, les centres pourraient réduire leurs ressources de près de 6% sans modifier leur taille respective, partant d'une efficience technique pure de 94%, en optimisant leur organisation et leur fonctionnement. Pour chaque centre présentant une inefficience pure, les pairs de référence pouvant servir de « modèles » ont été identifiés. Les centres inefficients peuvent s'inspirer des bonnes pratiques de leurs pairs respectifs pour améliorer leurs propres processus et procédures. L'inefficience technique pure pourrait n'être toutefois pas uniquement causée par une gestion perfectible des centres. Des facteurs externes, demeurant hors du contrôle et de l'influence des responsables, pourraient également y contribuer.

Le calibrage insatisfaisant de la taille des centres explique également une part de l'inefficience totale observée. En moyenne, les centres parviendraient à réduire leur consommation de ressources de près de 4% en optimisant leur taille respective. Cinq centres évoluent déjà à une taille optimale, c'est-à-dire dans une zone où la consommation moyenne de ressources ne peut plus être réduite en travaillant sur la taille. Cinq centres se situent par contre en dessous de la taille idéale. Ils parviendraient à réduire leur consommation de ressources en opérant à une échelle plus grande. Enfin, deux centres ont d'ores et déjà dépassé la taille optimale. Pour réduire leur consommation moyenne de ressources, ils devraient non pas augmenter leur taille, mais la réduire.

La solution la plus rationnelle pourrait consister en la création de centres permettant à tous d'opérer à une taille idéale. En faisant abstraction de contraintes potentielles liées par exemple à des facteurs géographiques, cela supposerait le regroupement partiel des centres se trouvant en situation de rendements d'échelle croissants – par exemple par la répartition des bénéficiaires d'un centre sur plusieurs autres – et la diminution de la taille des deux centres en situation de rendements d'échelle décroissants – par exemple en les scindant en deux unités ou en les déchargeant d'une partie de leurs bénéficiaires qui serait répartie sur les centres trop petits.

A travers ces résultats, l'étude montre le potentiel offert par la méthode DEA dans un domaine, celui des prestations financières versées au titre de l'aide sociale, où ce type de méthodes n'ont pas été mis en œuvre jusqu'ici à notre connaissance. Avouons cependant qu'il s'agit là d'un domaine qui, de prime abord, se prête peu de manière naturelle à ce type d'entreprise. Toutefois c'est un domaine qui demande et absorbe de plus en plus de ressources budgétaires. Le besoin de comparer l'efficience avec laquelle cette prestation est offerte n'en est donc que plus grand.

La méthode DEA est relativement simple d'emploi. Elle permet de prendre en compte de multiples *inputs* et variables de résultat (*outputs* ou *outcomes*). Elle ne nécessite ni la spécification d'une forme fonctionnelle ni la spécification des poids associés aux différentes variables. La méthode DEA est cependant sensible aux données aberrantes (*outliers*) et relativement vulnérable aux échantillons de petite taille. Elle ne tient pas compte des *random noise*. La méthode DEA intègre les situations réelles des différentes organisations observées. Une organisation est par conséquent comparée à ses pairs en fonction des résultats effectivement atteints dans la réalité. Les valeurs d'efficience sont ainsi relatives et non pas absolues. Une organisation qui obtient un score d'efficience de 100% est certes la plus performante de l'échantillon. Cela ne signifie toutefois pas qu'elle ne pourrait pas encore améliorer sa productivité. De manière générale, les résultats d'une analyse DEA constituent un point de départ objectivé pour susciter la réflexion sur les potentiels d'amélioration des organisations.

## 10.6 Bibliographie

AFF, *Finances publiques en Suisse 2004*, Neuchâtel, Office fédéral de la statistique, 2006.

Banker R. D., Charnes A. et Cooper W. W., "Some Models for Estimating Technical and Scale Inefficiencies in Data Envelopment Analysis", *Management Science*, 30, 1984, pp. 1078-1090.

Burgat P. et Jeanrenaud C., "Technical Efficiency and Institutional Variables", *Swiss Journal of Economics and Statistics*, 130(4), 1994, pp. 709-717.

Bussman W., Klöti U., Knoepfel P., *Einführung in die Politikevaluation*, Basel, Helbing und Lichtenhahn, 1997.

Charnes A., Cooper W. W. et Rhodes E., "Measuring the Efficiency of Decision Making Units", *European Journal of Operational Research*, 2, 1978, pp. 429-444.

Charnes A., Cooper W. W. et Rhodes E., "Evaluation Program and Managerial Efficiency : An Application of Data Envelopment Analysis to Program Follow Through", *Management Science*, 27, 1981, pp. 668-697.

Coelli T., *A Guide to DEAP Version 2.1: A Data Envelopment Analysis (Computer) Program*, University of New England, Center for efficiency and productivity analysis Working Paper 96/08, Armidale, 1996.

Coelli T. J., Prasado Rao D. S., O'Donnel C. J. et Battese G. E., *An introduction to Efficiency and Productivity Analysis*, Springer, 2nd edition, 2005.

CSIAS, *Aide sociale – concepts et normes de calcul*, Berne, 4e édition, 2005.

Cooper W. W., Seiford L. M. et Tone K., *Introduction to Data Envelopment Analysis and Its Uses*, Dordrecht, Springer, 2006.

Cooper W. W., Seiford L. M. et Zhu J., *Handbook on Data Envelopment Analysis*, Dordrecht, Kluwer Academic Publishers, 2006.

Diagne D., « Mesure de l'efficience technique dans le secteur de l'éducation : une application de la méthode DEA », *Revue suisse d'économie et de statistique*, 142(2), 2006, pp. 231-262.

Dohmen D., "Interne Effizienz von Bildungssystemen", *Revue Suisse des sciences de l'éducation*, 3, 2003, pp. 373-404.

Farrel M., "The measurement of productive efficiency", *Journal of the Royal Statistical Society*, Series A-120, 1957, pp. 253-281.

Ferro-Luzzi G., Flueckiger Y., Ramirez J., Vassiliev A., "Unemployement and employment offices' efficieny : what can be done ?", *Socio-Economic Planning Sciences*, 40 (3), 2006, pp. 169-186.

Grin F. et Hanhart S., « Modalités de financement de l'éducation : balisage d'une évaluation par les résultats », *Revue Suisse des sciences de l'éducation*, 3, 2003, pp. 365-372.

Johnes J., "Efficiency measuremen t», in Johnes G. et Johnes J. (Eds), *International Handbook on the Economics of Education*, Cheltenham, Edward Elgar Publishing, 2004, pp. 613-742.

Knoepfel C., « Couverture du minimum vital dans le système fédéral suisse », *Sécurité sociale (CHSS)*, 2, 2003, pp. 87-93.

Meunier M., "Are Swiss Secondary Schools Efficient?", in Soguel N.C. et Jaccard P. (Eds), *Governance and Performance of Education Systems*, Dordrecht, Springer, 2007.

OFS, *La statistique suisse de l'aide sociale : les premiers résultats nationaux*, Neuchâtel, 2006.

OCDE, *Mesurer la productivité, mesurer la croissance de la productivité par secteur et pour l'ensemble de l'économie*, manuel de l'OCDE, Paris, 2001.

Perritaz P., *Comparatif de la performance des soins infirmiers au sein des hôpitaux suisses*, Mémoire de Master of Public Administration, Institut de hautes études en administration publique, Chavannes-près-Renens – Lausanne, 2006.

Schenker-Wicki A. et Huerlimann M., « Universités suisses : échec ou succès du financement fondé sur les résultats », in OCDE (Ed), *Politique et gestion de l'enseignement supérieur*, 18(1), Paris, OCDE, 2006.

Seiford L., Zhu J., "Modeling Underisable Factors in Efficiency Evaluation", *European Journal of Operational Research*, n° 142(1), 2002, pp. 16-20.

SCRIS, *Annuaire statistique santé-social*, Renens, 2006.

Sheldon G., *Zur Messung der Effizienz im Bildungsbereich mit Hilfe der Data Envelopment Analysis*, Wirtschaftswissenschaftliches Zentrum Studien N° 47, Wirtschaftswissenschaftliches Zentrum, Universität Basel, 1995.

Soguel N. C. et Huguenin J.-M., *Démarche de benchmarking : première application aux prestations financières de l'aide sociale*, Rapport d'expertise, Institut de hautes études en administration publique, Chavannes-près-Renens – Lausanne, 2007.

Steinmann L., *Konsistenzprobleme der Data Envelopment Analysis in der Empirischen Forschung*, Dissertation, Universität Zürich, 2002.

Steinmann L. et Simar L., *On the Comparability of Efficiency Scores in Nonparametric Frontier Models*, Discussion Paper 0318, Institut de Statistique, Université Catholique de Louvain, 2003.

Tavares G., *A Bibliography of Data Envelopment Analysis (1978-2001)*, RUTCOR Research Report, Piscataway, Rutgers University, Rutgers Center for Operations Research, 2002.

Wolter S., *L'éducation en Suisse : rapport 2006*, Aarau, Centre suisse de coordination pour la recherche en éducation, 2006.

Zhu J., *Quantitative Models For Performance Evaluation and Benchmarking : Data Envelopment Analysis with Spreadsheets and DEA Excel Solver*, Dordrecht, Springer, 2003.

KAPITEL 11

# Migrationspolitik und Vulnerabilität

Eine Analyse der Schweizer Politik gegenüber Migrantinnen und Migranten in vulnerabler Lage

SANDRO CATTACIN UND MILENA CHIMIENTI[1]

## 11.1 Einführung

Die schweizerische Migrationspolitik entwickelte sich zu Beginn des 20. Jahrhunderts unter dem Stern der Angst vor sozialem Parasitismus. Migranten und Migrantinnen, die bis in die 1920$^{er}$ Jahre von einem liberalen Einwanderungsregime profitierten und in die prosperierende Schweiz einwanderten, wurden öffentlich als Risiko für die sozialen Hilfswerke – in erster Linie die Sozialhilfe – wahrgenommen (Niederberger 2004). In dieser Zeit entwickelte sich der Sozialstaat. Gesetzliche Regelungen wurden in die Wege geleitet (Cattacin 2006b) und die Sozialhilfe neu überkantonal definiert (Höpflinger und Wyss 1994). Die Frage der Inklusion stand damit im Zentrum und warf ihren Schatten auf die Migrationspolitik. Die Schweiz war bereits zu Beginn des 20. Jahrhunderts neben Luxemburg das Land mit den höchsten Einwanderungsraten und zählte 1913 – vor dem Ersten Weltkrieg – 609 000 Ausländerinnen und Ausländer (etwa 14,6% der Gesamtbevölkerung; siehe Piguet 2005).

Eine zweite Angst gesellte sich dazu. Die Angst vor politischem Einfluss von Migranten und Migrantinnen, die die Schweiz als freiheitliche Insel in Europa aufsuchten, um in diesem Land Zuflucht vor Verfolgungen zu finden. Nicht nur Lenin und Mussolini weilten in der Schweiz, sondern auch deutsche Sozialdemokraten fanden nach den antisozialistischen Gesetzen

[1] Sandro Cattacin ist Professor und Leiter des Soziologie-Departements der Universität Genf. Milena Chimienti ist Lehrbeauftragte am Soziologie-Departement der Universität Genf und Visiting research fellow am Sussex Centre for Migration Studies (University of Sussex, UK).

Bismarcks und während des Nationalsozialismus Zuflucht in der Schweiz (Cerutti 1985; Vuilleumier 1989) und nahmen Einfluss auf die schweizerische Gewerkschaftsbewegung. Diese „Agitatoren", die eine politische „Überfremdung" verursachten, waren zusammen mit der sozialen Frage der Inklusion im Visier der ersten Gesetzgebung von 1931, dem Bundesgesetz über Aufenthalt und Niederlassung der Ausländer vom 26. März 1931 (ANAG).

Trotz stark kriegsbedingter Abnahme der Migrationsbevölkerung in der Schweiz trat das Gesetz mit dem Überfremdungsartikel 1934 in Kraft und hat bis vor kurzem als Leitplanke der Migrationspolitik gewirkt. Während des Fordismus (die Zeit nach dem Zweiten Weltkrieg) nahm die Migrationsbevölkerung wieder rasant zu und der Diskurs der Angst wurde erneuert. Migranten und Migrantinnen waren potentielle Revolutionäre – in der Zeit des Kalten Krieges vor allem als kommunistische Gefahr aus Italien und Spanien wahrgenommen (Cerutti 1995) – und soziale Problemfälle. Doch wurde die gesellschaftliche Betrachtung, die einem kollektiven Lernprozess einer negativen, gesetzlich gar institutionalisierten Wahrnehmung von Migration unterstellt war, mit weiteren Argumenten selektiv geformt. Neben der politischen und sozialen „Überfremdung" trat zuerst die kulturelle und danach die ökonomische (Cattacin 2005b) auf, wobei die ökonomische sich nicht nur in der Angst vor Konkurrenz auf dem Arbeitsmarkt ausdrückte, sondern teilweise auch in Gesetzgebungen mit fremdenfeindlichen Elementen (wie der Lex Friedrich von 1985 gegen die Veräusserung des Schweizer Bodens an Ausländer und dem Anti-Europäismus[2]).

Erst in den 1990er Jahren hat sich die Schweizer Politik von der Überfremdungsperspektive zu lösen begonnen. Die neue post-nationale Konstellation, in der sich die Schweiz seit den 1980er Jahren befunden hatte, erlaubte es der Regierung nicht mehr, ihre Politik ideologisch oder rein nutzenorientiert auszurichten. Flexibilität und internationale Mobilität betrafen auch die Schweizer Bevölkerung. Die Attraktivität der Schweiz für auf dem Arbeitsmarkt rare Personen konnte nicht durch abschreckende Prinzipien erreicht werden. Besonders die schweizerische Abhängigkeit von hochqualifizierten Personen aus dem Ausland, aber auch die Notwendigkeit, zu einer modernen, mehr konzeptuell gedachten Migrationspolitik zu finden, öffneten den Raum für eine neue Perspektive der Regierung, die nicht nur von Angst bestimmt war[3].

Das migrationspolitische Feld glich Ende der 1990er Jahre einer Baustelle ohne Architekt. Viele Herausforderungen stellten sich, insbesondere die inzwischen dreissigjährige Aufgabe, endlich aus dem Willen zur „Integration" eine Politik zu entwickeln (Cattacin und Chimienti 2006). Po-

[2] Vgl. dazu Sciarini und Marquis (2000).

[3] Insbesondere zu erwähnen ist der Arbenz-Bericht von 1996 (Arbenz 1995; siehe auch die Vernehmlassungsanalyse dazu, Mahnig 1996) und die Arbeiten für ein neues Ausländergesetz (zur Debatte, siehe Metzler 2001; Niederberger 2001; Spescha 2000; Wimmer 2001).

litischer und wirtschaftlicher Druck (zur Integration in den europäischen Wirtschaftsraum) führten seither zu einem Erneuerungsprozess, der sich sichtbar in einer neuen Gesetzgebung und neuen Programmen widerspiegelt:

- Die Integrationsverordnung, die mit einem Budget von rund 12 Millionen Franken Integrationsprojekte in der Schweiz unterstützt, wurde im Jahre 2000 beschlossen. Die Idee der Verordnung wurde als Gesetzesartikel in das neue Ausländergesetz aufgenommen[4].

- In bilateralen Verträgen mit der Europäischen Union, die in Volksabstimmungen abgesegnet wurden, hat die Schweiz in zwei Schritten die Personenfreizügigkeit eingeführt. Das Abkommen ist seit dem 1. Juni 2002 in Kraft und wurde am 1. Juni 2007 von den Kontingenten gelöst, die in der Übergangsphase noch bestanden.

- Das Bundesgesetz über Aufenthalt und Niederlassung der Ausländer vom 26. März 1931 wurde durch das neue Ausländergesetz ersetzt, das nach einer Referendumsabstimmung[5] am 1. Januar 2008 in Kraft treten wird. Dadurch wird nicht nur die Integrationspolitik gesetzlich festgeschrieben, sondern werden auch die bilateralen Vereinbarungen zwischen der Schweiz und der Europäischen Union (EU) gesetzlich verankert. Mit dem neuen Gesetz wird die bereits eingeführte Freizügigkeit des Personenverkehrs zwischen der Schweiz und der EU damit festgeschrieben und das „Zwei-Kreise-Modell“ eingeführt, das zwischen freizügiger europäischer Binnenwanderung und quasi Verhinderung von Migration ausserhalb Europas unterscheidet. Erlaubt ist der Eintritt aus dem „Zweiten Kreis“ nur in ganz bestimmten Situationen: kurzfristig mit einer temporären Arbeitsbewilligung, die zum Beispiel an Cabaret-Tänzerinnen ausgestellt wird, oder über die Möglichkeit, eine Person als hochqualifiziert zu bezeichnen und den Nachweis zu erbringen, dass im Binnenmarkt keine ähnliche Kompetenz zur Verfügung steht. Die Heirat mit einer Person, die in der Schweiz niedergelassen ist, bleibt als dritte

[4] Das Budget wurde inzwischen erhöht, und im Gegensatz zur ersten Integrationsverordnung hat sich die Zielgruppe auch auf Asylsuchende mit vorläufiger Aufnahme ausgedehnt.

[5] Am 24. September 2006 wurden das neue Gesetz über die Ausländerinnen und Ausländer (AuG) sowie die Revision des Asylgesetztes (AsylG) in einer Volksabstimmung angenommen. Das neue Ausländergesetz gilt weitgehend nur für Personen aus Drittstaaten, da das Freizügigkeitsabkommen den Personenverkehr mit den EU- und EFTA-Staaten umfassend regelt. Das AuG wurde bei einer Stimmbeteiligung von 48.91% mit 1 602 134 Ja (68%) gegen 755 119 Nein (32%) angenommen. Die Vox-Analyse zur Abstimmung zeigte, dass das AuG von den Gegnern als eine Verschärfung der Einreisebestimmungen gesehen wurde, während die Befürworter das AuG als „Modernisierungskompromiss“ (Bonoli 2006) interpretierten, bei dem Verschärfungen in der Einreise durch eine stärkere Ausrichtung auf Integration und Europa kompensiert wurden (Milic und Scheuss 2006).

Möglichkeit zur Verfügung. Diese Verschärfungen veränderten nicht nur die Bedingungen für den Erwerb einer Aufenthaltsbewilligung, sondern grundsätzlich auch einer Arbeitsbewilligung. Es ist seither für Staatsangehörige aus Nicht-EU- oder EFTA-Staaten zusehends schwieriger, in die Schweiz zu gelangen.

- Die Asylgesetzrevision wurde abgeschlossen und – ebenfalls über eine Referendumsabstimmung[6] – gutgeheissen. Eine teilweise Inkraftsetzung des revidierten Asylgesetzes wurde auf den 1. Januar 2007 beschlossen. Das Gesetz erschwert die Bedingungen des Zugangs zum Asylverfahren und rationalisiert das Ausweisungsverfahren. Die Asylgesetzrevision bringt vier relevante Neuerungen. Es werden erstens schneller Nichteintretensentscheide beschlossen (bei Personen, die aus sicheren Ländern kommen, bei Personen, die über EU- oder EFTA-Länder in die Schweiz gekommen sind und bei Personen, die sich nicht identifizieren lassen). Zweitens wird die Sozialhilfe bei alle Personen mit abgelehntem Asylentscheid gestoppt. Drittens werden Kontrollsysteme eingeführt, um so genannte „Scheinehen" aufzuspüren. Generell werden die Strafandrohungen unter anderem für Schlepper und Scheinehen erhöht. Im Weiteren soll die Aufenthaltsbewilligung bei kriminellen Personen, rechtsmissbräuchlichem Familiennachzug sowie bei fehlender Integration widerrufen werden können. Viertens wird die finanzielle Abgeltung an die Kantone neu gestaltet[7].

- Schliesslich ist auch der Beitritt zu den Schengener und Dubliner Verträgen der Schweiz zu erwähnen, die am 1. Januar 2008 in Kraft treten und neben der koordinierten Kriminalitätsbekämpfung auch eine vereinheitlichende Wirkung auf die Asylpolitik in Europa und der Schweiz haben werden. Damit nimmt die Schweiz weiter Druck aus ihrem Asylsystem, da sie nun überprüfen kann, ob Gesuche bereits in anderen Staaten des Abkommens abgelehnt wurden, was zu einem Nichteintretensentscheid führt.

Obschon diese wesentlichen Neuerungen der schweizerischen Migrationspolitik nicht zu einem kohärenten Vorgehen führen (es fehlt zum Beispiel der für Migration wichtige Bereich der Entwicklungspolitik), sind doch die Regelungen insgesamt einer klaren Zielrichtung unterstellt. Diese kann, wie bereits auch Wicker festgestellt hat (Wicker 2003), als Förderung der In-

---

[6] Die Abstimmung zum Asylgesetz führte im Vergleich zum AuG zu beinahe identischen Ergebnissen (67,8% Ja, gegen 32,2% Nein).

[7] Es wird insbesondere eine Globalpauschale zur Deckung der Sozialhilfekosten der Kantone für Asylsuchende eingeführt. Eine Nothilfepauschale von 6 000 Franken an die Kantone für jeden rechtskräftigen Nichteintretens- oder negativen Asylentscheid wird ausgerichtet. Damit bekommen Kantone eine Anreizsituation, abgewiesene Asylbewerber zügig auszuweisen.

tegration von Ansässigen bei gleichzeitiger Öffnung der Grenzen für Hochqualifizierte und Europäische Einwanderung sowie Schliessung der Grenzen für irreguläre Migration aus Ländern ausserhalb Europas gekennzeichnet werden. Faktisch bedeutet diese Ausrichtung eine klare Absage an Massenmigration und eine Ausrichtung auf gezielte und geregelte Migration. Dass damit die Schweiz auch implizit anerkennt, ein Einwanderungsland zu sein, das langfristig auf Migration nicht verzichten kann, ist vermutlich eines der wichtigsten Elemente der neuen Politik (Cattacin *et al.* 2005; Chimienti 2000).

**Tab. 11.1** Qualifikation der Migration und politisch-ökonomische Konstellation.

| | Fordismus | Ende des Fordismus | Flexibilismus |
|---|---|---|---|
| Legale und mittel bis hoch qualifizierte Migration | Migration aus Nachbarländern<br><br>Kurzfristige Suche in italienischen Fabriken von Facharbeitern zur Organisation des wirtschaftliche *take-off* nach dem Zweiten Weltkrieg (1945-1949) | Migration aus Nachbarländern<br><br>Kurzfristige Suche nach hoch qualifiziertem Personal zur Organisation der Restrukturierung vom Fordismus zum Post-Fordismus (1975-1980) | Internationale Migration und vor allem Migration aus Nachbarländern<br><br>Bilaterale Verträge und Freizügigkeit (Attraktivität des Hochlohnlandes Schweiz für qualifizierte Binnenwanderung aus den Nachbarländern, seit 2002)<br><br>WTO-Verträge ermöglichen weltweite Migration von Hochqualifizierten (1990er Jahre) |
| Legale und unqualifizierte Migration | Migration aus Nachbarländern<br><br>Nachkriegszeit und Massenmigration aus Italien, 1950-1975) | Migration aus dem erweiterten Europa<br><br>Europäische Einigung, Abnahme der Migration aus Italien, Suche nach Migranten in Spanien, Portugal und Jugoslawien (1970er, 1980er Jahre) | Migration aus dem erweiterten Europa<br><br>Das erweiterte Europa liefert zu wenige Arbeitskräfte für unqualifizierte Arbeit. Kontingente werden nicht ausgeschöpft |
| Prekäre und illegale Migration | Migration aus Nachbarländern<br><br>Geringe Anzahl, illegal Anwesende im Zusammenhang mit dem Saisonnierstatut | Keine Attraktivität der Schweiz während der Umstrukturierung | Migration aus dem erweiteten Europa und weltweite Migration<br><br>Seit den 1990er Jahren und der Verschärfung der Migrationsbestimmungen für Personen ausserhalb Europas |

Quelle: Mahnig *et al.* (2005); Piguet (2005); Fibbi und Cattacin (2000).

Die Tabelle 11.1 fasst nochmals summarisch die Ausrichtung der Einwanderungspolitik der Schweiz zusammen. Die Komplexität der heutigen Politik lässt sich auch daran erkennen, dass sich die Einwanderungs-konstellation in Richtung Verschiedenheit der Auswanderungsländer und -regionen entwickelt. Waren in der Nachkriegszeit vor allem Personen aus Italien der Motor des Fordismus, wurde dieser nach dem Beginn des europäischen Einigungsprozesses immer mehr von Menschen aus europäischen Nicht-EU Ländern angetrieben (Spanien, Portugal, Jugoslawien). Erst der Wandel vom Fordismus zum Flexibilismus, von der Industrie- zur Servicewirtschaft, führte zu einer verstärkten Suche nach qualifizierten Personen, die zuerst vor allem auf dem europäischen Arbeitsmarkt gefunden wurden. Die bilateralen Verträge erlaubten diese Einwanderung und schlossen die Türen für unqualifizierte Arbeit, die zwar weiterhin teilweise durch reguläre Migration über den Familiennachzug ermöglicht wurde, sich jedoch immer mehr von irregulärer Migration speiste.

## 11.2 Migrationsbevölkerung in der Schweiz

Diese Neuausrichtung der Migrationspolitik der Schweiz zeitigt Konsequenzen in der Zusammensetzung der Bevölkerung. Obschon der Ausländeranteil von rund 20% seit Jahren relativ stabil geblieben ist, hat sich die interne Zusammensetzung der Migrationsbevölkerung stark verändert. Auf der einen Seite wird die qualifizierte Migration gefördert (SECO *et al.* 2007: 26). Sie charakterisiert sich folgerichtig auch als europäische Binnenwanderung. Die ersten vier Einwanderungsgruppen waren denn auch im Jahre 2006 Personen aus Deutschland (plus 15 000), Polen (plus 6208), Frankreich (plus 2548) und Grossbritannien (plus 1138). Insgesamt geht die Bevölkerungszunahme von 0.8% im Jahre 2006 zu über 80% auf EU-Binnenwanderung zurück (BFM 2007).

Dagegen erscheint die weiterhin vorhandene Nachfrage nach unqualifizierter Arbeit nicht mehr in der offiziellen Statistik. Diese Nachfrage scheint inzwischen, auch wegen der ständigen Verschärfung des Zugangs zum Asylverfahren in der Schweiz, durch irreguläre Migration gedeckt zu werden (Piguet und Losa 2002, Achermann und Chimienti 2005). Es ist natürlich schwierig, hier Zahlen zu nennen, doch kann mit Piguet und Losa (Piguet und Losa 2002: 81) von einer Schätzung von 70-180 000 Personen ausgegangen werden, was inzwischen auch von anderen Studien bestätigt wird (Bundesamt für Zuwanderung 2004; Wanner 2002, Efionayi-Mäder und Cattacin 2002; Longchamp *et al.* 2005). Dabei handelt es sich in der Mehrzahl um Personen, die über ein Touristenvisum in die Schweiz gelangen und nur in geringerem Masse um Personen, die sich nach dem Asylantrag bei aussichtslosem Ausgang oder bei Ausweisungsentscheiden den Behörden entziehen und untertauchen[8].

---

[8] Studien im städtischen Kontext erlauben, diese Hypothese zu formulieren; siehe etwa Valli (2003) und Chimienti *et al.* (2003).

Neben der bewilligten oder unbewilligten Migration von ausländischen Arbeitskräften lebten in der Schweiz Ende 2006 zudem circa 70 000 Personen aus dem Asylbereich. Mehr als zwei Drittel dieser Personen sind Asylsuchende, wovon 25 000 vorläufig Aufgenommene (F-Ausweis)[9], 11 000 Asylbewerber im Verfahren (N-Ausweis) und 2500 abgewiesene Gesuche sind. Das andere Drittel besteht aus 24 000 anerkannten Flüchtlingen. In 1800 Fällen wurde auf das Asylgesuch nicht eingetreten (BFM 2007).

Unter den vorläufig Aufgenommenen sind zudem zwei Gruppen zu unterscheiden: Diejenigen Personen, deren Asylgesuch abgewiesen wurde, weil sie die Flüchtlingseigenschaft gemäss Genfer Flüchtlingskonvention nicht erfüllen. Sie machen die überwiegende Mehrheit aller Migrantinnen und Migranten mit F-Ausweis aus. Eine zweite Gruppe sind diejenigen Schutzsuchenden, die gemäss der Genfer Flüchtlingskonvention zwar die Flüchtlingseigenschaften erfüllen, wegen Asylausschlussgründen in der Schweiz aber kein Asyl erhalten. Diese vorläufig aufgenommenen Flüchtlinge entsprechen ungefähr 2% aller Personen mit F-Ausweis (Kamm *et al.* 2003: 21). Aufgrund ihres Flüchtlingsstatus unterscheiden sie sich in rechtlicher Hinsicht von den anderen vorläufig Aufgenommenen.

Die heutige Migrationsbevölkerung in der Schweiz stellt demnach zu einem Grossteil keine wesentlichen Probleme dar, befindet sich gleichberechtigt auf dem Arbeitsmarkt und hat keine sozialrechtlich relevanten Benachteiligungen[10]. Dagegen kann von einer vulnerablen Bevölkerung im Bereich der irregulären Migration, bei Personen mit temporärem Aufenthalt und im Bereich des Asyls ausgegangen werden. Die Tabelle 11.2 erlaubt eine grobe Übersicht der aktuellen Situation. Werden nur diese wirtschaftlich und gesetzlich schwächer gestellten Gruppen gezählt (Asylbereich, Kurzaufenthalter mit Tänzerinnen-Statut, die beinahe ausschliesslich im Sexgewerbe tätig sind und illegale Einwanderer) kommen wir auf etwa 2 bis 3% der Gesamtbevölkerung oder 8 bis 12% aller Ausländerinnen und Ausländer in der Schweiz, die als vulnerabel bezeichnet werden können.

[9] Die vorläufige Aufnahme ist als subsidiäre Massnahme für die Regelung des Aufenthalts von Personen entwickelt worden, deren Asylgesuch abgewiesen wurde (oder die im Fall von Personen aus dem so genannten Ausländerbereich aus- oder weggewiesen wurden), deren Wegweisung jedoch kurzfristig aus verschiedenen Gründen nicht vollzogen werden kann. Die vorläufige Aufnahme gilt deshalb rechtlich als eine „Ersatzmassnahme", die eine dem Asyl untergeordnete, aber dennoch selbständige Schutzfunktion hat (Kamm *et al.* 2003: 21). Es liegt in der Logik dieses Status – wie es auch der Name ausdrückt –, dass die Schutzfunktion aufgehoben wird, sobald die Gründe, die zu ihrer Erteilung geführt hatten, nicht mehr vorliegen. Die Gründe für die Erteilung einer vorläufigen Aufnahme (Ausweis F) sind in Artikel 14a des Bundesgesetzes über den Aufenthalt und die Niederlassung der Ausländerinnen und Ausländer (ANAG) geregelt. Sie wird verfügt, wenn der Vollzug der Wegweisung nicht zumutbar, nicht zulässig oder nicht möglich ist oder wenn die Wegweisung eine schwerwiegende persönliche Notlage zur Folge hätte.

[10] Differenziert zum Ausländerrecht, siehe Spescha und Sträuli (2004).

**Tab. 11.2** Migrationsbevölkerung in der Schweiz (Ende 2006).

| | Migrationsbevölkerung (% der ständigen Bevölkerung) |
|---|---|
| Niedergelassene Ausländer/-innen (Ausweis C) | 1 081 179 (14,5%) |
| Aufenthalter/-innen (Ausweis B) | 402 911 (5,4%) |
| Kurzaufenthalter/-innen, maximal 12 Monate (Ausweis L) | 39 496 (5,3%) |
| Dienstleistungserbringer/-innen, maximal 4 Monate (Ausweis L) | 2 560 (0,3%) |
| Kurzaufenthalter/-innen, maximal 4 Monate (Ausweis L) | 9 091 (1,2%) |
| Musiker/-innen und Künstler/-innen, maximal 8 Monate (Ausweis L) | 1 214 (0,2%) |
| Tänzerinnen, maximal 8 Monate (Ausweis L) | 1 531 (0,2%) |
| Internationale Beamte und Familienangehörige (EDA-Ausweis) | 27 248 (3%) |
| Asylbereich (Ausweise N und F) | 44 869 (0,6%) |
| Illegal anwesende Ausländer/-innen („sans-papier“) | 70 000-180 000 (0,9%-2,3%)** |

* Die ständige Bevölkerung der Schweiz betrug Ende 2006 7 477 296 Einwohner; **Schätzung auf der Basis der Maximal- und Minimalwerte von Piguet (%-Anteile auf Total der Bevölkerung inklusive illegal anwesende Ausländerinnen und Ausländer).

Quelle: BFM (2007); Piguet und Losa (2002); Longchamp *et al.* (2005).

## 11.3 Vulnerabilität und Migration

Vulnerabilität ist, wie aus der Tab. 11.2 ersichtlich, vom rechtlichen Rahmen geprägt. Die verschiedenen Aufenthaltsbedingungen sind ein wesentlicher Grund für die Vulnerabilität. Vulnerabilität verstehen wir in diesem Zusammenhang als Schwierigkeit, die Zukunft selbstbestimmt zu meistern. Innerhalb dieses rechtlichen Rahmens entwickelt die vulnerable Bevölkerung Überlebensstrategien, die sich dem Kontext anpassen, ihn jedoch auch aufzuweichen helfen. Im Folgenden möchten wir beispielhaft auf drei relevante Situationen eingehen, die den Asylbereich, den Kurzaufenthalterstatus bei Tänzerinnen und die illegal anwesenden Ausländerinnen und Ausländer betreffen. Erstere werden zuerst politisch-historisch kontextualisiert und danach in Bezug auf die hauptsächlichen aktuellen Problemlagen diskutiert. Jedes Unterkapitel schliesst mit den Herausforderungen an die aktuelle Politik im jeweiligen Bereich.

### Der Asylbereich

Der Asylbereich hat sich seit den ersten Asylbewegungen nach dem Zweiten Weltkrieg von einem offenen, jedoch ideologisch geprägten System zu einem geschlossenen, durch Effizienz geprägten System entwickelt[11].

[11] Der Asylbereich beinhaltet die Asylsuchenden (N-Ausweis), die anerkannten Flüchtlinge (die aus der Asylstatistik heraustreten und zur niedergelassenen ausländischen Bevölkerung zählen (B- und C-Ausweis) und seit Kürzerem die Kategorie der vorläufig Aufgenommenen.

Waren die Flüchtlinge aus Ungarn (1956) oder der Tschechoslowakei (1968) noch willkommen gewesen und hatte sich der Bundesrat für deren schnelle Integration engagiert, erfuhren die Flüchtlinge aus Chile (1972) eine viel kältere Aufnahme (Parini 1997). Ideologisch dienten die Fronten des Kalten Krieges als Referenzsystem des Ein- und Ausschlusses (Parini und Gianni 2005).

Nach der Chile-Krise entwickelte sich eine spezifische Gesetzgebung, die jedoch bis in die 1980er Jahre weiterhin durch den Ost-West-Konflikt geprägt war. Erst das Ende des Kalten Krieges erhöhte mit dem Ausbruch regionaler Konflikte ausserhalb des klassischen Schemas der Einflussbereiche der Vereinigten Staaten und der Sowjetunion nicht nur den Druck auf die okzidentale Welt zur Aufnahme von Flüchtlingen, sondern zeigte auch die Grenzen der Asylgesetzgebungen. In ganz Europa begann eine Phase des Überdenkens der Gesetzgebung, die zu einer Rationalisierung und der Bildung von Effizienz-Kriterien im Asylverfahren führte. Zur Begrenzung der Asylgesuche begann auch zwischen den Ländern ein Anpassungsprozess in Richtung Verschärfung der Aufnahmebedingungen (Efionayi-Mäder *et al.* 2001), der erst seit den Schengener und Dubliner Verträgen ein Ende fand. Dem Ansinnen, eine einheitliche europäische Politik zu entwickeln, konnte auch die Schweiz sich nicht widersetzen, die, wie erwähnt, den Verträgen ebenfalls beigetreten ist.

Auf die Lebenssituation der Asylsuchenden in der Schweiz hatte diese Entwicklung schwerwiegende Folgen. Wie in anderen Ländern versuchte die Regierung Gesetze zu fördern, die verhinderten, dass die Schweiz für die Beantragung eines Asylgesuchs attraktiv wurde. Seit der ersten Gesetzgebung in diesem Bereich im Jahre 1979 hat die Schweiz inzwischen erfolgreich sieben Revisionen durch Parlament und Volk bewilligen lassen und besitzt heute eine europaweit betrachtet sehr restriktive Praxis des Zugangs zum Verfahren. Hier sei dahinhingestellt, ob diese Verschärfung der Praxis legitim ist oder gegen internationale Konventionen im Asylbereich verstösst. Uns interessieren vielmehr die konkreten Konsequenzen dieser Gesetzgebung auf das Leben von Asylsuchenden in der Schweiz. Dabei lassen sich vor allem drei zentrale Punkte hervorheben:

- Die Verschärfung des Zugangs zum Asylverfahren, die Einführung der provisorischen Aufnahme, welche kein Anrecht auf dauerhafte Niederlassung mehr erlaubt[12], und der schnelle Ausschluss und Entzug von Sozialhilfe führen zu einem Anreizsystem, das Asylsuchende in die Illegalität treibt. Dabei ist nicht sicher, inwieweit untergetauchte Asylsuchende in der kleinräumigen Schweiz bleiben oder in grössere, Anony-

[12] Diese neue Kategorie der „vorläufigen Aufnahme“ (die in anderen Ländern auch „humanitäre Aufnahme“ genannt wird) ist in der Schweiz den Asylsuchenden zugänglich, die zwar in Gefahr sind, nicht aber nachweisen können, dass diese von einer staatlichen Verfolgung ausgeht. Die Schweiz ist das einzige Land in Europa, das eine solch restriktive Auslegung der Asylgründe besitzt.

mität garantierende Länder ziehen. Die Gesetzgebung jedenfalls fördert solche Strategien (Flückiger und Pasche 2005; Longchamp *et al.* 2005).

- Wird auf das Asylgesuch eingetreten oder die Ausschaffung aufgeschoben, weil das Heimatland keine Sicherheitsgarantien liefert, entsteht bei der Asyl suchenden Person eine Haltung der Zukunftslosigkeit. Die existentielle Frage des materiellen Überlebens ist zwar tagtäglich minimal gelöst, doch befördert die Schwierigkeit, keine Perspektive für die Zukunft zu haben, Indifferenz und Anomie (Achermann und Chimienti 2005). Diese Konstellation wird noch dadurch verschärft, dass Asylsuchende leicht bis schwer traumatisiert in der Schweiz ankommen und keine Dienste in dieser Situation beanspruchen können. Psychiatrische Kliniken wissen bereits, dass eine Heilung oft die Ausweisung bedeutet. Asylsuchende sind sich dieser Doppelschneidigkeit bewusst (Salis Gross 2002) und niederschwellige Angebote fehlen, die eine erste Hilfestellung ohne Folgen auf das Asylverfahren hätten (siehe auch Moser *et al.* 2001).

- Die psychische Stabilität ist nicht nur durch die Selbstisolation wegen fehlender Zukunftsperspektiven geschwächt, sondern wird zusätzlich im Zusammenhang ständiger politischer Diskussionen zur Verschärfung der Asylgesetzgebung gefährdet. Die Argumente zur Verschärfung sind zwar prinzipiell internationaler Natur – die Anpassung an eine internationale Konkurrenz der Verschärfung, die je nach Gesetzgebung zur Verschiebung der Asylströme führt –, sie werden jedoch national über den xenophoben Diskurs verkauft. Im Gegensatz zu anderen Ländern werden in der Schweiz wegen der leicht mobilisierbaren direkten Demokratie auch populistische Argumente in Abstimmungskämpfen gebraucht, um das Abstimmungsresultat zu beeinflussen (Papadopoulos 1995). Der Politikbereich des Asyls ist zwar aussenpolitisch determiniert, muss aber innenpolitisch verkauft werden (was Sciarini und Marquis 2000 als neues Politikmuster der Schweiz als kleines Land in einer post-nationalen Konstellation bezeichnet haben).

Es kann zwar im Asylbereich von einer effizienten Politikentwicklung gesprochen werden, doch hat diese schwerwiegende Folgen für Asylsuchende. Besonders wenn sich der Aufenthalt in der Schweiz vor dem Asylentscheid in die Länge zieht, sind die Folgen für die Lebenssituation von Asylsuchenden problematisch. Eine Anpassung des Asylgesetzes in Richtung einer integrativen Politik nach einigen Jahren war zwar in der letzten Asylgesetzrevision vorgesehen, wurde jedoch im parlamentarischen Verfahren wieder gestrichen. Es bleibt für die Verbesserung der Lebensverhältnisse von Asylsuchenden nicht viel mehr übrig, als auf zivilgesellschaftliche und lokale Initiativen zu hoffen, die sich in den letzten Jahren immer wieder mobilisiert haben[13].

[13] Erwähnt sei hier auch, dass solche Initiativen bereits als ziviler Ungehorsam zu ta-

In den letzten Jahren wurden rund 10 000 neue Asylgesuche verzeichnet; 2003 waren es noch über 21 000 gewesen. Ob die neue Gesetzgebung der Grund für diese Abnahme ist, kann nicht schlüssig gezeigt werden. Aus früheren Studien (Efionayi-Mäder *et al.* 2001) lässt sich schliessen, dass Gesetzgebungsverschärfungen nur kurzfristig wirken (bis sich die anderen Länder die gleichen gesetzlichen Rahmen gesteckt haben). Im Falle der aktuellen Revision ist jedoch auch davon auszugehen, dass der Zugang zum Asylverfahren *tout court* für viele nicht mehr möglich ist und deshalb auch Verschiebungen vom Asylwesen zum illegalen Aufenthalt zu befürchten sind. Die Strukturen im Asylwesen wurden jedenfalls entsprechend reduziert.[14] Mit der Anpassung der Asylstrukturen und den neuen gesetzlichen Bestimmungen wurde denn auch eine Sparlogik durchgesetzt: 2004 betrugen die Ausgaben des Bundesamtes für Migration 969 Millionen Franken. Im Finanzplan 2009 sind noch Ausgaben von 714 Millionen Franken vorgesehen. Dass diese Effizienzorientierung die Idee der Asylpolitik, Nationalstaaten zu humanitären Leistungen anzuhalten, unterläuft, wird wohl längerfristig nicht mehr zu bestreiten sein. Eine international koordinierte Lösung – wie sie das Hochkommissariat für Flüchtlinge wünscht (UNHCR 2006: 186) – wird sich deshalb vermutlich aufdrängen, auch um der ständigen Verschärfung der Gesetzgebungen entgegenzutreten.

**Temporärer Aufenthalt**

Der temporäre Aufenthalt von Ausländerinnen und Ausländern in der Schweiz ausserhalb des Asylwesens war als Strategie der Kontrolle der Migration bereits in der ersten Nachkriegszeit eingeführt und durch verschiedene Systeme erprobt worden. Berühmt und berüchtigt ist das in den 1950er Jahren konzipierte und in den 1960er Jahren verfeinerte Saisonnierstatut. Ausländische Arbeitnehmerinnen und Arbeitnehmer sollten nur vorläufig und maximal neun Monate in der Schweiz leben, um deren Sedentarisierung zu verhindern. Durch dieses Statut wollte die Schweizer Regierung nicht nur gegen „Überfremdung“ kämpfen (Cerutti 2005), sondern auch die Einwanderungsflüsse als Konjunkturregler nutzen (Piguet 2005). Migration als Konjunkturstütze und Konjunkturbremse ist das Credo dieser Instrumente bis in die heutige Zeit geblieben. Das Saisonnierstatut in seiner Form wurde zwar inzwischen auf Druck der traditionellen Einwanderungsländer während der Aushandlung der bilateralen Verträge zwischen der Schweiz und der EU abgeschafft; doch an sein Stelle traten eine Reihe von ähnlichen Instrumenten, die als Niederlassungsbremsen fungieren und Migration regeln. Kürzer als das Saisonnierstatut von neun Monaten, erreichen die-

xieren sind, da sich die Urheber zum Beispiel bei Unterstützung von ausgewiesenen Asylsuchenden gesetzlich strafbar machen.

[14] Um ausserordentliche Situationen im Asylbereich trotzdem bewältigen zu können, wurde unter Einbezug der Kantone die „Organisation für besondere Lagen“ eingeführt.

se Instrumente im Gegensatz zu früher ihr Ziel und bewirken in gewissen Branchen wie der Landwirtschaft oder dem Tourismus eine hohe Mobilität.

In diesem Abschnitt möchten wir vor allem auf einen Typ dieser Instrumente temporären Aufenthalts aufmerksam machen, der die Kategorie der Tänzerinnen betrifft. Tänzerinnen erhielten seit den 1920er Jahren – und dem Aufkommen von Unterhaltungslokalen – spezielle Aufenthaltbedingungen, die es ermöglichen sollten, artistische Tourneen in der Schweiz durchzuführen. Seither sind verschiedene Änderungen eingetreten.

Immer mehr wurden nämlich die künstlerischen Aspekte mit solchen erotisch-sexueller Natur ausgetauscht. Striptease-Lokale traten an die Stelle musikalischer Darbietungen und der Alkoholkonsum während und zwischen den Darbietungen finanzierte das Sexgewerbe. Immer mehr kam es zwischen den Darbietungen und nach Lokalschluss zu sexuellen Handlungen. So wurde in der Schweiz diese Tänzerinnenbewilligung zu einer kaschierten Prostitutionserlaubnis für Frauen aus dem Ausland, toleriert aus dem simplen Grund, damit eine Nachfrage relativ transparent gedeckt werden konnte. Einzige Eintrittsbeschränkung in die Schweiz sind kantonale Kontingentierungen der Tänzerinnen-Bewilligung. Die zeitliche Begrenzung auf acht Monate – bei einmonatiger Erneuerung – führt zu einer nomadischen Reise der Tänzerinnen in der Schweiz und verhindert die Niederlassung. Damit ist das Statut (L Ausweis) mit der Logik der Tanzlokale übereinstimmend. Die Tänzerinnen werden herumgereicht und der Arbeitgeber kann kontinuierlich seine Striptease-Show erneuern und Klienten mit neuen Frauen zum Alkohol- und Sexualkonsum animieren.

Das Statut erlaubt auch, einer Nachfrage nach Frauen zu entsprechen, die aus aussereuropäischen Regionen stammen. Afrikanerinnen in den 1980er Jahren, Asiatinnen und heute vor allem Frauen aus dem Osten Europas können Modeströmungen im Sexualgewerbe entsprechen. Seit 1995 nahm auch dank diesem Zugang über die L-Bewilligung der Anteil westeuropäischer Frauen im Sexgewerbe kontinuierlich ab (Prodolliet 1995: 17)[15].

Diese Entwicklung in Richtung eines schnellen Austauschs bezüglich der Herkunftsregion immer verschiedener Personen hat deren Stand stark geschwächt. Arbeitgeber sind in einer unantastbaren Stellung und die hohe innerschweizerische Mobilität lässt kaum Solidarisierungen zwischen den Tänzerinnen zu. Die einzigen Hilfestellungen kommen vom lokalen Staat, der die Sittenpolizei zu verhältnismässigem Vorgehen hinsichtlich dieser Gruppen anhalten kann, und von der Zivilgesellschaft, die sich in einigen Städten in Form von Hilfsorganisationen konstituiert hat. Diese Stellung treibt denn auch den grössten Teil der Tänzerinnen in die Sexarbeit und schwächt ihre Position in der Aushandlung von Tarifen für ihre Arbeit (Chimienti 2007a; Dahinden und Stants 2006).

[15] Heute beträgt der Anteil westeuropäischer Frauen noch 2% (Daten des Zentralregisters der Ausländerinnen und Ausländer des Bundesamts für Migration).

Diese Ausführungen zeigen, dass die Tänzerinnen-Bewilligung zwar für Migrantinnen aus dem „zweiten Kreis“ eine Möglichkeit darstellt, legal in der Schweiz zu arbeiten und diese Arbeit behördlich kontrolliert werden kann; doch führt es auch zur Schaffung eines geschlossenen Arbeitsmarktes hoher Vulnerabilität, der es den Tänzerinnen verunmöglicht, ihre Zukunft selbst zu bestimmen (Chimienti 2007a und Chimienti 2007b).

Zwischen Pragmatismus und Moral zu entscheiden, ist deshalb die Ausgangslage der politischen Steuerung der L-Bewilligung, die der Bund über die Kontingentierung den Kantonen überlässt[16]. Inzwischen haben denn auch verschiedene Kantone[17] beschlossen, die L-Bewilligung für Tänzerinnen nur Frauen zu erteilen, die aus EU- oder EFTA-Ländern stammen oder deren Gebrauch einzuschränken[18].

Diese temporäre Bewilligung illustriert die Idee, wie über ein relativ elastisches Instrument (Kontingente) bestimmte Bedürfnisse der Wirtschaft gedeckt werden können. Die Kontinuität zum Saisonnierstatut ist zwar ersichtlich, doch erlauben die bestehenden Instrumente eher Feinsteuerungen denn – wie früher – Makrosteuerungen. Die Konsequenzen für das Leben der Personen mit solchen Bewilligungen sind ähnlich: segmentierte Arbeitsmärkte entstehen, Zukunftsperspektiven werden verhindert; einziger Ausweg ist Heirat oder Illegalität.

## Illegale in der Schweiz

Der nicht registrierte oder unbewilligte Aufenthalt in der Schweiz ist nicht neu. Neu ist das Ausmass. Bevor der formalisierte Integrationsprozess der Schweiz in Europa begonnen hatte, handelte es sich im Wesentlichen bei unbewilligtem Aufenthalt um Partner oder Partnerinnen von Saisonarbeitskräften und deren Kinder[19]. Die Aufhebung des Saisonnierstatuts und die Ausrichtung der Migrationspolitik auf die Freizügigkeit innerhalb des europäischen Binnenmarkts und exklusiv auf qualifizierte Personen ausserhalb der EU hätten das Phänomen der illegalen Anwesenheit aufheben sollen. Doch ist die Rechnung nicht aufgegangen. Innerhalb der EU ist die Wanderung von nicht qualifizierten Personen gering und die rechtliche Gleichstellung auf dem Arbeitsmarkt führt zu Löhnen, die sich gewisse Branchen und Haushalte nicht leisten können.

So entstand in der Schweiz in den 1990$^{er}$ Jahren ein paralleler Arbeitsmarkt für nicht deklarierte Ausländerinnen und Ausländer. Die betroffenen Branchen sind die Gastwirtschaft und Hotellerie, die Landwirtschaft, immer

[16] Vgl. Weisung ANAG für Cabaret-Tänzerinnen vom 2. Februar 2006.

[17] Dabei handelt es sich um die Kantone Appenzell Ausserrhoden, St. Gallen, Thurgau, Wallis und Waadt.

[18] Wie dies etwa der Kanton Aargau mit einer Plafonierung auf 2 bis 3 Tänzerinnen pro Cabaret versucht.

[19] Probleme stellten sich in diesem Zusammenhang vor allem im Zugang zur öffentlichen Schule; siehe Perregaux und Togni (1989).

weniger die Baubranche und das Putzgewerbe, aber vor allem der Bereich der Haushaltsarbeit. Die hauptsächlichen Gründe für die Nachfrage nach illegalen Ausländerinnen und Ausländern sind:

- die Suche nach kompetitiven Angeboten vor allem in der Landwirtschaft, im Baugewerbe, der Gastronomie und der Hotellerie, welche über billige Arbeitskräfte, die leicht zu entlassen sind, ihre Markstellung halten können;
- der Mangel an staatlichen und privaten Dienstleistungen (und deren Kosten) im Care-Bereich, der vor allem auf die Zunahme der alternden Bevölkerung und die Zunahme von Doppelarbeitstätigkeit in Familien und monoparentalen Familien zurückzuführen ist.

Wie Studien in städtischen Kontexten gezeigt haben, sind vor allem in letzterem Bereich eine bedeutende Anzahl von Personen tätig (schätzungsweise 70-80% aller illegal anwesender Personen; Chimienti *et al.* 2003; Achermann und Chimienti 2005; Valli 2003). Hinsichtlich der Herkunftsländer handelt es sich beinahe ausschliesslich um Personen ausserhalb der EU, mit einem Überhang an Personen aus Mittel- und Südamerika.

Die Zunahme der illegalen Einwanderung ist Ausdruck der anderen Seite der Globalisierung (Dal Lago 2004): Beschleunigung der Kommunikation, erhöhte Mobilität, Nachfrage nach billiger Arbeitskraft in reichen Ländern, die auf Doppelerwerbsarbeit in Familien setzen, Alterung der Bevölkerung und Nachfrage nach bequemer Hilfe sind Elemente dieser neuen Welt, die sich längerfristig auf eine irreguläre Migration einstellen muss. Dazu gesellt sich eine weiterhin hohe ökonomische Diskrepanz zwischen Norden und Süden sowie Westen und Osten, die sich in Migrationsstrategien, die nur noch auf illegalem Weg realisiert werden können, niederschlägt.

Im Gegensatz zur Schweiz, hat sich in verschiedenen Ländern Europas und den Vereinigten Staaten eine Strategie durchgesetzt, die regelmässige Regularisierungen vornimmt. Damit finden Marktbereinigungen statt und Menschen werden dem Versicherungssystem zugeführt. Sozialstaatlich betrachtet sind solche Regularisierungen sinnvoll, da damit Risiken abgedeckt werden, die, wenn sie auftreten, hohe Kosten verursachen können; sinnvoll ist aber auch die damit abnehmende Steuerevasion. Schliesslich können über Regularisierungen vor allem jene Migranten und Migrantinnen angesprochen werden, die eine Arbeitsstelle besitzen und deshalb bereits systemisch integriert und global systemfunktional sind (Efionayi-Mäder *et al.* 2004).

In der Schweiz hat sich jedoch bisher diese Haltung politisch nicht durchsetzen können. Vor allem Städte in der Westschweiz pochen auf eine solche Lösung, doch wurde bisher die restriktive Politik nur dahingehend gelockert, dass inzwischen ein so genanntes System der „Härtefallregelung“ eingeführt wurde. Dadurch ist es möglich, in den Kantonen anonym eine Anfrage auf Regularisierung zu stellen, die an den Bund weitergeleitet wird, der dazu definitiv Stellung nimmt. Es ist davon auszugehen, dass diese Betrachtung von Fall zu Fall, keine Alternative zu einer Regularisierung darstellt und nicht mehr als einige hundert Personen pro Jahr betrifft.

In dieser Konstellation stellen sich für Politik und Gesellschaft in der Schweiz gewichtige Herausforderungen. Auf der einen Seite haben viele Städte, in denen Illegale am häufigsten leben, ein Toleranzregime aufgebaut[20]. Es entwickelt sozusagen eine zweite Logik der Staatsbürgerschaft – eine Art lokaler Staatsbürgerschaft, die auch illegal in der Schweiz Anwesenden Rechte zugesteht. In diesem Zusammenhang sind neben dem Zugang zur Schule (und teilweise zur Lehre wie zum Beispiel in Genf) vor allem der Zugang zu Elementen der sozialen Sicherung relevant (so werden in Genf Sozialversicherungsbeiträge von den Salären abgezogen und eine minimale Sicherung aufgebaut). Auch ist der Zugang zum Gesundheitssystem in verschiedenen Städten garantiert. Auch hier ist Genf mit der *Unité mobile des soins communautaires* (Wolff 2006) beispielhaft vorangegangen. Diese Abteilung des Kantonalen Universitätsspitals ist als niederschwellige Anlaufstelle konzipiert und erbringt unbezahlte Pflegeleistungen für Personen, die sich ausserhalb des regulären Gesundheitssystems bewegen (müssen).

Auf der anderen Seite unterminiert diese Entwicklung nationalstaatliche Legitimationsstrukturen. Es scheint, dass die irreguläre Migration im Allgemeinen und die Frage der Illegalen im Besonderen die Grenzen nationalstaatlicher Aktion aufzeigen. An deren Stelle tritt ein lokales Integrationsregime, das Problemlagen pragmatisch angeht und sich dabei auf internationale Vereinbarungen stützt. In dieser Zangenkonstellation wird der nationale politische Schauplatz zum Ort der symbolischen Politik, die keine Lösungen, sondern Losungen formuliert (Cattacin 2006a).

## 11.4 Vulnerabilität und Migration – politische Zwickmühle im globalen Zeitalter

Diese sehr summarische Analyse von vulnerablen Situationen im Migrationsalltag verweist auf die Grenzen einer nationalen Makrosteuerung der Migrationspolitik. Handlungsfelder sind auf nationaler Ebene kaum zu erkennen, da deren Verschachtelung mit internationalen Vorgaben den Handlungsspielraum einschränken. Dagegen ergeben sich neue Möglichkeiten der Regulierung auf lokaler Ebene, die zwar je urbaner, desto pragmatischer und nicht moralischer vorgeht, doch zumindest erste sozialstaatliche Antworten auf gefährliche Ausschlussmechanismen formulieren kann. Dabei ist zwar die Handlungsweise pragmatisch, das Referenzsystem jedoch in den internationalen Fundamentalrechten zu suchen. Diese geben die Legitimationsbasis für lokale Politiken ab, welche ihrerseits Minimalstandards

[20] Das übrigens auch anderen Gruppen in marginalen Lagen zugute kommt (Cattacin 2005a).

im Bereich Gesundheit, Erziehung und Selbstbestimmung vorgeben. Dabei fällt auch auf, dass solche städtische Politiken auch von der Bevölkerung mitgetragen werden. Zivilgesellschaftliche Akteure sind nicht nur Partner des lokalen Staates im Umgang mit vulnerablen Situationen von Migrantinnen und Migranten; auch scheint insgesamt in der Bevölkerung die Einsicht vorzuherrschen[21], dass lokale Sozialpolitik ein Grundpfeiler urbanen Zusammenhalts darstellt, der erst städtische Innovationsregime ermöglicht.

## 11.5 Literaturverzeichnis

Achermann C. und Chimienti M., *Migration, Prekarität und Gesundheit. Ressourcen und Risiken von vorläufig Aufgenommenen und Sans-Papiers in Genf und Zürich*, Neuchâtel, Swiss Forum for Migration Studies, 2005.

Arbenz P., *Bericht über eine schweizerische Migrationspolitik*, Bern, BFM 1995.

BFM, *Zentrales Ausländerregister ZAR*, Bern, Bundesamt für Migration, 2007.

Bonoli G., « Les politiques sociales », in Klöti U. *et al.* (Hg.), *Handbuch der Schweizer Politik (4. Auflage)*, Zürich, NZZ Verlag, 2006.

Bundesamt für Zuwanderung, „Integration und Auswanderung (IMES)“, *Bericht zur illegalen Migration*, Bern, 2004.

Cattacin S., « Dynamiques sociétales et aide sociale. Le droit d'exister dans un environnement précarisant », in Schmid W. und Tecklenburg U. (Hg.), *Menschenwürdig leben ? - Vivre dignement ?*, Luzern, Caritas Verlag, 2005a, S. 106-112.

Cattacin S., „Stranieri - l'apprendimento collettivo della xenofobia“, *il Caffè*, 09.10.2005, 2005b.

Cattacin S., „Migration und differenzierte Citizenship: Zur Post-Amerikanisierung Europas“, *Österreichische Akademie der Wissenschaften, Kommission für Migrations- und Integrationsforschung, KMI Working Paper Series*, 8, 2006a.

Cattacin S., « Retard, rattrapage, normalisation. L'Etat social suisse face aux défis de transformation de la sécurité sociale », *Studien und Quellen - Etudes et Sources*, 31, 2006b, S. 49-78.

Cattacin S. und Chimienti M., « Intégration. Un concept sociologique en politique migratoire », *Terra Cognita*, 06(9), 2006, S. 34-37.

[21] Wie auch Häussermann für Deutschland gezeigt hat (Häussermann und Wurtzbacher 2005).

Cattacin S., Fibbi R. und Mahnig H., « Bilan de la politique migratoire suisse et perspectives pour l'avenir », in Mahnig H. (Hg.), *Histoire de la politique de migration, d'asile et d'intégration en Suisse depuis 1948*, Zürich, Seismo, 2005, S. 445-453.

Cerutti M., « Mussolini bailleur de fonds des fascistes suisses. Les relations entre le colonel Arthur Fonjallaz et le Duce, à la lumière de nouveaux documents italiens », *Revue suisse d'histoire*, 35(1), 1985, S. 21-46.

Cerutti M., « L'immigration italienne en Suisse dans le contexte de la Guerre froide », in Batou J., Cerutti M. und Heimberg C. (Hg.), *Pour une histoire des gens sans histoire : ouvriers, exclus et rebelles en Suisse : 19e-20e siècles*, Lausanne, Ed. D'en bas, 1995, S. 213-231.

Cerutti M., « La politique migratoire de la Suisse 1945–1970 », in Mahnig H., Cattacin S. *et al.* (Hg.), *Histoire de la politique de migration, d'asile et d'intégration en Suisse depuis 1948*, Zürich, Seismo, 2005, S. 89-134.

Chimienti M., *Prostitution et migration. Les ressources de l'agir faible*, Genf, Forthcoming, 2007a.

Chimienti M., "The Agency of Migrant Prostitutes: Experiences from Switzerland", in Björngren Cuadra C. und Cattacin S. (Hg.), *Migration and Health. Difference sensitivity from an organisational perspective*, Malmö, IMER, 2007b, S. 84-97.

Chimienti M., Efionayi-Mäder D. und Farquet R., *La répression du travail clandestin à Genève. Application des sanctions et conséquences pour les personnes concernées*, Neuchâtel, Forum suisse pour l'étude des migrations et de la population, Rapport de recherche du Forum suisse pour l'étude des migrations et de la population, 27, 2003.

Chimienti M. *et al.*, « Du crisis management au risk management et à la gestion des flux migratoires », *Asylon*, 7, 2000, S. 13-17.

Dahinden J. und Stants F., *Arbeits- und Lebensbedingungen von Cabaret-Tänzerinnen in der Schweiz*, Neuchâtel, SFM-Studien, 48, 2006.

Dal Lago A., *Non-persone. L'esclusione dei migranti in una società globale*, seconda edizione ampliata, Milano, Feltrinelli, 2004.

Efionayi-Mäder D. und Cattacin S., „Illegal in der Schweiz : eine Übersicht zum Wissensstand", *Asyl : schweizerische Zeitschrift für Asylrecht und -praxis*, 17(1), 2002, S. 3-15.

Efionayi-Mäder D., Cattacin S., unter Mitarbeit von Achermann C., *Hinweise zur Frage der Regularisierung des Aufenthalts von illegal anwesenden MigrantInnen in der Schweiz - Diskussionsgrundlage*, Discussion paper 19 of the Swiss Forum for Migration and Population Studies, Neuchâtel, Swiss Forum for Migration Studies, 2004.

Efionayi-Mäder D., Chimienti M., Dahinden J. und Piguet E., *Asyldestination Europa : eine Geographie der Asylbewegungen*, Zürich, Seismo, 2001.

Fibbi R. und Cattacin S., « Vers une internationalisation de la politique migratoire suisse ? », *Revue européenne des migrations internationales*, 16(3), 2000, S. 125-146.

Flückiger Y. und Pasche C., *Analyse du secteur clandestin de l'économie domestique à Genève*, Genève, Observatoire universitaire de l'emploi, Laboratoire d'économie appliquée, 2005.

Häussermann H. und Wurtzbacher J., „Die Gemeinde als Ort politischer Integration", in Heitmeyer W. und Imbusch P. (Hg.), *Integrationspotentiale einer modernen Gesellschaft*, Wiesbaden, VS-Verlag für Sozialwissenschaften, 2005, S. 429-450.

Höpflinger F. und Wyss K., *Am Rande des Sozialstaates. Formen und Funktionen öffentlicher Sozialhilfe im Vergleich*, Bern, Haupt, 1994.

Kamm M. *et al.*, *Aufgenommen, aber ausgeschlossen? Die vorläufige Aufnahme in der Schweiz*, Bern, Eidgenössische Kommission gegen Rassismus, 2003.

Longchamp C., Aebersold M., Rousselot B. und Ratelband-Pallyn S., *Sans Papiers in der Schweiz: Arbeitsmarkt, nicht Asylpolitik ist entscheidend*, Bern, GFS-Bern, 2005.

Mahnig H., *Das migrationspolitische Feld der Schweiz : eine politikwissenschaftliche Analyse der Vernehmlassung zum Arbenzbericht*, Neuchâtel, Forum suisse pour l'étude des migrations, 1996.

Mahnig H., Cattacin S. *et al.* (Hg.), *Histoire de la politique de migration, d'asile et d'intégration en Suisse depuis 1948*, Zürich, Seismo, 2005.

Metzler R., „Die Totalrevision des Ausländergesetzes und des Bürgerrechts", in Weibel J.-P. und Bernhard R. (Hg.), *Aktive Bürgerschaft oder passive Bevölkerung ?: Die Ausländer in der Schweiz: Rolle im öffentlichen Leben und Integration*, Aarau, Sauerländer, 2001, S. 159-165.

Milic T. und Scheuss U., *Analyse der eidgenössischen Abstimmungen vom 24. September 2006 (Vox-Analyse)*, Bern, GFS-Bern, 2006.

Moser C., Nyfeler D. und Verwey M. (Hg.), *Traumatisierungen von Flüchtlingen und Asyl Suchenden : Einfluss des politischen, sozialen und medizinischen Kontextes*, Zürich, Seismo, 2001.

Niederberger J.M., „Von der ‚Wiederentfernung' zur Integration: der Entwurf zu einem neuen Ausländergesetz", *Schweizerische Zeitschrift für Politikwissenschaft*, 7(1), 2001, S. 112-118.

Niederberger J.M., *Ausgrenzen, Assimilieren, Integrieren: die Entwicklung einer schweizerischen Integrationspolitik*, Zürich, Seismo, 2004.

Papadopoulos Y., "Analysis of Functions and Dysfunctions of Direct Democracy: Top-Down and Bottom-Up Perspectives", *Politics and Society*, 23(4), 1995, S. 421-448.

Parini L., « La Suisse terre d'asile : un mythe ébranlé par l'histoire », *Revue Européenne des Migrations Internationales*, 13(1), 1997, S. 51-68.

Parini L. und Gianni M., « Enjeux et modifications de la politique d'asile en Suisse de 1956 à nos jours », in Mahnig H., Cattacin S. *et al.* (Hg.), *Histoire de la politique de migration, d'asile et d'intégration en Suisse depuis 1948*, Zürich, Seismo, 2005, S. 189-252.

Perregaux C. und Togni F., *Enfant cherche école : pour le droit à l'éducation en Suisse*, Carouge-Genève, Ed. Zoé, 1989.

Piguet E., *L'immigration en Suisse depuis 1948. Une analyse des flux migratoires*, Zürich, Seismo, 2005.

Piguet E. und Losa S., *Travailleurs de l'ombre ? Demande de main-d'oeuvre du domaine de l'asile et ampleur de l'emploi d'étrangers non déclarés en Suisse*, Zürich, Seismo, 2002.

Prodolliet S., „Fremde Frauen - fremde Frauen ?: Überlegungen zur Situation von Migrantinnen in der Schweiz", *Frauen in der Migration: zur Situation von Migrantinnen in der Schweiz*, Luzern, Schweizerische Katholische Arbeitsgemeinschaft für Ausländerfragen, 1995, S. 3-22.

Salis Gross C., „Trauma und Medikalisierung: die Flüchtlingserfahrung in der Schweiz", *Tsantsa*, 7, 2002, S. 22-30.

Sciarini P. und Marquis L., « Opinion Publique et Politique Extérieure : le cas des Votations Populaires en Suisse », *International Political Science Review*, 21(2), 2000, S. 149-171.

SECO, BFM und BFS, *Auswirkungen der Personenfreizügigkeit auf den Schweizer Arbeitsmarkt. 3. Bericht des Observatoriums zum Freizügigkeitsabkommen Schweiz-EU für die Periode vom 1. Juni 2002 - 31. Dezember 2006*, Bern, Staatssekretariat für Wirtschaft, Bundesamt für Migration und Bundesamt für Statistik, 2007.

Spescha M., „Neues Ausländergesetz: Perspektiven einer zukunftsträchtigen Migrationspolitik?", *Asyl*, 15(4), 2000, S. 3-9.

Spescha M. und Sträuli P. (Hg.), *Ausländerrecht. 2.*, aktualisierte und ergänzte Auflage, Zürich, Orell Füssli, 2004.

UNHCR, *The State of the World's Refugees 2006. Human displacement in the new millennium*, Oxford, Oxford University Press, 2006.

Valli M., *Les migrants sans permis de séjour à Lausanne*, Rapport rédigé à la demande de la Municipalité de Lausanne, Lausanne, 2003.

Vuilleumier M., *Immigrés et réfugiés en Suisse : aperçu historique*, Zürich, Lausanne, Pro Helvetia, 1989.

Wanner P., *Compter les clandestins : méthodes d'estimation de la population sans autorisation de séjour à partir des données sur la population*, Neuchâtel, Forum suisse pour l'étude des migrations et de la population, 2002.

Wicker H.-R., „Einleitung: Migration, Migrationspolitik und Migrationsforschung", in Wicker H.-R., Fibbi R. und Haug W (Hg.), *Migration und die Schweiz: Ergebnisse des Nationalen Forschungsprogramms Migration und interkulturelle Beziehungen"*, Zürich, Seismo, 2003, S. 12-62.

Wimmer A., „Ein helvetischer Kompromiss: Kommentar zum Entwurf eines neuen Ausländergesetzes", *Schweizerische Zeitschrift für Politikwissenschaft*, 7(1), 2001, S. 97-104.

Wolff H., „Gesundheitsversorgung für Sans-Papiers in der Schweiz. Das Beispiel der Unité mobile des soins communautaires in Genf", in Département Migration, Schweizerisches Rotes Kreuz (Hg.), *Sans-Papiers in der Schweiz. Unsichtbar - Unverzichtbar*, Zurich, Seismo, 2006, S. 116-131.

Kapitel 12

# Ist das politische System der Schweiz in der Lage, den Sozialstaat zu modernisieren?

Silja Häusermann[1]

Im Gegensatz zu den meisten Beiträgen in diesem Buch skizziert dieses Kapitel nicht mögliche Ausrichtungen einer neuen, post-industriellen Sozialpolitik, sondern befasst sich mit der politischen Durchsetzbarkeit entsprechender Reformen. In der politischen Debatte wie auch im wissenschaftlichen Diskurs gilt die Schweiz als ein besonders träges politisches System, das durch viele Reformhemmnisse, langwierige Entscheidungsprozesse und höchstens inkrementelle Veränderungen geprägt ist. Die Politikwissenschaft schreibt diese Eigenschaften oft der Wirkung von „Vetopunkten" zu (Immergut 1992; Birchfield und Crepaz 1998). Dies sind Institutionen, die es politischen Akteuren ermöglichen, in den Reformprozess zu intervenieren und diesen zu bremsen. Das vorparlamentarische Vernehmlassungsverfahren, das Zweikammersystem im Parlament, die Konkordanz oder das Referendum sind Beispiele solcher Vetopunkte. Sie bewirken, dass Entscheidungsprozesse lang sind und Reformen immer wieder in verschiedenen Gremien diskutiert und neu verhandelt werden müssen.

Im Widerspruch zur weit verbreiteten Annahme, das schweizerische politische System neige aufgrund dieser Vetopunkte inhärent zur Reformunfähigkeit und Stabilität, möchte ich in diesem Beitrag jedoch aufzeigen, dass gerade Machtteilung und Verhandlungskultur in der Vergangenheit modernisierende Reformen überhaupt erst ermöglicht haben, weil sie die Verknüpfung verschiedener Reformstrategien, die Bildung von breiten Koalitionen und das Aushandeln von Kompromissen begünstigen. In ganz Europa sind die gewachsenen Sozialstaaten heute so stark verankert und gefestigt, dass Reformversuche – insbesondere zum Leistungsabbau – zwingend auf

[1] Silja Häusermann ist Oberassistentin am Institut für Politikwissenschaft (IPZ) der Universität Zürich.

starken Widerstand treffen. Einschneidende Veränderungen der Höhe und Art der Leistungen sind nur noch durch Kompromisspakete möglich, und das schweizerische politische System hält für Verhandlungen und Kompromissbildungen besonders viele Gelegenheiten bereit. Ob der schweizerische Sozialstaat modernisiert werden kann, hängt also nicht in erster Linie vom institutionellen Gefüge ab, sondern vom Verhandlungsgeschick und dem politischen Willen zentraler Akteure.

Einleitend zu diesem Beitrag möchte ich kurz die Konturen der sozialpolitischen „Modernisierungsdebatte" aufzeigen und erklären, was unter post-industrieller Modernisierung zu verstehen ist. In einem zweiten und dritten Schritt werde ich dann erfolgte und bislang ausstehende Modernisierungen diskutieren, um daraus Erkenntnisse über die institutionellen Bedingungen erfolgreicher Reformen abzuleiten. Die Analyse wird zeigen, dass die Schweiz nach einem Modernisierungsschub in den späten $1990^{er}$ Jahren heute vor grossen Herausforderungen in der Familienpolitik steht, deren erfolgreiche Lösung möglich, aber ungewiss ist.

## 12.1 Modernisierung des Sozialstaates: Konsolidierung und Anpassung an neue soziale Risiken und Bedürfnisse

Die ökonomische Krise der $1990^{er}$ Jahre hat die Debatte um den Reformbedarf der Wohlfahrtsstaaten in ganz Europa entscheidend geprägt. Auch die sozialpolitische Auseinandersetzung in der Schweiz stand vor allem im Zeichen von verschiedenen post-industriellen Bedrohungen für das gewachsene Niveau an sozialer Sicherung: Das Aufkommen von (Langzeit-) Arbeitslosigkeit, fehlendes Wirtschaftswachstum, Haushaltsdefizite, die sich immer deutlicher abzeichnende demographische Alterung und die politische Offensive neoliberaler Kreise schienen auf einen Rückbau sozialer Leistungen zu drängen (Mach 1999). Die IDA-Fiso Berichte (1996 und 1997) sind sowohl Ausdruck als auch Bestandteil dieser Fokussierung der politischen Debatte auf eine *finanzielle Konsolidierung* der sozialen Versicherungssysteme. In der politischen Arena führte diese Debatte zu einer beträchtlichen, bis dahin ungekannten Polarisierung: Während bürgerliche Kreise und Arbeitgeberschaft auf einen Rückbau der Leistungen drängten, verteidigten Linke und Gewerkschaften die Ansicht, dass die ökonomische Krise den Bedarf nach sozialer Sicherheit eher noch verstärkte (Häusermann *et al.* 2004). Auch in der Wissenschaft beherrschte das Thema der Konsolidierung die Literatur: Es wurde weitgehend bezweifelt, dass demokratische Regierungen überhaupt in der Lage seien, soziale Leistungen zu kürzen, weil die elektoralen Risiken einer solchen Reformstrategie zu gross seien (z.B. Pierson 1996, 2001). Demzufolge dominierte die Prognose, kontinentaleuropäische Wohlfahrtsstaaten seien „eingefroren", „sklerotisch" und würden sozusagen in einen fatalen Kreislauf von Verschuldung und Reformunfähigkeit geraten (Esping-Andersen 1996). Die Aussichten für die langfristige finanzielle Stabilität europäischer Sozialstaaten waren also düster und ein Grossteil der Literatur fokussierte auf Möglichkeiten und Grenzen des Rückbaus von Sozialleistungen.

Im Schatten dieser hitzigen politischen und wissenschaftlichen Debatte blieb lange Zeit fast unbemerkt, dass die Anpassung der kontinentaleuropäischen Sozialstaaten an die Herausforderungen des post-industriellen Zeitalters nicht nur eine Anpassung des *Umfangs* an Leistungen erfordert, sondern auch einen Veränderung der *Art* der Leistungen und der Zielgruppen von wohlfahrtsstaatlicher Politik. Dieses Buch zeigt in vielen verschiedenen Bereichen, dass sich die Post-Industrialisierung des Sozialstaates nicht nur um *Rück- oder Ausbau* von Sozialpolitik dreht, sondern um einen eigentlichen *Umbau* sozialstaatlicher Politiken. Insbesondere muss der post-industrielle Wohlfahrtsstaat auf neue soziale Risiken und Bedürfnisse reagieren (Bonoli 2005; Armingeon und Bonoli 2006; Taylor-Gooby 2005).

*Neue soziale Risiken und Bedürfnisse* umfassen zwei Hauptaspekte: die lückenhafte Absicherung atypisch Beschäftigter und die mangelnde Anpassung von Sozialstaaten an neue Geschlechterrollen und Familienstrukturen.

Zum einen bringen der zunehmend flexible Arbeitsmarkt und der Übergang zur Dienstleistungsgesellschaft steigende Risiken für so genannte „AussenseiterInnen“ mit sich: Langzeitarbeitslose, ArbeitnehmerInnen mit nicht mehr nachgefragten Qualifikationen, alleinerziehende Mütter, Teilzeit oder befristet Beschäftigte etc. Diese sozialen Gruppen sind in einem Sozialversicherungsstaat wie der Schweiz, in dem die Leistungsansprüche direkt von geleisteten Versicherungsprämien abhängen, schlecht geschützt, weil sie mangels kontinuierlicher Beschäftigung nur spärliche Prämienbeiträge entrichten können. Das Risiko der „Unterversicherung“ von atypisch oder nicht Beschäftigten ist sicher kein gänzlich neues Phänomen, es nimmt jedoch mit der Post-Industrialisierung viel grössere Dimensionen an als im industriellen Arbeitsmarkt. Eine erste post-industrielle Herausforderung für den Sozialstaat besteht also darin, solchen Arbeitsmarkt-AussenseiterInnen Sicherheit zu bieten und/oder Beschäftigung zu ermöglichen.

Zum anderen führen gewandelte Familienstrukturen und Geschlechterrollen zu neuen Herausforderungen für den Sozialstaat, welcher traditionell auf die Sicherung des „männlichen Ernährers“ ausgerichtet war und ist. Das Modell des männlichen Ernährers, in dem Frauen nicht eigenständig, sondern primär über abgeleitete Ansprüche versichert sind, gerät durch steigende Scheidungsraten und neue Familienformen in Schieflage. In post-industriellen Gesellschaften können oder wollen sich viele Frauen nicht mehr auf diesen Ernährer verlassen. Aus dieser Fehlanpassung von Sozialstaat und gesellschaftlichen Realitäten ergeben sich neue Risiken und Bedürfnisse. Insbesondere Frauen brauchen demnach entweder direkte, eigene Ansprüche auf soziale Leistungen, oder sie müssen die Möglichkeit haben, sich durch Beschäftigung eigene Ansprüche zu erwerben.

Beide Herausforderungen – Beschäftigung und Leistungsansprüche für AussenseiterInnen und die Gleichstellung der Geschlechter vor dem Sozialstaat – sind zusammen mit der finanziellen Konsolidierung zentrale Bestandteile einer *„post-industriellen Modernisierung“* des Sozialstaates. Eine solche Modernisierung – so scheint es – gleicht der Quadratur des Kreises: finanzielle Konsolidierung, d.h. ein Rückbau bestehender Leistungen, muss in Einklang gebracht werden mit der Sicherung neuer sozialer Risiken, also einem Ausbau des Sozialstaates.

Die meisten Kapitel dieses Buches legen dar, wie eine Politik aussehen könnte, die den Schutz vor neuen Risiken mit einer stärkeren Kostenkontrolle zu vereinen versucht. Begriffe wie „Sozialer Investitionsstaat“ oder „Flexicurity“ (siehe dazu die Einleitung dieses Buches, auch Lister 2004) spiegeln das Bemühen, wirtschaftliche Effizienz, finanzielle Nachhaltigkeit und bedürfnisgerechten sozialen Schutz unter einen Hut zu bringen. Im Arbeitsmarkt z.B. sollen Wiedereingliederungspolitiken (siehe Flückiger und Kempeneers, Kapitel 5), eine Flexibilisierung des Altersrücktritts (siehe Bertozzi, Kapitel 6) und Gleichstellungspolitik die Beschäftigungsanreize und -möglichkeiten für Frauen und AussenseiterInnen erhöhen (siehe Ballmer-Cao, Kapitel 9). Dadurch würden zwei Fliegen mit einer Klappe geschlagen: durch erhöhte Beschäftigung würden Mehreinnahmen in die sozialpolitischen Kassen fliessen, während neue Risikogruppen eigene Rechte erwerben könnten. In der Familienpolitik stehen Reformen im Vordergrund, die es Eltern erlauben würden, so viele Kinder zu haben, wie sie es sich wünschen, ohne auf soziale Rechte und Beschäftigung verzichten zu müssen (siehe Wanner, Kapitel 8). Auch hier geht es darum, Politiken zu definieren, die aus wirtschaftlicher, demographischer und sozialer Perspektive sinnvoll sind.

In diesem Beitrag soll es jedoch weniger um die mögliche oder wünschbare *Ausgestaltung* solcher Politiken gehen, sondern um die *politische Umsetzbarkeit* der post-industriellen Modernisierungsagenda. Aus theoretischer Sicht steht es darum eher schlecht. Bereits oben habe ich ausgeführt, dass ein signifikanter Rückbau des Sozialstaates als unwahrscheinlich eingeschätzt wird, weil das Beschneiden von Leistungen ein zu grosses elektorales Risiko darstellt (Pierson 1996, 2001). Die Aussichten auf Anpassung an neue soziale Risiken und Bedürfnisse sind ebenfalls sehr eingeschränkt, weil die Betroffenen in den politischen Entscheidungsinstanzen stark untervertreten sind (Bonoli 2005; Häusermann 2007). Junge Familien, Frauen, Arbeitslose, teilzeit und befristet Beschäftigte haben keine starke politische Lobby, da sie weder in Parteien noch in Gewerkschaften den Kern und die Mehrheit der Mitglieder oder WählerInnen stellen. Überdies ist die Partizipationsrate von Frauen und sozial prekären Gruppen an Wahlen und Abstimmungen noch immer verhältnismässig tief.

Umso erstaunlicher ist es, dass wir sowohl in der Schweiz als auch in den anderen europäischen Ländern seit gut einem Jahrzehnt durchaus „modernisierende" Reformen feststellen. Die Niederlande sind zum Paradebeispiel eines flexiblen Arbeitsmarktes geworden, in dem Sozialrechte auch auf atypisch Beschäftigte ausgeweitet wurden (Visser und Hemerijck 1997; Hemerijck *et al.* 2000), Frankreich hat Leistungen insbesondere in der Rentenpolitik gekürzt und gleichzeitig neue soziale Minima für AussenseiterInnen eingeführt (Levy 1999) und in Deutschland werden entgegen allen Prognosen die Beschäftigungsanreize für Mütter mittels Sozialversicherungsansprüchen und familienergänzender Betreuungsstruktur stark ausgebaut (Meyer 1998; Anderson und Meyer 2006; Häusermann 2007). Im Folgenden möchte ich aufzeigen, dass auch in der Schweiz von einem eigentlichen „Modernisierungsschub" in den 1990er Jahren gesprochen werden kann, insbesondere im Bereich der Arbeitslosenversicherungspolitik und der Rentenpolitik. Diese Reformen machen auch deutlich, dass eine erfolgreiche Modernisierung von der geschickten Kombination unterschiedlicher Reformstrategien abhängt. Nur so können politische Koalitionen gebildet werden, welche die Polarisierung der Debatte bezüglich einzelner Reformbestandteile abschwächen.

## 12.2 Bestandesaufnahme: erfolgte Reformen und offene Baustellen der Modernisierung

Ich fokussiere die folgende Übersicht erfolgter und ausstehender Modernisierung des schweizerischen Sozialstaates auf die Bereiche der Arbeitslosenversicherungs- und Arbeitsmarktpolitik, der Rentenpolitik und der Familienpolitik. Diese Auswahl umfasst diejenigen Politikbereiche, die von den Postindustrialisierungstendenzen bezüglich Arbeitsmarkt, demographischer Alterung und Familien- bzw. Geschlechterstrukturen besonders stark betroffen sind. Modernisierung ist in diesen Bereichen also besonders dringend und wichtig.

**Arbeitslosenversicherungspolitik**

Arbeitslosigkeit war in der Schweiz bis in die 1990er Jahre fast inexistent. Dieser europäische Sonderfall erklärte sich durch ein besonders flexibles Arbeitsrecht und dadurch, dass Frauen und ausländische Arbeitskräfte bis in die 1980er Jahre eine Pufferfunktion wahrnahmen: Wenn die wirtschaftliche Performanz nachliess, konnte das Angebot an Arbeit durch eine Regulierung der Aufenthaltsbewilligungen und den Rückzug von Frauen in die unbezahlte Arbeit verkleinert, und so die Arbeitslosigkeit „verhindert" werden.

Obwohl die Schweiz im internationalen Vergleich noch immer eine besonders hohe Beschäftigungsquote – gerade auch von älteren ArbeitnehmerInnen – kennt, wurde sie in den 1990er Jahren doch durch die postindustriellen Realitäten eingeholt. Die Partizipation von Frauen am Arbeitsmarkt war seit den 1970er Jahren zu einer festen Realität geworden und viele ausländische Arbeitskräfte hatten mittlerweile stabilere Aufenthaltsbewilligungen erworben. Deshalb führte die Wirtschaftskrise der 1990er Jahre erstmals auch in der Schweiz zu markanter Arbeitslosigkeit, die in gewissen Kantonen der Romandie zeitweise fast 8% erreichte. Arbeitslosigkeit war damit auch in der Schweiz zu einer strukturellen Konstante geworden. Als zweites, typisch post-industrielles Problem ist das Phänomen der „working poor“ zu nennen, also Menschen, die trotz Erwerbstätigkeit unter dem Armutsniveau leben. Dieses neue Armutsrisiko trifft vor allem „AussenseiterInnen“ des Arbeitsmarktes, also atypisch Beschäftigte und Teilzeiterwerbstätige. 2002 mussten 23% der Haushalte, die ausschliesslich von einem Teilzeiteinkommen lebten, als arm eingestuft werden (Bertozzi *et al.* 2005: 73).

Diese Entwicklung brachte einen Bedarf an Modernisierung gemäss den beiden oben skizzierten Trends mit sich: Auf der einen Seite geriet die erst Anfang der 1980er Jahre obligatorisch gewordene Arbeitslosenversicherung in finanzielle Schieflage, und auf der anderen Seite lösten neue soziale Risiken steigende Ansprüche an die Systeme der sozialen Sicherheit aus. Insbesondere musste eine neue Arbeitsmarktpolitik den strukturellen Wandel von einer Industrie- zur Dienstleistungsgesellschaft auffangen, da dieser Übergang vielen Arbeitnehmenden mangels gefragter Qualifikationen grosse Schwierigkeiten bereitete.

Welche Bilanz können wir betreffend erfolgter Modernisierung ziehen? Im Bereich der *neuen Armut* und der „working poor“ sind bis heute kaum signifikante Reformen zu verzeichnen. Der schweizerische Arbeitsmarkt kennt keine gesetzlichen Mindestlöhne und so wird ein Grossteil dieser neuen und arbeitsmarktspezifischen Armut ausschliesslich durch Sozialhilfe aufgefangen. Im Gegensatz dazu ist im Bereich der *Arbeitslosenversicherung* seit den 1990er Jahren eine eigentliche Trendwende von „passiven“ Leistungen zu „aktiven“ Wiedereingliederungsmassnahmen zu verzeichnen (siehe Flückiger und Kempeneers, Kapitel 5). Schon das 1982 eingeführte Gesetz über die Arbeitslosenversicherung hatte Bestimmungen zur Wiedereingliederung enthalten, die jedoch kaum angewendet wurden. Erst in der zweiten Teilrevision des Gesetzes 1995 wurde die flächendeckende Einführung von aktiven Arbeitsmarktmassnahmen mittels regionaler Arbeitsvermittlungszentren beschlossen. Ab Mitte der 1990er Jahre wurden diese Massnahmen kontinuierlich ausgeweitet und in der dritten Teilrevision von 2002 verstärkt und konsolidiert, so dass der Bezug von Lohnersatzleistungen zunehmend an die Teilnahme an aktiven Wiedereingliederungsmassnahmen gekoppelt wurde. Innert eines einzigen Jahrzehnts wurden somit die Ausgaben für aktive Arbeitsmarktpolitik in der Schweiz von gut 33 auf gut 211 Millionen Franken jährlich versechsfacht (Bertozzi *et al.* 2005: 77).

Parallel zu diesem Paradigmenwechsel wurden im Gegenzug die passiven Lohnersatzleistungen finanziell konsolidiert. Nachdem zu Beginn der

1990[er] Jahre den finanziellen Engpässen noch mit höheren Prämienbeiträgen begegnet worden war, wurden zunehmend auch restriktivere Bezugskriterien (in der Reform von 1995) und tiefere Leistungen (insbesondere in der Reform von 2002) umgesetzt. Dank besserer konjunktureller Bedingungen konnten 2002 schliesslich auch die Beitragssätze wieder gesenkt werden. Heute besteht weiterhin Bedarf an Verbesserungen der Effektivität der Wiedereingliederungsmassnahmen, und langfristig können die Arbeitsmarktrisiken der post-industriellen Zeit nur über grosse Investitionen in Bildung und Weiterbildung gelöst werden. Dennoch kann mit Bezug auf die Arbeitslosigkeitspolitik von einem eigentlichen Modernisierungsschub seit den 1990er Jahren gesprochen worden.

Für eine Diskussion der Modernisierungs- und Reformfähigkeit der Schweiz ist es besonders wichtig zu beachten wie diese Neuausrichtung von passiven zu aktiven Massnahmen zu Stande kam. Der Schlüssel zum Verständnis ist die enge Kopplung dieser beiden Reformausrichtungen. 1995 machte nur die explizite Verbindung von eingeschränktem Leistungsanspruch und gleichzeitiger Wiedereingliederung einen breiten Kompromiss zwischen Arbeitgebern und Arbeitnehmerorganisationen möglich. Die nationalrätliche Kommission schaffte es so, ein Paket zu schnüren, das – wenn auch aus unterschiedlichen Gründen – genügend politische Unterstützung erhalten konnte. Auf linker und gewerkschaftlicher Seite konnte die Errungenschaft der aktiven Massnahmen als neues Recht der Erwerbslosen verbucht werden, während die bürgerlichen und Arbeitgeberkreise den stärkeren Druck zur Erwerbstätigkeit und die eingeschränkten Leistungen betonten (zu dieser Reform, siehe auch Bonoli 1999b; Häusermann *et al.* 2004; Mach 1999). Bruno Palier (2005) nennt diese Form von Reformpaketen „ambiguous agreements“: die relevanten Akteure akzeptieren sie, wenn auch aus sehr unterschiedlichen Gründen. Auch 2002 wurde die Modernisierung der Arbeitslosenversicherung nur dank einem Paket aus Leistungskürzungen und Investitionen in aktive Massnahmen möglich.

## Rentenpolitik

Eine ähnlich weit reichende Modernisierung wie in der Arbeitslosenversicherung ist in der Rentenpolitik der letzten 15 Jahre zu vermerken. Sowohl in der Grundsicherung als auch in der beruflichen Vorsorge wurden nicht nur Massnahmen zur finanziellen Konsolidierung umgesetzt, sondern auch Anpassungen an post-industrielle Erwerbsbiographien und frauenspezifische Armutsrisiken implementiert. Ich werde im Folgenden aufzeigen, dass auch hier diese Reformen nur umgesetzt werden konnten, weil sie eng gekoppelt waren. Weiterer Modernisierungsbedarf besteht heute vor allem in der Absicherung atypisch Beschäftigter in der beruflichen Vorsorge sowie in einer Flexibilisierung des Rentenalters.

Die schweizerische Altersvorsorge basiert primär auf zwei Säulen, der umlagefinanzierten Alters- und Hinterbliebenenversicherung AHV und der kapitalgedeckten beruflichen Vorsorge BV. Zusammen sollen diese beiden Säulen bei voller Erwerbsbiographie eine Ersatzrate von ca. 60% gewährleisten. Die dritte Säule – die steuerlich privilegierte private Vorsorge – fällt nur in den obersten Einkommensschichten ins Gewicht und kann daher kaum zum eigentlichen System der sozialen Sicherheit im Alter gezählt werden (Nova und Häusermann 2005). Die Verteilung der Finanzierung auf zwei Säulen macht das schweizerische Rentensystem im internationalen Vergleich etwas weniger anfällig auf demographische und wirtschaftliche Bedrohungen seiner finanziellen Stabilität. Dennoch hat eine besonders tiefe Geburten- und Wachstumsrate auch in der Schweiz seit Ende der 1980$^{er}$ Jahre die Frage nach einem Rückbau der bestehenden Leistungen aufgeworfen. Gleichzeitig wurden auch Forderungen nach einer Anpassung der Rentensysteme an neue soziale Risiken und Bedürfnisse laut. Post-industrielle Erwerbsbiographien, die von Diskontinuität oder atypischer Arbeit geprägt sind, führen in einem Sozialversicherungssystem zu Beitragslücken und somit zu Renteneinbussen. Die AHV umfasst zwar alle BürgerInnen unabhängig von ihrem Erwerbsstatus, eine unregelmässige oder unvollständige Beitragsleistung kann aber zu einer nicht existenzsichernden Minimalrente führen, die dann bedarfsabhängig mit Ergänzungsleistungen auf das soziale Minimum angehoben werden muss. Noch gravierender wirken sich diskontinuierliche Erwerbsbiographien und atypische Arbeit (inkl. Selbstständigkeit) in der beruflichen Vorsorge aus, die ausschliesslich nach dem Beitragsprinzip aufgebaut ist. Zudem sind viele Teilzeit-Erwerbstätige gar nicht in der beruflichen Vorsorge erfasst, weil diese nur ab einem bestimmten Schwellenverdienst („Koordinationsabzug") zugänglich wird. Da atypische Arbeit sehr ungleich auf die Geschlechter verteilt ist, brachte die Post-Industrialisierung vor allem die ungenügende Alterssicherung der Frauen in der BV in den Vordergrund. Die eigenständige Alterssicherung von Frauen wurde aber auch in der AHV zu einem wichtigen Thema, da steigende Scheidungsraten ab den 1970$^{er}$ Jahren zu grossen Armutsrisiken für ältere Frauen führten, welche sich nur ungenügend auf abgeleitete Leistungen stützen konnten.

In diesem Kontext ist die Modernisierung, die seit den frühen 1990er Jahren erreicht worden ist, sehr bemerkenswert. 1994 wurde in der beruflichen Vorsorge die Freizügigkeit eingeführt, um das Versicherungssystem an die zunehmend flexiblen und mobileren Arbeitsmärkte anzupassen. 1995 vollzog sich in der AHV ein Systemwechsel zu individualisierten Rentenansprüchen von verheirateten Frauen und Männern (Splitting und Erziehungsgutschriften) und 2003 wurde in der beruflichen Vorsorge der Koordinationsabzug gesenkt (von ca. 24 000 auf ca. 18 000 Franken Jahreseinkommen), wodurch mehr gering und teilzeit Beschäftigte Ansprüche auf eine Rente erwerben können. Parallel zu dieser Ausweitung von Leistungsansprüchen auf post-industrielle Risikogruppen wurden auch restriktive Massnahmen zur finanziellen Konsolidierung der Renten umgesetzt.

In der AHV wurde 1995 das Rentenalter der Frauen von 62 auf 64 angehoben und in der beruflichen Vorsorge der Umwandlungssatz (d.h. das Verhältnis von kapitalisiertem Guthaben und ausbezahlter Rente) in der 1. BVG-Revision 2003 von 7,2 auf 6,8% gesenkt.

Wiederum sind diese modernisierenden Reformen nur zu verstehen, wenn man die enge Verknüpfung von Kürzungen und stärkerer Sicherung von bestimmten Risikokategorien betrachtet. Sowohl 1995 als auch 2003 bestanden die Reformen aus Paketen, welche eine genügend starke Unterstützung im Parlament ermöglichten. In der 10. AHV-Revision verteidigte eine sozialliberale Koalition die Reform gegen Gewerkschaften und konservative Kreise. Die eigenständige Alterssicherung der Frauen wurde ein Thema, auf das sich ReformerInnen in sozialdemokratischen und liberalen Kreisen verständigen konnten. Die Verknüpfung dieses Ausbaus mit der Erhöhung des Frauenrentenalters ermöglichte den benötigten politischen Rückhalt im Parlament, weil bürgerliche Kreise für die Sparmassnahme, und gesellschaftlich progressive Kräfte für die Individualisierung der Rentenansprüche stimmten (zur Analyse dieser Reform, siehe auch Bonoli 1999a; Häusermann *et al.* 2004). Ähnlich lässt sich auch die 1. Revision der beruflichen Vorsorge 2003 erklären. Die Sparmassnahmen wurden für Arbeitnehmerkreise nur tragbar, weil gleichzeitig eine Ausweitung der beruflichen Vorsorge auf gering oder teilzeit Erwerbstätige beschlossen wurde (siehe zu dieser Reform auch Häusermann 2007). Wie schon in der Arbeitslosenversicherungspolitik zeigt sich auch hier das Muster, dass finanzielle Konsolidierung bzw. Leistungsabbau nur mit einer gleichzeitigen Kompensation und Anpassung an neue Risikostrukturen umsetzbar ist.

Beleg für diese These ist nicht zuletzt das Scheitern der 11. AHV-Revision 2003. Auch hier hatte der Bundesrat ein Paket aus Leistungskürzungen (Erhöhung des Frauenrentenalters, eingeschränkte Indexierung und Senkung der Witwenrenten) und einer Anpassung an post-industrielle Lebens- und Erwerbsverläufe (sozial abgefederte Flexibilisierung des Rentenalters) vorgeschlagen. Im Parlament wurde dieses Paket jedoch zerschlagen, indem die soziale Abfederung des Altersrücktritts von den bürgerlichen Parteien verworfen wurde. Somit blieben im Paket nur Elemente, die eine Polarisierung von linken und rechten Kräften förderten, und die ganze Reform wurde an der Urne – den Voraussagen von Pierson (1996) entsprechend – verworfen. Es erstaunt daher nicht, dass die Neuauflage der 11. AHV-Revision sehr prominent als Kompensationselement eine soziale Abfederung der Frühverrentung einschliesst (Witschard 2006).

**Familienpolitik**

Neben der Arbeitsmarkt- und Rentenpolitik ist die Familienpolitik das dritte Feld, welches besonders stark von post-industriellen Risiken und Bedürfnissen betroffen ist. Die Herausforderungen in diesem Bereich hängen nicht nur mit dem Wandel des Arbeitsmarktes hin zu flexibleren Beschäftigungsverhältnissen zusammen, sondern auch mit dem Wandel der Geschlechterrollen und Familienstrukturen. Kinderreiche Familien und allein Erziehende sind überdurchschnittlich vom Risiko der „working poverty" betroffen. Kinder sind in der Schweiz ein Armutsrisiko, was einerseits an kantonal sehr unterschiedlich grosszügigen Kinderzulagen liegt, und anderseits ein Resultat fehlender Kinderbetreuungsstrukturen ist, welche es den Eltern ermöglichen würden, ein ausreichendes Einkommen zu erwirtschaften. Das äusserst lückenhafte bis fehlende Angebot an Strukturen für familien- und schulergänzende Kinderbetreuung ist denn auch die wichtigste Baustelle aktueller Modernisierungspolitik. Die Schweiz gibt nur ca. 0,5% des BIP für Dienstleistungen an Familien aus, während dieser Wert in den anderen kontinentalen Ländern zwischen 3 und 5% und in Skandinavien sogar bei 7-8% liegt (OECD 2004a). Der Mangel an Betreuungsstrukturen ist ein Teil der grundlegenden Unvereinbarkeit von Familie und Vollzeit-Erwerbstätigkeit v.a. für Mütter in der Schweiz. Dies führt nicht nur dazu, dass Eltern weniger Kinder aufziehen, als sie es sich wünschen (siehe Wanner, Kapitel 8), sondern es verstärkt auch demographische und ökonomische Probleme, welche sich wiederum auf die Finanzierung der anderen Sozialversicherungen auswirken.

Eine Anpassung an post-industrielle Risiken und Bedürfnisse in diesem Bereich ist nicht gänzlich ausgeblieben: Bezüglich der stärkeren finanziellen Unterstützung von Familien sind die Harmonisierung und Anhebung (in vielen Kantonen) der Kinderzulagen auf mindestens 200 Franken pro Kind und Monat zu erwähnen, welche 2006 beschlossen wurden. Zudem sind auf Bundesebene bedarfsabhängige Ergänzungsleistungen für Familien in der parlamentarischen Debatte und viele Kantone haben steuerliche Erleichterungen für Familien eingeführt oder geplant. Finanzielle Transfers verbessern aber nicht die Vereinbarkeit von Beruf und Familie, und tragen so auch nicht zur stärkeren Erwerbstätigkeit der Eltern bei. Im Bereich der Vereinbarungspolitik wurde 2004 nach mehreren gescheiterten Anläufen eine obligatorische Mutterschaftsversicherung eingeführt. Zudem subventioniert der Bund seit 2003 Krippengründungen mit teilweiser Anstossfinanzierung. Auch auf kantonaler und kommunaler Ebene sind viele Initiativen beschlossen oder hängig, die auf eine Verbesserung der Betreuungsstruktur abzielen (Dafflon 2003).

Dennoch bleibt die Abdeckung im internationalen Vergleich ausgesprochen gering. In einem Bericht von 2003 repertoriert die OECD für den Kanton Zürich eine Fremdbetreuungsquote von gerade mal knapp 5% der Kinder zwischen 0 und 5 Jahren (OECD 2004b, für die gesamtschweizerische Ebene existieren bezeichnenderweise keine Statistiken). Der Mangel an Betreuungsstrukturen wird besonders deutlich, wenn man die Modernisierung dieses Politikbereiches im internationalen Vergleich betrachtet. Die EU-Länder haben das gemeinsame Ziel, bis 2010 die Betreuungsquote stark anzuheben, auf 30% für Kinder unter drei Jahren und auf 90% für Kinder zwischen 3 Jahren und Schuleintritt.

Demzufolge bleiben in diesem Bereich sehr grosse Baustellen offen. Eine Anpassung der Vereinbarungspolitik an post-industrielle Erwerbs- und Familienstrukturen würde einerseits einen massiven Ausbau der Kinderbetreuungsangebote erfordern, anderseits eine Anpassung von Schulzeiten, Arbeitsmärkten und dem Erwerbsverhalten von Frauen und Männern. Die Durchsetzbarkeit dieser Modernisierungselemente scheint jedoch im Lichte der bereits erfolgten Reformen sehr fraglich, wie ich im Folgenden zeigen werde.

In der Tat sind die meisten der oben genannten Reformen – wie auch die Modernisierungspakete in der Renten- und Arbeitsmarktpolitik – von breiten und „ungewohnten" Akteurskoalitionen beschlossen worden (Ballestri und Bonoli 2003; Häusermann 2007). Ähnlich den sozialliberalen Koalitionen in der Rentenpolitik war das Impulsprogramm für die Krippenförderung eine gemeinsame Initiative von linken, liberalen und Arbeitgeber-Kreisen. Auch die Mutterschaftsversicherung wurde von einer sozialliberalen Koalition getragen und erfuhr signifikanten Widerstand einzig aus den Reihen konservativer Kreise und Parteien. Es lässt sich also grundsätzlich eine ähnliche Dynamik wie in anderen Feldern betrachten, wonach verschiedene Akteure der Modernisierung aus unterschiedlichen Gründen zustimmen: während linke und liberale Kreise v.a. aus gesellschaftspolitischen Gründen handeln, geht es Arbeitgeber- und bürgerlichen Kreisen um eine Steigerung der Frauenerwerbstätigkeit.

Dennoch fällt die Einschätzung der Modernisierungsfähigkeit der Schweiz für den Bereich der Familien- und Vereinbarungspolitik skeptischer aus als für die oben diskutierten Politikfelder. Die erreichten Reformen bleiben punktuell, im Umfang sehr limitiert und politisch prekär. Von einer Trendwende zum Ausbau der Vereinbarkeit von Familie und Erwerbstätigkeit kann angesichts der Resultate noch nicht gesprochen werden. Diese schwache Reformperformanz kann auf zwei Gründe zurückgeführt werden. Auf der einen Seite zeigen die Bereiche der Arbeitslosenversicherung und der Rentenpolitik, dass erfolgreiche Modernisierung in fast allen Fällen eine *Akzentverschiebung* von bestehenden sozialpolitischen Leistungen und Modellen in eine neue Richtung bedeutete (von passiven zu aktiven Arbeitsmarktmassnahmen, von abgeleiteten zu individuellen Renten, von reinen Insider-Versicherungen zu einer Öffnung für atypisch Beschäftigte etc.). Demzufolge ging der Ausbau post-industrieller Leistungsansprüche einher mit einer finanziellen Konsolidierung. Beides waren sozusagen zwei Seiten der gleichen Modernisierungspolitik. Solche Tauschgeschäfte sind im Bereich der Familienpolitik jedoch nicht möglich, weil keine etablierte, ausgeprägte „industrielle" Politik besteht. Finanzielle Konsolidierung und Leistungsabbau stehen nicht zur Diskussion, weil es in der Schweiz keine umfassende konservative – d.h. auf Transferzahlungen ausgerichtete – Familienpolitik gibt. Es geht daher weniger um eine Umorientierung und ein Verhandeln von Tauschgeschäften als um einen reinen Ausbau von Leistungen, für den es schwierig ist, ausreichend politische Unterstützung zu mobilisieren. Ein zweiter Grund für die zögerliche Modernisierungspolitik im Bereich Familie und Vereinbarung ist in dem (schweizerischen) föderalistischen Aufbau zu suchen. Die Kompetenzen im Bildungs- und Betreuungsbereich liegen vorwiegend bei den Kantonen und Gemeinden. Diese Fragmentierung der Zuständigkeiten erschwert die Koordination der beteiligten Akteure und führt zu einer Verwischung von Kompetenzen und Verantwortung.

Zusammenfassend kann festgehalten werden, dass auch in der Familien- und Betreuungspolitik post-industrielle Modernisierung ein sehr wichtiges Thema auf der Agenda geworden ist. Die bisher erzielten Resultate liegen jedoch deutlich hinter anderen Politikbereichen zurück.

## 12.3 Das politische System der Schweiz: Hemmnis oder Katalysator der Modernisierung?

Die obigen Ausführungen zu drei zentralen Politikbereichen haben verdeutlicht, dass zumindest im Bereich der Renten- und Arbeitslosenversicherungspolitik seit den 1990$^{er}$ Jahren von einem eigentlichen Modernisierungsschub gesprochen werden kann. Diese Beobachtung liegt quer zur weit verbreiteten These, die Vielzahl an Vetopunkten führe in der Schweiz zu Reformstau und -blockaden. Es zeigt sich demnach, dass eine differenzierte Betrachtung der Auswirkungen von Vetopunkten und Konsensinstitutionen nötig ist. Die obigen Beispiele demonstrieren, dass die Schweiz in vielen Fällen nicht *trotz*, sondern gerade *wegen* ihrer konsens- und kompromissfördernden Institutionen zu Reformen fähig war. Nicht nur in der Schweiz, sondern auch in anderen europäischen Ländern wie Frankreich, Deutschland, Holland oder Italien sind „modernisierende Kompromisse", sprich post-industrielle Reformpakete, zum Schlüssel für Reformen geworden (Levy 1999; Rhodes 2001; Häusermann 2007). Traditionell zentralistische Länder wie Frankreich bewegen sich in jüngerer Zeit sogar hin zu einer Verstärkung von Verhandlungs- und Konsensinstitutionen, und in Deutschland bringt die grosse Koalition seit 2005 diese Tendenz zum Ausdruck. Das auf Verhandlung und Konsens bedachte schweizerische politische System muss also nicht zwingend als Schwäche, sondern kann sogar als komparativer Vorteil für post-industrielle Modernisierungspolitik gewertet werden.

Zusammenfassend möchte ich nun einige Erkenntnisse über Reformen hemmende und fördernde Eigenschaften des schweizerischen politischen Systems diskutieren.

Politische Entscheidungsprozesse in der Schweiz beruhen auf *institutioneller Redundanz* (Bendor 1985). Das bedeutet, dass Reformen sequentiell in einer Vielzahl von Foren und Gremien beraten werden (Sciarini 1999). In der vorparlamentarischen Phase sind vor allem die Vernehmlassung sowie korporatistische und administrative ExpertInnenkommissionen zu nennen.

Danach verabschiedet der Bundesrat als konsensuelles Gremium eine gemeinsame Botschaft, die wiederum in den Kommissionen und Plena der beiden Ratskammern diskutiert wird, bevor ein Beschluss gefällt wird. Diese Redundanz bewirkt, dass eine gescheiterte Kompromisssuche jeweils in der nächsten Arena wieder aufgegriffen werden kann. Nach jedem Zwischenbeschluss können Reaktionen aufgenommen und die Elemente der Vorlage austariert werden. Insofern trägt institutionelle Redundanz nicht nur zur Trägheit, sondern vor allem auch zur Findung von umsetzbaren Beschlüssen bei (Häusermann *et al.* 2004).

Des Weiteren trägt eine vergleichsweise *schwache elektorale Polarisierung* zur Konsens- und Verhandlungskultur bei. Wahlen verändern die Machtverhältnisse in der Schweiz jeweils nur marginal. Konkordanz – und nicht der Ausgang der Legislativwahlen – bestimmt die Zusammensetzung der Regierung. Überdies führt die Referendumsoption für Sachbeschlüsse dazu, dass Politik und Allianzbildung stärker *sachpolitisch* orientiert sind als in anderen Ländern. Nur so sind die breiten Koalitionen von sozialdemokratischen, liberalen und Arbeitgeberinteressen in verschiedenen Modernisierungsreformen zu erklären (Häusermann 2007). Gerade das Parlament hat – im Gegensatz zur vorparlamentarischen korporatistischen Arena – in jüngerer Zeit eine starke Rolle in der Ausarbeitung tragfähiger Kompromisse gespielt (Bertozzi *et al.* 2005).

Die Tatsache, dass das schweizerische politische System die Möglichkeiten zur Kompromissfindung und zu erfolgreicher Modernisierung bietet, ist jedoch keineswegs Garant für ebensolche. Das Scheitern der 11. AHV-Revision und weiterer Vorlagen, z.B. der Revision des Arbeitsgesetzes 1996, zeigt, dass die Parteien bei starker *ideologischer Polarisierung* Blockaderisiken durch Referenden eingehen. Wichtig ist jedoch zu bemerken, dass nicht das Referendum an sich die Blockade verursacht, sondern die gescheiterte Kompromiss- und Paketfindung im Verlauf des Entscheidungsprozesses. Hemmnisse für erfolgreiche Modernisierung zeigt auch der Fall der Familien- und Vereinbarungspolitik auf. Der *Föderalismus* kann durchaus innovative und beschleunigende Funktion haben, wenn z.B. gewisse Kantone als Laboratorium einer neuen Politik dienen. Im Fall der Vereinbarungspolitik führt die Unklarheit und Fragmentierung der Kompetenzverteilung jedoch zu empfindlichen Reformhemmnissen. Die Debatte hält sich oft eher bei Fragen der Aufgabenteilung als bei eigentlichen Reformzielen und –massnahmen auf.

## 12.4 Schlussfolgerungen

Als Fazit zur Modernisierungsfähigkeit stellt sich heraus, dass das politische System Reformen durchaus erlaubt und teilweise sogar begünstigt. Die Schweiz hat seit den 1990er Jahren eine Art Modernisierungsschub erfahren, der das Land in einigen Bereichen zum post-industriellen Vorreiter im internationalen Kontext gemacht hat (Splitting der Rentenansprüche, aktive Arbeitsmarktmassnahmen, Öffnung der beruflichen Vorsorge). Diese Reformen wurden möglich durch eine Verbindung von Massnahmen der finanziellen Konsolidierung mit einem Ausbau zu Gunsten post-industrieller Risiken und Bedürfnisse.

Heute steht die Schweiz jedoch vor der wohl grössten post-industriellen Herausforderung für kontinentaleuropäische Sozialstaaten, nämlich der Modernisierung der Familien- und Vereinbarungspolitik, welche mit einer notwendigen Etablierung von „familienfreundlichen" Schulstrukturen und Arbeitsmärkten einhergeht. Nur so kann auf die Bedrohungen von demographischer Alterung, fehlendem Wirtschaftswachstum und Knappheit an qualifizierten Arbeitskräften geantwortet werden. Diesem zentralen Modernisierungsschritt stehen in der Schweiz jedoch einige Faktoren entgegen: Die traditionelle Schwäche der Familienpolitik verhindert modernisierende Umbaupakete von alten zu neuen Formen von Leistungen; der Föderalismus verwischt Verantwortung und verhindert eine Bündelung des politischen Willens; und nicht zuletzt verhindert eine starke Tradition liberalkonservativer Skepsis gegen staatliche Intervention im Bereich der Familie und Geschlechterverhältnisse die modernisierenden Reformen. Deshalb wird die Schweiz bezüglich Vereinbarungspolitik momentan von den meisten umliegenden Ländern überholt. Deutschland z.B., ein Land mit ebenfalls konservativem Sozialstaat und föderalistischem Staatsaufbau, hat einen Ausbau der Betreuungsplätze für einen Drittel der Kinder unter drei Jahren bis zum Jahr 2013 beschlossen. Finanziert wird dieser Ausbau primär über Steuergelder. Auch die anderen kontinentaleuropäischen Länder gehen in dieselbe Richtung. Sie werden dabei von der EU unterstützt, welche die Erwerbstätigkeit der Frauen, und damit die Vereinbarungspolitik, als zentrale wirtschafts- und bildungspolitische Aufgabe begreift. Wegen genau dieser Bedeutung für die langfristige Prosperität post-industrieller Ökonomien – an welcher auch die Finanzierbarkeit der übrigen Sozialversicherungen hängt – wird die Modernisierung der Familienpolitik zum Prüfstein für die Reformfähigkeit des schweizerischen Sozialstaates.

## 12.5 Literaturverzeichnis

Anderson K. M. und Meyer T., "New social risks and pension reform in Germany and Sweden: the politics of pension rights for childcare", in Armingeon K. und Bonoli G. (Eds), *The Politics of Post-Industrial Welfare States*, London, Routledge, 2006.

Armingeon K. und Bonoli G. (Eds), *The Politics of Post-Industrial Welfare States*, London, Routledge, 2006.

Ballestri Y. und Bonoli G., « L'Etat social suisse face aux nouveaux risques sociaux : Genèse et déterminants de l'adoption du programme de subventions pour les crèches », *Swiss Political Science Review*, 9 (3), 2003, S. 35-58.

Bendor J., *Parallel Systems: Redundancy in Government*, Berkeley, University of California Press, 1985.

Bertozzi F., Bonoli G. und Gay-des-Combes B., *La réforme de l'Etat social en Suisse. Vieillissement, emploi, conflit travail-famille*, Lausanne, Presses polytechniques et universitaires romandes (PPUR), 2005.

Birchfield V. und Crepaz M. M. L., "The impact of constitutional structures and collective and competitive veto points on income inequality in industrialized democracies", *European Journal of Political Research*, 34, 1998, S. 175-200.

Bonoli G., « La dixième révision de l'AVS : une politique consensuelle de "retranchement"? » in Mach A. (Ed), *Globalisation, néo-libéralisme et politiques publiques dans la Suisse des années 1990*, Zürich, Seismo, 1999a.

Bonoli G., « La réforme de l'Etat-social en Suisse : Contraintes institutionnelles et opportunités de changement », *Swiss Political Science Review*, 5(3), 1999b, S. 57-77.

Bonoli G., "The Politics of the new social policies: providing coverage against new social risks in mature welfare states", *Policy and Politics*, 33(3), 2005, S. 431-449.

Dafflon B., *La politique familiale en Suisse : enjeux et défis*, Lausanne, Réalités sociales, 2003.

Esping-Andersen G., "Welfare States without Work: The Impasse of Labour Shedding and Familialism in Continental European Social Policy", in Esping-Andersen G. (Ed), *Welfare States in Transition: National Adaptations in Global Economies*, London, Sage, 1996.

Häusermann S., Mach A. und Papadopoulos Y., "From Corporatism to Partisan Politics: Social Policy Making under Strain in Switzerland", *Swiss Political Science Review*, 10(2), 2004, S. 33-59.

Häusermann S., *Modernization in Hard Times. Post-Industrial Pension Politics in France, Germany and Switzerland*, Ph.D. thesis, University of Zurich, 2007.

Hemerijck A., Unger B. und Visser J., "How Small Countries Negotiate Change: Twenty-Five Years of Policy Adjustment in Austria, the Netherlands and Belgium", in Scharpf F. W., Schmidt V. A. (Eds), *Welfare and*

*Work in the Open Economy*, vol. 2, Oxford and New York, Oxford University Press, 2000.

IDA FiSo 1, Interdepartementale Arbeitsgruppe, „Finanzierungsperspektiven der Sozialversicherungen“, Bericht über die Finanzierungsperspektiven der Sozialversicherungen unter besonderer Berücksichtigung der demographischen Entwicklung. Bern, BSV, 1996.

IDA FiSo 2, Interdepartementale Arbeitsgruppe, „Finanzierungsperspektiven der Sozialversicherungen“, Analyse der Leistungen der Sozialversicherungen, Konkretisierung möglicher Veränderungen für drei Finanzierungsperspektiven, Bern, BSV, 1997.

Immergut E. M., *Health Politics: Interests and Institutions in Western Europe*, Cambridge and New York, Cambridge University Press, 1992.

Levy J., "Vice into Virtue? Progressive Politics and Welfare Reform in Continental Europe", *Politics and Society*, 27(2), 1999, S. 239-273.

Lister R., "The Third Way's Social Investment State", in Jane Lewis J. und Surender R. (Eds), *Welfare State Change. Towards a Third Way?*, Oxford and New York, Oxford University Press, 2004.

Mach A. (Ed), *Globalisation, néo-libéralisme et politiques publiques dans la Suisse des années 1990*, Zürich, Seismo, 1999.

Meyer T., "Retrenchment, Reproduction, Modernization: Pension Politics and the Decline of the German Breadwinner Model", *Journal of European Social Policy*, 8(3), 1998, S. 212-227.

Nova C. und Häusermann S., *Endlich existenzsichernde Renten. Erste Säule stärken – 3000 Franken Rente für alle*, Bern, Schweizerischer Gewerkschaftsbund, Dossier 34, 2005.

OECD, *Social Expenditure Data Base*, www.oecd.org/els/social/expenditure, 2004a.

OECD, *Babies and Bosses: Reconciling Work and Family Life. Volume 3: New Zealand, Portugal and Switzerland*, Paris, 2004b.

Palier B., "Ambiguous Agreement, Cumulative Change: French Social Policy in the 1990s", in Streeck W. und Thelen K. (Eds), *Beyond Continuity. Institutional Change in Advanced Political Economies*, Oxford and New York, Oxford University Press, 2005.

Pierson P., "The New Politics of the Welfare State", *World Politics*, 48(2), 1996, S. 143-179.

Pierson P. (Ed), *The New Politics of the Welfare State*, Oxford and New York, Oxford University Press, 2001.

Rhodes M., "The Political Economy of Social Pacts: 'Competitive Corporatism' and European Welfare Reform", in Pierson P. (Ed), *The New*

*Politics of the Welfare State*, Oxford and New York, Oxford University Press, 2001.

Sciarini P., « La formulation de la décision », in Klöti U., Knoepfel P., Kriesi H., Linder W. und Papadopoulos Y. (Eds), *Handbuch der Schweizer Politik*, Zürich, NZZ Verlag, 1999.

Taylor-Gooby P. (Ed), *New Risks, New Welfare. The Transformation of the European Welfare State*, Oxford University Press, 2005.

Visser J. und Hemerijck A., *A Dutch Miracle: Job Growth, welfare Reform und Corporatism in the Netherlands*, Amsterdam, Amsterdam University Press, 1997.

Witschard D., „Gründe und Ziele für die Neufassung der 11. AHV-Revision", *Soziale Sicherheit CHSS*, 2, 2006, S. 71-77.

KAPITEL 13

# Positionsveränderungen der Akteure im sozialstaatlichen Leistungsgefüge - ein politikanalytischer Essay[1]

PETER KNOEPFEL[2]

## 13.1 Beobachtungen: Stärkung der Eigenverantwortung, Bildung von Sozialagenturen

Was jüngst (Frühjahr 2007) Gegenstand der Debatte zur Volksabstimmung über die letzte Invalidenversicherungsrevision gewesen ist, lässt sich praktisch in allen Sozialversicherungswerken (insbesondere: Arbeitslosenversicherung, Alters- und Hinterbliebenenversicherung, obligatorische Krankenversicherung) feststellen: Die früher beim Vorliegen des leistungsauslösenden Versicherungstatbestandes weitgehend bedingungslos erbrachte Leistung wird nach der Devise der Stärkung der Eigenverantwortung neuerdings an zusätzliche vom Versicherten zu erfüllende Leistungen geknüpft. Letztere bestehen etwa im Besuch obligatorischer Berufseingliederungsmassnahmen oder anderer Schulungsangebote, in der Verpflichtung, sich bestimmten ärztlichen Untersuchungen zu unterziehen, bestimmte gesundheitsrelevante Daten zur Verfügung zu stellen oder sich finanziell an Leistungen des Gesundheitswesens zu beteiligen (Franchise). Ähnliche Leistungen werden auch von sog. aktiven Arbeitsmarktprogrammen gefordert. Im

[1] Dies ist kein klassischer wissenschaftlicher Aufsatz. Der Beitrag versteht sich vielmehr als Essay, der aufzeigt, wie Veränderungen im Akteurgefüge des Sozialstaates mit den konzeptionellen Instrumenten einer akteurzentrierten Politikanalyse erfasst werden können, wie wir sie in unserem Handbuch entwickeln und in unseren Lehrveranstaltungen anwenden (Knoepfel *et al.* 2006).

[2] Peter Knoepfel ist Professor für öffentliche Politik und Nachhaltigkeit am Hochschulinstitut für öffentliche Verwaltung (IDHEAP), Chavannes-près-Renens – Lausanne.

Gefolge dieser Entwicklung werden neue Dienstleistungen erforderlich, die für die *Befähigung der Leistungsempfänger zur Selbstverantwortung* als notwendig erachtet werden. Diese werden heute in zunehmendem Masse von privaten Anbietern erbracht, die darin interessante Erwerbsmöglichkeiten sehen („*Sozialbusiness*“[3]). Dadurch unterscheiden sich diese umgestalteten Sozialwerke immer stärker von der auch weiterhin bestehenden (subsidiären) staatlichen Sozialhilfe, welche beim Vorliegen gesetzlich umschriebener Tatbestände (primär von den Gemeinden) gewährt werden muss.

Dieser europaweit feststellbare Megatrend auf der Ebene der Leistungsansprüche wird (jedenfalls in der Schweiz) begleitet von einer ebenso bedeutsamen Tendenz zur Umstrukturierung der für die Gewährung der Leistungen und für die Betreuung der Leistungsbezüger zuständigen öffentlichen Verwaltung. War diese früher in den meisten Fällen integrierter Bestandteil der kommunalen, kantonalen oder (seltener) eidgenössischen Vollzugsverwaltung, wird sie heute zunehmend von rechtlich und administrativ verselbständigten *öffentlichen (teilweise sogar privaten) Sozialagenturen*[4] wahrgenommen, die über beträchtliche „unternehmerische“ Autonomie verfügen. Der „Staat“, der sich zunehmend mit der Rolle des Regulators begnügt, schliesst mit diesen neu gezeugten eigenen Kindern Leistungsaufträge ab und versieht sie mit Globalbudgets, über die sie mit einer Freiheit verfügen können, die das Ermessen der ehemaligen staatlichen Verwaltungen um ein Vielfaches übersteigt.

Diese neue staatliche Sozialinfrastruktur „handelt“ mit ihren „Kunden“ massgeschneiderte Leistungspakete aus, in denen auch die mit der Selbstverantwortung einhergehenden Gegenleistungen der Sozialversicherten festgelegt werden. Ausserdem bedienen sich die Sozialagenturen zunehmend der oben erwähnten (privaten) Anbieter von Dienstleistungen, die zur Stärkung der Eigenverantwortung der „Kunden“ als erforderlich erachtet werden (Sozialbusiness). Dieser früher oft von karitativen freiwilligen Organisationen betriebene Sektor ist inzwischen längst zu einem blühenden „Sozialmarkt“ geworden, der sich selbst oder mittels staatlicher Hilfe oft recht eigennützig reguliert.

Im Folgenden wird der Versuch unternommen, diese zwei markanten und vermutlich nachhaltigen Umstrukturierungsprozesse im Sozialstaat des beginnenden 21. Jahrhunderts mit einem akteurzentrierten politikanalyti-

[3] Sozialbusiness: in aller Regel private Anbieter von Sozialdienstleistungen, die der Staat nicht erbringt (Schulungsangebote, Kurse, sozialer Wohnungsbau, aktive arbeitsmarktliche Massnahmen, Caritas, Pro Infirmis, Pro Juventute, Pro Senectute, kirchliche Sozialwerke etc.).

[4] Sozialagenturen: in der Regel staatliche Einheiten (ausgegliedert aus der ordentlichen Sozialverwaltung, versehen mit einem Leistungsauftrag und einem Globalbudget (ggf. auch in Dienst genommene private Stiftungen, Vereine), die über eine hohe Autonomie verfügen (Beispiel: Regionale Arbeitsvermittlungsstellen, Spitex, kommunale Alterspflegeeinrichtungen mit Autonomiestatut).

schen Ansatz zu beschreiben und daraus einige Schlussfolgerungen für künftige Regulierungsstrategien herzuleiten.

## 13.2 Politikanalytische Konzeptualisierung

Für die folgende Konzeptualisierung der beiden beobachteten Phänomene verwenden wir unser in der Politikanalyse mittlerweile geläufiges Modell der (Re-) Konstruktion der Akteure öffentlicher Politiken im Rahmen des sog. *Akteurdreiecks*. Dieses basiert auf der Identifikation des jeder öffentlichen Politik zugrunde liegenden *Wirkungsmodells*. Dieses Modell basiert auf einer Rekonstruktion des von der öffentlichen Politik zu lösenden kollektiven Problems, einer von den (massgeblichen) Akteuren unterstellten Kausal- und Interventionshypothese.

Das im politisch-administrativen Alltagsgeschäft oft nicht ausdrücklich artikulierte kollektive Problem, das sich die (massgeblichen) Akteure einer öffentlichen Politik zu lösen vorgenommen haben bzw. (immer noch) vornehmen, steht am Anfang jeder politikanalytischen Konzeptualisierung. Und dies gilt sowohl für aussenstehende Beobachter als auch für die beteiligten Akteure. Die *Problemdefinition*, die sich in der Biographie öffentlicher Politiken oft unmerklich verändern kann, hat Auswirkungen auf das Wirkungsmodell. Sie ist nicht gleichzusetzen mit (operativen, administrativen etc.) Umsetzungsproblemen, die sich in öffentlichen Politiken alltäglich stellen. Allerdings können letztere darauf beruhen, dass die Problemdefinition selbst unklar formuliert, kontrovers etc. war bzw. ist oder schlicht „in Vergessenheit geraten" ist.

Die Problemdefinition beschreibt einen als gefährlich, unakzeptabel etc. erachteten gesellschaftlichen Zustand im Interventionsfeld einer (bestehenden oder neuen) öffentlichen Politik, der bei einer identifizierbaren gesellschaftlichen Gruppe einen politisch als verwerflich bezeichneten Leidensdruck auslöst. Oft sind es denn auch diese Gruppen selbst, die das gesellschaftliche Problem auf die politische Agenda setzen bzw. gesetzt haben. Weil die öffentliche Politik bezweckt, diesen Leidensdruck abzubauen, sprechen wir bei dieser Gruppe von *Politikbegünstigten*. Konkret umschreibt das politikanalytische Modell das Problem mit einer drohenden Gefährdung der Situation identifizierbarer gesellschaftlicher Gruppen (sofern „nichts" getan wird).

Das Wirkungsmodell setzt voraus, dass die massgeblichen Akteure davon ausgehen, dass a) der als negativ bezeichnete gesellschaftliche Zustand für das Wohlergehen der von ihnen als Politikbegünstigte bezeichneten Personen tatsächlich verantwortlich ist und b) dieser Zustand durch politisch-administratives Handeln veränderbar (und nicht „gottgewollt" oder „unregulierbar") ist.

Mit der (definitionsgemäss nötigen) Annahme einer politisch-administrativen Steuerbarkeit der Problemlösung gehen die (späteren) Politikbegünstigten und die politisch-administrativen Akteure davon aus, dass sich in der Gesellschaft hinlänglich identifizierbare und (dank entsprechender Ressourcenausstattung) handlungsfähige Akteure finden, die durch Veränderungen ihres Handelns zur Problemlösung beitragen können. Diese Gruppen bezeichnen wir als *Zielgruppen*, welche der Staat deshalb in Dienst nimmt, weil sie entweder selbst die Verursacher des zu lösenden Problems sind oder weil sie, ohne subjektiv oder objektiv Verursacher zu sein, dank ihrer gesellschaftlichen Stellung als geeignet erachtet werden, einen Beitrag zur Problemlösung zu leisten. Die Annahme, eine bestimmte Gruppe sei eine geeignete Zielgruppe einer öffentlichen Politik, nennen wir *Kausalhypothese*. Dass sich diese Hypothese im Laufe der Biographie öffentlicher Politiken mehrfach ändern kann, ist altbekannt; Kausalhypothesen sind Konstrukte über Wirkungszusammenhänge; solche Annahmen setzen sich im politischen Prozess entweder als „massgeblich" durch, oder sie unterliegen. Es sei bereits jetzt vorweggenommen, dass die Bestrebungen zur Stärkung der Eigenverantwortung der Versicherten eine vermutlich paradigmatische Veränderung der Kausalhypothese der betroffenen Sozialpolitiken widerspiegelt.

Das Wirkungsmodell einer öffentlichen Politik enthält neben der Kausal – auch eine *Interventionshypothese*. Diese bringt die Annahme der massgeblichen Akteure einer öffentlichen Politik darüber zum Ausdruck, mittels welcher staatlicher Interventionen das Verhalten der (mit der Kausalhypothese identifizierten) Zielgruppen wirkungsvoll umgesteuert werden kann, damit das gesellschaftliche Problem gelöst werden kann. Sollen letztere mittels Ge- und Verboten, mittels finanzieller Anreize, mittels Überzeugungsstrategien und Kampagnen oder mittels angeordneter interner oder externer Umstrukturierungsmassnahmen zum gewünschten Verhalten veranlasst werden (klassische Steuerungsfrage)?

Die Rekonstruktion des Wirkungsmodells erlaubt schliesslich die analytische Konstruktion des einer jeden öffentlichen Politik zugrunde liegenden *Akteurdreiecks*, in dem neben der oder den Zielgruppen und den Politikbegünstigten regelmässig die für die Politikformulierung und –umsetzung verantwortlichen *politisch-administrativen Akteure* (Parlamente, Regierungen, Programm- und Vollzugsverwaltungen, Gerichte und ggf. weitere, relativ unabhängige Administrativinstanzen) figurieren. Diese sind zuständig für die Verabschiedung der sechs im Zyklus einer jeden öffentlichen Politik identifizierbaren Politikprodukte (1. Problemdefinition und Wirkungsmodell, 2. politisch-administratives Programm, bestehend aus Verfassungs-, Gesetzes- und Verordnungstexten aller Art, 3. Aufbau des zuständigen Behördenarrangements, 4. Aktionspläne, 5. individuell-konkrete Politikoutputs und 6. Beurteilung der Wirkungen). Die Ansiedlung der sozialpolitischen Sektoralpolitiken in verschiedenen Ministerien der Zentral- und/oder Regionalverwaltungen bzw. in verschiedenen Ämtern ist stark von politisch-historischen

Faktoren abhängig; der jeweilige administrative Kontext färbt indessen auf den Inhalt der Politikleistungen ab („Medikalisierung" in gesundheitspolitischen Kontexten; stärkere Berücksichtigung des gesellschaftlichen Umfeldes in sozialpolitischen Verwaltungskontexten). Die – kontingente – administrative Verortung sozialpolitischer Sektoralpolitiken ist daher für deren Inhalte nicht unbedeutend.

Schliesslich erlaubt das analytische Konstrukt des Akteurdreiecks auch die Identifikation zweier politisch oft recht bedeutsamer Akteurgruppen an den Rändern des vom Dreieck umschriebenen Politikraums. Es sind dies die Gruppen der „*Beeinträchtigten*" und der „*Nutzniesser*". Beide Gruppen zeichnen sich dadurch aus, dass sie nicht direkt und absichtlich in die Politik eingebunden sind, dass sie indessen von deren wirksamen Umsetzung mitunter erheblich beeinträchtigt werden bzw. daraus einen Nutzen ziehen, ohne dass dies für die Zielerreichung der Politik konstitutiv wäre. Beeinträchtigte können etwa jene Akteurgruppen sein, die Nachteile durch die Indienstnahme ihrer „Partner" als Zielgruppen erleiden (z. B. Gewerkschaften oder Zulieferer im Falle scharfer Interventionen der Umweltpolitik bei Industriebetrieben) oder entgegen ihrem Willen aus dem Kreis der Zielgruppen ausgeschlossen werden (z. B. karitative Organisationen, denen der Status eines berechtigten Sozialleistungsanbieters abgesprochen wird; Fachhochschulen, die den Status der Fachhochschule verlieren). Diese Gruppe der Beeinträchtigten kann die Umsetzung einer öffentlichen Politik (gewissermassen von „aussen") gleichermassen behindern, wie die Gruppe der Nutzniesser diese Umsetzung fördern kann. Unter den Nutzniessern figurieren all jene Gruppen, die sich von einer konsequenten Politikumsetzung Vorteile erhoffen können, welche von dieser Politik selbst nicht beabsichtigt sind, weshalb sie auch nicht zu den Politikbegünstigten gehören. Es sind dies etwa das – erwähnte – Sozialbusiness, aber auch das Ökobusiness, das Sicherheitsbusiness oder generell dasjenige Business, das von Massnahmen zum Abbau des Leidendrucks der Politikbegünstigten profitiert.

## 13.3 Unterschiedliche sozialstaatliche Wirkungsmodelle

### Das Modell des „reinen" Sozialstaats

Unabhängig davon, ob solche althergebrachten Sozialhilfepolitiken Ausdruck des christlichen Subsidiaritätsprinzips sind oder bürgerlichen Armutsbekämpfungspolitiken zur Verhinderung eines revolutionären Massenproletariats entspringen, bezwecken sie heute (als letztes soziales Netz) die Bekämpfung der mit der Armutsfalle einhergehenden sozialen Probleme auf breiter Front (Problemdefinition: armutsbedingte Familien-, Gesundheits-, Erziehungs- oder Kriminalitätsprobleme). Der Sozialstaat nimmt zum Zwecke der Bewältigung der Armutsfalle heute die *(politischen) Gemeinden* in Dienste, da diese infolge ihrer Bürgernähe und Neutralität besser für diese Arbeit geeignet sind, als etwa die früher zuständigen Bürgergemeinden

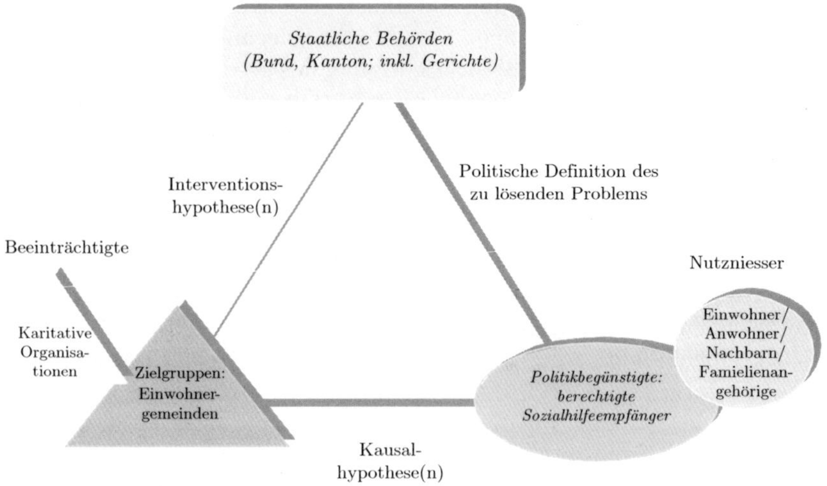


**Abb. 13.1** Akteurdreieck einer traditionellen öffentlichen Sozialpolitik (heute: Sozialhilfe).

oder religiöse etc. Organisationen. Diese Kausalhypothese hat sich seit den 70er Jahren konsolidiert; sie wird im Wirkungsmodell der Sozialhilfepolitik bei den Gemeinden mit strengen (Leistungs-) Geboten und entsprechenden (Leistungsverweigerungs-) Verboten sowie mit staatlichen Subventionen durchgesetzt. Die (ebenfalls denkbare) Interventionshypothese, die auf blosse Appelle und Überzeugungsarbeit bei den Gemeinden setzen würde, gilt als unrealistisch. Die Leistungsgebote werden verbunden mit kantonal (und bis zu einem gewissen Grade eidgenössisch) mehr oder weniger harmonisierten Leistungssätzen.

Dieses Sozialwerk basiert nicht auf dem Versicherungsgedanken, weshalb den Leistungsempfängern keine (vorgängig zu erbringenden) Versicherungsbeiträge abverlangt werden. Den Politikbegünstigten können indessen unter Umständen andere, direkt zu erbringende Arbeitsleistungen auferlegt werden, bei deren Nichterbringung allerdings ggf. eine Reduktion, nicht aber ein vollständiges Ausbleiben der staatlichen Leistungen erfolgen kann. Dieses vor Einführung der grossen Sozialversicherungswerke für die Sozialpolitik ausserordentlich wichtige soziale Versicherungsnetz war und ist heute noch ein System, das den Politikbegünstigten *voraussetzungslos* zu gewährende Rechtsansprüche auch ohne ihr eigenes Zutun sichert. Das „Armenrecht" ist sowohl in der auf lokale Solidarität setzenden Genossenschaftstradition der Bürgergemeinden als auch in der Tradition des Bismarckschen (zentralen) Staates verankert und es stellt einen wichtigen Pfeiler in den in der Nachkriegszeit entstandenen sozialen Wohlfahrtsstaaten Europas dar.

## Das Sozialversicherungsmodell

Die politisch als problematisch erachtete Armutsfalle wird nach dem sozialpolitischen Versicherungsmodell der Sozialversicherungspolitiken heute weitgehend einhellig mit dem (jeder Versicherung zugrunde liegenden) Solidaritätsgedanken begründet und entsprechend definiert. Postuliert wird, dass armutsbedingte gesellschaftliche Probleme mit einer gesellschaftlichen Entsolidarisierung einhergehen. Diese tritt dann auf, wenn die kleine Gruppe der tatsächlich Leistungen benötigenden Individuen von der grossen Gruppe der solche Leistungen vorerst nur potentiell benötigenden Personen abgekoppelt wird. Da die meisten der versicherten Tatbestände mit einem Arbeits- und Erwerbsausfall verbunden sind, der negative Folgen für die Unternehmungen hat (Arbeitsausfall, Kaufkraftschwund), werden letztere mit einer entsprechenden Kausalhypothese neben den zu Versicherungsprämien verpflichteten Arbeitnehmern (den späteren Politikbegünstigten) in die Solidargemeinschaft eingebunden. Als dritte Zielgruppe treten die von der öffentlichen Hand subventionierten Versicherungsträger (Ausgleichskassen) auf.

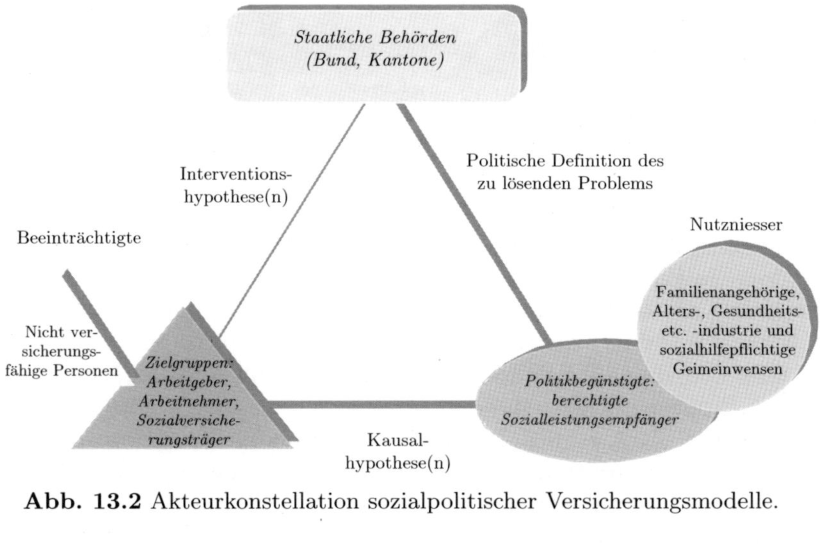


**Abb. 13.2** Akteurkonstellation sozialpolitischer Versicherungsmodelle.

Dieser harte dreifältige Kern der Zielgruppe kann punktuell Erweiterungen erfahren (z. B. Einschluss von Gesundheitsleistungsträgern); er bleibt indessen immer „exklusiv", indem er bestimmte Gruppen aus dem Versicherungssystem ausgrenzt und/oder mögliche andere „Verursacher" des zu bekämpfende gesellschaftlichen Problems aussen vor lässt. Dadurch werden diese Gruppen faktisch zu (vorübergehenden) Nutzniessern (z. B.: Produzenten von Genuss- und Suchtmitteln, von Automobilen, Schwarzarbeitgeber etc.).

Dieser letztere Umstand zeigt einmal mehr, dass die Festlegung der Kausalhypothese ein eminent politischer Akt ist, in dem sich starke gesellschaftliche Gruppen ihrer „Benennung“ als Zielgruppen mitunter erfolgreich entziehen können. Bezeichnenderweise ist dies indessen der politisch starken Gruppe der Unternehmen trotz anfänglichen Widerstands europaweit in den Anfängen des Aufbaus dieser Sozialversicherungswerke nicht gelungen.

**Das Eigenbeteiligungsmodell**

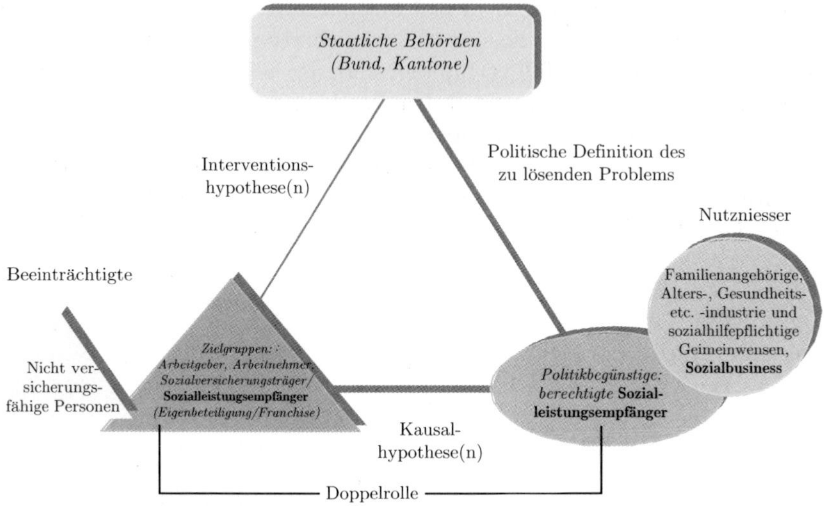


**Abb. 13.3** Akteurkonstellation von sozialpolitischen Eigenbeteiligungsmodellen.

Dieses Modell macht ernst mit der (mit der Prämienpflicht ansatzweise bereits im Versicherungsmodell enthaltenen) *Doppelrolle der Leistungsempfänger als Politikbegünstigte und Zielgruppen.* Denn es nimmt letztere nicht nur als Prämienzahler, sondern auch als eigentliche Handlungsträger in Dienst, die durch ihr eigenes Verhalten massgeblich an der Lösung ihrer eigenen Probleme beitragen sollen.

Was oben als Sozialbusiness umschrieben wurde, erscheint im politikanalytischen Akteurdreieck als eine neue Nutzniessergruppe, welche vom Obligatorium solcher Eigenleistungen oft erheblich profitiert und deshalb politisch alles daran setzt, diese auszuweiten und mit möglichst exklusiven professionellen Standards zu kontrollieren. Dies schlägt sich dann auch in entsprechenden Interventionshypothesen nieder, die solche Standards für obligatorische Präventionsuntersuchungen, Umschulungsprogramme oder aktive Arbeitsmarktmassnahmen rechtsverbindlich festlegen.

Dies ist in zweifacher Hinsicht nichts Neues: Bereits die „alten“ sozialpolitischen Versicherungsmodelle und das alte Sozialhilfemodell produzieren Akteurgruppen, die man als Nutzniesser bezeichnen kann, wie etwa private Zusatzversicherer, die Ärzteschaft oder private Sozialhilfeanbieter. Der

Bestand solcher Gruppen lässt sich, wie eingangs dargelegt, praktisch in jeder öffentlichen Politik nachweisen. Erfahrungsgemäss sind es denn auch diese Gruppen, die politisch als Alliierte der Politikbegünstigten und derjenigen politisch-administrativen Akteure auftreten, die auf quantitative und/oder qualitative Verbesserungen des Leistungsniveaus drängen. Dies gilt insbesondere dann, wenn sozialpolitische Sektoralpolitiken ihnen und ihren Mitgliedern mehr oder weniger abgesicherte Monopolpositionen garantieren.

## Das Modell der Sozialagenturen

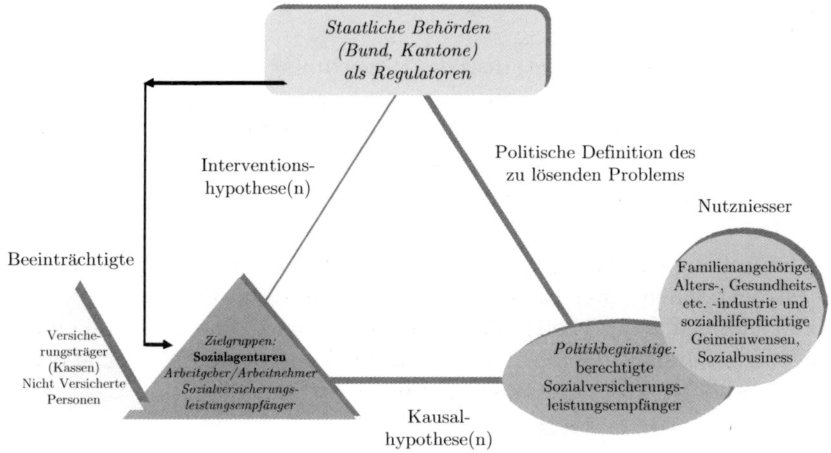


**Abb. 13.4** Akteurkonstellation im Modell neugeschaffener Sozialagenturen.

Politikanalytisch lässt sich die eingangs als zweite grosse Veränderung des sozialstaatlichen Leistungsgefüges bezeichnete Umstrukturierung der öffentlichen Verwaltung durch die Ausgliederung staatlicher (oder privater) Sozialagenturen als Verschiebung zwischen Behörden und Zielgruppen interpretieren. Die unter Leistungsvertrag genommenen Sozialagenturen unterstehen dank ihrer neugewonnenen Autonomie nicht mehr einer (auch im Detail) weisungsbefugten Staatsverwaltung und werden damit wie die Unternehmen und die versicherungspflichtigen Arbeitnehmer zur Zielgruppe der Sozialversicherungspolitik. Die staatlichen Behörden begnügen sich mit der Rolle eines „Regulators".

So wird ein Teil der ehemaligen staatlichen Kontrolleure zu Partnern, mit denen Lösungspakete aushandelbar werden. Dadurch soll mehr Flexibilität, mehr Effizienz und eine höhere Wirksamkeit bei einer Problemlösung sichergestellt werden. Quasivertragliche Arrangements sollen angeblich starre und „unangemessene" bzw. „überregulierte" Leistungsdefinitionen im Rahmen gelockerterer staatlicher Vorgaben ablösen.

Auch dieses Phänomen ist nicht neu. Wir kennen es aus politikanalytischen Untersuchungen von „privatisierten" öffentlichen Unternehmungen (privatrechtlich verfasste Unternehmungen in privater oder öffentlicher Hand), in denen vertragliche Abmachungen die früher oft sehr detailliert regulierten Anforderungen an den Service public abgelöst haben (z. B.: Eisenbahnwesen). Auch hier besteht (jedenfalls in einer Übergangsphase) zwischen Regulator und Operator eher eine symbiotische Partnerschaft als die in allen Lehrbüchern postulierte „Unterwerfung" der Operateure unter die scharfe Kontrolle des allgegenwärtigen Regulators.

Jedenfalls aus ihrer eigenen Perspektive werden demgegenüber die eigentlichen Sozialversicherungsträger zu benachteiligten Dritten „degradiert". Sie haben nur noch zu bezahlen und je nach Sozialversicherungswerk wird ihr Einfluss auf die inhaltliche Ausgestaltung der Leistungen als sinkend betrachtet.

Diese Konstellation zeigt, dass die Bezeichnung einer bestimmten Gruppe als Zielgruppe einer öffentlichen Politik mitunter auch vorteilhaft sein kann, weil sie ihr nicht nur Leistungspflichten, sondern auch Kontrollrechte über andere Akteure sichert. Dies gilt insbesondere bei Politiken, die mehrere Zielgruppen haben, unter denen Konkurrenzsituationen auftreten können.

Die auf diesem Wege zu Finanzierungsinstituten mutierten Versicherungsträger sehen unter diesen Umständen ihr Hauptbusiness zunehmend in einer klugen Investitionspolitik auf den Finanz- und Immobilienmärkten, wo sie durchaus Gefahr laufen, „ihren" Versicherten Nachteile etwa in Gestalt erhöhter Wohnungsmieten zufügen zu „müssen".

## 13.4 Erkenntnisgewinn

Die hier diagnostizierten Strukturverschiebungen haben insgesamt eine „Ökonomisierung" sozialstaatlicher Versicherungswerke zur Folge (ausgeprägte Marktabhängigkeit der Versicherungsträger, „marktkonforme" ausgehandelte Leistungspakete, aufkommendes Sozialbusiness). Aufmerksam zu verfolgen ist insbesondere die erstarkende Rolle der neuen Gruppe der Nutzniesser (Sozialbusiness) und der aus der Zielgruppe verdrängten Benachteiligten (Versicherungsträger).

Diesen beiden Gruppen schenkt die Politikanalyse deshalb eine hohe Aufmerksamkeit, weil sie erfahrungsgemäss (paradoxerweise) für die Dynamik einer öffentlichen Politik oft bedeutsamer sind als die direkt involvierten gesellschaftlichen und staatlichen Akteure. Sie können die Politik gewissermassen „von aussen" in die Zange nehmen, weil sie ihr nicht unterworfen sind bzw. ggf. von anderen öffentlichen Politiken profitieren, die tendenziell gegenläufige Zielsetzungen verfolgen.

Genau dies scheint im vorliegenden Falle zuzutreffen. Denn Spezialisten der sozialpolitischen Debatte ist der Antagonismus zwischen den infolge ihres Bedeutungsverlustes enttäuschten Sozialversicherungsträgern und den

Vertretern des auf Besitzstandswahrung bzw. –ausweitung ausgerichteten Sozialbusiness sehr wohl bekannt. So tun sich die Ersteren mit den Bremsern und die Letzteren mit den Befürwortern eines Ausbaus von Sozialleistungen zusammen. Gleichwohl sind diese beiden Gruppen der Benachteiligten und der Nutzniesser auf der politischen Bühne oft nicht sichtbar präsent und ihnen wird auch in der sozialpolitischen Wissenschaft vermutlich zu wenig Rechnung getragen. In der analytischen Erfassung und Offenlegung dieser beiden Gruppen besteht vermutlich der eigentliche Erkenntnisgewinn der Anwendung einer akteurzentrierten politikanalytischen Betrachtungsweise für Untersuchungen des strukturellen Umbaus des Sozialstaates. Dieser Ansatz plausibilisiert folgende zwei Hypothesen, die künftige empirische Untersuchungen überprüfen müssten.

**Die Nutzniesser drohen die Sozialversicherungswerke „aufzufressen“**

Unabhängig davon, ob man die Schaffung der neuen „eigenverantwortlichen Kunden“ politisch gutheisst oder verurteilt, wird die mit diesem Prozess gestützte Stärkung des (staatlich geschützten) Sozialbusiness ihren Preis haben. Die Annahme, durch das Eigenverantwortungsmodell liessen sich Kosten in den verschiedenen Sozialwerken einsparen, ist daher kaum begründet. Vielmehr steht zu vermuten, dass es zu einer Kostenverlagerung von den Renten an die Politikbegünstigten zu Bezahlungen für Leistungen des Sozialbusiness kommt. Dieses dürfte sich seine Märkte nicht zuletzt dank personeller Verflechtungen mit der politischen Linken staatlich abzusichern wissen.

So werden im Sozialbereich neue Berufs- und Krankheitsbilder entstehen, es werden Forschungsmittel investiert, die wohl weniger der Armutsfalle einen Riegel schieben, als vielmehr dem Sozialbusiness neue Märkte eröffnen werden. Letzteres wird „im Interesse der Benachteiligten dieser Gesellschaft“ seine eigenen Interessen mit Hilfe der Gewerkschaften des öffentlichen Dienstes durchzusetzen verstehen.

**Die Beeinträchtigten werden ihre „Degradierung“ nicht widerstandslos hinnehmen**

Die Versicherungsträger werden nicht lockerlassen, bis die ihnen auferlegten „Investitionsverbote“ aufgehoben werden und sie sich nach den gewöhnlichen Regeln des Obligationenrechts frei auf den Finanz- und Immobilienmärkten bewegen können. Dass sie „im Interesse ihres Kampfes gegen die Armutsfalle“ möglichst hohe Renditen herauszuwirtschaften versuchen, ist dabei nur allzu verständlich. Dass sie indessen mit einer solchen Geschäftspolitik genau jenen Finanz- und Immobilienmärkten und damit auch vielen (obligatorisch) Versicherten arg zusetzen können, wird zwar in den betroffenen Sektoralpolitiken rege diskutiert; dieser Umstand ist jedoch in der Regel nicht Gegenstand sozialpolitischer Debatten über die Versicherungswerke und deren gemeinhin als notwendig erachteten finanziellen Sanierung.

## 13.5 Schluss

Es bleibt zu hoffen, dass die künftige Entwicklung unserer Sozialversicherungswerke diese Hypothesen gründlich widerlegt. Ansonsten müsste sich die angeblich epochale Entdeckung der Eigenverantwortung und die allseits unkritisch geforderte Flexibilisierung der sozialen Leistungsverwaltungen nicht als derart innovativ herausstellen, wie dies heute vermutet wird. Spätestens dann müsste politisch die Zeit der Gegenfragen beginnen, die ich mit diesem Kurzbeitrag etwas provokativ angekündigt habe.

Solche Gegenfragen richten sich sowohl an die politische Rechte als auch an die Linke. So müssen sich die lautstarken Protagonisten für die Indienstnahme der Sozialleistungsempfänger im Sinne einer stetig auszubauenden Eigenverantwortung in beiden Lagern die Frage stellen, ob dieses System tatsächlich die hüben und drüben erwarteten Einsparungen bringen wird, oder ob es nicht eher zu der hier diagnostizierten Kostenverlagerung von den Renten hin zur Finanzierung der Massnahmen zur Förderung der Eigenverantwortung führt. In diesem Falle müsste sich die politische Rechte, die sich in anderen Gebieten die individuelle Freiheit auf die Fahne geschrieben hat, die Frage stellen, ob all die obligatorisch geforderten Eigenleistungen nicht zu einer Bevormundung und zu einem Abbau der individuellen Freiheit der Sozialversicherten führe. Die Linke wiederum müsste sich dann die bittere Frage stellen, ob sie nicht allzu stark geblendet wird durch zunehmend gewandter auftretende Vertreter des Sozialbusiness, das heute tatsächlich ein grosses Wählerpotential für linke Parteien darstellt. Schliesslich müssen sich alle Protagonisten der im Gefolge des New Public Management modern gewordenen Agenturbildung die Frage nach den politischen Kosten stellen, die die Kontraktualisierung in Gestalt eines drohenden Abbaus des sozialstaatlichen Gleichheitsgebotes mit sich bringen kann.

## 13.6 Literaturverzeichnis

Knoepfel P., Larrue C., Varone F., *Analyse et pilotage des politiques publiques*, Zürich/Chur, Rüegger Verlag (Reihe Analyse des politiques publiques / Politikanalyse n° 2 – 2e édition), 2006.

Chapter 14

# A Social Model for Mid-Century Europe

Gøsta Esping-Andersen[1]

Despite intense debate we still do not have any clear vision of what our future social model should look like. Perhaps this is because we have been overly focused on the issue of financial sustainability and have accordingly relied too much on the wisdom of our accountants. Allowing actuarial concerns to define the agenda is like putting the cart before the horse. It is a bit pointless to forecast expenditures if we have no clear idea where we wish to go. My contribution, therefore, aims to put the horse back where it belongs.

Any rigorous discussion of welfare reform needs minimally to consider four questions. One, how are social needs and risks evolving; what are the challenges that lie ahead? Two, which instruments are best suited to address our priorities? Three, can such instruments deliver efficiency and equity simultaneously; will they help us attain a superior Pareto frontier? A reform that fails on either efficiency or equity grounds must obviously be shelved. Four, what, if any, egalitarian aspirations should we saddle welfare policy with?

A sound diagnosis of the challenges that lie ahead requires a suitable analytical method. In the first place, we need to move from the standard, and overly myopic, focus on the welfare *state* to a *welfare regime approach*. We will not see the world clearly unless we examine the interplay of family, markets and government in the production (and consumption) of the total welfare pie. These three cornerstones of welfare have reciprocal effects on each other. Markets may fail and this will necessitate recourse to either the family or to government. Similarly, families can fail and this means greater reliance on markets or government. And what if markets and families fail in tandem? Care for the frail elderly is susceptible to double failure since commercial services are expensive while families' caring ability is eroding. Any

[1] Gøsta Esping-Andersen is Professor in the Department of political and social sciences at Pompeu Fabra University in Barcelona, Spain.

given welfare mix will inevitably produce second-order distributional and behavioural consequences that influence equity and efficiency. To illustrate, if childcare is unaffordable prospective parents may reduce fertility or the mother may decide to curtail employment. The former generates a societal child gap; the latter lowers employment levels and, hence, tax-revenue and it reduces income among the families that most need it.

Secondly, we need to move beyond the traditional categorical client perspective that usually underpins welfare analysis. By this I mean the practice of defining policy around discrete groups, be they the 'elderly', the 'working class', or the 'excluded'. This leads to very ineffective policy; it places too much decision power in the hands of vested corporative interests that lobby on behalf of their clients or their own jobs; and it easily nurtures counter-productive equity conflicts. Adopting a life course perspective permits us, in contrast, to identify the inter-connectedness of citizens' risks and needs. Social exclusion or old age poverty are not events that suddenly befall an individual but are usually the end-result of a problematic biography. More often than not, the triggers of a social problem are deeply buried in the early stages of peoples' life course. An effective response to welfare needs requires us to identify when and how in the human life course we might best invest resources so as to minimize the need for later, costlier and often ineffectual remedial policies.

## 14.1 The Evolving Structure of Risks and Needs

Ongoing societal transformation is spearheaded by a set of endogenously driven *structural* trends. They are structural in the sense that a) they affect the *modus operandum* of our society as a whole, and b) for good or bad, they are here to stay. The way we – and our children – will live tomorrow depends on how we adapt now.

Population aging is undoubtedly the best-documented trend. By mid-century the typical EU country will experience a 50% increase of its elderly population while the new youth cohorts are very small. The EU old age dependency ratio will, in 2050, edge towards 50 percent. Meanwhile, the EU working age population will be 40 million fewer than today. There is widespread fear that this will make us financially insolvent and unleash a major generational clash. Aging is driven by low fertility but also by rising longevity, and the latter occurs at an especially rapid pace. Roughly speaking, the 'ultra-aged' population (80+) doubles every 20 years and this signals a rapid growth of frailty and dependency. At the EU15 level, it is projected to grow from 15 million now to 38 million in 2050. Our policy menu is unlikely to include euthanasia, most families are priced out of the elderly care market, and the stock of available family carers is disappearing.

Hence, we must urgently devise a workable formula to meet coming caring needs.

The *second* trend comes from the 'revolution' of women's roles, which is arguably the most dynamic source of change in contemporary society. At present, female employment ranges from less than 50% in Southern Europe to 75+% in Scandinavia. This gap may narrow sooner than we think since young Italian and Spanish women's activity rates are catching up rapidly. We should also anticipate greater convergence around the 'full-time, life-long' employment model. Already the norm in the Nordic countries and the US, this may very likely spread to countries like Switzerland, too. This has major repercussions for labour and product markets and constitutes a vital ingredient in any long-term sustainability scenario. It also implies that families' ability to internalize caring responsibilities will diminish and, hence, the familialistic welfare tradition must be reconsidered. The challenge is to reconcile women's new preferences with our continued desire to form families. Failure to do so will produce either of two evils: a 'childless' society or a 'sub-employment' economy.

The *third* trend stems from the new family demographics that are, incidentally, very much a bi-product of women's changing roles. These include rising marital homogamy, postponed family formation, fertility levels that are far lower than what citizens desire, increased marital instability, and the proliferation of 'a-typical' families – many of which are economically vulnerable.

The *fourth* trend stems from the emerging knowledge economy and, in particular, from the centrality of skills for citizens' life chances. In the past, even a low skilled male breadwinner would be able to ensure adequate living standards for his family. Job protection legislation helped consolidate this assumption. We can no longer count on the male breadwinner model and must assume that two incomes are required to insure family welfare. High school dropout rates provide a pretty good indicator of the problems we will face. The rate is above 30% in Spain, almost 25% in the Netherlands, and less than 10% in Sweden. The size of the dropout population will affect future productivity and welfare burdens. The distribution of skills among today's youth will determine the quality of tomorrow's working age population and, further ahead, the well-being of the retirement population. Since future pension benefits will depend more on lifetime contributions, those with a career of low earnings and frequent unemployment are very likely to end up poor.

To provide an idea of the social challenges we may face, Table 14.1 exhibits three 'warning signals' in the form of 1) the incidence of 'cognitive dysfunctionality' among youth, 2) the degree of cognitive inequality, 3) the share of lone mother families and, 4) jobless households (the latter including of course also jobless single parents).

**Table 14.1** Early Warning Signals.

| | % below PISA minimum 1) | Literacy inequalities 2) | Lone mothers | Trend in lone mothers | Jobless households | Trend in jobless households |
|---|---|---|---|---|---|---|
| Denmark | 15 | 88 | 14 | +2 | 9 | +2 |
| Germany | 21 | 109 | 13 | +4 | 16 | +3 |
| Netherlands | 10 | 85 | 8 | 0 | 11 | −2 |
| Spain | 19 | 95 | 7 | +2 | 13 | −1 |
| Sweden | 12 | 96 | 18 | +4 | 6 | +1 |
| Switzerland | 15 | NA | 7 | 0 | NA | NA |
| UK | 13 | 100 | 22 | +6 | 13 | 0 |
| US | 18 | 101 | 20 | −1 | 5 | −2 |

Note: Trends are based on past ten years. 1) Percent 15 year olds that score below 400 (level 1 and below) on PISA's 2003 reading test. Falling below the 400 score implies a dysfunctional skill level. 2) Standard deviation on PISA reading test. Note that UK data refer to PISA 2000. Sources: Jobless household data are from OECD's social indicator data base; Lone mother data are from LIS.

## 14.2 Reform Priorities

The contemporary debate is almost exclusively concerned with retirement reform. Yet, the nature of structural transformation tells us that our first priority must be to invest far more in children. It is no secret that school success and subsequent life chances are powerfully dictated in early childhood. The ability of schools to equalize children's opportunities and to rectify a bad start is, at best, very limited. The mainsprings of child outcomes lie in the family of origin. To ensure a good life, today's youth will not only require more education but also the pursuit of continuous life-long learning. This presupposes strong cognitive skills to begin with. Considering the looming demographic imbalances we can ill afford large skill deficits within the population. Large-scale immigration adds to the urgency of homogenizing children's learning abilities.

The second upshot is that we need to redesign family policy. Unless we 'de-familialize' welfare responsibilities we will never succeed in reconciling motherhood with employment. Low fertility is not a signal that citizens do not want children but rather that the constraints of family formation are mounting. The family remains the key institution of society and the challenge is to forge policies that support it. The family, in its increasingly varied manifestations, is also the key to children's well-being and, hence, policy that ensures children against economic deprivation is *sine qua non*. More generally, the cost of children is rising – and so is the positive externality of children. We need to design an equitable sharing of the costs and benefits of children.

The third upshot is that we need to minimize the penalty of motherhood. This implies a reconciliation of motherhood and careers but we are mistaken if we believe that the standard menu of 'mother-friendly' policy will suffice. Some of the major obstacles are hidden in the labour market, especially with regard to job security. Policy that addresses this problem will easily provoke new dilemmas. At the end of the day we will almost certainly have to conclude that a positive equilibrium necessitates a 'feminization' of the male life course.

The fourth upshot is that we need to redefine the nexus between working life and retirement. The really difficult challenge of aging is not so much to finance it as to ensure *equity*. It is a pretty safe bet that earnings will become increasingly unequal and that a sizable group will find itself locked into a carrousel of low wages and unemployment, possibly passing through any number of activation measures. This will spill over to the distribution of household income. Stable high-educated couples will accumulate a formidable retirement wealth, but this is less likely for the low educated and the divorced.

It is easy to envision a retirement regime that is sustainable while equitable in inter-generational terms. It is far more difficult, and also far more urgent, to design one that delivers *intra-generational* equity. The current system is, almost everywhere, inherently inequitable and replete with ineffectual stop-gap measures. As the retirement population and caring needs grow, the inbuilt financial inequities will provoke growing tensions. I shall argue that a positive equilibrium necessitates some form of basic pension guarantee and a far more progressive system of financing aging and dependency.

The fifth, and final, upshot is that current social accounting systems fail to provide us with a clear and relevant picture of the financial implications of welfare reform. We need to move towards consolidated *welfare regime* accounts and we need to be able to identify the investment character of key social policies.

## 14.3 Work, Retirement and Old Age

If we are genuinely committed to the well-being of tomorrow's elderly, simple arithmetic tells us that pension expenditure will grow by – roughly speaking – an *additional* 50%. For the average EU country this means another 5% of GDP by mid-century. Health care (which is very old age biased) together with frailty and caring needs will, realistically speaking, require yet another 3 or even 4% of GDP. All told, the total *additional* cost of aging edges towards 10% of GDP, a figure that equals a third of current average EU public social expenditure. This burden will not ease by privatizing either pensions or care.

Small cohorts imply that we may need fewer teachers or pediatricians and, hence, some costs savings at the youth end of the life course. But these are unlikely to offset the aging cost by much – perhaps by 1% of GDP or so (European Commission, 2006). We know that neither immigration, nor a sudden spurt of fertility, will do much to re-balance our demography in the medium term. All the best simulations conclude that we would need to quadruple current immigration rates in order to balance the books. This means that the best-case scenario necessitates maximum mobilization of our labour reserves, primarily women, and a non-trivial postponement of retirement age. OECD estimates suggest that a return to *de facto* retirement at age 67 would go a long way to ensure sustainable finances.

Aging can unleash two kinds of divisive equity conflicts. The first – and most debated – has to do with generational burden sharing. If we continue unabated with a pay-go system, the entire additional cost will fall on workers; if we were to move towards a funded regime, it will fall on the aged themselves. Neither would appear socially desirable or politically viable. In most EU countries, pensions (and sometimes also elderly care) are financed via the payroll which is not only a relatively narrow tax base, but also harmful for jobs.

As previously argued (Esping-Andersen *et al.* 2002; Esping-Andersen and Myles 2006) a Musgrave-type fixed relative proportions model would guarantee equitable burden sharing across generations. And, most importantly, the burden will diminish in tandem with rising retirement age. Delaying retirement is both effective and equitable. It is effective because it operates simultaneously on the nominator and denominator: more revenue intake and less spending at the same time. It is inter-generationally equitable because retirees and workers both sacrifice in equal proportions. In any case, inter-generational fairness requires a substantial reduction of public debt. If this does not happen, we will face inequity in another form because the (small) future working age population will be saddled with the debt we have incurred to pay for present and past retirees.

A far greater – but frequently ignored – challenge lies in securing *intra-generational* equity. The problem stems from strong social asymmetries in mortality. Managers and professionals live, on average, 5 or even 7 years longer than manual workers. This means that they collect far more pension income, and that they are vastly over-represented among the ultra-aged with expensive caring needs. Where financing mainly comes from payroll contributions, the relationship between taxation and benefits is very inequitable.

Equity would be enhanced were we to finance aging more progressively. One way to do this would be to introduce steeper progression in the contribution system. Another would be to index (positively) retirement age to lifetime income. And a third would be to build a general revenue financed, first-tier basic pension guarantee.

## 14.4 Supporting the Revolution of Women's Roles

One does not need to be a feminist to realize that women are very much the vanguards of ongoing change – and that the conventional male breadwinner society is unworkable. There is good and bad news connected to women's embrace of lifelong employment. It will stimulate jobs because families will externalize servicing needs, from eating and cleaning to child and elderly care. The job multiplier that is created is potentially huge, especially within personal and social services. It also gives women autonomy over their life course decisions and provides an effective bulwark against income loss due to divorce, and against deprivation in old age. But it also implies greater marital instability, declining fertility, and more vulnerable households among which lone mother families loom large.

Women's altered life course preferences are very good news for welfare state finances. A back-of-the-envelope arithmetic may be illustrative of the magnitudes. If women on average earn 75% of male wages and their employment rate jumps from 50 to 75% (from Spanish to Danish levels) their additional contribution to national income will be about 15% and, at a mean taxation rate of 30%, this would add 10 or 12% to government tax revenues.

As Hakim (1996) insists, women's preference sets are quite heterogeneous. A disappearing minority continues to cling to the traditional housewife ideal and another minority (certainly less than a fifth) puts careers before family. The vast majority, in other words, embrace a dual-role preference of combining a life commitment to work with marriage and motherhood. It is to this majority that we must address policy. If the dual preferences cannot be reconciled satisfactorily we face negative-sum trade-offs both in terms of individual welfare and the collective good.

Failure to reconcile motherhood and careers will, for citizens, provoke a trade-off between having children, on one hand, and pursuing employment, autonomy and increasing household income, on the other hand. At the societal level this translates into one of two sub-optimal equilibria: a childless 'low fertility equilibrium' or a 'low income, low employment equilibrium'.

We must first come to grips with the low-fertility syndrome. Since survey data repeatedly show that adults desire at least 2 children, low fertility cannot be simply ascribed to 'post-materialist' tastes. The child gap is modest in some countries, and is inversely related to the Total Fertility Rate (TFR). The US TFR is 2.1 children per woman, and the Danish, Norwegian, British and French hovers around 1.8., The gap is substantial in most continental European countries (the Swiss TFR is about 1.4) and, at 1.2, huge in Southern and Eastern Europe. In some regions it is as low as 0.8. For citizens, low fertility represents a welfare deficit – the inability to form families as desired. For society, even small differences in the TFR will, in the long haul, have massive consequences. Holding all else constant, a TFR of 1.3 will produce a population that is only 25 percent its present size at end of century. Italy would accordingly shrink to 13 million people, most of whom will be old. In contrast, a TFR at 1.9 will produce only a 15% population decline. Aging together with population decline will produce a society that probably no one desires and, besides, it will lower our living standards. One rather typical simulation concludes that, for the EU15, aging lowers per capita GDP by 0.4 percent annually (McMorrow and Roeger 2004). OECD estimates are a bit higher.

There are, similarly, major costs to both citizens and society if women's pursuit of lifelong employment is frustrated. Here we must consider the rising importance of women's earnings for family welfare. Men's earnings have eroded, especially among the young and less skilled, and the conventional male breadwinner is less and less able to guarantee sufficient income. Hence, mothers' earnings are increasingly the key to child welfare. Child poverty rates decline by a factor of 3 or 4 when mothers work. Additionally, women who are compelled to interrupt their careers either to care for small children or for dependent elderly will accumulate less pension credits and thus risk poverty in old age. Most importantly, rising female education, now surpassing males', implies that the opportunity cost of career interruptions becomes very large in terms of foregone earnings.

We need to recognize that the cost of children is rising and that, concomitantly, parents create important positive externalities. US research estimates that the social benefit of an average child runs to $ 100.000, so we are not dealing with trivialities (Preston 2004). Most importantly, the social value of children is bound to rise simply because there are so few of them. It should be evident to all that the childless are free-riders if they do not help defray the cost of children. For equity reasons, therefore, redistribution in favour of children is called for. At present, even the most generous family benefit schemes, such as the Danish, cover only a fraction of added consumption spending – although they are very effective in minimizing poverty. In any case, the major – and rising – cost of children lies in mothers' child penalty and not in the added consumption outlays. This is why the most important family support is policy that reconciles motherhood and careers.

The standard 'mother-friendly' package includes a neutral, individual taxation regime, maternity-cum-parental leave with job security, and subsidized childcare. Joint taxation penalizes wives' marginal earnings and is discriminatory. If paid child leaves are too short (or too long) they discourage employment re-entry of less educated women and fertility among highly educated women. And, as I discuss below, if mothers are compelled to return to work too soon this can harm children's development. Access to affordable quality childcare is *sine qua non* for any workable future equilibrium.

It is important to understand that childcare costs are the equivalent of a regressive tax on mothers' labour supply. The typical price of full-time, full year quality commercial care approaches 10.000 euros which means that most parents are pretty much priced out of the market. Worse, the price structure has a strong social bias since low-income mothers are especially likely to curtail employment – and, yet, it is especially these mothers' earnings that are vital for family welfare. Subsidizing our way to universal coverage does not come cheap. Sweden provides what is probably the most generous system, subsidizing 85% of total cost; Denmark is somewhat less generous (66% of total cost) but is demonstrably able to furnish universal coverage, in part because low-income parents go free. The total cost to the exchequer comes to a little less than 2% of GDP.

## 14.5 Feminizing the Male Life Cycle

Women's fertility choices depend less and less on their partner's breadwinner potential and more and more on *their own* career prospects. This does not mean that childbearing has become purely individualized, only that the relevance of fathers is being redefined. There is strong evidence that low fertility is a manifestation of the incongruence between women's new life course preferences, on one side, and lingering traditional gender roles, on the other side (McDonald 2000). We see this clearly in the fertility decisions of higher educated women in Scandinavia: women condition births on the fathers' expected contribution to child caring and home production.

Put differently, women have adopted a more 'masculine' life course while men have not really proceeded to 'feminize' theirs'. True, men's contribution to domestic tasks is increasing, but the sex gap remains large. Men may also experience more career interruptions but this is largely due to unwanted unemployment. Gendered life course asymmetries are obviously linked to incentive structures and constraints. Although closing, the gender pay gap remains substantial, and the typical spousal age gap also implies that the male's opportunity cost of dedicating time to home production will be relatively greater. And to the extent that women select themselves into mother-friendly, soft-economy jobs while men are more likely to work in the hard economy, the career penalties of 'feminizing' the male life course will be substantial.

If our goal is to promote women's quest for autonomy and children we face, therefore, major obstacles in the form of gendered life course asymmetries. How might we encourage men to interrupt careers and share the domestic burden? One answer would be to design parental leaves so that fathers are encouraged to take them. This would require not only full income compensation but also that men's lifetime earnings are not harmed.

How could that occur? It might if the sex-wage differential narrows towards zero and if men's and women's contribution to total household income approaches parity *on a lifetime basis*. Still, if gender job segregation is as pronounced as is the case in Scandinavia the differential penalty of interruptions will not disappear. One major obstacle to gender equalization lies in women's self-selection into protected, mother-friendly sectors.

## 14.6 Investing in Children

The advanced societies are swimming upstream in terms of securing children a good life. The knowledge economy requires ever more competences, families are ever more fragile, and economic inequalities are widening. This means that parents' ability to invest in their children's fortunes is becoming more unequal, too.

So children face an increasingly hostile environment within which they must maximize their life chances. The knowledge economy is raising the human capital requirements needed to ensure good jobs. Of course, not all jobs require strong skills and we will inevitably see substantial growth in low-end service jobs catering to families' needs. Unless publicly provided, the latter are likely to be low-paid and precarious simply because they tend to be low value added and labour intensive.

There are good arguments in favour of such low-end service jobs. They provide a large pool of easy-entry jobs for youth and immigrants with few skills or experience. But from a life chances perspective this labour market may prove problematic if it cultivates a new 'post-industrial proletariat', condemned to lifelong low wage employment. Strong human capital is the main pre-requisite for mobility.

The question is what skills? Formal educational credentials are, as always, *sine qua non*, especially for early career moves. As mentioned, we might consider completed upper secondary equivalent education as a bottom-line requirement. But other human capital dimensions are gaining in saliency. Many employers look for social skills, initiative, and emotional intelligence. But virtually by definition it is cognitive skills that reign supreme. Firstly, cognitive abilities and the motivation to learn are the preconditions for successful schooling. Secondly, knowledge intensive production assumes that people have the skills to understand, interpret and apply information. Thirdly, life-long learning is becoming the norm but it depends on a good educational base and on strong cognitive abilities. The economic returns to cognitive skills are rising strongly (Farkas 2003).

There is one basic rule that must guide policy on this front, namely that key competences such as cognitive skills, discipline, and learning motivation are developed very early in life (Karoly *et al.* 1998). This helps explain why a half century of educational expansion has done very little to diminish the impact of social origins on opportunities: the first years of childhood are decisive and this is usually when children are most 'privatized'. Inequalities in parental stimulus are simply transmitted to the school experience but schools are typically poorly equipped to rectify differentials in learning abilities. How should we then invest in our children's life chances?

There are two sides to this coin: one has to do with raising the level of skills overall; the other has to do with homogenizing competences, i.e. ensuring more equality of opportunities. At this point it is important to note that equalization need not lower the common denominator. To illustrate, some of the best PISA performers (like Finland and Sweden) also boast very modest differentials in terms of cognitive abilities or school completion. For efficiency reasons we cannot permit ourselves to squander our human capital potential. And if the future will bring more wage inequality, the best way to prevent polarization is to equalize the opportunity structure. Our challenge is basically to bring Joseph Schumpeter's class scenario into reality: "classes are just like the omnibus, always full of people but always of different people".

Ignoring genetic transmission, child outcomes are primarily the result of parents' income and the familial learning culture. Even if education is free of charge, parental income matters greatly for health and schooling. In most countries quality pre-school enrolment depends on household income; well-off parents can give their children an edge by investing in private schools or in extra-curricular activities. At the other end, poverty and economic insecurity can have very adverse consequences. Economic insecurity breeds risk adversity, and low-income parents are therefore more inclined to pull their children out of school prematurely. There is ample evidence that parental unemployment, lone motherhood, and low incomes are harmful for an array of outcomes, such as sociability, studying, health and delinquency. US research shows that poor children will have 2 years less of schooling than the non-poor. Similar but less dramatic findings exist also for Europe.

We must take note that the income effect is not linear. The really harmful effects begin to spiral when economic conditions are very poor, in particular when children are small. Fortunately it is both simple and cheap to combat the poverty problem. First of all, it will diminish simply when more mothers work. Secondly, generous family benefits are very effective in limiting poverty. Indeed, the added cost to the exchequer of abolishing child poverty altogether would be surprisingly modest. Adopting the 50% of median poverty line, the complete elimination of child poverty would in a typical EU country amount to 0.2 or 0.3 percent of GDP. In the Nordic countries where virtually all mothers work, the price tag is less than 0.05%.

On balance, however, the income effect is probably less salient than the 'culture effect'. Analyses of the PISA data show that children's cognitive performance (at age 15) is less connected to income than to families' 'cultural' resources. There are three types of culture effects that operate. One is related to Bourdieu's idea of class reproduction in terms of transmitting the proper 'middle class' cultural baggage to their children. A second has to do with parents' education, which can be decisive for making the best school choices on behalf of their offspring. Low educated parents easily suffer from information failure and lack the means to navigate their children through the education system. And a third refers to the family's learning environment, parental stimulation and nurturing. Analyses of the PISA data show that the number of books in the home is one of the single most powerful predictors of children's learning abilities.

Inequalities on all three dimensions are quite huge and, not surprisingly, immigrant and lone parent families are especially disadvantaged. The inequalities are especially large in countries – like Italy or Spain – where a substantial share of the parental generation had only minimal education. To illustrate, the share of women in the typical parental age bracket (35-44) with no more than compulsory schooling is 54% in Spain, but only 12% in Sweden. Young women's educational attainment is rising rapidly and, hence, part of the problem will gradually diminish. But large-scale immigration constitutes a worrisome counter-tendency. Even in Sweden, where efforts to rectify the immigrant disadvantage have been extraordinary, we find that the probability of school failure among immigrant kids is 5 times higher than for natives. In the Netherlands immigrant kids score more than 10% lower on PISA's problem-solving tests (which are less likely to be immigrant biased than are literacy tests).

The spread of lone parenthood represents a second problematic trend. Coleman (1988) reports that school dropout rates are 30 percent higher among children living with a solo parent. But the negative effect largely disappears when we control for income and employment (Biblarz and Raftery 1999). Hence, encouraging more employment among lone mothers should constitute an effective counter-measure. Research, however, warns us that outcomes for lone mother children are especially threatened unless they benefit from high quality child care (Bernal and Keane 2005).

At first glance it would appear impossible to remedy cultural deficits via policy. How can we compel parents to read to their children or to take an active interest in their homework? The good news is that compulsion is unnecessary because early childcare programmes that help reconcile motherhood and careers can be a very effective tool for equalizing children's cognitive stimulus and school preparedness. There are three major findings from evaluation research. One is that external care during the child's first year can be harmful. But, secondly, from year one onwards, childcare participation has very positive effects on child outcomes, especially for under-privileged children (Karoly *et al.* 1998; Waldfogel 2002; Kamerman *et al.* 2003). The third is that 'neighbourhood' and school effects matter far less than family effects (Brooks-Gunn *et al.* 1997; Farkas 2003). In other words, the thrust of policy must be directed at family mechanisms far more than at the education system. The key is to ensure optimal parent-child interaction during the first year and to secure strong pedagogical quality of child development thereafter.

Indirectly, evidence from the Nordic countries confirms the vast potential of high quality, universal early childcare. Denmark, Norway and Sweden demonstrate a substantial (and unique) decline in the effect of parents' education, 'cultural capital' and socioeconomic status on children's educational attainment. Most strikingly, this decline coincides almost perfectly with the universality of childcare for the under-3s – namely for children born in the 1970s onwards. The equalizing effect is especially notable for children from disadvantaged homes, i.e. parents with very low education. In Denmark, the chance of completing upper secondary education has doubled for the youngest cohorts, and in Norway even tripled (Esping-Andersen 2004).

There are two potential problems with the childcare strategy. One is that mothers' employment may cause children to suffer from inadequate parental interaction. The evidence suggests that such harmful effects disappear *if* children remain with the mother during their first year (Ruhm 2004; Waldfogel 2002; Gregg 2005); *if* mothers have quality jobs; and *if* childcare quality is high. These are three difficult 'ifs'. The first can be solved by providing adequate parental leave entitlements for *at least* the first 9 months. In the Netherlands only the first 16 weeks of leave are fully compensated while the remaining 24 weeks provide a very low benefit. This means that career minded women rush back to work very soon (60% of Dutch mothers return to work within 6 months of birth), but also that a substantial number (25%+) disappear from the workforce (Gustafsson and Kenjoh 2004). Extending parental leave to one year is not merely a concession to women – or a means to get fathers involved – but also an investment in superior child outcomes. And as I discussed above, investing in quality childcare will largely pay for itself. The remaining dilemma we face is how to ensure that mothers are employed in quality jobs – a question that falls beyond the scope of this paper.

Tomorrow's society will inevitably be far more ethnically and culturally heterogeneous, and we face a major challenge in terms of how to ensure that immigrant children do not fall behind in the knowledge economy. As noted earlier, there is a substantial native-immigrant gap not only in reading literacy but also in math and problem solving abilities. The 10% performance gap I found for the Netherlands jumps to 15% in Germany. It is undoubtedly feasible to narrow the gap since in France, Denmark and Sweden it is less than 5 percent.

Returning to the research discussed above this is, in fact, one case where 'neighbourhood' effects *do* matter greatly. Here we encounter a very complex interaction process that is vital to understand: An oppositional enclave culture is especially likely to evolve if the minority group a) is physically concentrated and b) sees itself systematically distanced from the economic opportunity structure. In this environment minority groups will adopt performance criteria and behavioural norms that are in opposition to the mainstream, emphasizing 'street-smartness' rather than study, and this can produce self-reinforcing spirals of marginalization, oppositional culture, and under-achievement (for an overview, see Portes and Rumbaut 2001).

Enrolment in quality day care would no doubt help, but is surely an inadequate answer since disadvantages are compounded by residential segregation and economic exclusion. We can diminish segregation by more residential dispersion – a policy that has met with substantial success in Chicago – or by limiting minority concentration in the school system. Positive bussing of ghetto children is worth considering. One thing is clear: immigration is here to stay and if we do not take urgent steps to combat excessive segregation and scholastic under-performance now we will find ourselves with a major social divide tomorrow.

## 14.7 Towards an investment oriented social policy

The upshot of my future scenario is that we shall be moving towards a more *investment oriented social policy.* It would accordingly be helpful to distinguish what is of an investment character from what is current consumption and then be able to estimate the real returns. This is no mean challenge, considering that existing social accounts (dating basically to mid-20$^{\text{th}}$ Century) consider public social spending as purely consumption expenditure. There are good reasons why we might promote a separation of current and capital accounts in our welfare state, just as we do in private companies.

In the post-war welfare state, being exceedingly income-transfer (and especially pension) biased, the need to distinguish social investments from consumption was minor. It becomes an urgent question when spending must be redirected in favour of pro-active policies, servicing families, building life-long learning opportunities, or activation programs.

It is not easy to separate social investment from consumption. It is only modest progress to distinguish 'passive' from 'active' policies. It would appear obvious to classify income support as a passive 'consumption' that yields few economic returns. Yet, things get complicated when we consider that transfers to families may enhance child outcomes. Or, take programs in support of working mothers: once again, simply the fact that they work means sharply reduced child poverty, an implicit job-multiplier, and additional tax revenue to governments. Care for the elderly is likewise Janus-headed: taking care of the frail may not constitute an investment in our future productive potential and, yet, failure to do so implies that many women must reduce their labour supply.

Besides education and training, there are a number of social policies that are easy to identify as investments in individual productivity and collective wealth creation. Most generically, all spending towards child welfare has a potential pay-off. Cash benefits to families with children create financial security and prevent child poverty, two factors that are crucial for child outcomes. Early pre-school programmes, and most of all universal, quality childcare, have a powerful equalizing effect on children's learning abilities.

It is more complicated to pinpoint precisely the investment component of many income maintenance programs for working-age households – such as unemployment benefits. The reasoning is more circumscribed, but it has for long been recognized that strong welfare guarantees stimulate greater risk-taking during work life. Also, workers will arguably be less resistant to change if their welfare is assured in the event of redundancies. Generally speaking, flexible and dynamic labour markets require off-setting social security.

This is not meant to be an exhaustive overview of how to set up a system of social investment accounts. The idea is simply to pinpoint the need to revise existing practice so as to construct an accounting practice that is more realistic for any 21st Century welfare model.

## 14.8 Conclusion

This chapter has focused on what I believe to be the three (plus one) greatest challenges to our welfare model. Since life chances are so over-determined by what happens in childhood, the flagship of our strategy must be a comprehensive child investment strategy that combines a strong accent on early childhood development with a deliberate and explicit commitment to equality of opportunities. Since the future of our family depends on how well we resolve the dilemmas associated with women's new life course preferences, it is impossible to imagine a positive equilibrium without an effective reconciliation of parenthood and careers. But the battle will only be half-won if we do not accompany standard reconciliation policies with a strategy designed to promote a 'feminization' of the male life cycle. Women – at least in countries like the Scandinavian and the US – are reaching the limits of 'masculinization' of their life cycle and it is increasingly this which provokes new disequilibria. And, thirdly, since the welfare of tomorrow's elderly depends crucially on the quality of their childhood and subsequent careers, our response to the aging challenge should "begin with babies" and focus especially on minimizing life chance inequalities.

The 'plus-one' challenge lies in the development of a superior system of social accounting which allows us to distinguish between investment and consumption in the social field on a more sound basis than is currently the case. This may arguably be our first priority.

The quality of jobs can be a major stumbling block for both our child investment and parenthood-career reconciliation strategy. We can promote more equality of opportunities in early childhood, but what if opportunities are not there when youth reaches adulthood? Likewise, even the most brilliant reconciliation policy may fail if women's job conditions contradict motherhood. And, likewise again, we will have to expect widespread old age poverty in the future if a substantial proportion of tomorrow's workers find themselves trapped in a life of bad jobs. The quality of jobs is not normally the domain of social policy and should therefore be relegated to a different context. Suffice to say that we should most realistically assume the following scenarios. One is that labour markets will become more flexible, in particular in terms of wage setting and job protection. Two, that post-industrial job growth is highly biased in favour of 'good' jobs (that require skills). Three, that flexibilization plus the continuous rise in female employment plus aging will nurture the growth of a sizable amount of low-end (low skill) servicing jobs. Four, that income inequalities are likely to increase.

These trends, in other words, give mixed signals. Greater flexibility and widespread low-wage employment suggest a scenario of overall insecurity for possibly sizable population groups. It is unrealistic, therefore, to believe that the importance of traditional 'passive' income maintenance will disappear. Indeed, I would consider it *sine qua non* that we build a genuine unconditional anti-poverty guarantee for child families and the elderly alike.

## 14.9 Bibliography

Adema W. and Ledaique M., "Net social expenditure, 2005 edition", *OECD Social, Employment and Migration Working Paper*, 29, 2005.

Bernal R. and Keane M., "Maternal time, child care and child cognitive development. The case of single mothers", *Unpublished paper*, Department of Economics, Northwestern University, September 15, 2005.

Biblarz T. and Raftery A., "Family structure, educational attainment and socioeconomic success", *American Journal of Sociology*, 105(2), 1999, 321-365.

Brooks-Gunn J., Duncan G. and Aber, L., *Neighborhood Poverty. Context and Consequences for Children*, Vol. 1, New York, Russell Sage, 1997.

Coleman J., "Social capital in the creation of human capital", *American Journal of Sociology*, 94, 1988, 95-121.

Esping-Andersen G., Gallie D., Hemerijck A. and Myles J., *Why We Need a New Welfare State*, Oxford, Oxford University Press, 2002.

Esping-Andersen G., "Untying the Gordian knot of social inheritance", *Research in Social Mobility and Stratification*, 2004.

Esping-Andersen G. and Myles J., "Sustainable and Equitable retirement in a Life Course Perspective", in Clark G. L., Munnell A. H. and Orszag M. J. (Eds), *The Oxford Handbook of Pensions and Retirement Income*, Oxford, Oxford University Press, 2006, 839-857.

European Commission, "Public finances in EMU – 2005", *European Economy*, 3/2005, 2006.

Farkas G., "Cognitive skills and noncognitive traits and behaviours in stratification process", *Annual Review of Sociology*, 29, 2003, 541-562.

Gregg P., Washbrook E., Propper C. and Burgess S., "The effects of mothers return to work decision on child development in the UK", *The Economic Journal*, 115, 2005, 48-80.

Gustafsson S. and Kenjoh E., "New evidence on work among new mothers", *Transfer, European Review of Labour and Research*, 10, 2004, 34-47.

Hakim K., *Key Issues in Women's Work*, London, Athlone, 1996.

Kamerman S., Neuman M., Waldvogel J. and Brooks-Gunn J., "Social policies, family types and child outcomes in selected OECD countries", *OECD Social, Employment and Migration Working Paper*, 6, 2003.

Karoly L. A., Greenwood P. W., Everingham S. S., Houbé J., Kilburn M. R., Rydell P. C., Sanders M., Chiesa J., *Investing in our Children. What We Know and Don't Know About the Costs and Benefits of Early Childhood Interventions*, Santa Monica, Ca, Rand Corporation, 1998.

McDonald P., "The tool-box of public policies to impact on fertility", Paper presented at the *European Observatory on Family*, Sevilla, September 15-16, 2000.

McMorrow K. and Roeger W., *The Economic and Financial Market Consequences of Global Ageing*, Berlin/Heidelberg, Springer Verlag, 2004.

Portes A. and Rumbaut R. G., "Conclusion: the forging of a new America", in Rumbaut R. G. and Portes A. (Eds), *Ethnicities: Children of Immigrants in America*, Berkeley, University of California Press, 2001, 301-318.

Preston P., "The value of children", in Moynihan D., Smeeding T. and Rainwater L. (Eds), *The Future of the Family*, New York, Russell Sage, 2004, 263-267.

Rake K., *Women's Incomes over the Lifetime*, London, The Cabinet Office, 2000.

Ruhm C. J., "Parental employment and child cognitive development", *Journal of Human Resources*, 34, 2004, 155-192.

Sarasa S., "How do mid-life women reconcile adult care and employment?", Paper presented at the *ESPAnet Conference*, Fribourg, September 25, 2005.

Sigle-Rushton W. and Waldvogel, J., "Family gaps in income: a cross national comparison", *Maxwell School of Citizenship and Public Affairs Working Paper*, 382, 2004.

Waldvogel J., "Child care, women's employment and child outcomes", *Journal of Population Economics*, 15, 2002, 527-548.